聚焦核心素养的高中生物学概念教学

何兴明　彭小敏　郑达钊　◎主编

四川科学技术出版社

图书在版编目（CIP）数据

聚焦核心素养的高中生物学概念教学 / 何兴明, 彭小敏, 郑达钊主编. -- 成都 : 四川科学技术出版社, 2024.11.

ISBN 978-7-5727-1593-8

Ⅰ. G633.912

中国国家版本馆CIP数据核字第20242D1M05号

聚焦核心素养的高中生物学概念教学
JUJIAO HEXIN SUYANG DE GAOZHONG SHENGWUXUE GAINIAN JIAOXUE

主　　编	何兴明　彭小敏　郑达钊
出 品 人	程佳月
责任编辑	胡小华
责任出版	欧晓春
出版发行	四川科学技术出版社
	成都市锦江区三色路238号　邮政编码：610023
	官方微博：http://weibo.com/sckjcbs
	官方微信公众号：sckjcbs
	传真：028-86361756
成品尺寸	210mm×285mm
印　　张	16
字　　数	400千字
印　　刷	四川川林印刷有限公司
版　　次	2024年11月第1版
印　　次	2024年11月第1次印刷
定　　价	68.00元

ISBN 978-7-5727-1593-8

邮　　购：成都市锦江区三色路238号新华之星A座25层　邮政编码：610023
电　　话：028-86361770

■版权所有　翻印必究■

编委会

主　编：何兴明　　彭小敏　　郑达钊

副主编：徐　勇　　刘　霞

编　委：何兴明　　彭小敏　　郑达钊　　刘　霞　　徐　勇

　　　　李良猛　　韩艳良　　夏茂林　　杨才伟　　吴晓琴

　　　　谷　园　　曾声蓉　　杨　琼　　杨　帅　　田时平

　　　　颜　玲　　蒲慧伊　　伍贤军　　李绍奉　　谢　婷

　　　　杨　严　　胡文文　　李想韵　　谌林竹　　张　琴

　　　　裴　瑶　　周　静　　李　倩　　白　玲　　任惠娟

　　　　李　欣　　胡　涛　　刘颖婕　　樊金玉　　罗　静

前 言

生物学作为一门研究生命现象和规律的学科，已经成为人类认识自然、改造自然的重要工具。随着科学技术的飞速发展，生物学的研究范围不断扩大，研究手段日益丰富，使得生物学在人类社会的发展中发挥着越来越重要的作用。然而，面对这一领域的挑战和机遇，如何培养具有创新精神和实践能力的生物学人才，成了生物学科教师亟待解决的问题。

世界科学教育发展的变革显示，学科教学逐渐由关注学科事实性知识的记忆，转向关注学科核心概念的学习和学生学科核心素养的发展。因此，对有限的、系统的、框架的学科重要概念的学习成为学习者持续学习、终身学习的必然选择。生物学的发展史也表明，生物学的发展首先是概念的发展，概念是生物学理论的基础和精髓。让学生掌握必要的生物学概念既是生物学课程所规定的基本任务之一，又是学生生物学核心素养发展的根本要求和标志。

2017年年底，新的高中生物学课程标准正式颁布。经过修订的课程标准，其课程理念与目标、内容与实施、评价与资源都发生了深刻的变化，其显著特点就是聚焦于学生学科核心素养的发展。生物学核心素养是学生学习生物学课程后应达成的正确价值观、必备品格和关键能力，是学生知识、能力、情感态度与价值观的综合体现，包括对生物学基本概念的理解、对生物学现象的观察和分析能力、对生物学实验的设计和操作能力、对生物学问题的思考和解决能力等。这些素养是学生在未来生活和工作中运用生物学知识和技能的基础，也是培养学生创新精神和实践能力的关键。

由此可见，生物学教学应该以核心素养为宗旨，以建构生物学概念为基本任务。在对目前高中生物学教学的现状进行调查后发现，现有的概念教学在落实核心素养方面还存在一些可提升空间，如何将重要概念的教学与发展学生的生物学核心素养有机联系起来，值得深入地研究。在此背景下，我们提出了"基于生物学科核心素养培养的概念教学实践策略研究"这一课题，旨在解决概念教学中如何落实核心素养培育，提出聚焦生物学核心素养的概念教学实践策略，为高中生物学教育的改革和发展提供有益的借鉴和参考。

本书总结和凝练了课题研究的主要成果。第一章从高中生物学概念教学的基本策略、发展生物学核心素养的基本策略两个维度为一线教师提供全新的教学思路；第二章从生物学核心素养的四个要素出发，梳理现行高中生物学教材中有利于形成生命观念、提升科学思维、发展科学探究、培育社会责任的概念体系，并提出可以参考和借鉴的课堂教学基本流程和活动建议；第三章选取了普通高中生物学两个必修模块和三个选择性必修模块中的典型课例，以具体翔实的教学设计展示如何在概念教学中综合运用各种教学策略发展学生的学科核心素养。

参与本书编写的既有从事生物学教育教学研究的专职人员，包括四川省高中生物学教研员何兴明、成都市生物学教研员郑达钊、成都市武侯区生物学教研员彭小敏等；也有大批教学一线的骨干教师，包括徐勇、刘霞、李良猛、夏茂林、杨才伟等正高级教师、特级教师以及他们带领的团队。每一章具体编写人员如下：

第一章：何兴明、郑达钊、彭小敏、徐勇、胡涛。

第二章：刘霞、彭小敏、徐勇、李良猛、韩艳良、夏茂林、杨才伟、吴晓琴、谷园、曾声蓉、杨琼、杨帅、田时平、颜玲、蒲慧伊、伍贤军、李绍奉、谢婷、杨严。

第三章：郑达钊、彭小敏、徐勇、刘霞、杨琼、杨帅、曾声蓉、胡文文、颜玲、李想韵、谌林竹、张琴、裴瑶、周静、李绍奉、李倩、伍贤军、白玲、吴晓琴、谷园、任惠娟、谢婷、蒲慧伊、李欣、刘颖婕、樊金玉、罗静。

在此，对以上各位老师的辛勤付出表示感谢！

2023年11月

目 录

第一章 发展核心素养的概念教学策略概述

第一节 生物学概念教学的基本策略 ………………………………………………… 1

第二节 发展生物学核心素养的基本策略 ……………………………………………… 8

第二章 聚焦生物学核心素养的概念教学策略

第一节 形成"生命观念"的概念教学策略 …………………………………………… 12

第二节 提升"科学思维"的概念教学策略 …………………………………………… 32

第三节 发展"科学探究"的概念教学策略 …………………………………………… 51

第四节 培育"社会责任"的概念教学策略 …………………………………………… 69

第三章 围绕核心概念发展生物学核心素养的实践

第一节 《分子与细胞》模块的教学案例 ……………………………………………… 84

第二节 《遗传与进化》模块的教学案例 ……………………………………………… 133

第三节 《稳态与调节》模块的教学案例 ……………………………………………… 167

第四节 《生物与环境》模块的教学案例 ……………………………………………… 192

第五节 《生物技术与工程》模块的教学案例 ………………………………………… 217

第一章　发展核心素养的概念教学策略概述

恩斯特·迈尔曾说："生物学的进展大多是概念或原则发展的结果，生物学家通常不是建立定律而是将它们概括组织成概念体系。"《普通高中生物学课程标准（2017年版2020年修订）》（以下简称"新课程标准"）就是以次位概念—重要概念—大概念建构生物学知识结构体系，教师在设计和组织单元教学时，应该围绕大概念和重要概念的学习开展教学活动，所有的教学活动都要有利于促进概念的建立、理解和应用。教师围绕生物学概念组织并开展教学活动，能够有效地提高教学效益，有助于学生对知识的深入理解和迁移应用，也有助于学生生命观念的形成，发展学生的科学思维和科学探究能力，提升学生分析生物学现象、解决生活实际问题的责任与担当。因此，教师在教学中只有选择恰当的概念教学策略，才有利于发展学生的生物学核心素养。

第一节　生物学概念教学的基本策略

刘恩山教授说："教学策略（instructional strategy）在教育心理学中是指教师教学时有计划地引导学生学习，从而达成教学目标所采用的一切方法。"裴娣娜教授认为："教学策略是指在现代教学观的指导下，教师根据一定的情境，在合理处理教学各因素的关系的基础上而采取的工作方式，从而实现对教学模式的超越。"

概念教学策略是对完成特定的教学目标而采取的概念教学活动的程序、方法、形式和媒体等因素的总体考虑。概念教学策略具有指示性和灵活性，而不是规定性和刻板性，可以使概念相关教学理论具体化和概念教学活动概括化。概念教学策略包括概念教学的基本策略和专项策略两个方面，其中，概念教学的基本策略又包括问题驱动式策略、探究建构策略、论证式教学策略及学习进阶策略等，下面作详细阐述。

一、问题驱动式策略

问题是科学探究的起点，事物的发展是在不断发现问题和解决问题的循环过程中得以前进的。问题驱动式策略是指以"问题"为主线，通过一系列层次化的"问题链"，激发学生的求知欲，充分尊重学生学习的自主权，以此来引导学生自主学习、合作探究，实现师生之间的有效互动，使学生始终在解决问题的过程中获得进步，从而达到以提升学习品质和综合素质为目的的一种框架和程序（图1-1）。

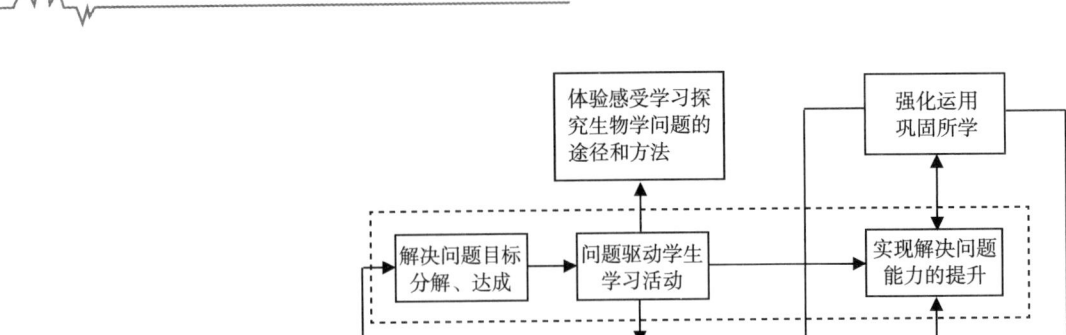

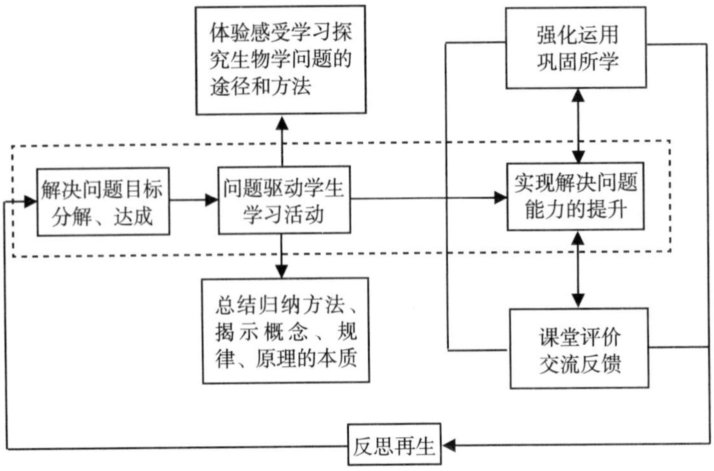

图1-1 问题驱动式策略流程图

问题驱动式策略分为三个维度，即以问题为主线、以活动为载体、以能力为目标，可以概括为"一条主线（始终围绕问题为核心）、两大活动（教师引导、学生体验感受学习探究生物学问题的途径和方法——总结归纳方法，揭示生物学概念、规律、原理的本质）、三个维度、四环节循环（强化运用——巩固所学——课堂评价——反馈交流）"。

例如，"生态系统的结构"的教学设计思路为：本节以学生已有的群落知识和生活经验为基础，首先，设计问题为主线驱动教学进程，通过对不同类型生态系统的组分进行分析、比较和归类，讨论组分之间的联系等学生活动，建构生态系统的结构模型，达成建构模型的思维训练目标。其次，在此基础上开展阅读思考、分组讨论等活动，探讨生态系统的组分和营养结构，达成认知能力目标；并对建构的模型进行修正和完善。最后，通过讨论生态系统的范围和分类，进一步理解食物网的复杂性对生态系统的意义。本节课问题主线、活动载体及能力目标的设计如图1-2。

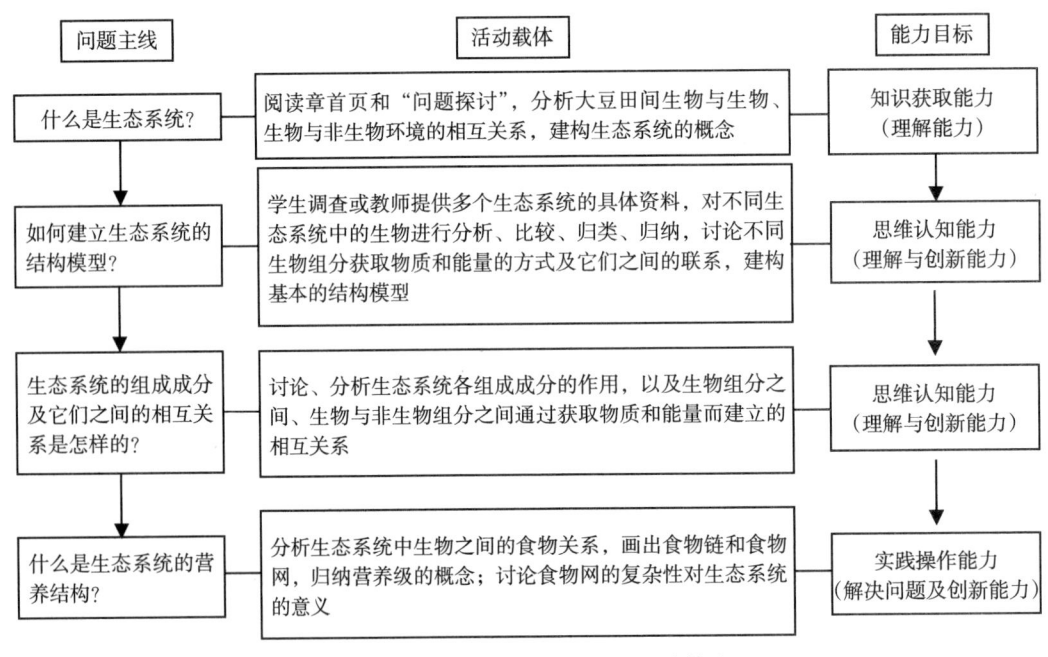

图1-2 "生态系统的结构"问题驱动策略图

二、探究建构策略

探究建构策略就是引导学生通过探究活动来建构概念的教学策略。以探究为特点的主动学习是落实生物学核心素养的关键。将科学探究与概念建构有机结合形成探究建构策略，学生有明确探究学习目标的指引，通过探究性实验活动，以观察、实验的手段主动去探寻真实的生命现象，亲自获取事实性知识，扩大感性认知范围，为概念建构提供生动、直观、具体的感性认识材料，有利于学生在感性认识的基础上形成概念。同时，在探究性实验过程中，学生需要学会用逻辑思维的方式设计探究方案，以保证探究过程是科学、严谨的；面对实验的现象和结果，需要用批判性思维审视其是否可靠、充分。学生还需要收集所观察到的生命现象、实验对象的性质特征和数量特征等表征，将事实、证据串联起来，经过分析、比较、推理、综合等思维活动，把握生命特征的本质属性，建构生物学概念。

运用探究建构策略促进概念形成的教学流程，包括发现问题、提出问题；形成猜想、作出假设；运用生物学方法设计实验；实施实验、获取证据；作出解释、形成概念；养成生命观念等（图1-3）。

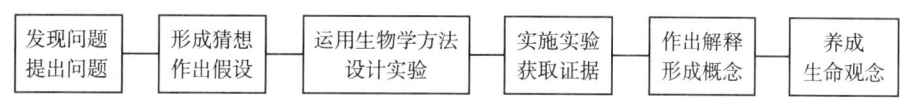

图1-3 探究建构策略图

第一，发现问题、提出问题。问题是科学探究的第一环节，同时也是科学探究的关键环节。引导学生通过观察尝试从日常生活、生产实际或学习中发现与生物学相关的问题，通过书面描述或口头表述提出问题，找出已掌握的科学知识与所发现问题的冲突所在，激发好奇心和探究欲。

第二，形成猜想、作出假设。运用已有的知识，对问题的答案提出可能的设想，并作出可能的假设与预期结果。

第三，运用生物学方法设计实验。分小组讨论并拟订探究计划；列出所需要的材料与用具；确认变量；设计对照实验。

第四，实施实验、获取证据。进行观察与实验；收集证据、数据；评价证据、数据的可靠性。

第五，作出解释、形成概念。用书面或口头语言描述现象，对证据和数据进行判断、分析、综合、归纳、概括，找出本质特征，促进相关生物学概念的形成。

第六，养成生命观念。在实验探究建构概念的基础上，通过进一步的提炼和升华形成理解或解释生物学相关现象、分析和解决生物学实际问题的意识和思想方法，即养成生命观念。

通过实验、探究类学习活动或跨学科实践活动，使学生加深对生物学概念的理解，提升应用知识的能力，激发探究生命奥秘的兴趣，进而能用科学的观点、知识、思路和方法探讨或解决生活中的某些问题，从而引领教与学方式的变革[4]，发展学生的生物学核心素养。

例如，在建构"酶活性受外界环境因素如温度影响"的概念时可运用探究建构策略：第一，发现问题、提出问题。教师展示"加酶洗衣粉""感冒发烧时食欲不振"等资料，引导学生提出问题：温度是否会影响酶的活性？第二，形成猜想、作出假设。学生针对提出的问题在猜想的基础上作出假设：温度会影响酶的活性，高温会破坏酶的空间结构使酶发生不可逆失活，低温一般不会破坏酶的空间结构，在最适宜温度下，酶的活性最高。第三，运用生物学方法设计实验。学生自主设计出40 ℃、45 ℃、

50 ℃、55 ℃、60 ℃、65 ℃、70 ℃、75 ℃、80 ℃的温度梯度。第四，实施实验、获取证据。学生小组实施实验并根据实验结果绘出温度与酶活性的关系曲线图。第五，作出解释、形成概念。教师引导学生用恰当的语言描述温度与酶活性的关系：在最适宜温度下，酶的活性最高，温度偏高或偏低酶的活性都会明显降低，高温下酶的活性会完全丧失，从而建构起"酶的活性受外界环境因素如温度影响"的概念。第六，建构生命观念。教师引导学生运用形成的概念进一步解释"加酶洗衣粉""感冒发烧时食欲不振"中蕴藏的生物学原理，促进学生养成结构与功能相适应的生命观念。

三、论证式教学策略

（一）论证式教学内涵

论证式教学是将科学领域论证工作方式引入课堂，使学生经历类似科学家的论证过程，以促进学生理解科学概念和科学本质，并发展学生科学思维的教学策略。科学思维是指尊重事实和证据，崇尚严谨和务实的求知态度，运用科学的思维方法认识事物、解决实际问题的思维习惯和能力。学生应该在学习过程中逐步发展科学思维，如能够基于生物学事实和证据，运用归纳与概括、演绎与推理、模型与建模、批判性思维等方法，探讨、阐释生命现象，审视或论证生物学社会议题。

"新课程标准"明确指出：形成科学思维的习惯，能够运用已有的生物学知识、证据和逻辑对生物学议题进行思考或展开论证。例如，"遗传与进化"的"学业要求"：基于证据，论证可遗传变异来自基因重组、基因突变和染色体变异（科学思维、科学探究）。"生物与环境"的"学业要求"：从生态系统具备有限自我调节能力的视角，预测和论证某一因素对生态系统的干扰可能引发的多种潜在变化（生命观念、科学探究、社会责任）。"学业质量水平"中水平3-2的质量描述为"针对生物学相关问题，能运用科学思维方法展开探讨、审视或论证；在面对有争议的社会议题时，能利用生物学重要概念或原理，通过逻辑推理阐明个人立场，作出决策"。因此，从学科课程标准的分析可以看出："论证"贯穿于课程标准的"学科核心素养""课程目标""学业要求""学业质量水平的质量描述"等方面，贯穿于整个教学活动中，是培养学生的一个能力点，培养论证能力实际上是发展科学思维的素养水平。

（二）论证式教学模型

论证式教学模型（图1-4）可以作如下解读：课堂中引入"论证"的过程，从分析"资料"得出"主张"，提出"论据"支持主张，或者经"质疑"和"辩驳"后，完善或认可主张，最后得出结论。教师从实例入手，对教材资源进行重构和补充，利用论据支持、质疑和辩驳主张，最后得出结论并建构概念，从而引导学生层层深入地建构概念，认识科学的本质，践行"根据生物学大概念来建构课程体系和内容框架，选取更符合高中学生认知特点的学习内容和任务"的新课程理念。

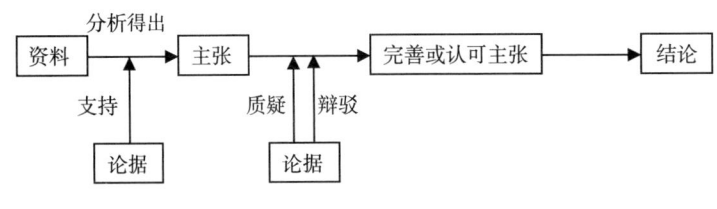

图1-4　论证式教学模型

例如，在建构"生物膜中的蛋白质所处位置"的概念时，教师提出问题：蛋白质位于生物膜的什么位置呢？

教师提供资料：罗伯特森在电镜下看到细胞膜呈现"暗—亮—暗"的三层结构。每一层分别是由什么物质构成的呢？

学生提出主张：学生小组进行推测，暗的部分是蛋白质，亮的部分是脂质，形成一个"蛋白质—脂质—蛋白质"的静态结构。

学生质疑辩驳：静态结构不能解释众多的生命活动，如胞吞胞吐、变形虫运动等现象。

论据1：教师展示资料，科学家发现有的蛋白质不是平铺在脂质表面，有的镶嵌在脂质分子层中。

论据2：教师用PPT展示利用荧光标记蛋白质的方法进行的人鼠细胞融合实验。

完善主张并得出结论：生物膜上的蛋白质分子有的镶在磷脂表面，有的嵌入或横跨在磷脂双分子层中；蛋白质分子是可以运动的。

四、学习进阶策略

学习进阶理论认为，学习是一个逐渐积累、可持续发展的过程，学生对核心概念的理解不是一蹴而就的，而是需要很多的中间水平。在一定的时间范围内，运用恰当的学习策略，学生对这一核心概念的理解和运用便会逐渐发展、不断成熟，而这种变化也绝不是简单的线性、单维度的，而是多种因素相互联系、相互作用的结果。也就是说，学习进阶是学生关于某一核心知识及相关技能、能力、实践活动在一段时间内进步、发展的历程。

（一）学习进阶的学习模型

学生已有的前概念是学生学习概念的基础，学生学习概念是在以前学习的基础上进一步发展和延伸的，随着学段的增长而不断进阶，逐步由现象到本质，由简单到复杂，由低阶到高阶，概念的学习与掌握是前后衔接的，对概念的理解是不断深入的。

学习进阶的学习模型如图1-5所示，其包括：①学习进阶的起点，即学生现有的知识水平——前概念。②学习进阶的终点，即学生要掌握的科学概念及现阶段要掌握的程度。③学习进阶的多个中间水平，即根据学生要掌握的学科核心概念、主题核心概念、重要概念等进行分类整理，确定概念相关中间水平，作为学生学习进阶的思维发展路径，是概念建构的螺旋式阶梯。学习进阶的起点是学生已有的经验和知识，终点多为社会对学生的期望，在起点和终点之间存在多个中间水平，它们是在大量实

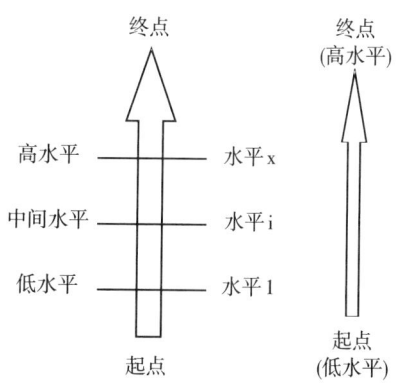

图1-5 学习进阶的学习模型

证研究基础上归纳而成的,主要用于描述学生对核心概念知识的理解是如何不断发展的。

例如,基于生态系统核心概念"食物链和食物网"的学习进阶的建构。从课程角度出发,基于现有教材和课程标准,通过查阅、研究国内外相关文献资料,整理教材的相关内容,并结合一线教师的教学经验及对学生的访谈结果的分析,建立食物链和食物网的学习进阶假设,并通过实践进行验证和修改,最终形成食物链和食物网的学习进阶模型。其学习进阶模型为:水平0,偏离的想法;水平1,学生对食物链和食物网基本上无认知,分析不出给定的常见生物之间的食物链关系;水平2,学生基本能分辨捕食者与被捕食者的关系;水平3,学生能正确描述生态系统中的食物链与食物网;水平4,学生在正确理解和描述食物链和食物网的同时,能解释某些有害物质会通过食物链不断积累;水平5,学生能正确理解食物链和食物网的结构,理解生态系统能量流动和物质循环的过程及其特点,区分能量流动和物质循环的联系与区别。

例如,"生态系统碳循环——碳的氧化"的学习进阶见表1-1。

表1-1 "生态系统碳循环——碳的氧化"的学习进阶表

成就水平	维度项目	各水平预期表现/核心特征
水平1(能够对现象进行宏观描述)	细胞的呼吸作用	能够对有机体(如苹果等)的腐败进行现象和变化的特征描述,而忽视腐败过程中存在的化学变化和能量守恒
	氧化燃烧	能够对氧化燃烧供给能量进行较为详细的描述,但不关注发生变化的事物本身
水平2(能够利用"机理"解释现象过程)	细胞的呼吸作用	1.了解物质腐烂的"潜在机理" 2.能够确定腐烂过程中谁是"分解者" 3.知道物质的腐烂在于有机体(如昆虫、细菌)将腐败物作为食物
	氧化燃烧	1.知道物质燃烧后的产物以"灰烬"和"废气"的形式存在 2.知道氧气和二氧化碳在燃烧中的作用
水平3(能够用更多的专业术语解释现象过程)	细胞的呼吸作用	能够从"分子—原子"水平上,用专业术语基本解释腐烂现象的机理,但可能解释得不清楚
	氧化燃烧	1.知道氧化燃烧的相应术语,并借此描述氧化燃烧的现象 2.能够通过识别重要产物CO_2来解释燃烧现象,但是不清楚O_2作为可燃物的机理
水平4(能够定性地、基于模型地、科学地解释现象过程)	细胞的呼吸作用	知道物质的腐败是由于细胞呼吸作用造成的,并能运用化学模型从微观上科学地解释腐败的原理
	氧化燃烧	1.知道构成燃料的物质大多具有化学相似性 2.理解物质的燃烧是一种氧化反应,并能够解释其化学机理

学习进阶的中间过程类似于楼梯逐级上升的台阶,各个台阶象征学生在不同的年龄阶段能达到的不同水平,而这种"上升的台阶"实质上也是学生身心发展的客观规律,将终极目标"化整为零",即细分为各个年龄段的子目标,让学生在达成子目标的过程中稳步前进。学习进阶描述了学生在对核心概念理解过程中所经历的多个中间水平及各个水平的成就表现,能帮助教师清楚地了解该如何分解细化终极目标,并将其前后连贯、层层递进地设置于不同的学段之中,使学生对科学概念的理解沿着既

定的轨道不断深化、拓展。

(二) 学习进阶的概念理解层级模型

北京师范大学郭玉英教授带领团队在深入研究国内外关于学习进阶理论并对其进行实践研究的基础上，结合层级复杂程度提出了较短时间内针对某个具体概念的学习进阶，建构了科学概念理解的发展层级模型，借鉴国际科学教育关于学习进阶的研究成果与经验，实现了中国式表达，从而使得学习进阶成为进行具体科学概念设计的理论工具（表1-2）。

表1-2 科学概念理解的发展层级模型

发展阶段	发展水平	发展层级	预期表现
锚定起点	水平0	经验	学生具有尚未相互关联的日常经验和零散事实
中间水平	水平1	系统	学生能建构事物的具体特征与抽象术语之间的映射关系
	水平2	关联	学生能建构抽象术语和事物数个可观测的具体特征间的关系
	水平3	映射	学生能从系统层面上协调多要素结构中各变量的自变与共变关系
锚定终点	水平4	整合	学生能由核心概念统整对某一科学观念的理解，并建构科学观念间和跨学科概念之间的关系

在生物学课堂教学中，基于概念学习进阶组织教学内容，彰显教学内容的主线。

第一，依据层级模型，结合章节教学内容，建构基于概念理解的发展层级模型。具体思路包括：①结合课程标准和教材从生物学本体角度分析相关概念的内涵、外延与具体特点；②以层级模型作为理论框架，初步拟定相关概念的发展层级；③结合已有研究和教师自身的教学经验对初步拟定的概念理解层级进行修正和完善。

第二，分析建立概念的事实经验，重视事实经验数量的丰富程度，尽量做到类别多样。

第三，分析促进概念理解从低层次向高层次"跃迁"的科学思维有哪些。科学概念既是科学思维的形式，也是科学思维的结果。事实经验是形象的，而科学概念是抽象的，科学思维的过程正是从形象化事实经验向抽象化科学概念的认识飞跃过程。

第四，建构具体科学概念与对应的大观点（包括跨学科概念和学科核心概念）之间的关联。一方面，通过科学概念的学习促进学科核心概念的发展，这就要求重新审视应如何建构科学概念才能促进学科核心概念的理解；另一方面，要注重用学科核心概念统领科学概念的建构，这就要求从学科核心概念视角重新审视建构科学概念的内容和方式。

第二节 发展生物学核心素养的基本策略

"新课程标准"提出"核心素养为宗旨"的课程理念,指出生物学课程要着眼于学生适应未来社会发展和个人生活的需要,从生命观念、科学思维、科学探究和社会责任等方面发展学生的核心素养。培养学生的生物学核心素养是课程的价值追求,也是课程预期的教学目标。"新课程标准"颁布实施后,广大教师进行了聚焦核心素养目标的课堂教学实践研究,提倡在高中生物学教学中"唱响"新时期发展学生核心素养的"主旋律",倡导从每节课的教学目标、情境载体、问题任务、学生活动、检测评价等方面落实学生核心素养的发展。

培养学生核心素养是生物学课程的价值追求。在聚焦核心素养目标的中学生物学课堂教学中,精准定位教学目标是培养核心素养的"航标",真实情境是核心素养生根发芽的"土壤",高质量的问题是提升学生核心素养的"引擎",学生活动是提升核心素养的"途径",融合应用是检测核心素养水平的重要"手段"。课堂教学要基于真实的问题情境,在核心素养目标的引领下,精心设计富有逻辑的问题线索,合理编制解决问题的活动任务,并采用恰当的方式进行有效评价,每个教学环节都要聚焦学生思维能力的培养,在学生亲身体验和自主建构过程中实现知识融通和能力提升,逐渐发展学生的核心素养。因此,学生学科核心素养的发展,源于目标、融于情境、启于问题、酿于活动、精于思维、用于实践,它们之间的关系如图1-6所示。

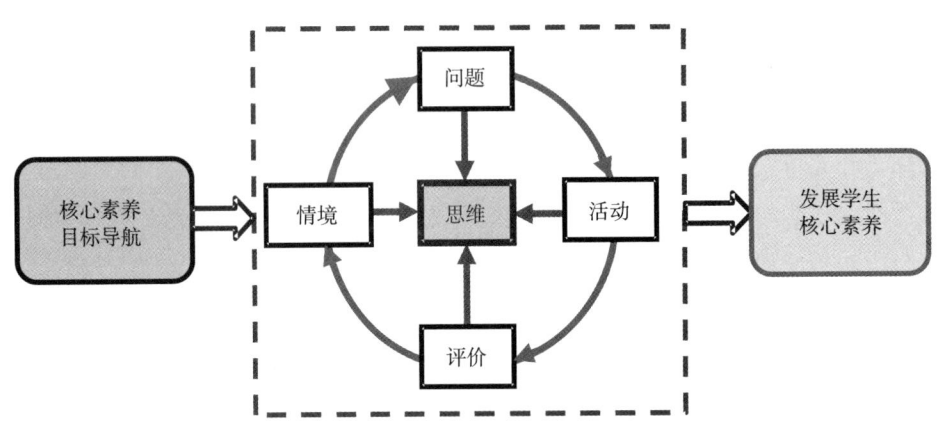

图1-6 聚焦核心素养目标的课堂教学模式

一、精准定位教学目标是培养核心素养的"航标"

课堂教学的最终效益在很大程度上取决于教学目标的价值取向,要落实学生学科核心素养的发展,就必须在制订单元或课时教学目标时,充分考虑除基础知识和基本技能外,本单元或课时能发展学生哪些方面的核心素养。精准定位核心素养教学目标,才能保证教与学的正确方向不发生偏移。

教学目标是教学活动主体在具体教学活动中所要达到的预期学习效果,它是教学内容的纲领性要点,是教学活动的指南性指示,是教学结果的评价性标准。聚焦核心素养的课堂教学目标,除了需要表述清楚"知识内容"外，还应包含"学习过程"和"评价标准"两方面的内容。"学习过程"是达成目标的途径，"评价标准"是最终达成的知识、能力和素养的水平。例如，在"免疫调节"一节的教学中，结合学情、教材等可制订以下教学目标：①通过梳理病毒侵入机体的过程总结免疫系统的组成和功能，理解免疫系统在维持稳态中的重要作用，进一步认同结构与功能相适应的观念（科学思维、生命观念）。②通过建构机体特异性免疫反应过程的概念模型，运用建模方法提升归纳与概括能力（科学思维）。③通过分析接种疫苗前后机体内抗体浓度的变化，总结疫苗发挥作用的机理，提升应用知识解决实际问题的能力，增强珍爱生命的意识（科学思维、社会责任）。

上述教学目标，清晰地界定了学生学习的知识内容，注重设计达成目标的学生活动，并将目标的最终价值取向定位于发展学生的核心素养，这就为课堂教学指明了正确的"航向"：学生是教学活动的主体，发展学生的核心素养是最终目标，达成目标的途径则是组织学生活动。

二、真实情境是核心素养生根发芽的"土壤"

生物学核心素养是学生在生物学课程学习过程中逐渐发展起来的，在解决真实情境中的实际问题时所表现出来的价值观念、必备品格与关键能力。高中生物学学业质量标准将学生的学业质量划分为四个水平，不同水平间的差异主要表现在：在不同复杂程度的情境中运用各种重要概念和方法解决问题的程度。《中国高考评价体系》规定了高考的考查载体是情境，指出高考试题将以情境承载考查内容，实现考查要求。

学生学习发生的最佳情境不应是简单抽象的，相反，只有在真实世界的情境中才能使学习变得更有效。学习的目的不仅要让学生懂得某些知识，还要让学生能真正运用所学知识去解决现实世界中的问题。在课堂教学中，教师应根据教学需要，设置恰当的教学情境，营造良好的学习氛围，使学生产生良好的求知心理，经历知识的探索、发现和认识过程。情境素材的来源有很多，如生产和生活实践、科学探究实验、图表数据、试题问题，甚至虚拟的场景。但情境一定要科学准确，与所学知识有着极强的关联，富有启发性、生成性和趣味性，符合学生的认知水平和年龄特点。例如，在"免疫调节"的教学中，可设置以下情境：狂犬病是一种感染家畜和野生动物的人畜共患病毒性疾病，通过密切接触将感染动物的唾液传染给其他动物和人。动物和人一旦出现狂犬病的症状，基本都是致命的，所以必须加强防范。人一旦被狗等动物咬伤，及时注射疫苗至关重要，严重者还需注射抗狂犬病血清。

利用该情境来组织免疫调节的学习，有利于学生基于真实的事实梳理免疫调节的过程，将免疫调节的理论知识与实际相联系，引导学生运用所学的知识去解决实际问题，从而发展核心素养。毋庸置疑，真实情境是核心素养生根发芽的"土壤"，只有在真实情境中引导学生去发现、分析和解决问题，才能有效提升其学科核心素养。

三、问题是提升学生核心素养的"引擎"

教师创设好真实情境后，学生还不能完全参与到学习活动中去，因为学生还没有能力从情境中提炼出需要解决的问题。这就要求教师基于情境提出与本课所学知识密切相关、指向明确、有思维含量或探究价值的问题。

问题可以指向引导学生理解核心概念和原理，或者梳理重要的生理过程，或者解释相关的生命现象，或者设计解决问题的思路及方案，等等。例如，在"免疫调节"的教学中，基于"狂犬病"真实的情境，可以提出以下问题：①狂犬病病毒是如何从动物唾液中侵入人体细胞内的？②当狂犬病病毒第一次侵入人体时，免疫系统是如何清除它的？③免疫系统能消灭狂犬病病毒，为什么我们还要注射狂犬病疫苗？

第一个问题指向归纳人体的三道防线，第二个问题指向梳理特异性免疫过程，第三个问题指向概括疫苗的作用及机理。在情境的"土壤"中，通过这三个问题可激起学生强烈的好奇心和求知欲。基于情境的好问题，犹如汽车发动机的"引擎"，可带领学生快速进入主动探究学习中，这对落实核心素养目标具有显著的促进作用。

四、学生活动是提升核心素养的"途径"

生物学课程要求学生主动参与学习，在亲历提出问题、获取信息、寻找证据、检验假设、发现规律等过程中习得生物学知识，养成科学思维的习惯，形成积极的科学态度，发展终身学习及创新实践的能力。在教学过程中，基于情境提出恰当的问题后，接下来最为重要的环节，是引导学生利用所学的知识和技能去分析、解决问题，力图找到问题的答案或者解决问题的思路及方法，而学生寻找答案或方法的过程就是学生活动。学生活动要求目标明确、指令清晰、形式多样，学生在动手、动口的同时，一定要有思维的深度参与。例如，在"免疫调节"的教学中，根据前述的情境和问题，可以设计以下学生活动：①用简洁的语言阐述狂犬病病毒从体外侵入人体进入细胞的过程。②用箭头和文字画出当机体第一次被狂犬病病毒感染时，人体的第三道防线清除狂犬病病毒的过程图。③分析注射疫苗前后机体内抗体浓度变化曲线图，总结注射疫苗后机体发生的变化，简述疫苗发挥作用的机理。

这三项学生活动，分别对应前述基于情境提出的问题，每个活动的形式有所不同，发展的核心素养维度也有差异。活动①要求学生"用语言描述过程"，训练学生的概括能力和语言表达能力；活动②要求学生"画过程图"，其实质是建构特异性免疫过程的概念模型，训练学生的归纳能力和建模思维能力；活动③要求学生"根据曲线总结规律"，训练学生分析数据得出结论的科学探究能力，以及在解释生命现象的过程中运用所学知识进行演绎推理的科学思维能力。

学生活动是发展学生核心素养的"必经之路"。没有学生活动的课堂教学，学生只能被动吸收，不能主动参与到观察描述、提出问题、查找信息、提出假设、验证假设、思维判断、作出解释等活动中，难以深入理解概念、形成生命观念，难以训练以思维能力为核心的各种关键能力，也就不利于学科核心素养的发展。

五、融合应用是检测核心素养水平的重要"手段"

学生活动结束后，学生是否按照预期达到了相应的核心素养水平，怎么判断学生的核心素养有所发展，是教师在进行教学设计时就必须思考的重要问题。《中国高考评价体系》在"应用性"考查要求中指出，要以贴近时代、贴近社会、贴近生活的生活实践或学习探索问题情境为载体，将陈述性知识与程序性知识的有机整合和运用作为考查目标。因此，在课堂教学中，教师需要基于真实情境提出恰当的问题或任务来检测学生的核心素养发展情况。例如，在"免疫调节"教学的最后环节，可设置以下任务。

例题：科学研究表明，精神因素（焦虑、紧张等心理应激）会使T细胞活性下降，对病毒、真菌感染的抵抗能力和对肿瘤细胞的监控能力下降，还间接引起机体生成抗体的能力降低。图1-7表示神经、免疫、内分泌三大系统相互调节的部分示意图。请完成下列任务：

①请用文字和箭头表示"焦虑、紧张"导致机体生成抗体能力降低的过程；②分析图1-7中的信

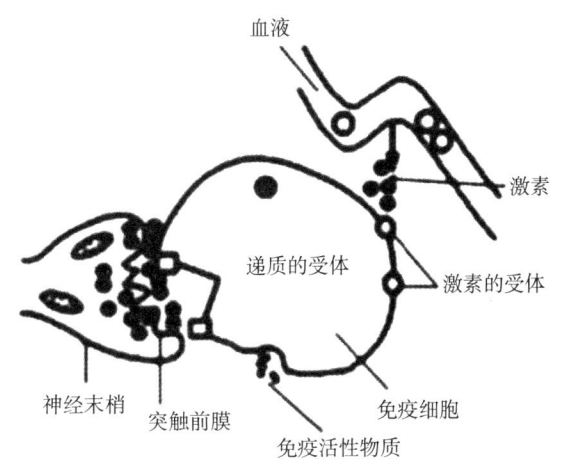

图1-7 神经、免疫、内分泌三大系统相互调节的部分示意图

息,归纳神经调节、激素调节和免疫调节过程中的相同点;③请结合图示,用简要的语言概述机体维持稳态的主要调节机制。

上述任务以精神因素会引起免疫能力下降的真实情境为载体,将信息承载于文字和图形之中,要求学生在理解免疫调节过程及机体稳态调节机制的基础上,运用归纳概括、演绎推理、建构模型等科学思维方法解决问题、完成任务,同时,还引导学生关注社会议题,培养社会责任,要求学生具备生命观念、科学思维、社会责任的二三级水平。检测核心素养水平的问题情境应尽量围绕现实问题(包括热点问题)展开,尽量做到新颖、真实、科学、恰当,有一定的信息量和适当的复杂度,能够成为学生运用学科知识分析和解决实际问题的载体。基于情境的设问要有清晰的层次和严谨的逻辑,指向核心素养的不同水平。

核心素养所涵盖的生命观念、科学思维、科学探究和社会责任四方面的基本要求,是较以往生物学课程更具有挑战性的教学要求,需要通过每节课或每项活动来逐步培养形成。教师在制订每个单元、每节课(或活动)的教学计划时,都要从教学目标、情境载体、问题任务、学生活动、检测评价等方面,全面考虑核心素养任务的针对性落实和有效完成。

第二章 聚焦生物学核心素养的概念教学策略

高中生物学课程着眼于学生适应未来社会发展和个人生活的需要，从生命观念、科学思维、科学探究和社会责任等方面发展学生的学科核心素养，这是对高中生物学教学提出的基本要求。为达成这一基本要求，现行高中生物学课程标准设计的教学内容聚焦10个大概念，大概念下的31个重要概念对其进行细化和支撑。本章从学科核心素养的四个维度分别阐释如何恰当选择生物学事实和教学策略，帮助学生建构和理解概念，并在概念建构的过程中发展学科核心素养。

第一节 形成"生命观念"的概念教学策略

生物学核心素养包括生命观念、科学思维、科学探究和社会责任，其中科学思维、科学探究及社会责任都具有自然学科领域的跨学科属性，生命观念则是独具生物学学科特点的要素，是本学科核心素养的标志和关键。生命观念是对观察到的生命现象及相互关系或特性进行解释后的抽象，是能够理解或解释生物学相关事件和现象的意识、观念和思想方法。生命观念是众多生物学概念的提炼和升华，而应用生命观念又可以促进生物学概念教学的目标达成，其关系如图2-1所示。

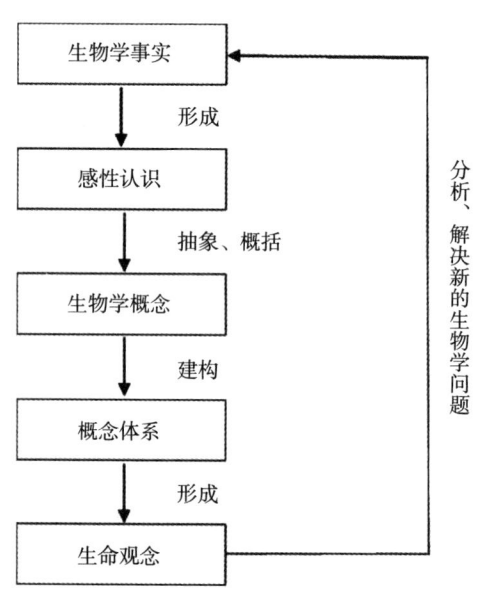

图2-1 生命观念与概念教学的关系

一、形成生命观念的高中生物学概念体系

"新课程标准"提出，通过高中生物学课程的学习，学生要形成结构与功能观、进化与适应观、稳态与平衡观、物质与能量观等生命观念。

本研究以此为标准,依据现行的人教版高中生物学教材,对四种生命观念的概念体系和典型事实进行了梳理,有助于教师在概念教学中找到生命观念的锚定点,促进学生生命观念的形成、内化与发展。

(一) 形成结构与功能观的高中生物学概念体系

结构是功能的基础,功能的实现依赖于特定的结构。生命系统是由不同的结构层次组成的,小到细胞水平,大到生态系统水平,都有一定的结构,并发挥相应的功能。在高中生物学教学中,支撑结构与功能观的概念体系如图2-2所示。

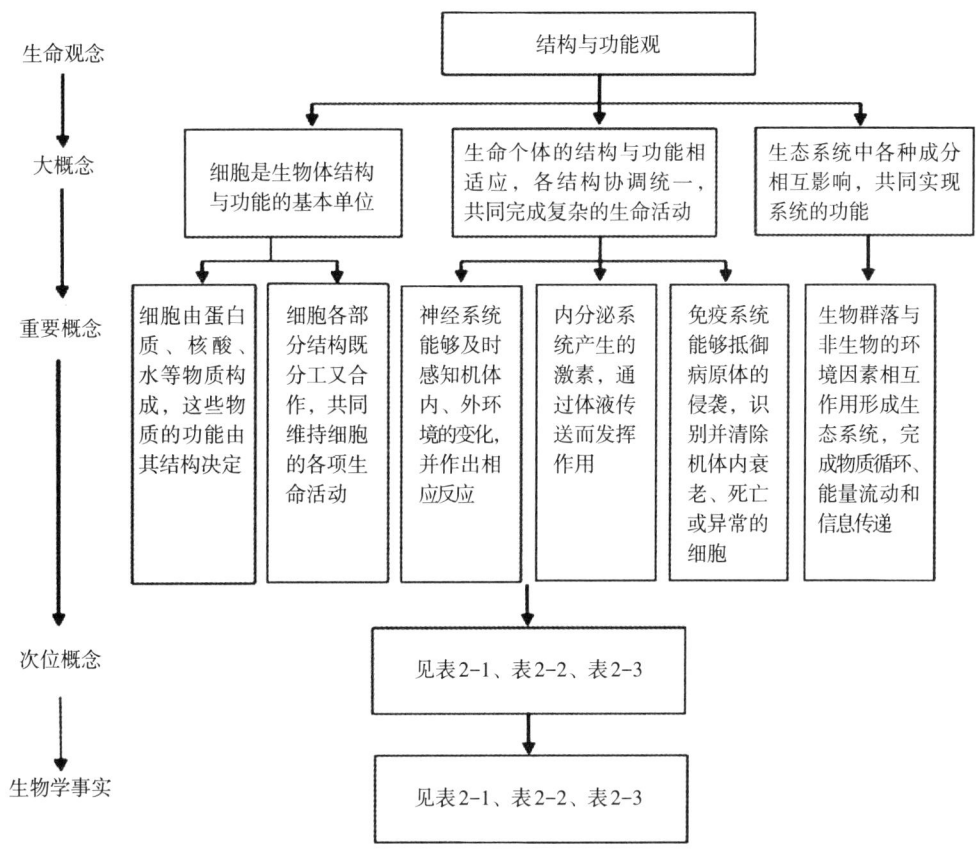

图2-2　形成结构与功能观的高中生物学概念体系

结构与功能观是建立在许多次位概念和大量的生物学事实基础之上的,下面从细胞、个体、生态系统三个生命系统的结构层次对相关概念和事实进行梳理,并提出教学实施中的活动建议,见表2-1、表2-2、表2-3。

(二) 形成稳态与平衡观的高中生物学概念体系

稳态是生命系统维持自身相对稳定状态的能力和特性,平衡则指生命系统内部各种因素和过程的平衡。稳态与平衡观指生命系统是一个相对稳定的系统,在不断变化的环境条件下,可通过多种调节机制维持其稳态,实现动态平衡。在中学生物学教学中,可从个体和生态系统两个生命系统的结构层次建构稳态与平衡观,其概念体系如图2-3所示。

表 2-1 细胞层次中发展结构与功能观的概念、事实及活动建议

重要概念	次位概念	生物学事实	活动建议
1.细胞由蛋白质、核酸、水等物质构成,这些物质的组成和结构与其功能相适应	1.细胞的功能主要由蛋白质完成	肌肉、头发、羽毛、蛛丝、手术缝合线等的成分主要是蛋白质;胰岛素等蛋白质类激素能够调节机体的生命活动;绝大多数酶是蛋白质;血红蛋白、载体蛋白和通道蛋白有运输作用;抗体具有免疫作用	列举不同蛋白质的作用,明确蛋白质功能的多样性
	2.蛋白质的功能取决于氨基酸的种类、数目、排列顺序及其形成的空间结构	在人体中,组成蛋白质的氨基酸有21种	分析事实,阐明蛋白质结构多样性决定了其功能多样性
		血红蛋白由574个氨基酸组成,胰岛素由51个氨基酸组成	
		如果血红蛋白某一处的谷氨酸被缬氨酸取代,可能会导致红细胞扭曲成镰刀状,运输氧的能力会大为削弱	
		血红蛋白的四条肽链聚集在一起形成复杂的空间结构,才能形成成熟的血红蛋白	
		鸡蛋、肉类经煮熟后蛋白质的空间结构改变,不能恢复原来的状态	
	3.核酸的单体是核苷酸,核酸能携带的遗传信息与核苷酸多种多样的排列顺序有关	我国栽培的水稻粳稻和籼稻,两者的 bZIP73 基因中有一个脱氧核苷酸不同,导致粳稻更耐受低温	比较粳稻与籼稻基因的不同之处,阐明核酸能携带遗传信息的原因
	4.核酸在生物体的遗传、变异和蛋白质的合成中具有极其重要的作用	生长在太平洋西北部的一种水母能发出绿色荧光与其含有绿色荧光基因有关	根据实例说明核酸的功能,归纳概括出核酸的结构与功能的关系
		抑癌基因Ⅰ、Ⅱ、Ⅲ,原癌基因突变导致结肠癌;金鱼中五花鱼、朝天泡眼鱼的产生;果蝇缺刻翅的形成	
		转基因抗虫、抗病、抗除草剂植物;科学家将编码牛凝乳酶的基因导入大肠杆菌、黑曲霉或酵母菌的基因组中,再通过工业发酵批量生产凝乳酶	
	5.水在细胞中以自由水和结合水两种形式存在,水既是细胞中良好的溶剂,又是细胞结构的重要组成成分	细胞内绝大多数水以游离的形式存在,可以自由流动	分析水分子的结构特点与其功能的联系,根据自由水与结合水相互转化的实例,概括细胞中水的功能由其结构决定
		细胞内结合水的存在形式主要与水和蛋白质、多糖等物质结合有关	
		水的分子结构决定其可以成为细胞内良好的溶剂	
		种子晒干后便于储存	
		北方冬小麦在冬季来临前,自由水的比例会逐渐降低,而结合水的比例会逐渐上升	
2.细胞各部分结构既分工又合作,共同执行细胞的各项生命活动	1.细胞都由质膜包裹	磷脂双分子层构成了膜的基本支架,蛋白质分子以不同的方式镶嵌在磷脂双分子层中。磷脂分子可以侧向自由移动,膜中的大多数蛋白质分子是可以运动的	分析探索细胞膜结构的科学史,建构细胞膜的结构模型

续表

重要概念	次位概念	生物学事实	活动建议
	2.细胞膜能将细胞与外界环境分隔开,能控制物质进出细胞,并进行细胞间信息交流	鉴别动物细胞是否死亡常用台盼蓝染液;甲状腺滤泡上皮细胞内碘的浓度比血液中的高20~25倍	根据实例,总结细胞膜结构与功能的关系
		激素被靶器官和靶细胞膜上的特异性受体识别,并与之结合后发挥作用;精子和卵细胞的识别和结合;高等植物细胞之间通过胞间连丝相互连接,进行信息交流	
	3.细胞质中有线粒体、内质网、高尔基体、核糖体等各种细胞器	真核细胞中有线粒体、内质网、高尔基体、核糖体、溶酶体、叶绿体、液泡、中心体等细胞器	举例说明细胞器的结构与其功能相适应
	4.细胞质中的细胞器既有分工,又有合作	豚鼠胰腺腺泡细胞中分泌蛋白的形成与核糖体、内质网、高尔基体、线粒体等细胞器有关	分析"分泌蛋白的合成和运输"的过程,说明细胞器的结构与功能的关系
	5.细胞核是遗传信息库,是细胞代谢和遗传的控制中心	探究细胞核功能的实验;DNA中蕴含着遗传信息	分析细胞核功能的相关实验资料,推测细胞核的功能

表2-2 个体层次中发展结构与功能观的概念、事实及活动建议

重要概念	次位概念	生物学事实	活动建议
1.神经系统能够及时感知机体内、外环境的变化,并作出相应的反应	1.神经系统由中枢神经系统和外周神经系统组成,其结构与功能的基本单位是神经元	人体内中枢神经系统和外周神经系统的组成及功能	归纳神经元、神经系统的结构与功能
		神经细胞由细胞体、树突、轴突等组成	
	2.神经调节的基本方式是反射,反射的结构基础是反射弧	缩手反射和膝跳反射的组成结构	阐明反射弧的结构与功能
	3.兴奋在神经纤维上以神经冲动的形式传导,在神经元间通过突触传递	兴奋产生和传导的离子基础	阐明兴奋的产生、传导与传递与细胞结构的关系
		兴奋通过突触在神经元间传递的过程	
	4.大脑有语言、学习、记忆等高级功能	阿尔茨海默病病因、人类大脑皮质受损而引发语言障碍的病例	分析病例和记忆形成的原因,总结大脑的功能
		短时记忆与大脑皮质下一个形状像海马的脑区有关;长期记忆可能与突触形态及功能的改变及新突触的建立有关	

续表

重要概念	次位概念	生物学事实	活动建议
2.内分泌系统产生的激素,通过体液传送发挥作用	人体内分泌系统主要由内分泌腺组成,它们分泌的各类激素参与生命活动的调节	促胰液素、胰岛素、睾酮的发现历程	阐明激素调节与细胞结构的关系
		人体主要的内分泌腺及其分泌的激素	
		人体内各种主要激素的靶器官和靶细胞	
3.免疫系统能够抵御病原体的侵袭,识别并清除机体内衰老、死亡或异常的细胞	1.免疫器官、免疫细胞和免疫活性物质等是免疫调节的结构与物质基础	人体内的免疫器官	归纳免疫系统的组成结构
		人体内的几种免疫细胞	
		抗体、溶菌酶、淋巴细胞分泌的细胞因子都能发挥免疫作用	
	2.免疫系统具有免疫防御、免疫自稳和免疫监视三大功能	人体的三道防线	阐明免疫系统的功能与结构的关系
		机体能够识别和清除突变的肿瘤细胞和衰老或损伤的细胞	
	3.免疫功能异常可能引发疾病	鱼、虾、牛奶、蛋类、花粉、花生、室内尘土等物质可能会让人过敏	阐明免疫失调引发的疾病与免疫系统功能的关系
		常见的自身免疫病有风湿性关节炎、系统性红斑狼疮、类风湿性心脏病等	
		人类免疫缺陷病毒(HIV)主要攻击人体的T细胞,感染者常死于恶性肿瘤或严重感染	

表2-3 生态系统层次中发展结构与功能观的概念、事实及活动建议

重要概念	次位概念	生物学事实	活动建议
生物群落与非生物的环境因素相互作用形成生态系统,完成物质循环、能量流动和信息传递	1.生态系统的结构包括组成成分和营养结构	荒漠生态系统中动物、植物、微生物的组成情况及相互关系	建构出生态系统中各成分间联系的模型,阐明生态系统的组成成分与营养结构的关系
		草原生态系统中食物链和食物网的组成情况	
	2.物质循环、能量流动和信息传递是生态系统的基本功能	赛达伯格湖中能量流动的过程	建构生态系能量流动和碳循环的模型,并总结信息传递的类型和作用,阐明生态系统的功能与结构的关系
		生物圈中碳循环的过程	
		海豚依靠超声波进行捕食、探路定位和躲避天敌;植物的开花需要光;许多动物能在特定时期释放用于吸引异性的激素;狼能用眼睛辨别猎物;兔能根据狼的气味或行为特征躲避猎捕	

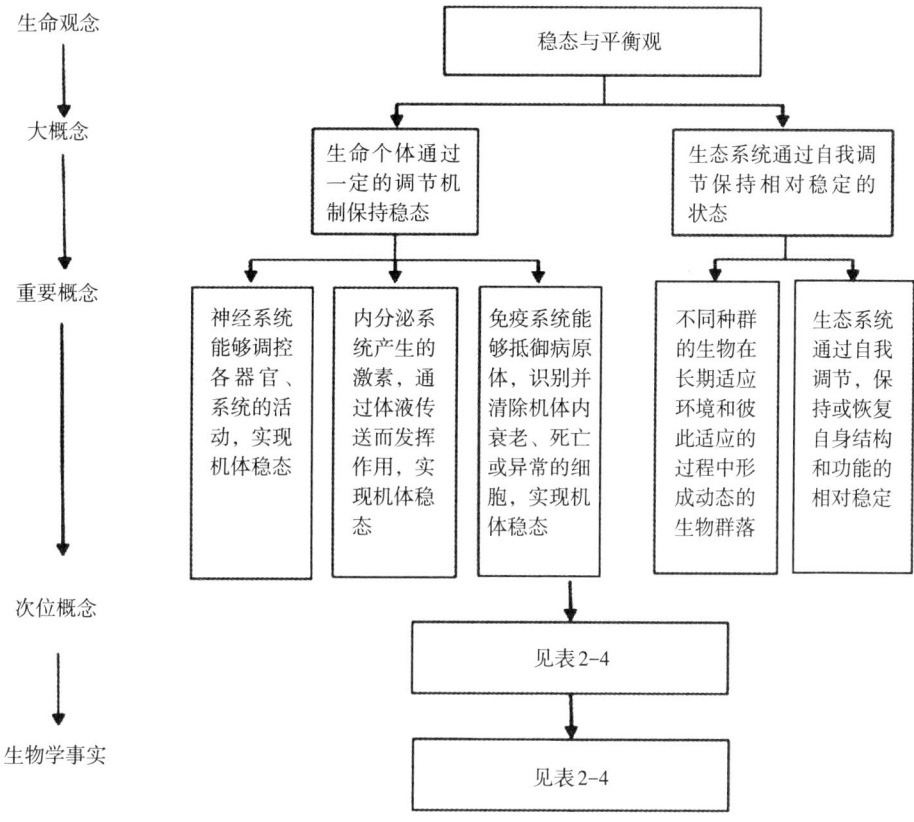

图 2-3 形成稳态与平衡观的高中生物学概念体系

高中生物学教材中,有助于发展学生稳态与平衡观的次位概念、生物学事实及教学中的活动建议,如表 2-4 所示。

表 2-4 发展稳态与平衡观的概念、事实及活动建议

重要概念	次位概念	生物学事实	活动建议
1.神经系统能够调控各器官、系统的活动,实现机体稳态	兴奋在神经纤维上以电信号的形式传导,在神经元间通过突触传递	静息电位及动作电位产生的离子基础	分析兴奋传导和传递的过程,说出兴奋的传导和传递过程与维持机体稳态的关系
		兴奋通过突触传递的过程	
2.内分泌系统产生的激素,通过体液传送而发挥作用,实现机体稳态	内分泌腺分泌的激素通过分级调节、反馈调节等机制维持机体稳态	甲状腺激素分泌的调节过程;血糖平衡的调节过程;体温调节的过程;水盐平衡的调节过程	分析机体的调节过程,说明分级调节、反馈调节等机制在维持机体稳态中的作用
3.免疫系统能够抵御病原体,识别并清除体内衰老、死亡或异常的细胞,实现机体稳态	1.人体的非特异性免疫和特异性免疫能对病原体发生免疫应答	人体三道防线的功能	建构体液免疫与细胞免疫的物理或概念模型,列举免疫调节的实例,阐明免疫调节在维持机体稳态中的作用

续表

重要概念	次位概念	生物学事实	活动建议
	2.免疫功能异常可能引发疾病	过敏原可能会让人过敏；类风湿性关节炎等自身免疫病会使人免疫功能异常；HIV感染者常死于恶性肿瘤或严重感染	分析免疫失调引发的疾病病因，阐明这些疾病与免疫系统功能的关系，概括免疫系统在维持机体稳态中的作用
4.不同种群的生物在长期适应环境和彼此适应的过程中形成动态的生物群落	在相对稳定的环境条件下，种群的数量在K值附近波动	理想状态下，细菌数量呈"J"形增长；实际情况下，细菌数量呈"S"形增长	建构细菌数量增长的"J"形和"S"形曲线，分析种群数量维持相对稳定的原因，并从种群数量稳定的角度解释相关应用
		建立自然保护区，可以保护濒危物种；有害动物的防治越早越好	
5.生态系统通过自我调节，保持或恢复自身结构和功能的相对稳定	生态系统具有保持或恢复自身结构和功能相对稳定的能力	草原上兔的数量维持相对稳定；森林遭遇大火后可以逐渐恢复面貌；河流被轻微污染后，可以很快恢复原来的状态	列举生态系统具有自我调节能力的实例，阐明生态系统维持相对稳定的机理，从生态系统稳定性的角度解释常见的生态问题形成的原因
		水体中N、P含量过多，会出现赤潮或水华现象；过度放牧使草原荒漠化；大量砍伐使森林生态系统被破坏	

（三）形成进化与适应观的高中生物学概念体系

进化与适应观是指种群里的个体在环境压力的作用下，通过改变形态特征、生理特性等性状并在亲子代之间遗传，从而在多变的环境中实现生命的延续和种族的繁衍，是生物与环境相互作用的表现之一，也是物种多样性与适应性的原因。建构"生物的多样性和适应性是进化的结果"这一大概念的过程就是进化与适应观逐步形成的过程，其相应的概念体系如图2-4所示。

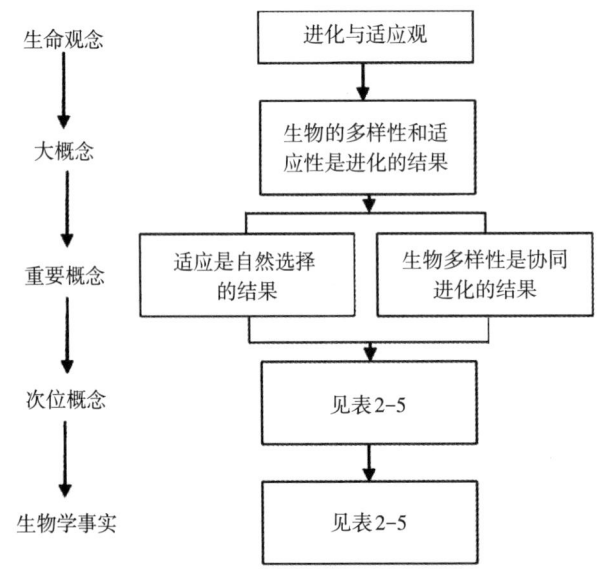

图2-4 形成进化与适应观的高中生物学概念体系

"适应是自然选择的结果","生物多样性是协同进化的结果",这两个重要概念有助于学生形成进化与适应观,其相应的次位概念、生物学事实和教学的活动建议如表2-5所示。

表2-5 发展进化与适应观的概念、事实及活动建议

重要概念	次位概念	生物学事实	活动建议
1.适应是自然选择的结果	1.突变和基因重组产生进化的原材料	有翅的昆虫中有时会出现残翅和无翅的突变类型	呈现材料,总结能产生进化原材料的变异类型,说出变异与生物进化的关系
	2.自然选择决定生物进化的方向	英国曼彻斯特的桦尺蛾在不同环境下,种群基因频率会发生变化	呈现材料,分析在不同环境中生物种群基因频率的变化,说出环境对生物的作用及环境与生物进化、生物适应的关系
		抗生素对细菌的选择作用	
	3.隔离是物种形成的必要条件	加拉帕戈斯群岛上地雀的进化	呈现材料,分析来自南美洲大陆的地雀由于地理隔离导致加拉帕戈斯群岛形成13种地雀的过程,说出隔离与生物进化的关系
2.生物多样性是协同进化的结果	生物进化的过程实际上是生物与生物、生物与无机环境协同进化的过程	长着细长花距的兰花与有着细长口器的昆虫;猎豹追捕羚羊	呈现材料,说出协同进化与生物多样性的关系
		地球的原始大气中没有氧气,最早的光合生物的出现,为好氧生物的出现创造了前提条件	

(四)形成物质和能量观的高中生物学概念体系

物质与能量观是指生命既是物质的,也是具有能量的。物质的存在和发展都需要能量来驱动,而能量的传递和利用又需要以物质为载体。从物质与能量观的视角看待生命现象,有助于学生认识生命的本质,树立辩证唯物主义世界观。在高中生物学中,物质与能量观的内涵非常丰富,其概念体系如图2-5所示。

在生命系统的各个结构层次中,和物质与能量观相关的重要概念、次位概念及生物学事实主要集中在"细胞"和"生态系统"这两个结构层次,如表2-6所示。教师可分别从细胞这一微观的角度和生态系统这一宏观的角度,帮助学生发展稳态与平衡观。

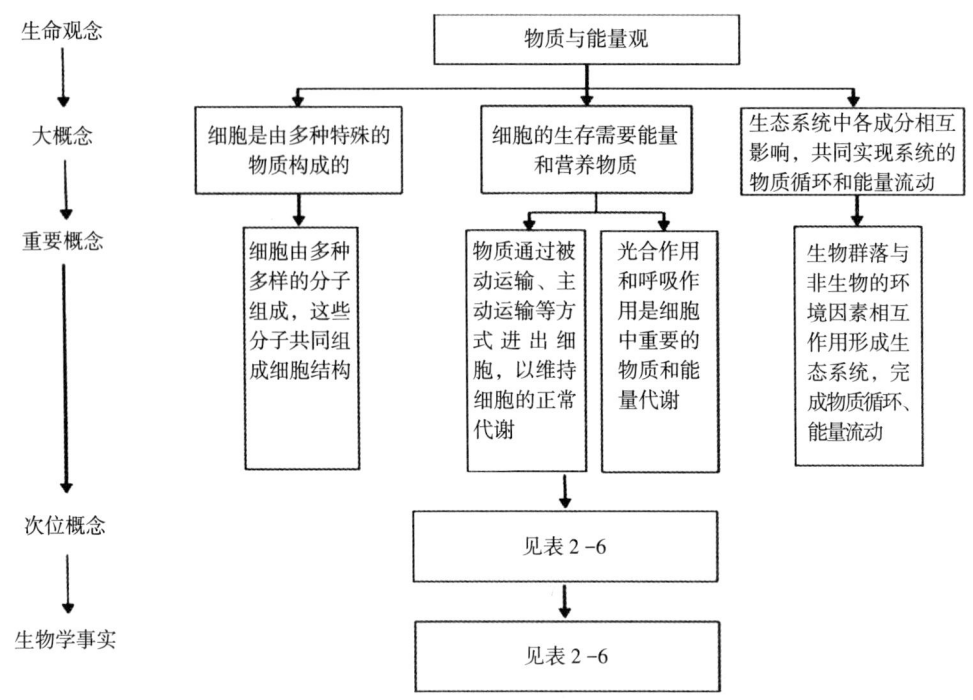

图2-5 形成物质与能量观的高中生物学概念体系

表2-6 发展物质与能量观的概念、事实及活动建议

重要概念	次位概念	生物学事实	活动建议
1. 细胞由多种多样的分子组成,这些分子共同组成细胞结构	1. 细胞由多种结构组成	动、植物细胞的亚显微结构模式图	观察多种细胞,阐明细胞的结构组成
	2. 细胞由多种多样的分子组成	水、多糖、氨基酸、核苷酸、叶绿素、血红素等物质的结构	完成实验,证明细胞中存在多种化合物;观察化合物的结构,归纳构成细胞的主要分子
		实验:检测生物组织中的糖类、脂肪和蛋白质	
2. 物质通过被动运输、主动运输等方式进出细胞,以维持细胞的正常代谢	1. 被动运输不需要消耗能量ATP,主动运输需要载体蛋白和能量ATP	二氧化碳、水、甘油、葡萄糖、氨基酸、K^+、Ca^{2+}等小分子物质进出细胞膜的方式	分析不同物质进出细胞的方式,阐明小分子物质进出细胞的物质和能量基础
		阿格雷分离出水通道蛋白;麦金农解析了钾离子通道蛋白的立体结构	
	2. 大分子物质可以通过胞吞、胞吐进出细胞	变形虫通过胞吞摄取水中的有机物;抗体、蛋白质类激素、消化酶等物质通过胞吐释放出细胞;神经递质以胞吐的形式释放到突触间隙	列举胞吞、胞吐的实例,阐明大分子物质进出细胞的物质和能量基础
3. 光合作用和呼吸作用是细胞中重要的物质和能量代谢	1. ATP是驱动细胞生命活动的直接能源物质	一个ATP分子中有两个特殊的化学键,ATP水解时,释放出大量能量;ATP与ADP可以相互转化	分析ATP的结构,并结合实例,阐明ATP能直接供能的原因
		大脑思考、电鳗发电和物质的主动运输都需要消耗ATP	

续表

重要概念	次位概念	生物学事实	活动建议
	2. 细胞呼吸能分解有机物，释放能量	有氧呼吸过程中的物质变化和能量转化；无氧呼吸第一阶段与有氧呼吸相同，第二阶段发生在细胞质基质，丙酮酸分解成乙醇和CO_2或乳酸	建构细胞呼吸的概念模型，阐明该过程中物质变化与能量转化的关系，并运用该原理解释生物学现象
		花盆里的土壤板结后，需要及时松土透气；中耕松土；米酒制作过程中会"发热"	
	3. 绿色植物利用光能，将CO_2和水转化成储存能量的有机物	恩格尔曼、希尔、鲁宾和卡门、阿尔农、萨克斯等科学家的实验现象	建构光合作用的概念模型，阐明光合作用中物质变化与能量转化的关系，并解释相关生理过程
		光能驱动ATP合成并转化为化学能；暗反应中有机物的合成需要ATP水解供能	
4. 生物群落与非生物的环境因素相互作用形成生态系统，完成物质循环、能量流动	1. 生态系统由生物群落、非生物的物质和能量构成	荒漠生态系统的生物组成	分析生态系统的食物链和食物网，阐明生态系统是由物质和能量构成的统一整体
		草原生态系统的食物链和食物网	
	2. 生态系统中物质作为能量流动的载体，能量为物质循环提供动力	赛达伯格湖中能量流动的过程	建构生态系统能量流动和碳循环的概念模型，阐明物质循环与能量流动的关系
		生物圈中碳循环的过程	

二、形成生命观念的概念教学策略

在生物学概念教学中，教师需要引导学生通过具体的事实建构概念，并以系统化的概念为基础，抽象出关于生命本质的观点，即形成生命观念。教师还需要设置新的教学情境，请学生运用已形成的生命观念，分析和解决新的生物学问题，以实现生命观念的内化和概念体系的重建。虽然生命观念的形成过程有规律可循，但由于每种生命观念的内涵都不相同，所以其概念教学策略也有一定的差异。本研究分别提出了基于结构与功能观、稳态与平衡观、进化与适应观、物质与能量观四种生命观念的概念教学策略。

（一）形成结构与功能观的概念教学策略

大到生态系统，小到细胞，构成生命体的各个层次无不体现出结构与功能的统一性，在教学中可以分别从结构认知和功能导向入手，借助生物学事实及科学实证建构概念，形成概念体系，发展学生的结构与功能观（图2-6）。

1. 感知结构或功能

教师以图片、视频等形式呈现与事物的结构或功能有关的事实，让学生初步感知事物的结构或功能，唤醒学生的前概念，引发学生的认知冲突。

2. 猜测功能或结构

教师针对事物的功能提出有关结构猜想的问题，或根据事物的结构提出对其功能猜测的问题，通过提问让学生感知新概念，初步体会事物的结构与功能。

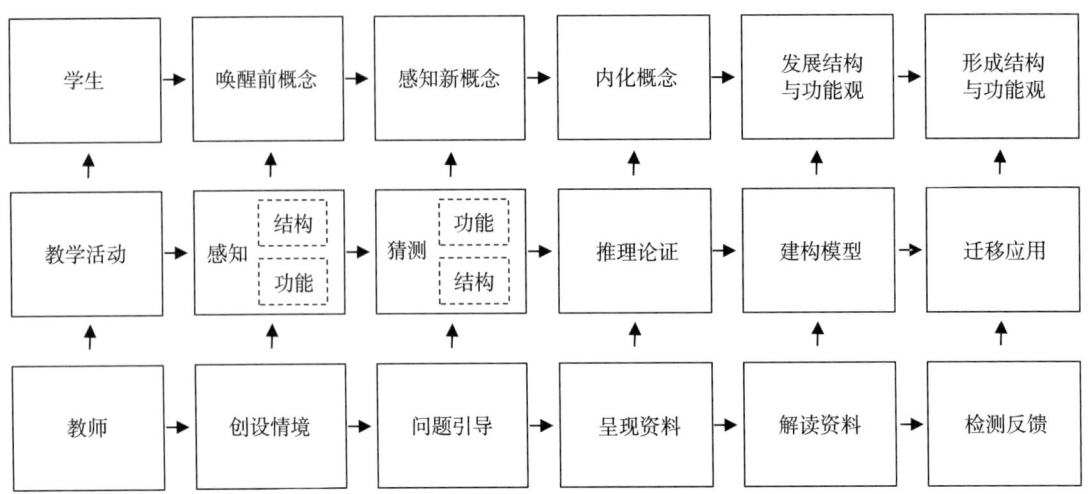

图2-6 形成结构与功能观的概念教学策略

3.推理论证

根据学生对事物结构的猜想或功能的猜测，教师呈现有关的事实性材料、标本、模型、科学史等资料，引导学生推理并论证对事物的结构或功能的猜测，在这个过程中内化概念。

4.建构模型

教师组织学生解读呈现的资料，并引导学生建构出结构与功能相对应的模型，发展结构与功能观。

5.迁移应用

结构与功能观需要在应用中形成，教师创设有关新情境，学生在新情境中应用结构与功能观分析和解决问题的过程中实现概念的迁移应用，从而形成结构与功能观。

【教学案例】

结构与功能观的概念教学可以根据生物学事实与概念的特点，分别从两个视角进行教学设计："从结构认知到功能推导"或"从功能导向到结构猜想"。

案例一：从结构认知到功能推导

细胞核的结构与功能

"细胞核的结构与功能"是人教版《普通高中教科书·生物学·必修1·分子与细胞》中的内容。教材先以资料分析的形式从科学史推理出细胞核的功能，再引入细胞核的结构，渗透"结构与功能相适应"的生命观念，并在真核细胞结构模型的制作中体现模型与建模思维。在教学过程中，教师可调整教材内容呈现的先后顺序，先呈现细胞核的基本结构，紧接着通过问题引导学生推导其功能，再通过科学史验证推导的内容，从而引导学生逐步建构细胞核的相关概念，最后引导学生建构细胞的物理模型，发展学生的结构与功能观。

1.感知细胞核的结构

教师可先展示紫色洋葱外表皮细胞、心肌细胞等多种真核细胞的显微图片，让学生从熟悉的图像中，直观地感受细胞核是多数细胞共有的结构，并初步感知细胞核的形状和位置；再展示细胞核的结构模式图，引导学生由外至内进行科学观察，清晰地感知细胞核的结构。

2. 猜测细胞核的功能

通过问题引导学生理解细胞核结构的同时，猜测细胞核的相关功能。首先回忆细胞膜的功能有哪些？核膜与细胞膜同样作为边界，且都属于生物膜，核膜可能有怎样的功能？核孔可能有什么功能？哪种核酸主要分布在细胞核中？细胞核在细胞的生命活动中有什么作用？学生运用类比推理法，由细胞膜的功能分析推理得到"核膜能将细胞核与细胞质分开，且进行物质交换"，并结合所学知识得出"细胞核内有DNA，细胞核与生物体的遗传、变异和蛋白质的生物合成密切相关"。

3. 推理论证细胞核的功能

教师逐步呈现教材中"细胞核的功能"中的4个科学史料，并提出相关问题，引导学生分析实验现象，并归纳出细胞核与生物的繁殖、生命活动息息相关。

资料1：美西螈核移植实验。提问：美西螈的肤色是由细胞核还是细胞质控制的？结合初中学过的多莉羊产生过程的知识，你认为生物性状的遗传主要是细胞核还是细胞质控制？

资料2：蝾螈受精卵横缢实验。提问：细胞核与细胞的分裂、分化有什么关系？

资料3：变形虫去核和核移植实验。提问：细胞核对变形虫起什么作用？

资料4：伞藻嫁接和核移植实验。提问：伞帽形态是由柄决定的，还是由假根决定的？控制伞藻伞帽性状的是假根中的哪个结构？资料说明生物体形态结构的建成，主要与什么结构有关？

4. 建构细胞核的概念模型

回顾"遗传"和"代谢"两个概念的内涵，引导学生进一步建构出"细胞核是遗传信息库，是遗传和代谢的控制中心"这一概念。最后让学生分组建构细胞核的物理模型并展示，帮助学生深入理解概念内涵的同时，发展模型与建模的能力。通过以上教学，学生对细胞核的结构与功能有清晰的认识，为结构与功能观的形成打下基础，也有利于发展学生类比推理、模型建构等科学思维能力和科学探究能力。

5. 迁移应用

让学生围绕"细胞是生物体结构与生命活动的基本单位"这一概念，梳理细胞的组成结构与功能相关基础知识，建构概念图，深化结构与功能观。

案例二：从功能导向到结构猜想

细胞膜的结构和功能

"细胞膜的结构和功能"是人教版《普通高中教科书·生物学·必修1·分子与细胞》第3章第1节的内容，是学生在学习了组成细胞的分子等知识后开始学习的内容，包括细胞膜的功能、结构及流动镶嵌模型的基本内容等。

1. 感知细胞膜的功能

教师将鲜鸡蛋打入碗中，并展示臭鸡蛋的图片。提出问题：为什么鲜鸡蛋能清楚地分辨出蛋黄和蛋清？臭鸡蛋蛋黄散开说明什么？教师进一步阐述：蛋黄通过蛋黄膜将蛋黄与蛋清分隔开，像鲜鸡蛋的蛋黄一样，细胞通过细胞膜将其与外界环境分隔开，从而保障了细胞内部环境的相对稳定。

教师呈现细胞内液和细胞外液中各离子的浓度的资料，提问：人体细胞外液与细胞内液之间的组成包括什么？各种物质的浓度存在一定的不同，说明细胞膜具有什么功能？学生通过推理分析明确细胞膜能够控制物质进出细胞。

教师展示资料：自1879年，坦格尔发现柿子等胚乳细胞间存在纤细的原生质连丝以来，随着科学技术的发展和电子显微镜的广泛应用，观察到由质膜、内质网等结构形成的相邻植物细胞相连的细丝状通道，从而分析出该结构是细胞间物质运输的通道，能够实现细胞间的信息交流，属于胞间连丝。教师补充阐述：内分泌腺分泌的激素会随体液运到全身各处，但只能作用于靶器官和靶细胞；只有同种生物的精子和卵细胞才能相互识别并结合，而且一旦有一个精子与卵细胞结合后，其他的精子就不能再进入。提问：以上事例说明细胞膜具有什么功能？学生通过事例可以推断出细胞之间通过细胞膜进行信息交流。

2. 猜测细胞膜的结构

细胞膜上述三种功能的实现离不开其结构，大家猜想一下细胞膜的结构是怎样的呢？让学生根据生活常识及上述事例进行讨论并猜想其结构。

3. 推理论证细胞膜的结构

猜想的结构是否正确，还需要证据进行证明，接着呈现教材上的相关科学史，并引导学生一步步建构出生物膜的流动镶嵌模型。

4. 建构细胞膜的结构模型

让学生根据建构的细胞膜模型尝试描述流动镶嵌模型的内容。

明确了细胞膜的功能及结构后，细胞膜的结构分别与其哪些功能相适应？请大家进行小组讨论并完成概念图。学生在完成概念图的过程中，会不断思考细胞膜的结构与功能的关系，从而在头脑中形成结构与功能观。

5. 迁移应用

教师介绍红豆杉中的紫杉醇具有抗肿瘤活性，其在乳腺癌、胃癌、卵巢癌等肿瘤化疗中经常使用。紫杉醇难溶于水，临床用蓖麻油和无水乙醇作为混合溶剂，但蓖麻油会引起患者过敏。利用血液透析机图片、血液透析原理示意图，介绍血液透析膜的关键作用。此后提出问题串：基于流动镶嵌模型，猜想如何解决紫杉醇化疗药物的过敏问题？脂质体中，水中结晶药物、脂溶性药物分别包裹在什么位置，且为什么？脂质体中的药物如何进入细胞内？体现细胞膜怎样的结构特点？人工合成的透析膜模拟了细胞膜怎样的功能？

学生运用本节课所学的知识在情境中解决实际问题，提升了学生解决问题的能力，进一步认识到结构与功能的关系。

（二）形成稳态与平衡观的概念教学策略

在教学过程中，从生物学事实入手，引导学生梳理调节个体生命活动的生理过程或明晰生态系统中各组成成分间的关系，并逐步抽象出生物学概念，最后在建构和运用概念体系的过程中形成和发展稳态与平衡观（图2-7）。

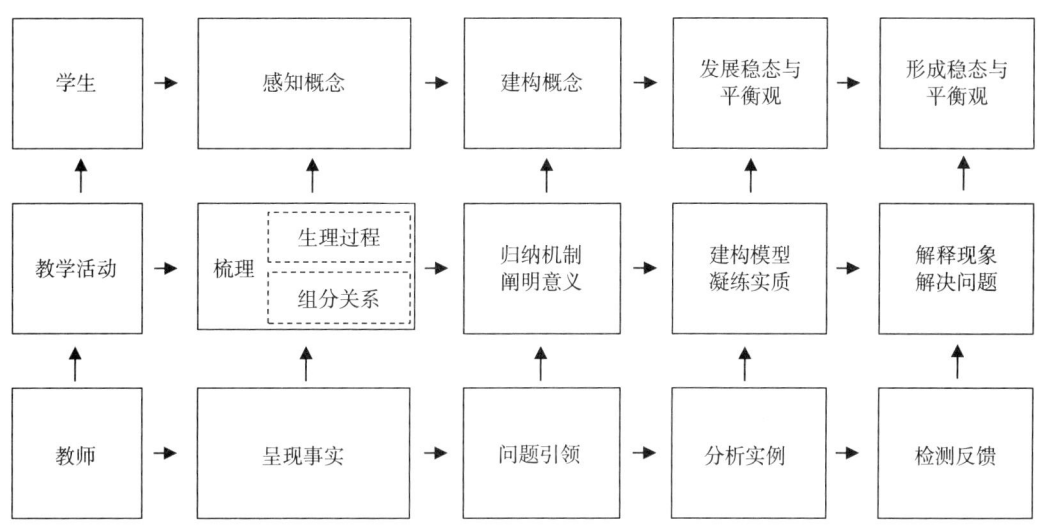

图 2-7　形成稳态与平衡观的概念教学策略

1. 梳理生理过程或组分关系

以图片、视频、资料等形式，呈现与概念建构相关的生物学事实，引导学生结合自身已有的知识背景，系统地梳理出调节个体生命活动的生理过程或者生态系统中各组成成分间的关系，感知新概念。

2. 归纳机制，阐明意义

设置问题，引导学生分析生理过程或组分关系，说出稳态的影响因素，归纳出稳态的调节机制，并阐明稳态调节的意义，初步建构概念。

3. 建构模型，凝练实质

分析细胞、个体、生态系统等生命系统层次中通过调节机制维持相对稳定的实例，引导学生建构出生命系统与外界环境维持稳态的模型（如图2-8），帮助学生凝练稳态与平衡观的实质，发展学生的稳态与平衡观。

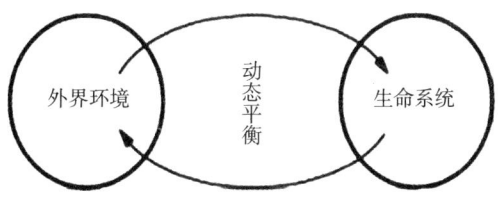

图 2-8　系统稳态模型

4. 解释现象，解决问题

学生的稳态与平衡观是否得到发展，需要在解释生命现象和解决实际问题的过程中进行检测。教师可列举一系列与稳态与平衡相关的生命现象、生产实践问题或生态问题，引导学生在解决实际问题的过程中，逐步形成和发展稳态与平衡观。

【教学案例】

生态系统的物质循环

"生态系统的物质循环"是人教版《普通高中教科书·生物学·选择性必修2·生物与环境》第3章第3节的重要内容，教学过程中教师尝试通过模型的引入、建构、解构与应用，来发展学生的稳态与平衡观。

1. 梳理组分间关系

教师可以通过一系列问题引导学生建构碳循环的概念模型，梳理生态系统的各组成成分在物质循环中的关系：①非生物环境中碳元素主要以什么形式存在？②非生物环境中碳元素以什么形式进入生物群落？首先参与什么生理作用，形成什么物质？③生物群落中碳元素以什么形式传递？④生物群落中碳元素以什么形式通过什么生理作用返回非生物环境？⑤化石燃料中碳元素以什么形式通过什么作用返回非生物环境？学生通过问题的引领可以自主建构出碳循环模型。

概念的生成需要学习者从大量同类事物的具体例证中抽象概括出事物的共同本质特征。生态系统的物质循环分为三大类型，分别为水循环、气体型循环和沉积型循环。除了碳循环的实例外，教师还可以提供相关资料，引导学生阅读资料并用碳循环中同样的问题串进行思考，小组合作建构出硫、磷、水循环模型。

2. 归纳调节机制，阐明稳态的意义

上述的教学过程已经提供了模型实例，紧接着便可询问学生上述碳、硫、磷、水循环模型中抽象概括出的物质具体是指什么？物质在哪里循环？学生通过总结可以得出：生态系统的物质循环是组成生物体的化学元素，从非生物环境到生物群落，又从生物群落到非生物环境的循环过程。为了让学生真正理解物质循环的概念本质，教师可以继续追问：是不是所有的物质都能快速顺利地进行循环返回到非生物环境中呢？之后，教师可以通过表格的形式展示重金属铅、杀虫剂滴滴涕（双对氯苯基三氯乙烷，DDT）在非生物环境、生产者及各级消费者体内的含量。据此，学生会发现有害物质进入生物体后不易排出，积累在生物体内，并沿着食物链逐渐富集，最终积累在食物链的顶端。

3. 建构模型，凝练实质

在生成物质循环的概念后，教师提出问题：地球与太空几乎没有物质交换，生物圈中的物质是如何保持相对稳定的？此时，教师引入化学学科的物质守恒定律，即物质不会消失也不会产生，化学变化只能改变物质的组成，只会从一种物质转移到另一种物质，总量保持不变。教师可以引导学生从物质守恒定律的角度分析，生物圈中的碳、氮、磷、硫和水等都是在非生物环境和生物群落之间循环往复的状态下，形成一种稳态和平衡，维持一种相对的稳定状态，然后尝试建构生物圈的稳态模型。虽然生物圈是一个相对独立的生态系统，几乎与太空没有物质交换，但地球上其他生态系统都处在一定的环境中，会和外界环境进行物质交换。由此教师可以让学生在生物圈稳态模型的基础上补充生态系统如何与外界环境进行物质交换，建构地球上基本生态系统的稳态模型。

4. 解释现象，解决问题

在课堂教学的最后阶段，教师可以播放一些全球性环境问题（如温室效应、酸雨、赤潮、水污染等）的视频或照片，通过分组活动让学生利用稳态模型分别从碳循环、硫循环、氮磷循环和水循环进行思考：①什么条件下物质循环可保持基本平衡（如大气中CO_2含量，SO_2含量，水体中N、P含量相对稳定）？②哪些活动会打破这种平衡？平衡被打破后会导致什么后果？③平衡被打破后，如何减缓这一环境问题？解释荒漠土壤为什么比草原土壤更贫瘠？单一作物的农田生态系统为什么需要施肥、灌溉？池塘生态系统为什么需要每天投入饲料？让学生在解决实际问题的过程中形成稳态与平衡观。

（三）形成进化与适应观的概念教学策略

生物在进化过程中不断适应环境，从而形成了生物多样性。进化与适应观的建立有助于学生理解生命发展的历史，对于建立"生物的多样性和适应性是进化的结果"这一大概念是必不可少的（图2-9）。

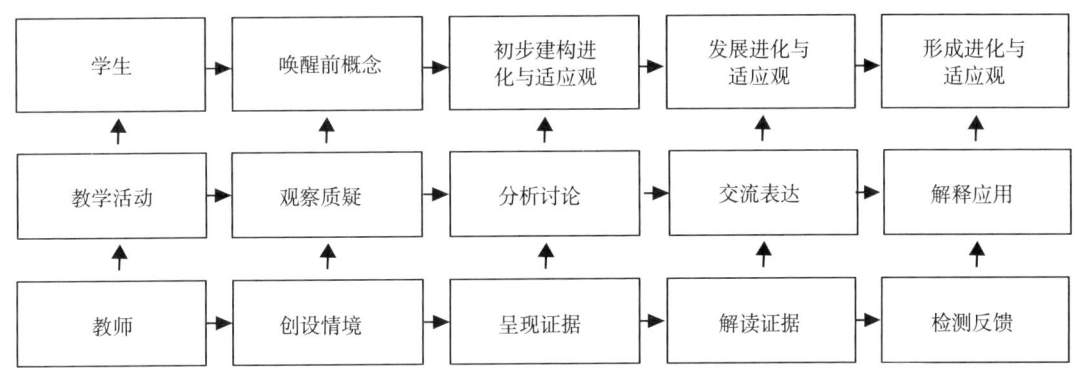

图2-9 形成进化与适应观的概念教学策略

1.观察质疑

教师用与生物进化有关的事实创设情境，通过问题引导学生观察、提问，发现学生的前概念，为建构进化与适应观奠定基础。

2.分析讨论

针对提出的问题呈现有关科学史，并带领学生进行分析、讨论，初步建构进化与适应观。

3.交流表达

教师针对科学史进行解读，同时学生根据自己对生物进化与适应的理解相互讨论并交流观点，发展进化与适应观。

4.解释应用

学生是否发展了进化与适应观，需要在解决实际问题的过程中进行检验。在生物课堂上引入最新的科研成果、当下的社会热点及学科前沿资讯等，引导学生运用进化与适应的观点解释有关现象，实现概念的迁移应用，逐步形成和发展进化与适应观。

【教学案例】

生物有共同的祖先

"生物有共同的祖先"和"自然选择与适应的形成"是人教版《普通高中教科书·生物学·必修2·遗传与进化》第6章第1节中的内容，教材先以科学史的形式列举了生物有共同祖先的证据，接着以资料的形式讲述了达尔文自然选择学说的解释模型。

1. 观察质疑

生物进化体现在生物学的方方面面，教师可以通过列举生物进化方面（胚胎学、解剖学、生物分类学、分子生物学等）的证据，引导学生观察，并运用发散思维提出相关问题。

2. 分析讨论

遗传与进化这一模块的教学中，教师可以通过将科学论证活动引入生物课堂教学，设置具体的问题情境，提供相关的资料数据，引导学生提出不同的观点，在不同观点之间进行合理的思考与辩驳。

3. 交流表达

教师收集学生在思辨过程中得到的有效信息，整理总结得出统一的结论，并根据有关信息建构概念模型。如教师在"自然选择"的教学时，提供资料如下。

资料1：马尔萨斯在《人口论》中提出，每一个生物种群都有很强的繁殖能力，如果不受环境条件限制，群体数量将会呈指数增长。

资料2：达尔文观察到，在自然界中，群体的数量除了每年的暂时波动，基本保持稳定。

资料3：马尔萨斯认为，自然界中的每一个种群获得的资源都是有限的。

提问：达尔文能够从这三个事实中得到什么推论呢？

资料4：达尔文从育种者、驯化师及分类学者处了解到，在一个群体中，没有完全一样的个体；一个群体中，不同个体之间的差异是可以遗传给下一代的。

提问：结合这一则资料，达尔文从中可以得出什么推断呢？

教师列举关于自然选择的相关资料，层层深入引导学生站在科学家的视角审视生物进化的过程，提炼出资料中的有用信息并做出合理推断。同时，教师要注意对学生提出的推断进行总结归纳，建构自然选择的解释模型。

4. 解释应用

在生物学课堂上，生物学课程育人价值的体现，生物基础知识的教学、生命观念的形成与建构等都最终指向学生面对实际问题和挑战时的分析、决策和解决能力。因此，教师可以让学生解决"超级细菌"的耐药性问题，发展进化与适应观。

（四）形成物质与能量观的概念教学策略

在教学过程中，从科学史出发，引导学生梳理物质变化与能量转化的过程，在分析物质变化与能量转化的过程中形成生物学概念，最后引导学生梳理概念间的联系形成概念体系，并运用该体系去解决实际生活中的问题，形成物质与能量观（图2-10）。

1. 梳理过程

呈现科学史实验、资料或生物学现象，引导学生分析事实，并梳理出个体生理过程或生态系统中发生的物质变化和能量转化过程，感知新概念。

2. 分析关系

设置问题引导学生分析物质变化与能量转化的关系，并阐明物质变化与能量转化的意义，逐步建构出相关概念。

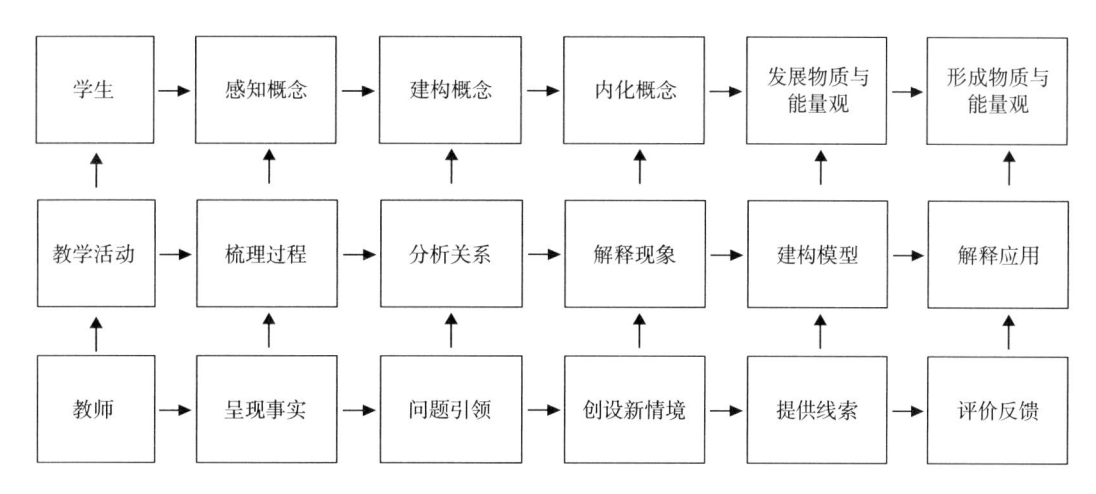

```
学生 → 感知概念 → 建构概念 → 内化概念 → 发展物质与能量观 → 形成物质与能量观
 ↑        ↑          ↑          ↑              ↑                    ↑
教学活动 → 梳理过程 → 分析关系 → 解释现象 → 建构模型 → 解释应用
 ↑        ↑          ↑          ↑          ↑          ↑
教师 → 呈现事实 → 问题引领 → 创设新情境 → 提供线索 → 评价反馈
```

图2-10 形成物质与能量观的概念教学策略

3.解释现象

学生能够灵活地运用概念去解决新情境中的问题，才算是内化了概念。因此，在教学过程中，教师可引入实际生活中的相关生命现象，创设新情境，引导学生运用概念去解释生命现象，帮助学生内化概念。

4.建构模型

梳理概念间的联系和建构概念模型有利于发展学生的物质与能量观。但学生不一定能独立地建构出可以体现物质与能量观的概念模型，因此在教学过程中，教师可提出促进概念之间广泛联系的问题或呈现促进概念模型建构的资料，作为学生梳理概念体系、建构概念模型的主要线索，引导学生层层递进、逐步探究，建构概念模型，发展物质与能量观。

5.解释应用

教师可以扩展教学的时空，以实践活动、课外调研与研学参观等一系列方式，引导学生在解决实际问题和解释相关生理现象的过程中形成物质与能量观。

【教学案例】

光合作用的原理

"光合作用的原理"是人教版《普通高中教科书·生物学·必修1·分子与细胞》第5章第4节的重要内容，主要目的是认识细胞生命活动中物质和能量的统一，探索该过程中发生的物质变化和能量变化，进一步体现生命系统的物质与能量观。

1.梳理光合作用过程中物质变化和能量转化的过程

教师引导学生根据光合作用的总反应式猜测O_2的来源（CO_2、H_2O、CO_2和H_2O），然后带领学生重走科学家的探索之路。提供科学史料1~4。资料1：19世纪末，科学界普遍认为，在光合作用中CO_2分子的C和O被分开，O_2被释放出来，C和H_2O结合成甲醛，然后甲醛分子缩合成糖。资料2：1928年，科学家发现，甲醛对植物有毒害作用，而且甲醛不能通过光合作用转化为糖。资料3：1937年，英国植物学家希尔开创性地破碎植物细胞，对离体叶绿体进行探索。他发现，在离体叶绿体的悬浮液中加入铁盐或其他氧化剂（悬浮液中有H_2O，没有CO_2），在光照下可以释放出氧气。像这样，离体叶绿体在适当条件下发生水的光解、产生氧气的化学反应称作希尔反应。资料4：1941年，美国科学家鲁宾和卡门用同位素示踪的方法，研究了光合作用中O_2的来源。学生分析资料并讨论后，得出结论：O_2中的氧元素全部来源于H_2O。

接着，教师提供资料5和6。资料5：20世纪50年代，植物生理学家发现叶绿体中存在天然的受氢体$NADP^+$，光照下，可接受H^+和e^-，转变为NADPH，称作还原型辅酶Ⅱ。资料6：1954年，美国科学家阿尔农也用离体叶绿体做实验。1957年，阿尔农发现这一过程总是与水的光解相伴随。学生基于上述资料，写出此过程的表达式并得出结论。反应式：$NADP^+ + H^+ + 2e^- \rightarrow NADPH$；$ADP + Pi + 能量 \rightarrow ATP$；结论：光照下，叶绿体可以合成ATP，这一过程总与H_2O的光解相伴随。

学生质疑：ATP究竟是怎样合成的？驱动ATP合成的动力是什么？教师提供资料7和资料8。资料7：1961年，英国生物化学家米切尔提出化学渗透假说，即光照引起水的裂解，水释放的H^+留在类囊体腔中，释放的e^-经类囊体膜上电子传递链传递给某种蛋白质，将类囊体外侧的H^+泵入类囊体腔中，使膜内侧的H^+浓度高于外侧，于是膜内外产生了H^+浓度差和电位差，当H^+沿着浓度梯度返回膜外侧时，在ATP合成酶催化下，ADP和Pi脱水形成ATP。资料8：1966年，贾格道夫在黑暗处将离体叶绿体类囊体置于pH值为4的酸性缓冲液中，使腔内pH值降低；然后将类囊体转移至含有ADP和Pi的pH值为8的酸性缓冲液中，发现有ATP生成。学生基于资料分析，推理出：驱动ATP合成的动力来自类囊体膜内外侧的H^+浓度差。

2. 分析光合作用过程中物质变化和能量转化的关系

教师呈现类囊体膜上光反应的过程示意图。学生基于上述资料的分析、推理、判断，归纳总结出光反应的大致过程。教师引导学生建构出光反应的概念模型，提出问题：希尔实验能否说明水的光解与糖的合成不是同一个化学反应？CO_2是如何转变为糖类的？并提供资料9：1946年，美国科学家卡尔文将^{14}C标记的CO_2提供给小球藻，给予充足的光照，每隔一段时间取样，并立即杀死小球藻，同时提取产物并分析，以追踪^{14}C的转移路径。照光30 s后，检测到^{14}C存在于几十种化合物中，缩短到5 s后，^{14}C同时出现在C_5、C_6中。学生基于实证分析，演绎推理，写出卡尔文循环的表达式。

教师提供资料10：1954年，阿尔农发现，在黑暗条件下，只提供NADPH和ATP，叶绿体也能将CO_2转化为糖类，同时NADPH和ATP的含量急剧下降。学生推理得出：糖类的生成可以不需要光，但必须有NADPH和ATP。这样教师逐步引导学生建构光合作用的概念图、分析光合作用的概念模型，分别概括出光反应和暗反应的概念。光反应概念：在类囊体薄膜上进行，光合色素吸收、传递、转化光能，形成ATP和NADPH中活跃的化学能，并将水裂解成O_2。暗反应概念：在叶绿体基质中进行，利用光反应产生的NADPH和ATP，将CO_2经固定产生的C_3还原为糖类等有机物，NADPH和ATP中活跃的化学能转化为有机物中稳定的化学能。教师引导学生将光反应和暗反应两个概念进行整合，形成光合作用的原理图，并建构"光合作用的原理"概念；在光反应阶段，光能被类囊体膜上的色素捕获后，将H_2O裂解为O_2和NADPH等，形成ATP和NADPH，于是将光能转化为ATP和NADPH中的化学能。ATP和NADPH驱动在叶绿体基质中进行的暗反应，将CO_2转变为储存化学能的糖类等有机物。光合作用产生的有机物不仅供植物体自身利用，还养活了包括你、我在内的所有异养生物，是生物界几乎所有生物物质和能量的根本来源。

3. 解释现象

光合作用和呼吸作用教学结束后，教师可以先带领学生参观并初识一些蔬菜大棚，并提醒学生观察大棚中的湿度计、温度计、CO_2钢瓶等设备物件。之后，教师引导学生从大棚的设施去思考光合作用中物质与能量转化的相应过程，并据此帮助学生分析农业生产中提高农作物产量的方法。最后，学生以小组合作学习的形式按照物质与能量转变的相应原理设计未来大棚，进而从真正意义上感悟物质与能量观在现实生活中具有的重要作用。

4.建构模型

中学生物学教学内容框架承载了丰富的物质与能量视角下的生物学现象、事实及概念，但它们并没有按照物质或能量主题排列，而是分布在不同的阶段和章节。为了促进物质与能量观的形成、内化与发展，教师不应孤立地、按部就班地教教材，而要在分析教材的基础上对相关内容进行整体把握，形成物质与能量视角下的知识体系，凸显前后知识的纵向联系和横向联系，为落实观念形成的教学设计和教学实施提供思考框架，并在教学过程中潜移默化地培养学生的物质与能量观。例如，在复习课中，教师应着眼于物质与能量视角，梳理整合教学内容，将生态系统、人体的消化与吸收、光合作用和呼吸作用等知识进行有机整合，构成不同层次生命体系中的概念联系，促进物质与能量观的形成。

5.解释应用

在学生初步形成物质与能量观的基础上，教师要进一步巩固和加深其对"物质与能量"的认识。此时，教师要引导学生应用物质与能量观念去分析、解决问题，实现巩固概念、内化概念的目的。例如，结合校园里"开心农场"试验田，教师引导学生结合物质与能量观，自主设计并亲身体验作物通风透光、合理密植、套种间作等物质与能量观在农业生产中的应用。其次是通过设计相关试题让学生在应用中加深认识。例如，课上展示桑、蚕、鱼塘生态农业示意图，教师提问：请结合示意图思考，该生态农业中物质是如何循环利用的？该生态农业中能量流动的途径是什么？该生态农业中还存在什么不足，如何改进？这样让学生在应用观念解决问题的过程中巩固物质与能量观。物质与能量代谢是生命的本质特征，物质循环和能量流动是生态系统维持和运转的链条，自然生态系统具有一定的自我调节能力，但对于生物圈这个特殊生态系统而言，人类活动有着不可低估的影响。培养形成物质与能量观的价值还在于提供解决个人和社会问题的视角和方法策略，即指向社会责任，让学生在日常生活实践中以物质与能量观指导自身的一言一行。在此基础上，学生能够重新审视周围的环境问题，每当学生在生活中努力践行低碳生活、节约用电用水等良好生活习惯时，都能够不断内化并发展物质与能量观。

本研究聚焦于"新课程标准"中提到的四种主要的生命观念：结构与功能观、进化与适应观、稳态与平衡观、物质与能量观，梳理了每种生命观念对应的概念体系与典型事实，并提出了相应的教学策略。生命观念的内涵非常丰富，如张秀红认为，生命观念还包括生命的信息观、生态观和系统观，谭永平提出生命观念还包括信息与调控、生殖与发育、统一性与多样性、群体与共存、生物与环境等。对于其他生命观念的形成，教师也可以先梳理出这些生命观念对应的概念体系和典型事实，再引导学生在分析事实的基础上抽象出概念，通过对概念的理解和应用，逐渐体会和形成生命观念。

生命观念的各组成成分不是孤立的，它们相互交叉、互相渗透，共同构成了对生命本质理解的全貌。不同的生命观念可能对应着相同的概念或生物学事实，如"光合作用的过程"既可以帮助学生形成物质与能量观，也可以帮助学生形成结构与功能观和稳态与平衡观。教师可引导学生从不同的角度去分析同一个生物学事实或概念，以形成不同的生命观念，并充分体会各生命观念之间的内在联系，帮助学生更加深刻地领悟生命活动的规律和生命的本质。

第二节 提升"科学思维"的概念教学策略

科学思维作为生物学核心素养的主要内容，是形成生命观念的重要途径。生物学中一些重要的概念如定律、原理、规律等都是人类科学思维的产物，形成这些概念一般需要经历分析、比较、归纳、演绎、综合、抽象和概括等科学思维的过程。基于对生物学事实或证据的分析建构概念的过程，本身就是科学思维的过程，所以，我们既要重视概念形成的结果，也要关注概念形成的过程，同时，在新情境中检测、评价学生对概念的理解水平也是发展科学思维的重要过程。科学思维与概念建构的关系如图2-11所示。因此，发展学生科学思维的能力和品质是生物学教学的重要目标之一。

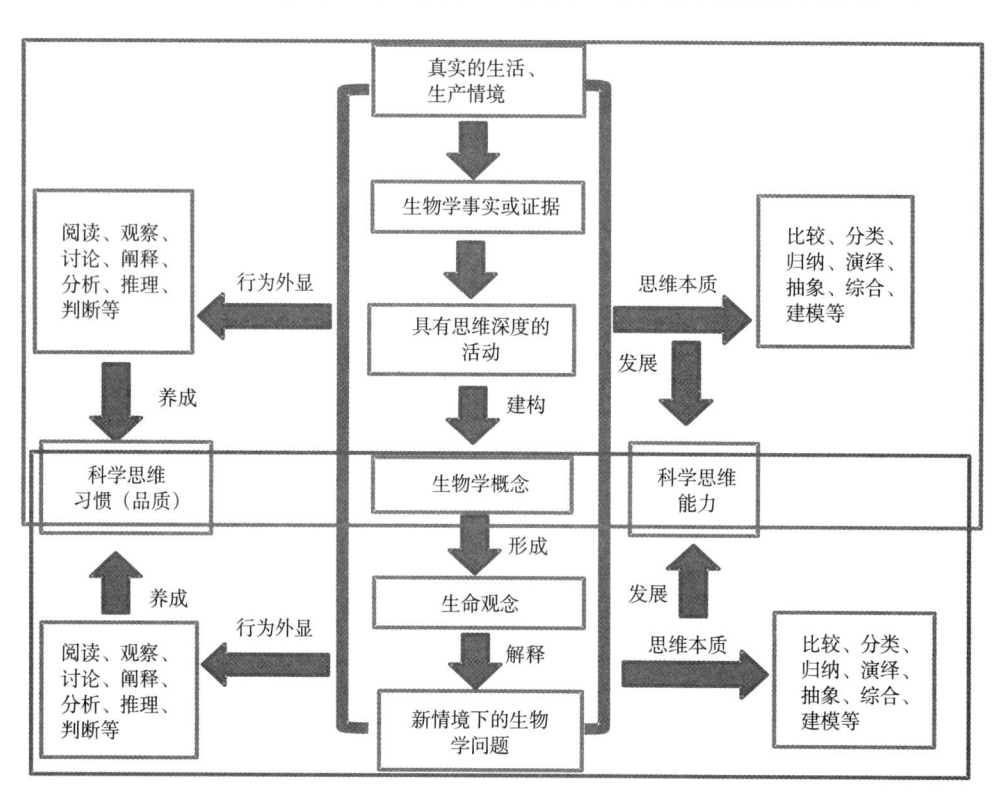

图2-11 科学思维与概念教学的关系

一、提升科学思维的高中生物学概念体系

"新课程标准"中关于科学思维的定义是："尊重事实和证据，崇尚严谨和务实的求知态度，运用科学的思维方法认识事物、解决实际问题的思维习惯和能力。学生应该在学习过程中逐步发展科学思维，如能够基于生物学事实和证据，运用归纳与概括、演绎与推理、模型与建模、批判性思维、创造性思维等方法，探讨、阐释生命现象及规律，审视或论证生物学社会议题。" 本研究以此为标准，依据现行的人教版高中生物学教材，对五种科学思维方法在概念建构过程中的作用进行了梳理，帮助教师在概念教学中找到科学思维的锚定点，促进学生科学思维能力的发展，养成科学思维的品质。

（一）提升归纳与概括能力的高中生物学概念体系

归纳是对大量的生物学事实进行观察、实验或调查，在分析、比较的基础上发现其共性或本质特征，发现各种生命活动的规律的一种思维活动。概括是基于归纳的思维活动凝练其本质特征的显性表达，从而建构概念的一种思维活动。归纳与概括不仅是学生建构生物学概念所必需的一种思维方法，也有利于学生建构完整概念体系。有利于学生提升归纳与概括能力的部分概念见表2-7。

表2-7 提升归纳与概括能力的概念及活动建议

重要概念	次位概念	活动建议
1.细胞由多种多样的分子组成，各种细胞具有相似的基本结构	1.细胞是生物体功能的基本单位	观察分析单细胞生物和多细胞生物等多种生物生命活动与细胞的关系，概括出细胞是生物体功能的基本单位
	2.原核细胞没有核膜包被的细胞核	观察、比较、分析蓝细菌、大肠杆菌等多种细胞的模型，归纳出原核细胞共有的特征，并以模型或文字的方式概括出原核细胞的结构
	3.细胞具有统一性	用显微镜观察多种多样的细胞装片，或观察多种细胞的图片和模型，对比分析，归纳细胞在结构上的共性，即统一性
	4.蛋白质通常由21种氨基酸组成	观察各类氨基酸的结构特征，归纳总结氨基酸分子的结构特点
2.细胞的功能绝大多数基于化学反应，细胞会经历生长、增殖等生命进程	1.有氧呼吸与无氧呼吸是发生在细胞内特定区域的化学反应	观察分析酵母菌细胞呼吸相关的实验，归纳细胞呼吸概念；分析细胞呼吸过程图解和多种生物细胞呼吸现象并阅读相关的文字信息，概括有氧呼吸和无氧呼吸的总方程式
	2.连续分裂的细胞具有细胞周期	列举多种生物细胞分裂过程中的时间变化及形态结构变化，通过观察、比较、分析，列表归纳概括细胞周期的概念
3.遗传信息主要编码在DNA分子上，由染色体变异等引起的变异是可以遗传的	1.DNA是主要的遗传物质	依次分析DNA是遗传物质相关的科学实验资料，RNA是某些病毒遗传物质的科学实验，列表比较各个实验，概括出DNA是主要遗传物质的概念
	2.染色体变异是可以遗传的	分析染色体变异实例，提炼关键信息，列表比较二倍体、多倍体和单倍体，概括染色体结构和数目变异的概念模型
4.地球上的现存物种丰富多样，它们来自共同祖先，适应是自然选择的结果	隔离是物种形成的必要条件	解读分析科隆群岛上地雀的形成过程，绘制概念图概括隔离在物种形成中的作用
5.生命个体通过一定的调节机制保持稳态	1.内环境为细胞提供适宜的生存环境，并保持稳态	解读分析典型的稳态失调实例，对比相关生命活动正常进行需要满足的内环境条件，归纳总结内环境稳态的意义
	2.内环境稳态通过调节作用保持稳定	对比分析血糖平衡、体温恒定、甲状腺激素的稳定、机体通过免疫系统抵御病原体时机体不易患病等生物学事实和原理，概括内环境稳态的调节机制及它们之间的关系
	3.激素调节有微量、高效等特点	对比分析不同激素调节生命活动的相关过程，概括激素调节的共同特点
	4.各种植物激素相互作用共同调节植物的生命活动	分析植物从萌发到生长发育各个阶段中植物激素含量的变化与作用，概括植物激素间的关系
6.生态系统中的各种成分相互影响，共同实现生态系统的功能，并通过自我调节保持相对稳定状态	1.生态系统由生产者等生物因素和阳光等非生物因素组成	对比某具体生态系统的具体组分，对各类具体的生物和非生物进行分析归类，概括生态系统的组成成分及其作用
	2.能量在生态系统中单向流动、逐级递减	对比分析不同生态系统中能量流动的具体过程与变化规律，概括能量流动的概念和规律
	3.生态系统的信息传递有多种类型	解读生态系统中大量信息传递的实例，归纳生态系统中的信息类型及其内涵
	4.生态系统具有保持或恢复自身结构和功能相对稳定，并维持动态平衡的能力	观察生态系统相关稳态变化的调节过程实例，概括生态系统维持稳态的负反馈调节机制的概念和意义

（二）提升演绎与推理能力的高中生物学概念体系

演绎推理是推理中的一种，是一种思维过程，是从一般到个别，从普遍到特殊的一种逻辑推理方法。通常是指在假设某些表述或者前提成立的条件下，要求个体推测必然会出现的结果。它是把一般原理（理论）应用于某一特殊的具体的场合或对象上，并由此做出对未知事件的猜测或假设的一种逻辑推理方法。教学中常采用"三段论"和"先行组织者策略"开展教学，发展学生的演绎与推理能力。学生提升演绎与推理能力的部分概念见表2-8。

表2-8 提升演绎与推理能力的概念及活动建议

重要概念	次位概念	活动建议
1. 细胞由多种多样的分子组成	1.细胞中的水以自由水和结合水的形式存在	阅读教材中关于水分子结构的相关资料，并根据水分子的化学结构推理分析、解释自由水在细胞中的作用，从而建构概念；根据自由水和结合水的作用，解释种子晒干前后代谢差异和种子烘干后不能萌发的原因，从而巩固概念
	2.无机盐与生命活动密切相关	根据植株叶片正常和不正常的表现，以及无机盐对植物生长的作用，解释当土壤中缺乏镁离子时番茄植株叶片发黄、生长不良的原因
	3.脂肪是细胞中良好的储能物质	通过比较葡萄糖与脂肪分子式中元素比例的差异，并根据两者氧化分解的产物均为CO_2和H_2O，推理等质量葡萄糖和脂肪完全氧化分解的耗氧量差异，并解释细胞中等质量脂肪放能多的原因，明确脂肪比糖类更适合作为细胞中的储能物质
2. 细胞各部分结构既分工又合作，共同执行细胞的各项生命活动	遗传信息主要储存在细胞核中	观察伞藻嫁接实验中，伞柄嫁接及核移植后新长出伞帽的形状，根据遗传物质——核酸的功能，推理伞藻遗传信息所在的位置
3. 物质通过被动运输、主动运输等方式进出细胞，以维持细胞的正常代谢活动	1.细胞膜具有选择透过性	观察洋葱外表皮质壁分离及复原实验，根据渗透作用原理阐释紫色洋葱鳞片外表皮细胞发生质壁分离和复原的原因，推理并解释不同浓度、不同种类的溶液进行质壁分离及复原的实验现象
	2.协助扩散	根据协助扩散概念和示意图，判断并解释关于协助扩散的正例和反例，比如，正例：水分子可以通过协助扩散进入细胞，反例：离子都通过协助扩散进出细胞等；根据协助扩散的概念，推理阐释温度、底物浓度、氧气浓度及载体数量等对协助扩散运输速率的影响，并用坐标曲线呈现
4. 细胞的功能绝大多数基于化学反应，这些反应需要酶的催化	1.酶活性受到温度的影响	观察0℃、37℃、100℃环境下酶促反应实验现象，根据蛋白质变性的原理，解释0℃和100℃酶促反应速率几乎为零，而37℃酶促反应速率快的原因，解释将0℃处理的酶溶液温度逐步升高及将100℃处理的酶溶液温度逐渐降低，酶活性变化的原因
	2.酶活性受到pH值的影响	观察唾液淀粉酶在不同pH值条件下催化淀粉水解的实验现象，根据蛋白质变性的原理，解释pH值偏高或偏低时，酶活性明显降低的原因
5. 亲代传递给子代的遗传信息主要编码在DNA分子上	1.DNA分子通过半保留方式进行复制	依据DNA分子复制既可能是半保留复制也可能是全保留复制的两种不同假说，推理预测运用同位素标记后的大肠杆菌DNA分子复制后，子一代和子二代的DNA分子在试管中的位置，最后通过实验验证DNA分子通过半保留方式进行复制

续表

重要概念	次位概念	活动建议
	2. 减数分裂产生染色体数量减半的精细胞或卵细胞	根据减数分裂的过程及原理,推理蝗虫精原细胞减数分裂过程中各时期细胞中核DNA和染色体的数量,并用曲线表示变化过程
6. 有性生殖中基因的分离和重组导致双亲后代的基因组合有多种可能	1. 基因的分离和自由组合使得子代的基因型和表型有多种可能,并可由此预测子代的遗传性状	分析孟德尔一对和两对相对性状的杂交实验现象,阅读教材中孟德尔解释实验现象而提出的假说,或让学生自己尝试提出假说,然后让学生根据假说,推理预测子一代杂合子进行测交实验的结果
	2. 性染色体上的基因传递和性别相关联	模拟摩尔根进行果蝇眼色杂交实验过程,根据X和Y染色体的结构异同,在萨顿假说成立的前提下,分析并解释子二代白眼果蝇只有雄性的原因,推理白眼雌性果蝇与野生型红眼雄性果蝇杂交,子代预期的表型及比例
7. 地球上的现存物种丰富多样,它们来自共同祖先	当今生物具有共同的祖先	根据证明人类进化的化石证据、比较解剖学证据、胚胎发育学证据和细胞分子学证据,绘制人类进化图,解释人类与猿类的DNA碱基序列及细胞色素c氨基酸序列相似的原因
8. 适应是自然选择的结果	变异、选择和隔离可导致新物种形成	根据新物种形成的过程,解释不同海岛上出现海鸟种类不同的原因

(三)提升模型与建模能力的高中生物学概念体系

模型是人们为了某种特定的目的而对认识对象所作的一种简化的概括性描述,这种描述可以是定性的,如细胞膜的流动镶嵌模型,也可以是定量的,如生态系统中能量的传递模型;有的借助于具体的实物或其他形象化的手段来表达,如细胞结构模型、DNA双螺旋结构模型;有的则通过抽象的形式来表达,如种群数量变化的计算公式或曲线图等。模型的形式很多,主要包括物理模型、概念模型和数学模型三类。建模即模型建构,是指用一定的物质形式(如各种材料)或思维形式(如符号、文字或数学公式)等表达对生命现象、生命活动规律的理解。建模是科学研究中常用的方法,生物学中很多概念的建构都可以利用建模的方法,见表2-9~表2-11。

表2-9 利用物理模型建构的概念及活动建议

重要概念	次位概念	活动建议
1. 细胞由多种多样的分子组成,其中蛋白质和核酸是两类最重要的生物大分子	1. 氨基酸脱水缩合形成蛋白质	不同学生扮演不同氨基酸,两两手拉手模拟建构氨基酸脱水缩合过程,解释氨基酸数、肽链数和脱水数之间的数量关系及蛋白质结构多样性的原因
	2. 核酸是核苷酸连接成的长链	展示DNA分子结构物理模型或用卡纸、珍珠棉制作核苷酸连接成的核酸长链,阐明核酸是生物大分子
2. 细胞各部分结构既分工又合作,各种细胞有相似的基本结构	1. 细胞都是由质膜包裹的	利用废旧物品(如乒乓球、铁丝或电线、泡沫塑料等材料)制作生物膜模型,建构生物膜的三维立体流动镶嵌模型
	2. 真核细胞有由核膜包被的细胞核	制作真核细胞计算机三维动画模型或利用泡沫塑料、木块、纸板、塑料袋、线、布、铁丝、彩泥等材料制作真核细胞的三维结构模型

续表

重要概念	次位概念	活动建议
3.细胞的功能基于化学反应,这些化学反应需要酶催化	酶具有专一性	用彩泥制作酶与底物作用的物理模型,演示酶发挥作用的过程
4.细胞会经历生长、增殖等生命进程	1.有丝分裂过程中染色体会发生变化	利用胶泥、白纸、标记笔建构并模拟有丝分裂过程染色体行为变化模型
	2.细胞大小与物质运输效率之间有关系	不同大小的琼脂块模拟不同大小的细胞,氢氧化钠溶液模拟细胞外的营养物质,基于测量并计算氢氧化钠扩散深度的体积与整个细胞体积的比值大小,解释细胞大小与物质运输效率之间的关系
5.有性生殖中基因的分离和重组导致后代的基因组合有多种可能	1.基因的分离与自由组合使得子代基因型和表型有多种可能	用小桶模拟生殖器官,彩球模拟雌雄配子,不同彩球的随机组合模拟等位基因的分离和非同源染色体上非等位基因的自由组合
	2.减数分裂和受精过程中染色体会发生变化	利用彩泥、白纸、标记笔建构并模拟减数分裂过程染色体行为变化模型和受精过程中雌雄配子的随机结合
6.DNA分子由四种脱氧核苷酸构成,碱基排序编码的遗传信息通过RNA指导蛋白质的合成	1.DNA分子由四种脱氧核苷酸构成,碱基排序编码的遗传信息	用珍珠棉、两种或三种颜色的墨水、牙签等制作DNA双螺旋结构模型,据此分析DNA的特性,解释DNA能储存大量遗传信息的原因
	2.遗传信息通过复制传递,通过RNA指导蛋白质的合成	用珍珠棉、三种颜色的墨水、牙签或卡纸等制作DNA双螺旋结构,用卡纸、彩泥等制作RNA和相关酶的模型,模拟DNA的复制、转录和翻译过程

表2-10 利用概念模型建构的概念及活动建议

重要概念	次位概念	活动建议
1.各种细胞具有相似的基本结构,但在形态与功能上有所差异	细胞具有统一性和差异性	列表比较真核细胞和原核细胞、高等植物细胞和动物细胞的异同点
2.细胞各部分结构既分工又合作	细胞器之间既有分工又有合作	观看豚鼠胰腺细胞分泌蛋白合成和运输的实验视频,建构分泌蛋白的合成和运输的概念模型,阐述细胞器之间的协调配合
3.细胞的功能绝大多数基于化学反应,这些反应发生在细胞的特定区域	1.呼吸作用的原理和过程	根据酵母菌细胞呼吸方式的实验结果,推理呼吸作用的过程,建构呼吸作用过程的概念模型并分析呼吸作用的影响因素
	2.光合作用原理和过程	根据科学家探索光合作用原理的实验结果,推理光合作用的过程,建构光合作用过程的概念模型,并分析光合作用的影响因素
4.由基因突变、染色体变异和基因重组引起的变异是可以遗传的	基因突变、基因重组和染色体变异可以遗传	列表比较基因突变、基因重组和染色体变异的概念、类型、发生的时期、实质、意义、实例和应用等
5.地球上物种丰富多彩,适应是自然选择的结果	1.达尔文的自然选择学说解释了生物的适应性	以长颈鹿进化为例,建构并分析达尔文自然选择学说的解释模型,解释生物的适应性是进化的结果
	2.现代生物进化理论为地球上的生命进化史提供了科学的解释	分析新物种的形成过程,建构并分析现代生物进化理论的概念模型,阐述变异、选择、隔离和协同进化与生物多样性形成的关系

表2-11 利用数学模型建构的概念及活动建议

重要概念	次位概念	活动建议
1.细胞由多种多样的分子组成,其中蛋白质和核酸是两类最重要的生物大分子	1.氨基酸脱水缩合形成蛋白质	运用数学排列组合原理,总结氨基酸数、肽链数和脱水数之间数量关系的数学公式,解释蛋白质结构多样性的原因
	2.核酸是核苷酸连接成的长链	运用数学排列组合原理,依次推导1对、2对、3对、n对脱氧核苷酸组成的DNA的类型,阐明DNA多样性形成的原因
2.细胞内的化学反应需要酶来催化	酶发挥作用需要温和的条件	根据实验结果绘制不同温度(或pH值)条件下酶活性变化的曲线图
3.细胞会经历生长、增殖等生命进程	有丝分裂过程中染色体、核DNA等会发生变化	绘制并分析有丝分裂过程中染色体数、核DNA数、染色单体数随时间变化的曲线图或柱形图并
4.有性生殖中基因的分离和重组导致后代的基因组合有多种可能,性染色体上的基因传递和性别相关联	1.基因的分离和自由组合	运用数学排列组合原理,依次推导1对、2对、3对、n对同源染色体的分离及非同源染色体的自由组合,解释配子多样性形成的原因
	2.减数分裂和受精作用过程中染色体、核DNA等会发生变化	绘制减数分裂和受精作用过程中染色体数、核DNA数、染色单体数随时间变化的曲线图或柱形图
	3.杂交实验遗传图解和人类遗传病系谱图	根据科学家相关遗传学实验结果,绘制孟德尔豌豆杂交实验、摩尔根果蝇杂交实验遗传图解、人类遗传病系谱图,并据图解或图谱进行正推或逆推
5.DNA分子通过复制传递遗传信息,通过RNA指导蛋白质的合成	遗传信息通过复制传递,通过RNA指导蛋白质的合成	根据DNA分子半保留复制方式,推导复制n代后,子代DNA分子为2^n个,根据基因、密码子和氨基酸的对应关系,建构基因中碱基数、mRNA中碱基数与氨基酸数间的比例关系
6.适应是自然选择的结果	具有优势性状的个体在种群中所占比例将会增加	创设数字化的问题情境,探究理想条件和自然选择情况下种群基因频率、基因型频率的变化规律及其关系

(四)提升批判性思维能力的高中生物学概念体系

批判性思维属于理性思维的范畴,包含运用批判性思维等方法探讨生命现象及规律,审视或论证生物学社会议题。在生物学教学中的批判性思维应在生物学知识、科学方法等认识的基础上对生物学现象、规律进行判断。高中生物学课程内容主要包含科学史、生物学事实、科学方法的运用等,在不同的课程内容下,都有发展批判性思维的体现,结合本课题的研究内容,下面仅列举了提升学生批判性思维的部分概念及活动建议,见表2-12。

(五)提升创造性思维能力的高中生物学概念体系

创造性思维是指人们运用已有的科学知识和实践经验,按照客观规律分析问题和解决问题的思维能力,是创造者以敏锐的眼光,从平凡的事物中发现矛盾、提出问题、产生强烈的探索动机,经过创造想象、推理判断,获得新的、独特的认识的能力。有利于学生提升创造性思维的部分概念及活动建议见表2-13。

表2-12 提升批判性思维能力的概念及活动建议

重要概念	次位概念	活动建议
1. 细胞是生命活动的基本单位，病毒的生命活动离不开活细胞	除病毒外，一切生物都由细胞构成	通过列出事实材料，呈现已有概念：细胞学说强调一切动植物都由细胞发育而来，并由细胞和细胞产物所构成。所以一切生物都是由细胞构成。分析并质疑：微生物和病毒呢？据事实依据，分析推理：细菌由细胞构成，但是科学家以烟草花叶为实验材料发现了病毒，并证明其没有细胞结构。最后反思提升完善概念内容：因此，除病毒外，一切生物都由细胞构成。
2. 细胞会经历生长和增殖等生命进程	细胞并不是越小越好	通过事实材料，呈现原有概念内容：细胞体积越小，物质交换效率越高。分析并质疑：细胞是不是越小越好？结合所学的论点证据进行分析，细胞越小，表面积与体积的比值越大；细胞越大，表面积与体积的比值越小，物质运输的效率就越低；细胞中有众多的必需物质和细胞器，需占有一定的空间。据事实推理判断：细胞太小没有足够的空间容纳细胞器，细胞不能进行相应的生命活动，发挥出相应的生理功能。最后反思提升完善概念：细胞并不是越小越好
3. 亲代传递给子代的遗传信息主要编码在DNA分子上	1. 基因不都位于染色体上	出示原有概念内容：生物的染色体主要由DNA和蛋白质组成，基因是DNA的片段，所以基因位于染色体上。分析并质疑：没有染色体的原核生物和病毒等的基因又在哪里？基于事实依据，分析推理：原核生物不具有染色体，只有裸露的DNA，病毒没有染色体，分为DNA病毒和RNA病毒。综合以上判断，并完善概念：基因大多是DNA片段，但对于RNA的病毒而言，其基因是RNA片段，因此基因不都位于染色体上
	2. DNA复制的主要场所是细胞核，其次还有叶绿体、线粒体、拟核	呈现原有概念内容：DNA存在于细胞核中，所以复制场所在细胞核。产生疑问：原核生物无细胞核，场所在哪里？叶绿体和线粒体中的DNA复制场所又在哪里？据事实依据分析推理：原核生物没有细胞核，只有拟核，拟核中是裸露的DNA分子，所以原核生物DNA复制的场所是拟核；真核生物细胞质的叶绿体和线粒体中也有DNA，DNA复制的场所就在叶绿体和线粒体中。反思提升，完善概念：DNA复制的主要场所是细胞核，其次还有叶绿体、线粒体、拟核

表2-13 提升创造性思维能力的概念及活动建议

重要概念	次位概念	活动建议
1. 细胞各部分结构既分工又合作，各种细胞有相似的基本结构	1. 真核细胞有核膜包被的细胞核	在掌握了细胞结构方面的知识后，分小组并自己准备材料，建构真核细胞的结构，让学生对建构的模型进行阐释；设计表格制定评分细则，小组评分，从科学性、创新性、材料选择的环保性等方面选出前3名
	2. 细胞膜由磷脂双分子层组成	在掌握了相似相溶原理及磷脂分子的结构特点这些知识的基础上，结合细胞膜两侧在体内所处的环境，创造想象细胞膜中磷脂分子的排布情况，并进一步推理判断

续表

重要概念	次位概念	活动建议
2. 细胞的功能基于化学反应，这些化学反应需要酶来催化	1. 酶具有专一性	结合常见的化学反应，分组自选材料，预期相应实验的结果，用实验的最终结果对实验设计进行判断
	2. 叶绿体中能进行光合作用并产生氧气	结合恩格尔曼的实验，明确光合作用会产生氧气，提出怎样证明产生了氧气的疑问，结合化学知识，创造性想象证明的方法（如收集气体并用带火星的木条复燃证明其有氧气的产生等）
3. 有性生殖中基因的分离和重组导致后代的基因组合有多种可能，性染色体上的基因传递和性别相关联	1. 基因的分离和自由组合及受精作用	在判断某个体进行减数分裂产生的配子种类时，结合数学上的排列组合及分离和自由组合定律的内容，由2对等位基因开始，依次增加等位基因的对数进行分析
	2. 基因位于染色体上	结合萨顿提出的基因在染色体上的假说，针对摩尔根的实验现象，分组做出判断基因具体的位置的假设。在假设的基础上，进行推理判断，学会从多角度全面思考问题
4. 由基因突变、染色体变异和基因重组引起的变异是可以遗传的	1. 由基因突变和基因重组引起的变异是可以遗传的	学习基因突变和基因重组后，收集资料，分析基因编辑对生物带来的影响，开展基因编辑给生活带来的好处与坏处辩论赛，学会用辩证的眼光看待问题
	2. 基因突变、染色体变异和基因重组可应用于育种工作中	回顾杂交育种、诱变育种、多倍体育种、单倍体育种4种育种方法，解决实际问题：如何由高秆高产及矮秆低产的小麦获得矮秆高产这样的优良品种？写出育种思路，并进一步进行判断推理，学会用多种方法去解决生产生活问题
5. 地球上的现存物种丰富多彩，它们来自共同祖先	当今生物具有许多共同特征，具有共同的祖先	回顾所学细胞生物学和分子生物学知识，分组讨论地球上的生物在新陈代谢、DNA的结构和功能等方面的共同特征，学会从多角度对生物进行归类

二、发展科学思维的概念教学策略

科学思维是形成概念的工具和途径，或者说概念是通过科学思维建构起来的，因此，科学思维主要表现在概念建构的过程中，或者应用概念分析问题和解决问题的过程中。学生的科学思维不是"有或无"的变化，而是一个连续变化的过程，它表现在每一个概念的建构过程中。不同的生物学概念适于发展的科学思维方法有所不同，发展不同科学思维方法的教学策略也有所不同，本研究提出了基于归纳与概括、演绎与推理、模型与建模、批判性思维和创造性思维5种科学思维方法的概念教学策略。

（一）提升归纳与概括能力的概念教学策略

生物学的很多概念是基于对大量生物学事实的分析，通过归纳与概括建构起来的。在实际教学中，提供相关的生物学事实性资料，制订合理的教学流程，可以达到在建构概念的同时，更好地发展学生的归纳与概括能力的目的。本研究总结出的利于提升学生归纳与概括能力的教学策略如图2-12所示。

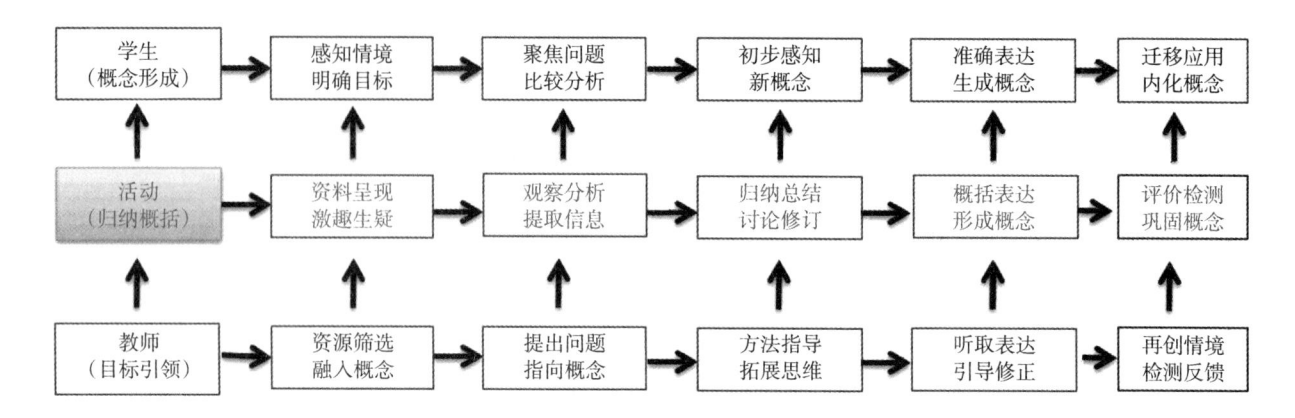

图2-12 提升归纳与概括能力的概念教学策略

1. 资料呈现、激趣生疑

教师从教材中选取恰当的资料，或收集、筛选教材以外与所需建构概念具有紧密联系的其他资料（科学史、科学实验、生产生活实例等），根据教学需求对资料进行精选重组后，在课堂中进行展示，利用学生已有经验，唤醒前概念，激趣生疑。

2. 观察分析、提取信息

教师设置能直接指向概念，并具有一定层次的问题，引导学生对呈现出的资料进行观察分析、比较异同，围绕问题进行思考讨论。

3. 归纳总结、讨论修订

教师指导学生运用归纳法对呈现的资料进行分析比较，发现其共性、本质特征或生命活动的规律，让学生在思考讨论的过程中训练、发展归纳思维能力。

4. 概括表达、形成概念

学生基于上述归纳的思维活动，凝练其本质特征并进行显性化表达，从而真正建构起新概念，教师在学生概括表达的同时，引导修正学生的表达，使其表述更加准确。

5. 评价检测、巩固概念

教师提供新的情境资料，让学生根据建构的新概念对新情境进行观察分析，作出判断，以检测学生对概念理解的情况。

【教学案例】

蛋白质的基本组成单位——氨基酸

1. 资料呈现、激趣生疑

播放科教视频《争做健康超人（二）》中关于蛋白质功能的介绍，总结蛋白质的功能以体验蛋白质对人体健康的重要性，提出疑问：人体能直接从食物中获得蛋白质吗？引导学生回顾人体对食物消化吸收的相关知识，引出氨基酸，并提出问题：构成人体蛋白质的氨基酸是怎样的？这一问题指向氨基酸的结构。

2. 观察分析、提取信息

教师展示几个具体的氨基酸分子结构图（如人教版《普通高中教科书·生物学·必修1·分子与细胞》第29页的思考讨论），并提出问题组：①"氨基酸"这一名词与其分子结构有怎样的对应关系？②这些氨基酸还有哪些部位是相同的？③这些氨基酸相同部位的位置关系有何特点？学生根据问题指引对氨基酸分子的结构进行观察和分析，提取资料中的有效信息，寻找氨基酸的共同特点，初步感知概念。

3. 归纳总结、讨论修订

学生在思考讨论的基础上，根据教师提供的资料初步归纳氨基酸的结构特点。

但因课件呈现的氨基酸分子结构图显示的氨基酸的氨基都在左边，羧基都在右边，很多学生会认为氨基酸分子就是一个平面图，氨基、羧基和氢的位置都处于平面图中某一固定的方向，如图2-13。

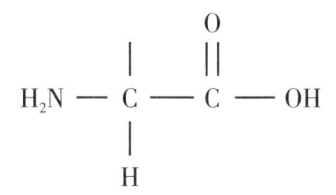

图2-13 氨基酸分子的共有结构

为解决这一问题，教师简要补充介绍碳原子的结构特点与成键特点，特别强调：当碳原子与其他4个原子或基团以单键相连时，碳原子与周围4个原子或基团以四面体取向与之成键，并以甲烷为例帮助理解，如图2-14。

并用化学上使用的碳模型材料建构实物模型进行展示。提出问题：如果要以这个碳原子为中心，氨基、羧基和共同具有的氢原子这三个基团可以放在哪里呢？学生经过尝试讨论后，能够确认碳原子周围的四个位置都是一样的，碳原子周围的四个原子或基团的方向是可以随意变换的，由此准确理解氨基酸结构的共同点。

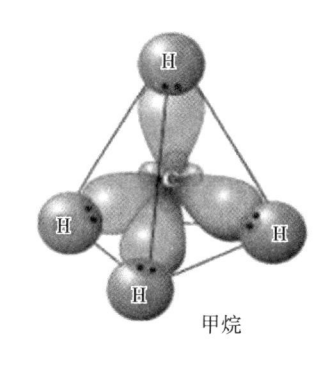

图2-14 甲烷分子的结构

4. 概括表达、形成概念

在准确理解概念的基础上，请学生用语言准确描述构成蛋白质的氨基酸的结构特点：每种氨基酸至少都含有一个氨基和一个羧基，并且都有一个氨基和一个羧基连接在同一个碳原子上，这个碳原子还连接一个氢原子和一个其他基团。提示学生这个区别不同氨基酸的基团称为侧链基团，用R表示。紧接着，请学生根据描述用简图表示出氨基酸分子的结构通式。学生画出的氨基酸分子结构通式会比较多样，但只要符合其特点就是科学的、正确的。在概念形成后，还可以引导学生形象记忆和书写氨基酸分子的结构通式（如碳原子是人体的躯干，氨基和羧基分别是人体的左右手，氢原子是两条腿，R基团是人体的头部），由此进一步帮助学生理解记忆概念。

5. 评价检测、巩固概念

在准确完成氨基酸结构的概念建构后，展示多个氨基酸的正例和反例，请学生判断相关的结构是否属于氨基酸并说出判断依据，以达到检测和巩固概念的作用。

（二）提升演绎与推理能力的概念教学策略

演绎推理是在前提（一般原理、规律、概念）或者假设成立的条件下，推测某个体必然会出现的结果，即在思维表达中会出现前提和结论的推理要素。发展学生演绎与推理能力的策略主要有两种，一种是由大前提、小前提和结论组成的三段论，另一种是基于建构主义的先行组织者教学策略。

1. 基于演绎与推理能力的三段论概念教学策略

基于逻辑学理论，通过演绎与推理构建高中生物学概念，主要借助的是性质判断推理和假言推理，主要形式就是由大前提、小前提和结论组成的三段论。

性质判断推理又称直言推理，通过直言三段论的形式表现，由2个包含着一个共同词项的性质判断，推出另一个新的性质判断的演绎推理，有典型格、区别格和反驳格三种格式。以"膜"的概念为例，典型格：所有生物膜都是选择透过性膜，核膜是一种生物膜，所以，核膜是选择透过性膜；区别格：所有生物膜都具有选择透过性，玻璃纸不具有选择透过性，所以玻璃纸不属于生物膜；反驳格：核膜是一种半透膜，核膜是选择透过性膜，所以，有些半透膜是选择透过性膜。

假言推理，常通过假言三段论的形式表现，是由假设某些表述成立的条件作为前提，推出一种可检验的结论，通过验证结论来证明假设成立，是假说—演绎法的一个环节。比如噬菌体侵染细菌的实验中，大前提：DNA是亲代噬菌体的遗传物质；小前提：亲代噬菌体的DNA被^{32}P标记，噬菌体侵染大肠杆菌繁殖子代，离心后大肠杆菌位于沉淀物中；结论：沉淀物有放射性。实验通过检测，发现沉淀物确实有放射性，就证明了DNA是亲代噬菌体的遗传物质的假说成立。

本研究总结出通过三段论形式提升学生演绎与推理能力的概念教学策略，如图2-15所示。

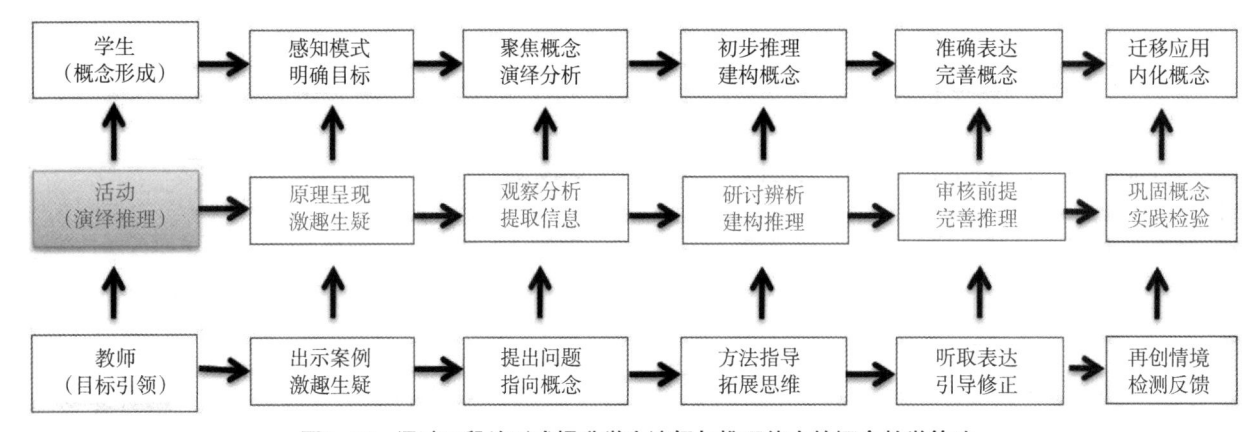

图2-15 通过三段论形式提升学生演绎与推理能力的概念教学策略

（1）原理呈现、激趣生疑

教师一方面呈现演绎推理的三段论形式组成，明确大前提、小前提和结论的关系，另一方面呈现与要建构的概念相关的原理和示例，学生围绕相关概念的示例，感知三段论的模式，明确需要探知的概念目标。

（2）观察分析、提取信息

教师针对提供的学习材料围绕三段论的形式提出问题，比如大前提、小前提或者结论如何结合概念进行表达。学生分析资料，研究资料与概念的关系，提取有用信息，演绎分析概念间的联系。

（3）研讨辨析、建构推理

学生结合概念建构的需求，运用三段论形式分组讨论相关概念，选择合适的三段论格式，小组研讨辨析后初步建构部分或全部的概念关系，同时，教师进行演绎推理的方法指导，引导学生拓展思维。

(4)审核前提、完善推理

教师在听取学生表达与建构概念相关的三段论形式时，引导学生审核大小前提的真实性，指导学生完善概念并准确表达，生成新的概念结论。同时，教师引导学生修补思维偏差和漏洞，促进学生完善概念。

(5)巩固概念、实践检验

教师提供新的概念情境，围绕相关概念，检测之前建构概念的严谨性，引导学生建构新的三段论形式，促进学生对概念的进一步理解和内化。

【教学案例】

基因分离定律

(1)原理呈现、激趣生疑

首先，教师向学生说明本节课需要通过三段论的形式演绎推理基因分离定律的概念，使学生明确学习内容和目标。其次，教师用PPT出示三段论格式，引导学生理解三段论的形式组成，即大前提：是作为出发点的一般性判断；小前提：是作为演绎中介的判断；结论：由"大前提"和"小前提"推演出来的结果。比如，大前提：生物课某同学没来上课是因为生病了，小前提：生病不到校，需要家长向班主任（非生物教师）请假，结论：班主任收到了家长的请假信息。最后以孟德尔一对相对性状的杂交实验的研究实例，调动学生运用三段论格式进行探究的兴趣。

(2)观察分析、提取信息

教师围绕基因分离定律这一概念，提出三段论形式中应该分别对应哪些前提和结论的问题，比如大前提、小前提或者结论如何结合基因分离定律这一概念进行表达。学生观察分析资料，厘清孟德尔假说—演绎法的研究过程，围绕假说演绎环节提取信息。比如，找出基因分离定律的假说内容，包括：性状由遗传因子控制；遗传因子成对存在；形成配子时成对的遗传因子分离，进入不同的配子；受精时，雌雄配子随机结合；假说—演绎的结果为测交后代的豌豆表型比例为1∶1。学生聚焦概念，演绎分析概念间的关系。

(3)研讨辨析、建构推理

学生分组演绎推理基因分离定律的逻辑关系，运用假言三段论形式分析，假说内容作为大前提，结论为假说—演绎可实验验证的结果，小组讨论，初步构建部分或全部的三段论关系，比如确定假说的核心为大前提，演绎推演的测交结果为结论，初步建构的演绎推理结构如下。

大前提：形成配子时，成对的遗传因子彼此分离，进入不同的配子；

小前提：（学生待完善）；

结论：F_1测交子代表型比例为1∶1。

同时教师进行演绎推理，引导学生拓展思维。

(4)审核前提、完善推理

小组表述基因分离定律的三段式演绎推理形式，师生从大、小前提的真实性方面进行审核，大前提作为基因分离定律的核心，不存在真实性问题，需要学生继续推理完善小前提的内容并准确表达。学生讨论后，完善上述三段论关系。

大前提：形成配子时，成对的遗传因子彼此分离，进入不同的配子；

小前提：F_1产生配子时，一对遗传因子彼此分离；

结论：F_1测交子代表型比例为1：1。

此时小前提"F_1产生配子时，一对遗传因子彼此分离"无法证明的情况下，三段论的演绎推理关系就不够严谨。教师引导学生继续根据三段论的原理分析，发现演绎推理少了一个小前提"F_1产生了两种等比例的配子"，用演绎推演的三段论形式表达出来。

大前提：F_1产生了两种等比例的配子；

小前提：与F_1测交的隐性个体只产生一种配子；

结论：F_1测交子代表型比例为1：1。

教师引导学生修正、完善上述关于基因分离定律这一概念的演绎推理内容。同时教师在听取学生演绎表达的过程中，引导学生修补思维偏差和漏洞，促进学生完善概念。

（5）巩固概念、实践检验

教师围绕基因分离定律的概念，重新创设情境，引导学生选择三段论的其他格式，内化基因分离定律的概念，促进学生对概念的进一步理解和内化。比如有一个野生水稻种群，有一种控制水稻高矮的基因，请设计一种简单的实验思路，判断这种基因是染色体遗传还是细胞质遗传？学生作出假设，控制水稻高矮的基因在染色体上，以三段论的形式表达演绎推理过程。

大前提：控制水稻高矮的基因在染色体上；

小前提：野生种群中有杂合子，遗传符合基因分离定律；

结论：水稻自交，单独收获每株亲代的种子，分别种植后会出现高：矮=3：1的表型及比例。

2.基于演绎与推理能力的先行组织者概念教学策略

基于建构主义教学理论，应用先行组织者策略，学生通过明确要学习的概念把新知识纳入已有的认知结构，以丰富和加强已有的思维倾向和行为模式，并在教师提供的事例或者具体情境中，进一步利用已有的认知结构与新的外在具体事例产生的冲突，引发原有认知结构的调整或变化，从而建立新的概念。通过先行组织者策略提升学生演绎与推理能力的概念教学策略如图2-16所示。

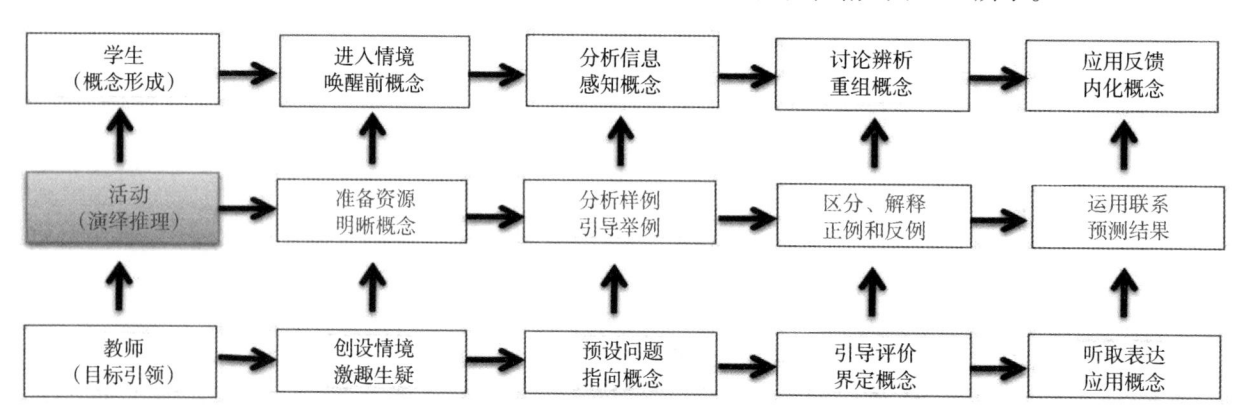

图2-16 通过先行组织者策略提升学生演绎与推理能力的概念教学策略

（1）准备资料、明晰概念

教学中，教师准备与概念建构相关的资料，引导学生进入新情境，将原有的知识与新概念联系起来，唤醒学生的前概念。

第二章 聚焦生物学核心素养的概念教学策略

（2）分析样例、引导举例

教师针对新情境提出预设的问题，促使学生带着问题分析信息，在教师指向概念的引导过程中，通过打比方等使学生对新概念的感知和理解。

（3）区分、解释正例和反例

教师尽可能呈现丰富的样例，如图示、模型等，让学生能够观察、分析样例组织，在学生讨论辨析新概念相关的实例时，教师要观察学生对于概念和原理的掌握程度，根据情况加以补充，并提醒学生注意概念的适用条件，帮助学生界定概念。

（4）运用联系、预测结果

教师听取学生对新概念的表达，提供相关概念情境，及时引导学生根据概念原理预测相关联事物的结果，促进学生巩固概念。

【教学案例】

主动运输

（1）准备资料、明晰概念

教师创设情境，如呈现问题情境：甲状腺滤泡细胞中碘的含量为什么远远高于血液中的含量？明确这一现象的形成依赖于细胞的主动运输，引出主动运输的概念。首先，学生通过阅读教材中主动运输的内容，建构学案中主动运输的概念图，初步感知主动运输这一新概念。接着，在学生初步感知主动运输概念的基础上，教师引导学生比较主动运输与协助扩散的异同点，初步明确主动运输需要满足的条件，促进学生对新概念的进一步明晰。最后，在学案上绘制主动运输跨膜运输的物理模型，引导学生对主动运输概念的进一步建构。这一环节的核心是呈现所学知识并明确主动运输的概念，目的在于学生将新概念主动运输与之前的知识，如协助扩散、膜结构、载体蛋白、小分子、能量、溶质质量百分数等概念建立起了联系。

（2）分析样例、引导举例

教师播放主动运输参与下甲状腺滤泡细胞吸收碘离子的动画，引导学生运用自己绘制的主动运输模型和主动运输的概念解释甲状腺滤泡细胞吸收碘离子的整个过程，使学生在分析的过程中，印证主动运输概念中关键词的含义。同时引导学生举出一些主动运输的实例，分析主动运输的影响因素，在学案上绘制温度、溶质浓度和氧气浓度对主动运输速率的影响曲线，引导学生将主动运输概念与温度、物质浓度和氧气浓度联系起来，根据主动运输概念，预测合理变化，促进对概念的深入理解。这一环节的核心是分析典型样例并引导学生举出其他主动运输的实例，目的在于通过剖析样例，使学生在具体的实例中内化主动运输的概念，再通过自身的表达，使理解的概念外显化。

（3）区分、解释正例和反例

教师鼓励学生对师生提出来的关于主动运输的正面或者反面的例子进行判断并解释，比如正例："主动运输都是逆浓度梯度""主动运输都需要消耗细胞新陈代谢产生的能量""主动运输都需要载体蛋白协助"。反例："逆浓度梯度的运输都是主动运输""耗能的运输方式都是主动运输""无机盐都通过主动运输跨膜运输"等。从这些正例和反例中归纳主动运输概念的适用条件、范围、影响因素等。这一环节的核心是区分新概念关联的正例和反例并解释原因，以归纳、丰富新概念的内涵，其目的在于通过辨析各种与主动运输相关的正例、反例，进一步从不同角度修正对主动运输概念的理解，最终形成完善的主动运输概念。

（4）运用联系、预测结果

最后，教师通过展示一些新的情境实例，引导学生运用主动运输的概念进行演绎推理，预测和解释这些现象。如：利用呼吸抑制剂处理小肠上皮细胞后，其吸收葡萄糖的速率如何变化？成熟的植物细胞在硝酸钾溶液中会发生什么变化？提升学生对具体或特殊情境的分析能力，加深学生对概念的理解。这一环节的核心是分析概念与事例的联系并预测变化趋势或结果，目的在于让学生在应用主动运输的概念分析解释情境实例的过程中，提升演绎与推理的能力。

（三）提升模型与建模能力的概念教学策略

模型与建模是促进学生建构生物学概念的有效途径之一，模型形式很多，包括物理模型、数学模型、概念模型等。制定合理的教学策略，深入开展模型建构、模型模拟活动，有利于学生更好地建构、理解和应用概念，提升模型与建模的科学思维能力。本研究总结出的提升学生模型与建模能力的概念教学策略如图2-17所示。

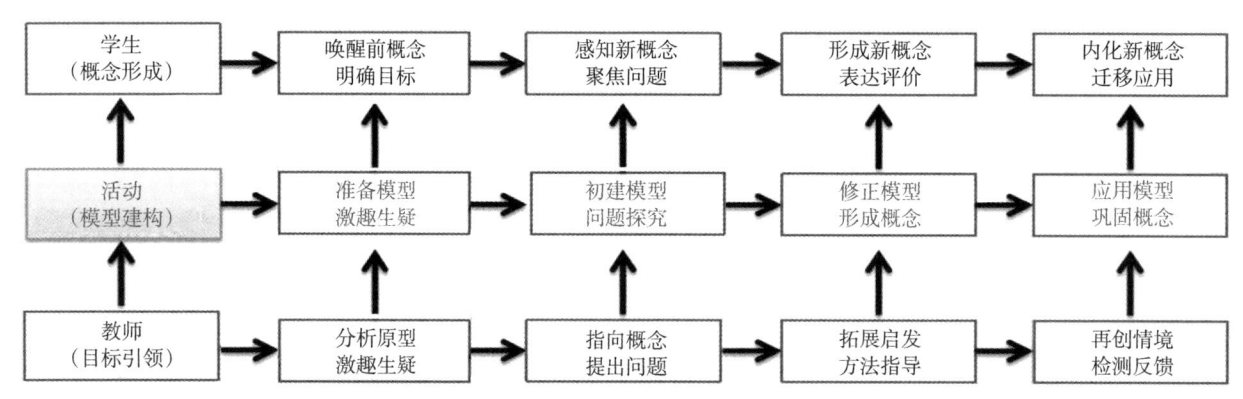

图2-17 提升模型与建模能力的概念教学策略

1. 准备模型、激趣生疑

教师通过分析教材模型建构实例中原型和模型之间的关系，学生已有的前概念，模型和建模过程与新概念建构之间的关联，展示教材模型、改造后的模型、自制的模型等，唤醒学生前概念，激发学生创造模型并建构概念的潜力。

2. 初建模型、问题探究

教师设置能直接指向概念，并具有一定逻辑的问题，引导学生对初建的模型进行观察分析，比较异同，批判质疑，围绕问题进行思考讨论。

3. 修正模型、形成概念

学生根据教师出示的科学事实、新的概念和科学的模型建构方法，对自己的模型进行修正，从而用准确的语言表达新概念，教师则对学生的表述进行客观评价，必要时给予方法指导。

4. 应用模型、巩固概念

教师创设新的情境，学生根据建构的模型或建模的体验来解释新概念在新情境中的体现与应用，并在迁移应用过程中巩固新概念、内化新概念。

[教学案例]

制作DNA双螺旋结构模型

通过人教版《普通高中教科书·生物学·必修1·分子与细胞》第2章第5节《核酸是遗传信息的携带者》的学习，学生知道了DNA分子是由两条脱氧核苷酸链形成的长链、核酸是细胞内携带遗传信息的物质；通过人教版《普通高中教科书·生物学·必修2·遗传与进化》第3章第1节的学习，又知道了DNA是主要的遗传物质，但"DNA是如何执行遗传物质功能的"学生并不清楚。要明确DNA是如何行使功能的前提是要弄清DNA的结构。DNA是分子水平的物质，学生难以想象其结构，更别说理解其功能，因此，结合教材和教师查阅的文献中有关DNA结构发现史的资料，采用物理模型建构法，将微观DNA直观化，让学生在模拟建构DNA分子的活动中体会DNA分子结构的特性，理解DNA是遗传信息的携带者的原因。具体准备和实施过程如下。

1.准备模型、激趣生疑

本节课制作DNA分子的模型组件，几乎每个学校的生物实验室都有（图2-18），但因为该组件中脱氧核糖、磷酸、碱基、相应的共价键及不同共价键之间，相互插入的位置的洞口粗细和大小匹配得非常完美，在往届教学使用时，建模过程学生几乎不会出现"差错"，这在无形中限制了学生的思维，学生也无法真正体会科学家们建立、修正模型的艰辛。于是，课题组教师大胆舍弃实验室已有模型，自制新模型（图2-19）：用10 mm左右厚度的珍珠棉制作脱氧核糖、磷酸、碱基分子，并染成不同颜色，再用红、黑墨水将牙签染成两种颜色，分别模拟氢键和磷酸二酯键，用未染色的牙签模拟每个基本单位内部的化学键。上述改进一方面让学生摆脱了固定模型组件的束缚，充分激发了学生的兴趣和创造性思维，另一方面，学生结合DNA分子双螺旋结构发现史的相关资料，自主模拟建构DNA分子，也为理解DNA分子可以携带遗传信息奠定了基础。

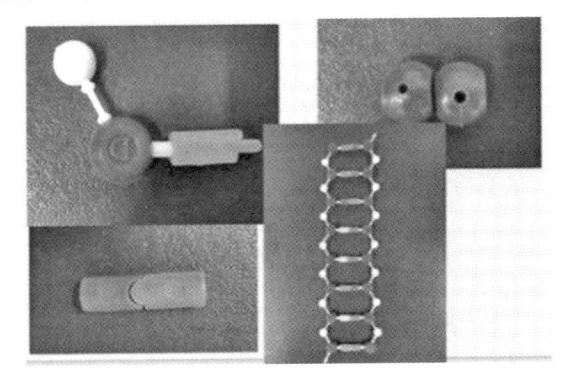

图2-18 实验室DNA双螺旋结构模型组件 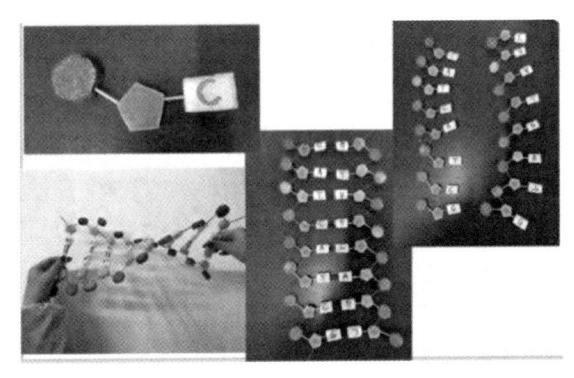　　**图2-19 课题组自制珍珠棉DNA及组件**

2.初建模型、问题探究

教学实施过程中，考虑到学生与当时科学家在认知水平上的差异，老师查阅并甄选了几则对学生逐步建构DNA分子结构起关键作用的背景资料，以学案的形式呈现给学生，学生结合资料分组合作，先模拟建构两个脱氧核苷酸之间的连接，试错并纠错后，再建构一条脱氧核苷酸长链，接着模拟建构DNA分子的平面结构模型，试错并纠错后，最终建构起DNA分子的空间结构模型。当学生分组建构完DNA空间结构模型，在小组间比较模型，便能顺理成章地分析出DNA的结构特性及它能储存大量遗传信息的原因。课题组经过尝试发现，在模型建构过程中，学生通过反复试错与纠错，可在以下几方面开展探究。

①两个脱氧核苷酸之间是怎么连接的？

②建构平面模型时，DNA两条链之间的方向是怎样的？

③建构平面模型时，DNA两条链之间氢键怎样连接？

④建构平面模型时，DNA两条链上碱基的位置在哪儿？

⑤建构空间结构时，DNA螺旋的方向是怎样的？

根据信息，在建构模型的活动中学生会出现多种猜想，但通过分析资料和尝试建构，不断创新和排除各种错误猜想的过程，真正提升了学生的科学思维，初步认同DNA分子携带着遗传信息这一概念。

3. 修正模型、形成概念

当学生根据信息，分组建构好DNA分子双螺旋结构模型后，教师依次出示事先拼接好的珍珠棉材质的DNA分子双螺旋结构模型和科学家用电子显微镜拍摄到的DNA分子真实的照片，学生据此修正自己建构的模型，并借助模型阐述DNA分子的结构特点，最终建构起DNA分子是遗传信息的携带者这一概念。

4. 应用模型、巩固概念

学生修订完模型后，教师拍摄几幅有代表性的学生制作的DNA分子模型，引导学生分析这些DNA分子在结构上的共性和差异，共性指向DNA分子结构的特点，差异指向DNA分子的特性及它能储存足量遗传信息的原因；最后引导学生结合本节课建构模型、分析模型和修正模型生成概念的体验，作答新情境问题。学生在迁移应用过程中巩固和内化了新概念，提升了运用概念解决实际问题的能力，认同了模型和建模是认识事物、分析事物、形成概念的一种重要思维模式。

（四）提升批判性思维的概念教学策略

高中生物学教材中呈现了众多生物学事实，有效利用教材中的生物学事实材料，在建构生物学概念的教学过程中，能较好地培养学生的批判性思维。以下是结合高中生物学课程对批判性思维培养的具体目标要求，总结出的在概念教学中提升学生批判性思维的概念教学策略如图2-20。

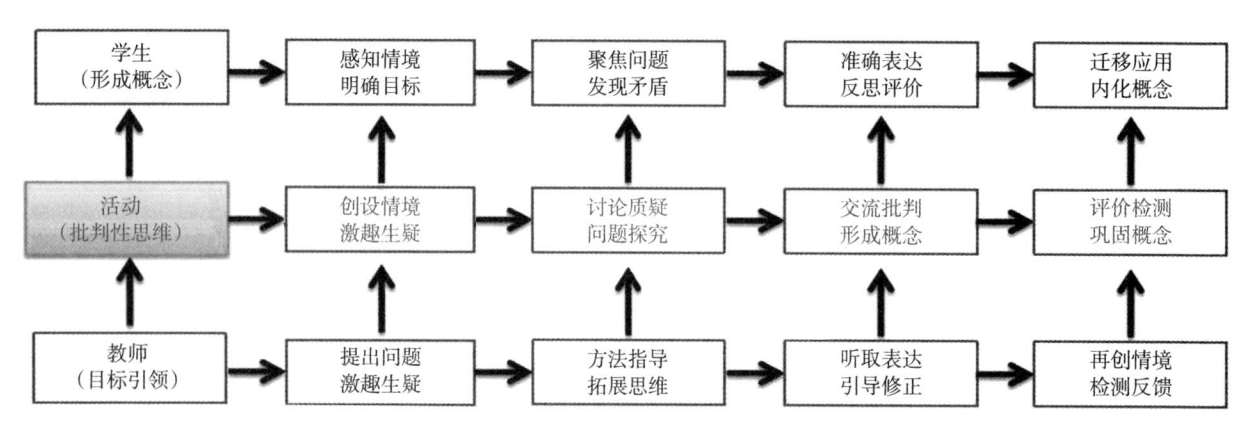

图2-20 提升批判性思维的概念教学策略

1. 创设情境、激趣生疑

教师从教材中选取需要完善的生物学事实材料，在课堂中进行展示，利用学生的已有经验，唤醒前概念，激趣生疑。

2.讨论质疑、问题探究

教师设置直接指向概念，并具有相关性的问题，引导学生对生物学事实材料进行观察分析，找出问题，围绕问题进行思考讨论。教师指导学生运用批判性思维对呈现的资料进行分析批判，发现其与另外的生物学事实之间的矛盾，让学生在讨论过程中训练、发展批判性思维。

3.交流批判、形成概念

学生基于原有事实性材料与现有的事实性材料之间的矛盾，进行概念的补充表达，从而真正完善新概念，教师在学生表达概括的同时，引导修正学生的表达内容，使其表述更加准确。

4.评价检测、巩固概念

教师提供新的情境资料，让学生根据建构的新概念对新情境进行观察、分析与讨论，作出判断，以检测学生对概念的理解情况。

【教学案例】

基因通常是有遗传效应的DNA片段

1.创设情境、激趣生疑

通过分析教材上的四则资料，建构DNA与基因的关系模式图，给基因下定义，明确基因是有遗传效应的DNA片段；其次分析资料，探究基因中脱氧核苷酸序列与DNA多样性和特异性的关系，让学生明确遗传信息的多样性与特异性决定了生物的多样性和特异性。教师提问：自然界中的生物有原核生物、真核生物和病毒，前面我们学习了DNA是主要的遗传物质，请结合以上生物的遗传物质的相关知识和所给资料对基因下定义，并思考讨论这个定义是否适合所有的生物。

2.讨论质疑、问题探究

教师设置问题：请回忆原核生物、真核生物和病毒的核酸分别是什么？它们的基因存在什么地方？引导学生分析基因在生物中的位置，并比较分析与前面所建构概念的矛盾之处。

3.交流批判、形成概念

学生根据基因可以存在于原核生物拟核DNA上、质粒DNA上，真核生物细胞核的DNA上、线粒体和叶绿体的DNA上，DNA病毒的DNA上和RNA病毒的RNA上等知识，得出基因不仅仅存在于DNA上，还存在于RNA上。这时候教师可以引导分析生物界所有生物的遗传物质主要是DNA，作为遗传物质的核酸携带有遗传信息，并具有遗传效应，所以得出新概念，基因通常是具有遗传效应的DNA片段。

4.评价检测、巩固概念

在充分完成基因通常是具有遗传效应的DNA片段的概念建构后，展示有关基因所在位置和遗传物质的试题，对概念进行巩固。

（五）提升创造性思维的概念教学策略

在建构生物学的很多概念时，都能发展学生的创造性思维；同样有些概念的建构如果注重了创造性思维的培养，会使学生建构的概念更清晰、全面。在实际教学中，如果制定合理的教学策略，既可以促进概念的建构，又能在建构概念过程中发展学生的创造性思维。本研究总结出的提升学生创造性思维的教学策略如图2-21所示。

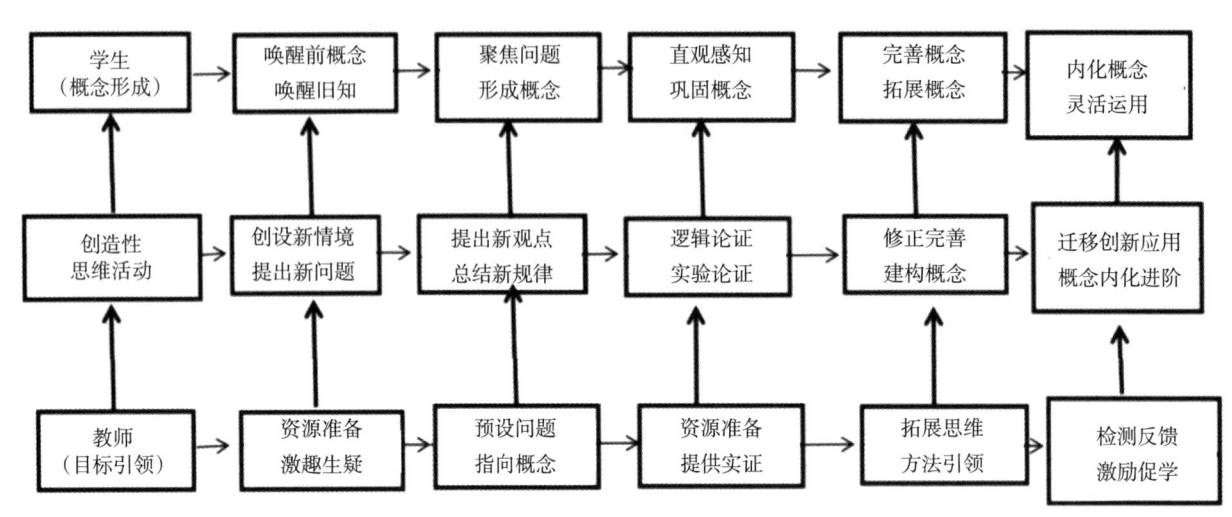

图2-21 提升学生创造性思维的概念教学策略

1. 创设新情境，提出新问题

教师从教材中选取恰当的资料，或收集、筛选教材以外与需建构的概念紧密联系的其他资料（科学史、科学实验、生活生产实例等），在课堂中进行展示，创设新情境，提出与建构的概念有关的问题，引发学生思考。

2. 提出新观点，总结新规律

在教师的启发下，引导学生对呈现的资料进行分析，结合之前习得的知识，认真思考、讨论提出的问题，经过创造想象及推理判断，提出相应的观点。

3. 逻辑论证，实验论证

对于推理判断是否合理，有些可以结合教材呈现的相应内容进行论证，有些也可以用实验来论证。

4. 修正完善，建构概念

学生基于之前的活动已经初步建构起概念，教师在学生概括表达的同时，引导修正学生的表达，使其表述更加准确。

5. 迁移创新应用，概念内化进阶

教师提供新的情境资料，让学生根据建构的新概念对新情境进行观察分析，解决新情境下的新问题，以检测学生对概念理解的情况。

【教学案例】

细胞膜中磷脂分子的排列

1. 创设新情境，提出新问题

引导学生回忆动、植物细胞共有的结构并回顾细胞膜的功能。引导学生提出问题，如：细胞膜为何有这些功能？细胞膜到底由哪些物质组成？其内部结构如何？……出示科学家对其成分研究的实验过程、现象，学生得出结论：细胞膜主要由蛋白质和脂质构成，且主要是磷脂。教师出示教材相关内容及补充资料：①磷脂分子的结构特点是头部亲水，尾部疏水；②大多数细胞生活在组织液中，一种富含水、无机盐、蛋白质的溶液；③哺乳动物成熟红细胞只含细胞膜，不含其他膜结构，提取出来的脂质铺展在空气—水界面上，刚好是红细胞表面积的2倍，并提出问题：细胞膜中的磷脂分子如何排列？

2.提出新观点，总结新规律

学生结合化学中的相似相溶原理及资料中有关细胞膜所处环境及磷脂分子的特点，分小组分析细胞膜中磷脂分子的排布，小组间互相补充。得出"细胞膜由2层磷脂分子构成，且亲水头部排列在外侧，尾部与尾部相对排列在内侧"的结论。

3.逻辑论证，实验论证

结合书上的彩图，进行论证。证实之前的推测是正确的。

4.修正完善，建构概念

结合细胞膜控制物质进出细胞的功能及老师提供的信息（有些物质通过协助扩散或主动运输的方式进出细胞，而这些方式需要转运蛋白），结合细胞膜进行细胞间的信息交流的功能及老师提供的信息（大多数情况需要细胞膜上的糖蛋白），帮助学生建构完善细胞膜的流动镶嵌模型。

5.迁移创新应用，概念内化进阶

通过习题等手段，创设新的问题情境，巩固并内化相关概念。

第三节 发展"科学探究"的概念教学策略

科学探究是指能够发现现实世界中的生物学问题，针对特定的生物学现象，进行观察、提问、实验设计、方案实施及对结果的交流与讨论的能力（见图2-22）。科学探究作为生物学核心素养的重要组成要素，能让学生体验科学探究的过程和方法，用观察、分类、测量、记录、分析、预测、推理、交流等方法解决问题，锻炼学生的动手、动脑能力，帮助学生建构生物学概念。科学探究作为学生学习的一种方式，在科学探究活动中获取鲜活的生物学事实用于建构生物学概念，从中又生成新的探究问题，推动科学探究活动走向深入。科学探究活动是建构生物学概念的重要手段、途径，而在建构生物学概念的过程中又发展、提升了学生的科学探究能力。科学探究还可以帮助学生很好地参与科学实践，体验学习过程中如何提出假设、如何设计实验方案、如何进行实验观察、如何收集分析数据、如何运用实证解释现象等，将科学探究内化为自觉的学习行为当学生面临新问题时，就会自觉运用科学探究的方式去思考问题、解决问题，更好地巩固和应用生物学概念，加深对概念的理解与掌握，达成概念的进阶，促进深度学习（见图2-23）。

一、聚焦科学探究的高中生物学概念结构体系

探究建构策略就是引导学生通过探究活动来建构概念的教学策略。教师引导学生针对特定的生物学现象，通过观察、提问、实验设计、方案实施及对结果交流与讨论以获取大量鲜活的生物学事实，再经过比较、分类、概括、分析、推理、综合等思维活动，抽象出事物的本质属性，厘清概念的内涵、外延，进而用陈述句的形式描述出生物学的具体概念。在此基础上，进一步抽象出次位概念、重要概

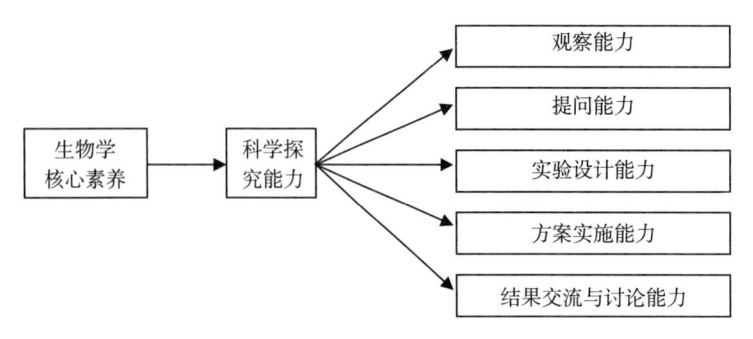

图2-22 科学探究能力的要素

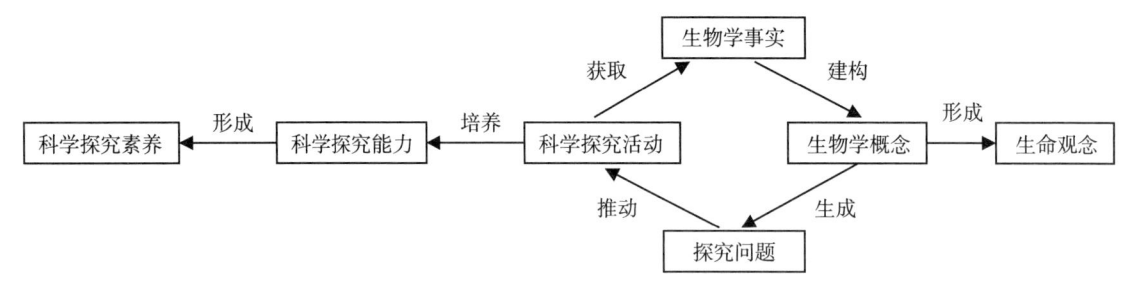

图2-23 科学探究与建构概念的关系

念、大概念，进而形成生命观念。科学探究是生物学的重要特征，科学探究的过程和结果，建立的概念和观念，磨砺的思维能力，在履行社会责任中得以应用。在探究建构概念的过程中，教师还应该重视建立探究精神、养成科学态度，善于团队合作、勇于创新，从中培养学生的实践能力、合作能力、创新能力等及锤炼学生的探究精神、科学态度、团队精神、创新意识等优秀品质。

（一）发展观察能力的高中生物学概念结构体系

教师引导学生基于生命现象、实验观察，对生物及相关事物进行描述以获取鲜活的生物学事实，为建构生物学概念提供事实支撑。发展学生观察能力的高中生物学概念体系见表2-14。

表2-14 发展观察能力的概念、生物学事实及活动建议

重要概念	次位概念	生物学事实	活动建议
1.各种细胞具有相似的基本结构，但在形态与功能上有所差异	1.有些生物体只有一个细胞，而有的由很多细胞构成，这些细胞形态和功能多样，但都具有相似的基本结构	大肠杆菌、蓝细菌、酵母菌和草履虫等生物是单细胞生物	使用高倍显微镜观察酵母菌、水绵、叶表皮、皮肤上皮组织等细胞的结构，归纳不同细胞的结构特点；观察大肠杆菌、蓝细菌的亚显微结构模式图和动物细胞结构模式图，归纳相同结构，尝试根据细胞结构特点对细胞进行分类
		高等动物、高等植物等是多细胞生物	
		真核细胞都有细胞膜、细胞质、细胞核等结构	
		真核细胞和原核细胞都有细胞膜、细胞质等结构	
	2.原核细胞与真核细胞的最大区别是原核细胞没有由核膜包被的细胞核	动、植物等真核细胞有成形的细胞核	观察大肠杆菌、蓝细菌的亚显微结构模式图和动物细胞结构模式图，归纳二者的结构共性
		大肠杆菌、蓝细菌等原核细胞没有成形的细胞核	

续表

重要概念	次位概念	生物学事实	活动建议
2.细胞由多种多样的分子组成,包括水、无机盐、糖类、脂质、蛋白质和核酸等,其中蛋白质和核酸是两类最重要的生物大分子	糖类有多种类型,它们既是细胞的重要结构成分,又是生命活动的主要能源物质	还原糖与斐林试剂发生作用后,产生砖红色沉淀	观察碘液、斐林试剂分别检测生物组织中淀粉和还原糖的颜色变化,归纳不同生物组织中糖的种类以及是否含有还原糖
		淀粉遇碘变蓝色	
		馒头的主要成分是淀粉,通过慢慢咀嚼后才会变甜	
		苹果、梨等水果很甜	
3.各种细胞具有相似的基本结构,但在形态与功能上有所差异	1.细胞都由质膜包裹,质膜将细胞与其生活环境分开,能控制物质进出细胞,并参与细胞间的信息交流	显微镜下观察到的细胞是一个个相对独立的单位	使用显微镜观察红细胞在清水中的形态变化,观察鸡蛋的结构,体验卵黄膜的存在,类比归纳细胞膜是细胞的边界
		鸡蛋卵黄与蛋清有明显的界限,用针破坏界限后卵黄会流出	
		红细胞在清水中会吸水涨破	
		精子和卵细胞能够相互识别并结合	
	2.细胞内具有多个相对独立的结构,担负着物质运输、合成与分解、能量转换和信息传递等生命活动	真核细胞中有线粒体、内质网、高尔基体、核糖体、溶酶体、叶绿体、液泡、中心体等细胞器	通过观察新鲜的黑藻(菠菜叶或藓类的叶)细胞中叶绿体的形态与分布,以及细胞质的流动,观察动植物细胞的亚显微结构模式图,尝试依据结构特点对细胞器进行分类
		叶肉细胞中的叶绿体散布在细胞质中,呈绿色、扁平的球形或椭圆球形	
		活细胞的细胞质处于不断流动的状态	
4.细胞会经历生长、增殖、分化、衰老和死亡等生命进程	有丝分裂保证了遗传信息在亲代和子代细胞中的一致性	动植物细胞有丝分裂各时期的示意图	观察洋葱(或葱、蒜)等根尖分生组织细胞的临时装片,归纳各时期的特征
		人体细胞染色体数目为46条	
5.有性生殖中基因的分离和重组导致双亲后代的基因组合有多种可能	减数分裂产生染色体数量减半的精细胞或卵细胞	哺乳动物精子的形成过程图解和卵细胞的形成过程图解	指导学生观察蝗虫精母细胞减数分裂永久装片,归纳各时期的特征
		亲代和子代染色体数目不变	
6.内环境的变化会引发机体的自动调节,以维持内环境的稳态	机体通过调节作用保持内环境成分和理化性质的相对稳定,以保证机体的正常生命活动	人体细胞外液的温度一般维持在37 ℃左右	指导学生观察并记录人体一天的体温变化,归纳正常人体的体温变化特点
		内环境稳态失调可能引发多种疾病	
7.生物群落与非生物的环境因素相互作用形成多样化的生态系统,完成物质循环、能量流动和信息传递	阐明生态系统由生产者、消费者和分解者等生物因素及阳光、空气、水等非生物因素组成,各组分紧密联系使生态系统成为具有一定结构和功能的统一体	池塘生态系统中动物、植物、微生物的组成情况	观察农田生态系统的生物成分,归纳农田生态系统的组成特点和能量流动情况
		生态系统中动植物形成的食物链和食物网	
		赛达伯格湖的组成及能量流动示意图	

(二) 发展提问能力的高中生物学概念体系

尝试从日常生活、生产实际或学习中发现与生物学相关的问题，并用书面或口头语言表述这些问题，描述已知科学知识与所发现问题的冲突所在，运用问题驱动生物学概念的形成。发展提问能力的高中生物学概念体系见表2-15。

表2-15 发展提问能力的概念、事实及活动建议

重要概念	次位概念	生物学事实	活动建议
1.物质通过被动运输、主动运输等方式进出细胞，以维持细胞的正常代谢活动	有些物质顺浓度梯度进出细胞，不需要额外提供能量；有些物质逆浓度梯度进出细胞，需要能量和载体蛋白	渗透现象的示意图	引导学生根据生活中植物组织吸水与失水的现象思考植物细胞吸水与失水的原理，提出相关问题，如：水分进出植物细胞是通过渗透作用吗？原生质层是否相当于一层半透膜
		动物细胞在清水中吸水涨破，在高浓度蔗糖溶液中失水皱缩	
		成熟植物细胞在较高浓度蔗糖溶液中发生质壁分离现象，转移到清水后发生质壁分离的复原	
2.细胞的功能绝大多数基于化学反应，这些反应发生在细胞的特定区域	1.绝大多数酶是一类能催化生化反应的蛋白质，酶活性受到环境因素(如pH值和温度等)的影响	脲酶、胃蛋白酶、唾液淀粉酶、过氧化氢酶等多种酶的化学本质为蛋白质	引导学生根据不同消化液的pH值不同的现象思考不同消化酶是否需要不同的pH值，提出相关问题，如：pH值会不会影响唾液淀粉酶的功能
		加热、加酒精、加酸等引起细菌和病毒的蛋白质变性，达到消毒、灭菌的目的	
		鸡蛋、肉类经煮熟后蛋白质的空间结构改变，不能恢复原来的状态	
	2.生物通过细胞呼吸将储存在有机分子中的能量转化为生命活动可以利用的能量	人体和很多高等动物需要吸收空气中的氧气，同时呼出二氧化碳	引导学生根据葡萄酒生产流程思考酵母菌的细胞呼吸的方式，提出相关问题，如：酵母菌进行细胞呼吸时是否需要氧气？酵母菌产生酒精是在有氧还是无氧条件下进行的？提供等量葡萄糖溶液给酵母菌，它在有氧、无氧条件下产生的CO_2是否一样多
		乳酸菌、蛔虫等生物生存在无氧环境中；而人类和大多数动物、高等植物等生物生存在有氧环境中	
		酵母菌可在有氧和无氧环境中生存，常用于制作馒头、面包等，使其蓬松，酵母菌也可用于酿酒	
3.适应是自然选择的结果	具有优势性状的个体在种群中所占比例将会增加	工业革命前浅色桦尺蛾较多，工业革命后黑色桦尺蛾逐渐增多，控制黑色性状的S基因的频率逐渐上升到95%以上	引导学生根据工业革命前后桦尺蛾的数量变化提出相关问题，如：桦尺蛾种群中的S基因的频率为什么越来越低呢
4.植物生命活动受到多种因素的调节，其中最重要的是植物激素的调节	植物生长素(IAA)在调节植物生长时表现出两重性，既能促进生长，也能抑制生长	顶端优势，根具有向地性	引导学生根据农业生产中使用生长素类调节剂提出相关问题，如：生长素类调节剂促进插条生根的最适浓度是多少？使用生长素类调节剂除草的最佳浓度是多少
		生长素浓度与植物不同器官生长反应的关系示意图	
		农业生产时使用高浓度的生长素类调节剂除草	
		植物插条扦插之前蘸取生长素类调节剂，提高成活率	

续表

重要概念	次位概念	生物学事实	活动建议
5.不同种群的生物在长期适应环境和彼此相互适应的过程中形成动态的生物群落	群落具有丰富度、垂直结构和水平结构等特征,并可随时间而改变	南方森林和北方森林的丰富度有明显差异	引导学生根据土壤中小动物类群的丰富度材料提出相关问题,如:人类活动会影响土壤小动物的丰富度吗?不同土壤深度的土壤小动物的丰富度有什么区别
		弃耕农田中的生物类群逐渐增多	
		热带雨林的生物类群是最丰富的	

(三)发展实验设计能力的高中生物学概念体系

实验设计能力包括拟订探究计划、列出所需要的材料与用具、选出控制变量、设计对照实验等,在明确实验目的和原理的基础上,设计可行的探究方案,尝试理解生物学概念。发展实验设计能力的高中生物学概念体系见表2-16。

表2-16 发展实验设计能力的概念、事实及活动建议

重要概念	次位概念	生物学事实	活动建议
1.物质通过被动运输、主动运输等方式进出细胞,以维持细胞的正常代谢活动	有些物质顺浓度梯度进出细胞,不需要额外提供能量;有些物质逆浓度梯度进出细胞,需要能量和载体蛋白	渗透现象的示意图	引导学生设计实验探究植物细胞吸水与失水的条件
		动物细胞在清水中吸水涨破,在高浓度蔗糖溶液中失水皱缩	
		萎蔫的叶片浸泡在清水里,不久菜叶会变得硬挺;白菜剁碎做馅时,常常要加一些盐,稍过一会可见有水渗出;对农作物施肥过多,会造成"烧苗"	
2.细胞的功能绝大多数基于化学反应,这些反应发生在细胞的特定区域	1.绝大多数酶是一类能催化生化反应的蛋白质,酶活性受到环境因素(如pH值和温度等)的影响	加酶洗衣粉的包装袋上,往往注明这种洗衣粉的适用温度范围,否则洗涤效果不佳	引导学生设计实验探究温度对酶活性的影响
		食物的消化过程是在酶的催化作用下完成的;人发高烧时,食欲不佳	
		微生物的代谢需要酶的催化;低温条件下保存食物不易腐烂	
		不同消化液的pH值不一样;唾液的pH值为6.2~7.4,胃液的pH值为0.9~1.5,小肠液的pH值为7.6	引导学生设计实验探究pH值对酶活性的影响
		唾液淀粉酶会随唾液流入胃,但不再催化淀粉的水解;胃蛋白酶会随食糜进入小肠,但不再催化蛋白质的水解	
	2.生物通过呼吸作用将储存在有机分子中的能量转化为生命活动可以利用的能量	酵母菌在有氧和无氧的条件下都能生存,属于兼性厌氧菌	引导学生设计实验探究酵母细胞的呼吸方式
		酵母菌呼吸作用可以产生CO_2,常用于制作馒头、面包等,使其蓬松	

续表

重要概念	次位概念	生物学事实	活动建议
		酵母菌也可用于酿酒,在米酒的制作过程中有气泡产生	
	3.植物细胞的叶绿体从太阳光中捕获能量,这些能量在二氧化碳和水转变为糖与氧气的过程中,转换并储存为糖分子中的化学能	阳生植物适宜生存在光照充足的环境中,阴生植物适宜生存在光照较弱的环境中	引导学生设计实验探究不同的环境因素对植物光合作用强度的影响
		水生植物生存在含水量较多的环境中,陆生植物生存的环境中土壤的含水量相对较低	
		夏季晴朗的中午,光照过强会导致植物出现"午休"现象	
		随海拔高度增高,温度降低,分布的植物种类有明显差异	
3.植物生命活动受到多种因素的调节,其中最重要的是植物激素的调节	生长素、细胞分裂素(CTK)、赤霉素(GA)、脱落酸(ABA)和乙烯等植物激素及其类似物在生产上得到了广泛应用	生长素浓度与植物不同器官生长反应的关系示意图	引导学生设计实验探究生长素类调节剂促进插条生根的最适浓度
		适当浓度的2,4-二氯苯氧乙酸(简称2,4-D)可以促进插条生根,浓度过高会抑制生根,高浓度的2,4-D甚至会杀死双子叶植物	
		草莓果实发育和成熟过程中乙烯含量的动态变化	引导学生设计实验利用乙烯利催熟水果
		为了有利于运输和储存,香蕉在未成熟时采收,然后利用乙烯利催熟香蕉	
4.不同种群的生物在长期适应环境和彼此相互适应的过程中形成动态的生物群落	数学模型能够有效解释种群数量变动	理想状态下,细菌数量呈"J"形增长	引导学生设计实验探究培养液中酵母菌种群数量的变化
		某岛屿环颈雉种群数量的增长曲线	
		高斯通过实验发现0.5 mL培养液中大草履虫种群呈"S"形增长	
		某地区东亚飞蝗种群数量的波动曲线图	
5.生物群落与非生物的环境因素相互作用形成多样化的生态系统,完成物质循环、能量流动和信息传递	生态系统中的物质在生物群落与无机环境之间不断循环,能量在生物群落中单向流动并逐级递减	土壤中生活着肉眼看不见的细菌、丝状真菌和呈放射状的放线菌,它们对动植物遗体和枯枝败叶的分解起着非常重要的作用	引导学生设计实验探究土壤微生物的分解作用
		各地气候与环境等因素不同,土壤中的落叶厚度有明显差异	
		不同季节的落叶层的厚度有区别,不同厚度落叶层的内部温度和湿度不同	
6.生态系统通过自我调节作用抵御和消除一定限度的外来干扰,保持或恢复自身结构和功能的相对稳定	生态系统具有保持或恢复自身结构和功能相对稳定,并维持动态平衡的能力	生态系统的空间范围有大有小,一片森林、一个湖泊、一片草原、一条河流、一块农田等都可以各自成为一个生态系统	引导学生设计人工微生态缸的制作方案
		池塘生态系统的示意图	
		生产者、消费者和分解者的关系示意图,生态系统的结构模型	
		生态系统的能量流动过程模型、碳循环示意图	

(四) 发展方案实施能力的高中生物学概念体系

方案实施能力包括进行观察、实验，收集证据、数据，尝试评价证据、数据的可靠性等，在实验操作中达成实验目的，以支撑形成的生物学概念。发展方案实施能力的高中生物学概念体系见表2-17。

表2-17 发展方案实施能力的概念、事实及活动建议

重要概念	次位概念	生物学事实	活动建议
1.细胞的功能绝大多数基于化学反应,这些反应发生在细胞的特定区域	1.植物细胞的叶绿体通过4种色素捕获太阳光中的能量	叶绿体的类囊体薄膜上分布着叶绿素a、叶绿素b、胡萝卜素和叶黄素	引导学生实施"绿叶中色素的提取和分离"的实验方案
		叶绿素和胡萝卜素的化学结构示意图	
		叶绿素主要吸收红光和蓝紫光,类胡萝卜素主要吸收蓝紫光	
	2.植物细胞的叶绿体利用捕获的光能将二氧化碳和水转变为储存能量的糖类,并释放氧气	光合作用的光反应和暗反应过程的示意图	引导学生实施探究"环境因素对光合作用强度的影响"的实验方案
		农业生产中常采取多种措施保障庄稼接受到充足的光照,如农田中需及时除去杂草,尤其是较高的杂草	
	3.绝大多数酶是一类能催化生化反应的蛋白质	加热为过氧化氢提供能量,促进其分解	引导学生实施"比较过氧化氢在不同条件下的分解"的实验方案
		$FeCl_3$能降低过氧化氢分解反应的活化能,催化过氧化氢的分解	
		细胞代谢可能产生过氧化氢等有害物质,机体通过产生过氧化氢酶及时分解过氧化氢,肝脏细胞能够产生较多的过氧化氢酶	
2.细胞会经历生长、增殖、分化、衰老和死亡等生命进程	细胞通过不同的方式进行分裂,其中有丝分裂保证了遗传信息在亲代和子代细胞中的一致性	植物细胞有丝分裂过程的显微照片和模式图	引导学生实施"观察根尖分生组织细胞的有丝分裂"的实验方案
		动物细胞有丝分裂的模式图	
		蛙的红细胞无丝分裂示意图	
3.有性生殖中基因的分离和重组导致双亲后代的基因组合有多种可能	有性生殖中基因的分离和自由组合使得子代的基因型和表型有多种可能,并可由此预测子代的遗传性状	哺乳动物精子和卵细胞形成过程的示意图	引导学生实施"建立减数分裂中染色体变化的模型"的模拟实验方案
		染色体互换的照片和示意图	
		同一对亲本产生的子代各不相同	
4.由基因突变、染色体变异和基因重组引起的变异是可以遗传的	染色体结构和数量的变异都可能导致生物性状的改变甚至死亡	人们通过人工诱导染色体数目变异选育具有优良性状的新品种,如无子西瓜、多倍体甜菜等	引导学生实施"低温诱导植物细胞染色体数目变化"的实验方案
		人类5号染色体某片段的缺失导致了猫叫综合征,患者生长发育迟缓、智力水平低下	

续表

重要概念	次位概念	生物学事实	活动建议
5. 内环境的变化会引发机体的自动调节,以维持内环境的稳态	机体通过调节作用保持内环境成分和理化性质的相对稳定,以保证机体的正常生命活动	正常人体血糖浓度维持在3.9~6.1 mmol/L 正常人体的血浆pH值为7.35~7.45 人体细胞外液的温度一般维持在37 ℃左右	引导学生实施"模拟生物体维持pH值的稳定"的实验方案
6. 不同种群的生物在长期适应环境和彼此相互适应的过程中形成动态的生物群落	种群具有种群密度、出生率和死亡率、迁入率和迁出率、年龄结构、性别比例等特征	濒危物种、农林害虫等种群密度的监测和预报 我国大陆总人口数及2015年的出生率、死亡率 种群年龄结构的三种类型	引导学生实施"调查草地中某种双子叶植物的种群密度"的实验方案

(五) 发展结果交流与讨论能力的高中生物学概念体系

结果交流与讨论能力包括描述现象,分析和判断证据、数据,得出结论,写出探究报告,交流探究过程和结论等,在展示交流讨论中发展进阶生物学概念。发展结果交流与讨论能力的高中生物学概念体系见表2-18。

表2-18　发展结果交流与讨论能力的概念、事实及活动建议

重要概念	次位概念	生物学事实	活动建议
1. 细胞会经历生长、增殖、分化、衰老和死亡等生命进程	有丝分裂保证了遗传信息在亲代和子代细胞中的一致性	植物细胞有丝分裂过程的显微照片和模式图 动物细胞有丝分裂的模式图 不同细胞的细胞周期持续时间不同,但分裂间期一般都比分裂期占比更大	交流和讨论显微镜观察到的有丝分裂图像,引导学生归纳辨别各时期的方法,分析各时期细胞数量不同的原因
2. 细胞的功能绝大多数基于化学反应,这些反应发生在细胞的特定区域	绝大多数酶是一类能催化生化反应的蛋白质,酶活性受到环境因素(如pH值和温度等)的影响	脲酶、胃蛋白酶、唾液淀粉酶、过氧化氢酶等多种酶的化学本质为蛋白质 加热、加酒精、加酸等引起细菌和病毒的蛋白质变性,达到消毒、灭菌的目的 鸡蛋、肉类经煮熟后蛋白质的空间结构改变,不能恢复原来的状态	交流讨论温度和pH值对酶活性的影响、不同酶的最适条件等,建构温度和pH值影响酶活性的数学模型
3. 亲代传递给子代的遗传信息主要编码在DNA分子上	DNA分子是由4种脱氧核苷酸构成,通常由两条碱基互补配对的反向平行长链形成双螺旋结构,碱基的排列顺序编码了遗传信息	核苷酸的结构示意图 沃森和克里克搭建的DNA双螺旋结构模型 DNA的结构模式图	分享制作的DNA双螺旋结构模型,交流讨论双螺旋结构的特点和所制作模型的优点和不足

续表

重要概念	次位概念	生物学事实	活动建议
4.适应是自然选择的结果	自然选择促进生物更好地适应特定的生存环境	工业革命前白色桦尺蛾较多,工业革命后浅色地衣不能生存,树皮裸露并被熏成黑褐色,导致黑色桦尺蛾逐渐增多	交流讨论自然选择在获得耐药菌过程中的作用、滥用抗生素的危害等
		大量使用农药,害虫的耐药性增强	
		长颈鹿的适应性特征示意图	

二、聚焦科学探究的概念教学策略

组织以探究为特点的主动学习是落实生物学核心素养的关键。将科学探究与概念建构有机结合,学生有明确探究学习目标的指引,通过探究性实验活动,以观察、实验等手段主动去探寻真实的生命现象,亲自获取事实性知识,扩大感性认知范围,为概念建构提供生动、直观、具体的感性认识材料,有利于学生在感性认识的基础上形成概念。同时,在探究性实验过程中,学生需要学会用逻辑思维的方式设计探究方案,以保证探究过程是科学、严谨的;面对实验的现象和结果,需要用批判性思维审视其是否可靠、充分。学生还需要收集所观察到的生命现象、实验对象的性质和数量特征等表征,将事实、证据串联起来,经过分析、比较、推理、综合等思维活动,把握生命特征的本质属性,建构形成生物学概念。本研究分别提出了培养观察能力、提问能力、实验设计能力、方案实施能力、结果讨论与交流能力五个方面的科学探究能力的概念教学策略。

(一)发展观察能力的概念教学策略

观察能力是指有目的、有计划、有思维地积极参与感知活动的个性心理特征,是科学探究的基础能力,每个探究活动都体现对学生观察能力的测查和锻炼。教学过程中,引导学生通过观察类实验活动,获取生物学事实,建构生物学概念,有效培养学生的观察能力(见图2-24)。

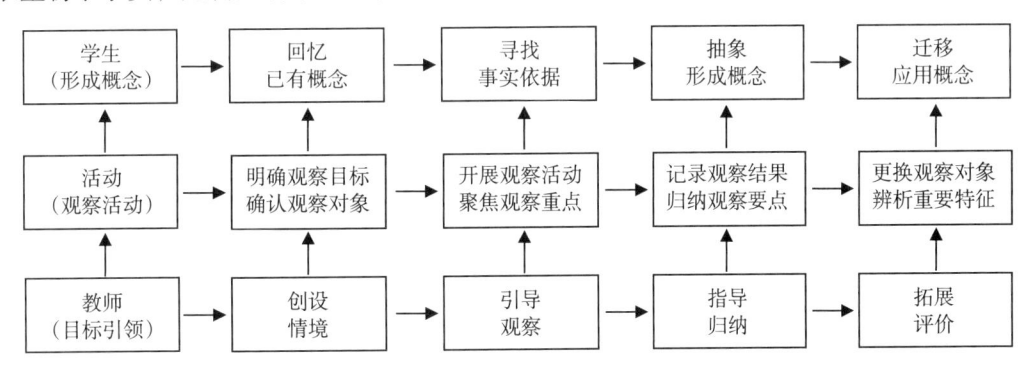

图2-24 发展观察能力的概念教学策略

1. 明确观察目标,确认观察对象

教师创设学习情境,引发需要通过观察解决的问题,明确解决问题所需要观察的目标,确认所需要重点观察的对象,促进学生在思考和分析的过程中回顾已学知识。

2. 开展观察活动,聚焦观察重点

教师提供条件和帮助,引导学生开展观察活动,在观察过程中,教师指导学生根据观察目标去寻找观察重点，通过充分观察获得生物学事实。

3. 记录观察结果，归纳观察要点

在学生充分观察实验目标后，教师指导学生用合适的方式记录实验结果，并分析实验结果，归纳整理观察要点，通过抽象概括形成概念。

4. 更换观察对象，辨析重要特征

根据学习需求，教师拓展观察任务，引导学生利用学习到的方法观察新的对象，辨析重要特征，实现所学概念和观察能力的迁移应用。

【教学案例】

用高倍显微镜观察叶绿体

"用高倍显微镜观察叶绿体"是人教版《普通高中教科书·生物学·必修1·分子与细胞》中的内容。教材通过引导学生以藓类叶、菠菜叶、新鲜黑藻等为实验材料，制作临时装片，观察叶绿体的形态和分布，获取建构概念"细胞内具有多个相对独立的结构"的生物学事实，发展学生的观察能力。在实际教学过程中，该观察活动可分三个观察主题进行，以"观察叶绿体的形态""观察叶绿体的运动""观察细胞质的流动"三个逐级递进的主题引导学生逐步深入地观察。首先使用藓类叶制作临时装片，观察叶绿体的形态，再更换为其他材料观察有无叶绿体及叶绿体的多少，最后通过观察叶绿体及细胞质的运动，帮助学生建构概念，有效发展观察能力。

1. 明确观察目标，确认观察对象

教师引导学生观察展示的细胞结构模式图，同时提示，模式图是科学家根据电子显微照片绘制的模型，提出问题：我们在光学显微镜下看到的细胞结构实物是这样的吗？然后提出以叶绿体为例进行观察实验，引导学生通过绘制模式图描述叶绿体的特征，探讨以叶绿体为例进行观察的优势，确认观察对象为叶绿体的同时，回顾已学的亚显微结构特征。

2. 开展观察活动，聚焦观察重点

教师做好实验准备，提供藓类叶、菠菜叶、黑藻叶、洋葱鳞片叶等多种材料。通过问题引导学生熟悉观察细胞结构需要使用的工具、材料等，回顾制作临时装片的过程。学生自主选择材料，制作临时装片，进行观察实验，收集事实证据，教师指导学生注意如下观察重点。

（1）观察藓类叶、黑藻叶时，聚焦叶片细胞层数，叶绿体的颜色、形态。

（2）观察稍带叶肉细胞的菠菜叶下表皮时，聚焦表皮细胞有无叶绿体和叶肉细胞中叶绿体的颜色、形态。

（3）观察洋葱鳞片叶表皮细胞时，聚焦细胞形态、有无叶绿体。

3. 记录观察结果，归纳观察要点

教师通过问题引导学生记录观察结果。哪些特征是辨别叶绿体的主要特征？哪些细胞中有叶绿体，哪些没有？为什么有这种分布特点？学生通过绘图或文字描述归纳观察要点，认识叶绿体的显微结构，熟悉叶绿体是光合作用的场所，理解叶绿体的分布与叶绿体的功能有关，将观察到的生物学事实上升为相关概念。

4.更换观察对象，辨析重要特征

教师介绍植物为了更好地进行光合作用，同一个细胞中的叶绿体会根据光线方向和强弱移动位置，不同部位细胞分布的叶绿体数量也有差异。指导学生用已学的知识和方法，验证上述结论，完成以下拓展实验观察，评价学习效果。

（1）观察不同温度、不同光照强度下叶绿体的运动情况。

（2）观察并比较菠菜叶上表皮叶肉细胞和下表皮叶肉细胞的叶绿体数量关系。

此外，教师还可以引导学生尝试观察其他细胞结构，理解显微结构与亚显微结构的区别，进一步实现知识和能力的迁移应用。

（二）发展提问能力的概念教学策略

提问能力是学生原有认知经验和科学知识与科学学习情境碰撞后，通过分析和思考重构并表达科学问题，在连续动态的思维过程中所表现出来的品质。提出问题是科学探究的前提，是探究能够展开的最直接动力。在实际教学中，可以从问题情境和已知概念冲突产生的疑惑入手，借助生物学事实建构概念，并尝试解决问题，最终发展学生的提问能力（图2-25）。

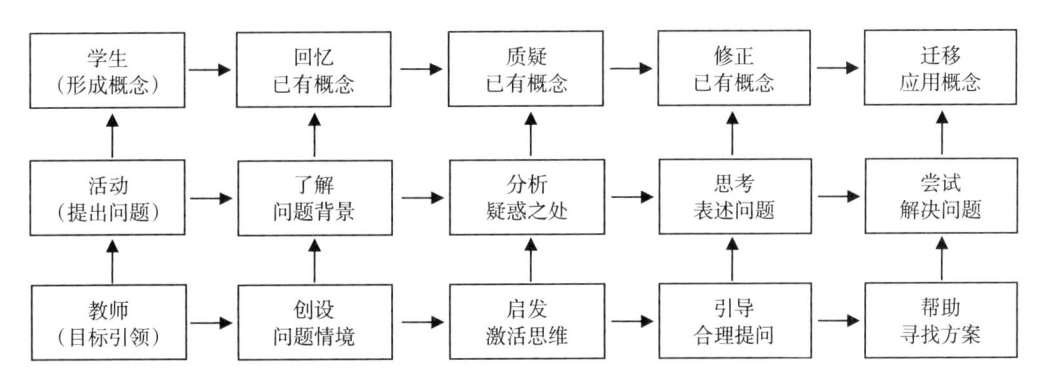

图2-25 发展提问能力的概念教学策略

1.了解问题背景

教师创设观察、实验、模拟、体验、调查、制作等活动情境或生活、生产实践真实情境，学生熟悉问题的背景知识，回忆已有认知经验和知识。

2.分析疑惑之处

教师启发学生将已有概念与情境相互作用，分析新事物与现有知识经验之间的矛盾，质疑已有概念，从而产生疑问。

3.思考表述问题

教师引导学生选择有探究价值的问题，尝试用合理的语言或文字对所发现的问题进行具体而明确的口头阐述或者书面表达，逐渐修正已有概念。

4.尝试解决问题

学生寻找问题中不同变量之间的逻辑关系，并应用已有概念对问题的答案提出可能的设想，在迁移应用概念的过程中进一步培养问题意识。

【教学案例】

探究酵母菌细胞呼吸的方式

"探究酵母菌细胞呼吸的方式"是人教版《普通高中教科书·生物学·必修1·分子与细胞》中的内容。教材以兼性厌氧型生物酵母菌为材料，提出欲探究的问题，设计和进行对比实验，分析有氧和无氧条件下酵母菌细胞呼吸的情况，最终建构"细胞呼吸可以分为有氧呼吸和无氧呼吸两种类型"的概念。在实际教学过程中，教师通过展示酵母菌在不同生活、生产实践中的应用情境，学生结合已有概念熟悉背景知识，确认自己明白哪些内容，还有哪些不清楚的地方，并根据资料或事实分析疑惑之处，组织语言表述问题，最后应用概念对问题的答案提出假设，在该过程中发展学生的提问能力。

1. 了解酵母菌相关背景知识

教师提供资料：酵母菌是一种单细胞真菌，在有氧和无氧条件下都能生存，属于兼性厌氧菌，它与人类的生活息息相关，譬如做面包和馒头、酿酒等，都是利用酵母菌的呼吸作用。

酵母菌细胞富含蛋白质，可以用作饲料添加剂。在培养酵母菌用作饲料添加剂时，要给培养装置通气或进行振荡，以利于酵母菌大量繁殖。

馒头和面包里面都会有一个个的小孔，其周围变得松软，是因为发面时加入的酵母菌呼吸产生的CO_2受热膨胀所致。

酵母菌酿酒过程中，需要密封发酵，但在生产过程中需要定期排出产生的CO_2。

教师引导学生阅读以上资料，并回顾初中所学酵母菌、呼吸作用及发酵等相关知识，其中对呼吸作用下定义时研究的对象是植物细胞，其概念为植物细胞吸收氧气，将有机物分解成二氧化碳和水，同时释放能量的过程。泡菜和酸奶的制作、米酒发酵、沼气发酵等在无氧条件下进行，酱油、豆腐乳、面包和米醋的制作在有氧条件下完成。

2. 分析酵母菌的呼吸作用类型

结合背景知识和初中所学内容，教师引导学生思考：都是培养酵母菌，为什么有的需要通气，有的却需要密封？细胞呼吸过程一定需要氧气吗？为什么通气有利于酵母菌大量繁殖？在密封发酵时，酵母菌将有机物转化为酒精对它自身有什么意义？学生会发现初中教材中对于植物细胞的呼吸作用的定义有一定局限，因为呼吸作用过程不一定需要氧气。在有氧条件下，酵母菌分解营养物质释放能量多，这些能量可以为酵母菌细胞进行物质代谢和细胞分裂提供充足的动力，所以有氧条件下有利于酵母菌的大量繁殖。密封发酵时，酵母菌将有机物转化为酒精时未能将有机物彻底分解，但仍能为自己的生命活动提供少量能量。

3. 选择并表述有探究价值的问题

结合上述事实和证据可以确定，酵母菌在有氧条件和无氧条件下都可以进行呼吸作用，进而归纳呼吸作用的实质是细胞内有机物的氧化分解，并释放出能量。细胞呼吸可以分为有氧呼吸和无氧呼吸两种类型。教师引导学生进一步思考还有哪些疑惑，有的学生质疑酒精的产生是否可以在有氧条件下进行，有的学生思考"有氧呼吸和无氧呼吸都会产生CO_2吗？在不同条件下产生的CO_2是否一样多？"有的学生思考如何证明该过程有能量的释放，基于本实验的目的可以选择探究酒精产生的条件及比较不同条件下CO_2产生多少。组织学生用较为合理的语言或文字对欲探究的问题进行口头阐述或书面表达并作分享：

(1) 酵母菌在有氧还是无氧条件下使葡萄糖发酵产生酒精？

(2) 酵母菌在有氧和无氧条件下，呼吸作用产生的CO_2是否一样多？

4.尝试解决酵母菌呼吸作用相关问题

教师引导学生结合资料中的事实和生活经验及已有的呼吸作用的概念对上述问题进行假设：①酵母菌在有氧条件下进行有氧呼吸，产生CO_2和H_2O，酵母菌在无氧条件下进行无氧呼吸可以使葡萄糖发酵产生酒精；②酵母菌在有氧和无氧条件下都能产生CO_2，但是有氧呼吸中葡萄糖中的C全部转移至CO_2，无氧条件下葡萄糖中的C会转移至酒精和CO_2中，因此酵母菌有氧呼吸时产生的CO_2更多。

上述假设是否成立，教师需要进一步引导学生设计实验并进行实验论证。

(三) 发展实验设计能力的概念教学策略

实验设计能力是指学生依据实验目的、原理，选择合适的实验材料和用具，采用一定的实验方法，制定实验步骤，设计统计图表的能力。发展实验设计能力的概念教学策略见图2-26。

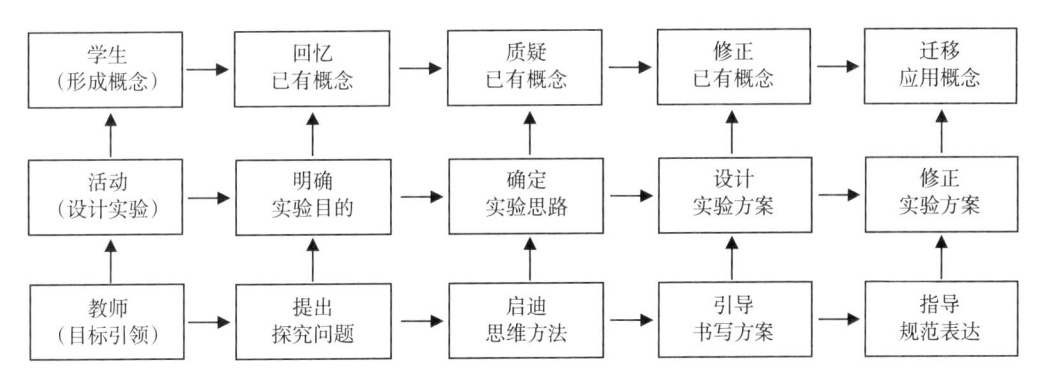

图2-26 发展实验设计能力的概念教学策略

1.明确实验目的

教师引导学生在观察的生命现象中提出需要探究的问题，进一步明确实验目的，让学生在回忆前概念的过程中，准确把握解决此探究问题所需的知识、技能和方法，激发学生的求知欲和探究欲。

2.确定实验思路

教师根据探究问题，分析实验原理，启迪学生思维，确定实验材料用具，围绕探究问题分析自变量、因变量、无关变量，质疑已有概念，明确实验设计思路。

3.设计实验方案

教师引导学生分组讨论实验步骤，明确实验操作流程，书写实验方案，分组展示交流各组实验方案，对已有概念做出修正。

4.修正实验方案

在各组展示交流实验方案的基础上，教师指导学生根据实验设计所遵循的原则和要求作科学、规范表达，做到逻辑性强、重点突出、条理清晰，并修正完善实验方案，要求做到迁移概念，更好地应用所学概念解决现实生活中的问题。

【教学案例】

探究植物细胞的吸水和失水

"探究植物细胞的吸水和失水"是人教版《普通高中教科书·生物学·必修1·分子与细胞》第4章第1节"被动运输"的"探究·实践"内容。教材通过引导学生以洋葱鳞片叶外表皮细胞为实验材料，制作临时装片，观察洋葱鳞片叶外表皮细胞中液泡体积及原生质层位置的变化，感知质壁分离与复原的实验现象，获取建构"植物细胞的原生质层相当于一层半透膜"概念的生物学事实，发展学生的实验设计能力。在实际教学中，首先，教师引导学生列举生活中植物吸水与失水的生活现象，这些生活现象能够说明，植物细胞也像动物细胞一样会发生吸水或失水现象，吸水或失水同样与外界溶液的浓度有关。学生思考这些生活现象，然后，提出问题：植物细胞的原生质层是否相当于一层半透膜？在此基础上作出假设，进而理清实验设计思路，修改完善实验设计方案，发展实验设计能力。

1. 明确实验目的

教师引导学生列举植物吸水与失水的生活现象，如将有些萎蔫的菜叶浸泡在清水中，不久，菜叶就会变得硬挺；将白菜剁碎做馅时，常常要放一些盐，稍过一会儿就可见到有水分渗出；对农作物施肥过多，会造成"烧苗"现象。从这些生活现象中提出"植物细胞的原生质层是否相当于一层半透膜"的探究问题，从而明确实验目的，即用光学显微镜观察植物细胞质壁分离和复原的过程；领悟植物细胞发生渗透作用的原理；体验植物细胞吸水、失水和外界溶液浓度之间的关系，促进学生回忆已有的概念"植物细胞膜相当于一层半透膜"。

2. 确定实验思路

教师启迪学生设计实验时思考和讨论以下问题，进而确定实验思路。

（1）如果"植物细胞的原生质层相当于一层半透膜"是正确的，当外界溶液浓度高于细胞液浓度时，细胞就会失水；当外界溶液浓度低于细胞液浓度时，细胞就会吸水。

（2）如何使外界溶液的浓度提高或降低？

（3）如何看到细胞？需要用到什么材料和用具？

（4）对实验结果作出预测——细胞失水或吸水后可能出现哪些可观察的变化？

在思考和讨论以上问题时，学生会把植物细胞与动物细胞的亚显微结构进行比较，质疑已有概念，那么，植物细胞什么结构相当于一层半透膜呢？

3. 设计实验方案

教师引导学生分组书写实验设计方案，包括明确实验目的原理、选择恰当的材料用具、书写正确的实验步骤等，在分析成熟的植物细胞亚显微结构的基础上，学生不难得出"植物细胞的原生质层也相当于一层半透膜"，进而修正已有概念。

4. 修正实验方案

学生分组展示交流实验方案，教师指导规范表达实验方案，各组修改完善实验方案。

（1）实验原理：成熟的植物细胞放到一定浓度的溶液中构成一个渗透系统；当细胞大量失水时原生质层（包括细胞膜、液泡膜及两层膜之间的细胞质）与细胞壁的伸缩程度不同，导致原生质层与细胞壁分离。

（2）材料用具：紫色洋葱鳞片叶；质量浓度为0.3 g/mL的蔗糖溶液、清水；显微镜、镊子、刀片、载玻片、盖玻片、滴管、吸水纸。

（3）实验步骤如下。

①临时装片的制作和观察：选取新鲜紫色洋葱鳞片叶外表皮，先用刀片在紫色较深处划一方框，在其边角处用镊子挑起表皮，并用镊子夹住一边撕取表皮；在洁净的载玻片中央滴一滴清水，将撕下的表皮在水滴上展开，盖上盖玻片，放在显微镜下观察。

②质壁分离的观察：从盖玻片的一侧滴入蔗糖溶液，在盖玻片另一侧用吸水纸吸引，重复3次；用低倍镜观察细胞发生的变化。

③质壁分离复原的观察：从盖玻片的一侧滴入清水，在盖玻片另一侧用吸水纸吸引，重复3次；在低倍镜下观察细胞发生的变化。

学生真实感知"洋葱鳞片叶外表皮细胞中紫色液泡体积及原生质层位置的变化"的生物学事实，从而在已有概念"植物细胞膜相当于一层半透膜"的基础上，迁移应用并建构起"植物细胞的原生质层相当于一层半透膜"的概念，就能准确、全面地解释植物吸水与失水的生活现象，发展学生的实验设计能力。

（四）发展方案实施能力的概念教学策略

方案实施是科学探究中动手实践的关键环节，需要学生进行动手、动脑的多方面操作技能和个性特征。在实际教学过程中，教师应该创设情境，创造条件让学生实施实验与实践方案，在亲身实践中形成新概念，提升实践操作能力（见图2-27）。

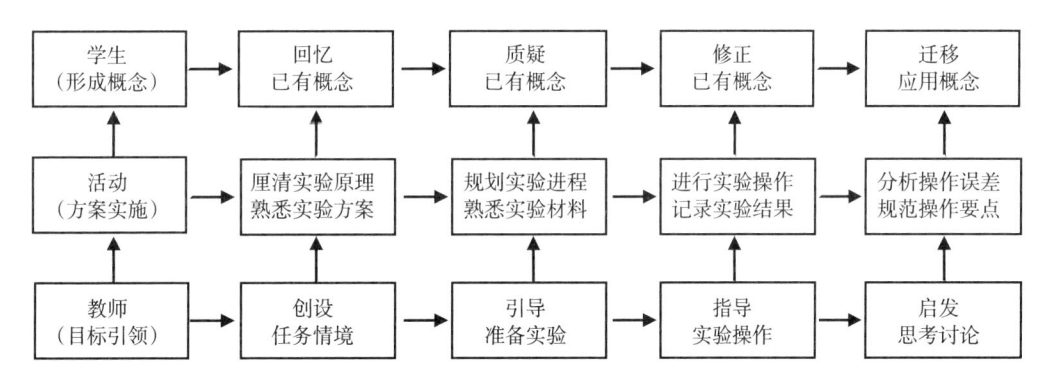

图2-27 发展方案实施能力的概念教学策略

（1）厘清实验原理，熟悉实验方案

教师创设学习情境，指导学生梳理实验原理，熟悉自己设计的或已经给出的实验方案，回顾已学过的概念，明确实验任务。

（2）规划实验进程，熟悉实验材料

教师指导学生在脑中使用现有实验材料实施实验方案，或者指导学生根据实验方案准备实验材料，检查"实验方案能否实施""有无需要完善的步骤""有无需要长时间等待或需要迅速完成的操作"等，一方面根据实际情况规划实验进程，另一方面熟悉实验材料，促进学生应用已学的概念，为进行实验做好充分的准备。

(3) 进行实验操作，记录实验结果

教师对实验操作做必要的安全提示、规范提示等，让学生充分实施实验方案，记录实验结果，教师巡视学生实验情况，在必要时给予精准的指导和精确的评价，学生通过亲身操作和观察获得直观感知和实践经验，将抽象的知识与具体的实际情境联系起来，逐渐形成新概念。

(4) 分析操作误差，规范操作要点

教师指导学生根据实验结果反思操作过程，可比较实际结果和预期结果，也可比较自己的结果和其他同学的结果的差异，通过思考与讨论，引导学生分析产生误差的原因，重新认识关键细节和操作要点，修正原有的理解和概念，更新概念体系。

【教学案例】

探究温度对果胶酶活性的影响

"探究温度对果胶酶活性的影响"是人教版《普通高中教科书·生物学·选修1·生物技术实践》中的内容。教材以资料的形式提示学生进行实验设计，写出详细实验方案，然后按方案进行实验操作。教学过程中，教师可提供果胶酶、使用说明书及其他材料用具等，但没有实验方案，让学生感受到无从下手后，引导学生熟悉实验方案、实验材料，再按照方案处理实验材料，完成实验操作，将实验结果形成温度对酶活性影响关系的数学模型，建构概念"酶活性受环境因素（温度）的影响"的同时，发展学生的方案实施能力。

1. 理清实验原理，熟悉实验方案

教师给每组学生发放一份果胶酶的使用说明书，让学生阅读、讨论相关使用说明所蕴含的生物学原理。在讨论使用温度为45℃时，引导学生产生该温度不同于所学多数酶最适温度的疑问，提出探究果胶酶最适温度的实验任务。教师随即让学生用提供的材料和用具完成实验探究，当有学生不能有条不紊地进行操作时，教师需要引导学生分析操作困难的原因，并指导学生熟悉教材中给出的实验方案。教师再进一步引导学生回顾酶的本质、特性等相关生物学知识，明确实施方案的前提是熟悉整个实验方案。

2. 规划实验进程，熟悉实验材料

教师让学生查看实验材料用具，通过如下问题引导学生完善实验方案、熟悉实验材料、完成实验准备：如何准备不同温度的水浴烧杯？保温时使用果胶酶粉末还是果胶酶溶液？分别用什么工具对果胶酶溶液和果泥进行取样？反应完成后如何及时过滤，避免各组反应时间不同？等等。

3. 进行实验操作，记录实验结果

教师了解各组的准备情况后，简单提示：避免烫伤，果胶酶溶液、果泥取样前都需充分混匀。学生按照如下操作流程进行分组实验。

操作流程：

(1) 制作苹果泥，混匀后分装到9支试管中，每支试管10 mL。

(2) 配制果胶酶溶液，混匀后分装到9支试管中，每支试管1 mL。

(3) 准备9种不同温度的水浴烧杯，温度分别为30℃、35℃、40℃、45℃、50℃、55℃、60℃、65℃、70℃（各小组可自行设置温度梯度）。

(4) 将9支装果胶酶和9支装果泥的试管分别放入9个烧杯中水浴一段时间。

(5) 将果胶酶溶液倒入对应温度的果泥中,混匀后反应一段时间。

(6) 过滤果汁,统计果汁体积。

教师巡视学生实验情况,指导和评价学生操作,同时收集典型错误操作。指导学生设计类似下表的统计表格统计实验结果。帮助学生理解水浴时间会影响实验结果,体会果胶酶促进果胶分解以增大出汁率,并且通过统计直观感受不同温度下获得不同果汁量,帮助学生建构概念。

实验结果统计表见表2-19。

表2-19 不同温度条件下获得的果汁体积

温度/℃	30	35	40	45	50	55	60	65	70
果汁体积/mL									

4.分析操作误差,规范操作要点

教师将收集到的典型错误操作转化为问题引导学生反思操作过程,并设计下列问题。

(1) 针对分装果泥时未混匀提问:为什么你们小组获得的果汁体积随着温度上升没有呈先增加后降低的趋势?

(2) 针对反应时间短提问:为什么你们小组获得的果汁体积都比较少,各组相差也很小?

(3) 针对反应时间长提问:为什么你们小组获得的果汁体积都比较多,各组相差较小?

教师引导学生通过讨论交流,分析相关误差的原因,明确酶活性受温度的影响,但果汁体积不仅受酶活性的影响,也受反应时间长短、是否混匀、反应物浓度的影响,还受原料浓度的影响等,从而理解果汁体积不等于酶活性,以及掌握准确使用果汁体积表示酶活性的原理和操作要点。

(五) 发展结果交流与讨论能力的概念教学策略

结果系统与讨论能力是指学生运用多种方法如实记录,并创造性地运用数学方法分析实验结果;能够在团队中起组织和引领作用,运用科学术语精确阐明实验结果,并展开交流。通过引导学生整理和汇报研究成果,探讨研究内容,重构概念体系,并在进一步的研究中应用概念,发展学生的结果交流与讨论能力(见图2-28)。

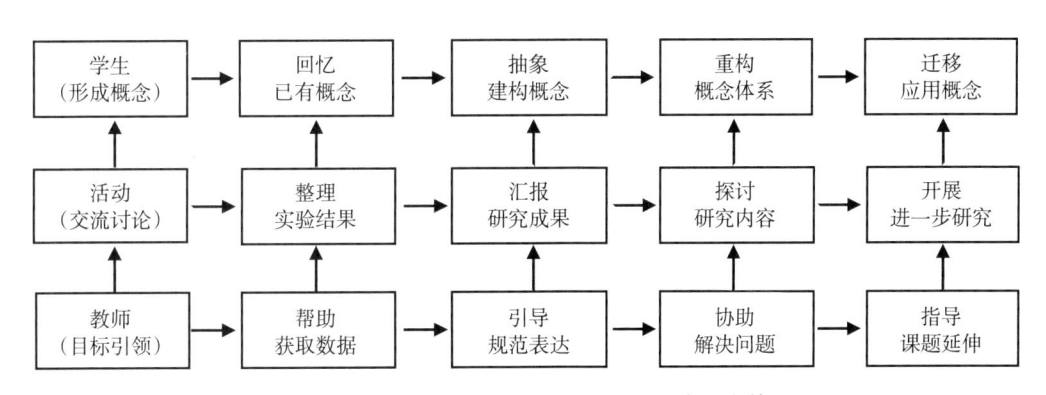

图2-28 发展"结果交流与讨论能力"的概念教学策略

1. 整理实验结果

学生回忆已有概念，在实验报告册上如实记录实验现象、收集实验数据，并创造性地运用数学方法分析实验结果，以表格、曲线图等形式呈现实验结果，促进学生回忆已有概念。

2. 汇报研究成果

以小组为单位呈现实验数据或图片，展示汇报实验成果，教师引导学生运用科学术语精确阐明实验成果，展开交流讨论，帮助学生建构抽象概念。

3. 探讨研究内容

学生针对实验现象或数据进行综合分析，教师进行交流点拨，引导学生得出正确结论，修正概念体系。各小组之间将本组结论和问题进行对比，针对异常实验现象或数据进行探讨。

4. 开展进一步研究

针对教材实验能否优化创新，教师引导学生进一步开展探究，学生在实验的拓展延伸中进行概念的迁移应用。

【教学案例】

探究酵母菌细胞呼吸的方式

"探究酵母菌细胞呼吸的方式"是人教版《普通高中教科书·生物学·必修1·分子与细胞》"第5章第三节中的内容。教材先以生产生活中酵母菌细胞呼吸原理的应用创设情境，再引入实验"探究酵母菌细胞呼吸的方式"，本实验是重要的探究性实验，将该实验放在学习细胞呼吸的概念性知识之前，主要是引导学生通过实验探究酵母菌细胞呼吸的方式，并在结果交流与讨论中主动建构概念。

1. 整理实验结果

教师可将如下所示的酵母菌细胞在不同条件下细胞呼吸产物统计表（见表2-20）发给学生，学生利用表格记录，便于进一步对比两种呼吸方式，对细胞呼吸进行分类，学生如实记录实验结果。实验结果显示，两组澄清石灰水均出现浑浊，但有氧呼吸装置组的澄清石灰水出现浑浊时间更短。所有的无氧呼吸装置组和少部分有氧呼吸装置组的酸性重铬酸钾变灰绿色。

表2-20 酵母菌细胞在不同条件下细胞呼吸产物统计表

观察项目	有氧呼吸装置	无氧呼吸装置
澄清石灰水出现浑浊所需时间		
澄清石灰水浑浊度比较（溴麝香草酚蓝水溶液变色情况比较）		
酸性重铬酸钾颜色变化		
实验结论		

2. 汇报研究成果

以小组为单位展示实验结果，发现酵母菌在有氧条件下产生大量二氧化碳和水，无氧条件下产生少量二氧化碳和酒精。学生通过实验获得直接经验：酵母菌存在两种细胞呼吸方式，初步感知有氧和无氧条件下细胞呼吸的产物不同，引导学生初步建构"细胞呼吸可以分为有氧呼吸和无氧呼吸两种类型"的概念。

3. 探讨研究内容

通过实验现象学生明确了酵母菌细胞呼吸的产物，教师引导学生从能量守恒的角度思考葡萄糖中的能量去向，学生推测有氧和无氧条件下酵母菌分解葡萄糖过程中有能量释放出来。接着各小组从物质变化和能量变化两个角度归纳实验结果，各小组之间补充修正，学生通过对实验结果的分析和概括可进一步建构概念：细胞呼吸是在细胞内将糖类分解为有机物或无机物并释放能量的过程。教师追问：其他物质分解为有机物或无机物并释放能量的过程是细胞呼吸吗？为了进一步帮助学生明确细胞呼吸的底物可以是多种有机物，教师展示脂肪和蛋白质等有机物分解的过程示意图，最终帮助学生实现概念转变，重构概念：细胞呼吸是有机物在细胞内经过一系列氧化分解，产生二氧化碳或其他产物并释放能量的过程。

4. 开展进一步研究

本实验需要一定时间后才有明显现象，教师提问：如何更快更准确地得到实验结果？学生查阅资料后得出：利用传感器定量测定气体变化。本实验使用二氧化碳传感器和数据采集器可快速将实验结果直观呈现给学生，并自动生成"二氧化碳—时间"曲线图，学生能够快速清晰地判断相同时间内，有氧条件下二氧化碳生成量高于无氧条件下二氧化碳生成量。通过以上教学，学生对细胞呼吸有了清晰的认识，为有氧呼吸和无氧呼吸具体过程的学习打下基础，有利于发展结果交流与讨论能力。

第四节　培育"社会责任"的概念教学策略

"新课程标准"指出：社会责任是指基于生物学的认识，参与个人与社会事务的讨论，作出理性解释和判断，解决生产生活问题的担当和能力。生物学概念教学中基于生物学事实建构生物学概念，使学生形成正确的生物学认识。以此为基础，积极参与社会议题的讨论并作出理性判断；积极参与生命现象的讨论并作出理性解释；尝试解决生产生活中的实际问题。在此过程中，培养学生的责任担当意识和解决问题的能力，培育学生的社会责任，其关系如图2-29所示。

一、培育社会责任的高中生物学概念体系

基于"新课程标准"并结合社会责任与概念教学的关系（见图2-29），归纳出培育社会责任的三条主要途径：分析判断社会议题、讨论解释生命现象和尝试解决实际问题。再依据现行的人教版高中生物学教材，对培育社会责任的主要途径所对应的生物学概念进行梳理，有助于教师在概念教学中找到培育社会责任的锚定点，并组织开展培育学生社会责任的生物学概念教学。

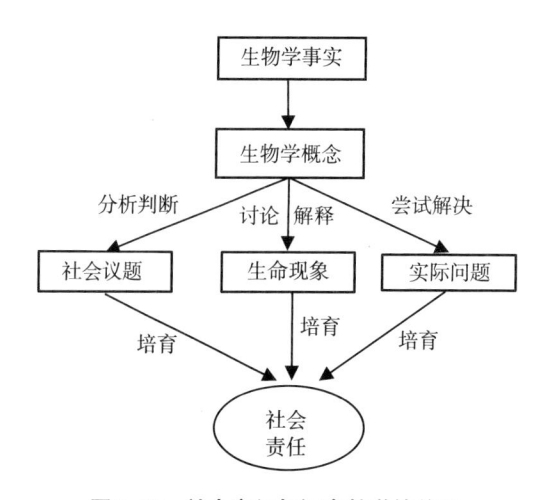

图2-29　社会责任与概念教学的关系

（一）分析判断社会议题的高中生物学概念体系

参与社会议题的讨论并作出理性判断，是培养学生社会责任的重要途径，然而要积极讨论社会议题并作出理性判断往往涉及一些重要的生物学概念。因此，找出这些生物学概念并进行梳理，有助于高中生物学概念体系的建构和学生社会责任素养的培育。研究者梳理了新教材中典型社会议题及其涉及的生物学概念，并提出了概念教学实践中的活动建议（见表2-21）。

表2-21 社会议题及其涉及的生物学概念和活动建议

社会议题	生物学概念	活动建议
高糖饮食容易长胖	糖类在供应充足的情况下可以大量转化为脂肪	通过实例说明糖类和脂肪相互转化的关系，倡导适量摄取糖类并合理运动，有助于保持健康体重和良好的形体
世界上首例体细胞克隆猴在我国诞生	克隆技术是通过体细胞进行无性繁殖产生后代，后代遗传基因与母体相同。动物细胞核具有全能性	通过播放克隆猴"中中"和"华华"的相关研究视频，使学生认同我国科学家将克隆技术推向了新高度，克隆猴的诞生，标志着我国克隆技术走在了世界前列。同时指出由于克隆人会带来严重的社会和伦理问题，我国政府明确禁止克隆人
人工合成病毒是否就是人工制造了生命	病毒没有细胞结构，一般由核酸和蛋白质组成。病毒的生活离不开细胞，不能独立完成新陈代谢	通过展示美国纽约州立大学几位科学家人工合成脊髓灰质炎病毒的相关研究，讨论是否就是人工制造了生命。再展示我国科学家人工创建的单条染色体酵母细胞，使学生认同在人工合成生命的生物学领域中我们处于世界前列
遗传病的监测与预防	遗传病的监测与预防主要通过遗传咨询和产前诊断等手段。产前诊断是指在胎儿出生前，医生用专门的检测手段（如羊水检查、B超检查、孕妇血细胞检查以及基因检测等）监测胎儿是否患有遗传病	以高龄产妇唐氏综合征的监测和预防为例，阐明监测与预防遗传病的重要性，必要的监测与预防也是对生命、家庭和社会更负责任的态度
基因检测的利与弊	基因检测是指通过检测人体细胞中的DNA序列，以了解人体的基因状况	通过展示某人的基因检测报告，阐明精确的基因检测报告有利于医生对症下药。同时指出，人们担心由于缺陷基因的检出，在就业、保险等方面可能会受到不公平的待遇
先有鸡还是先有蛋	种群是生物进化的基本单位。新物种形成的标志是与祖先种产生生殖隔离	组织分析讨论《普通高中教科书·生物学·必修2·遗传与进化》教材（P$_{110}$）上的问题，教师指出鸡和蛋在基因组成上是一致的，阐明种群才是生物进化的基本单位。新物种形成的标志是与祖先种产生生殖隔离，而不是在某一时刻有一个个体或一个生殖细胞成为一个新物种
滥用抗生素对人体的危害	抗生素长期对病原体的选择导致人体抗药性增强	通过组织学生完成《普通高中教科书·生物学·必修2·遗传与进化》教材（P$_{112}$）的"探究·实践"——探究自然选择对种群基因频率变化的影响，理解环境的长期选择对种群的影响，经过内化迁移，引导学生对滥用抗生素对人体的危害进行理性解释
酒后驾车	神经调节在维持内环境稳态中扮演主要角色，而神经系统容易受到酒精等物质的麻痹	通过观看酒后驾车导致交通事故的视频，再提供酒精能麻痹人神经系统的资料，让学生认识到不能酒后驾车的原因，树立珍爱生命的观念

续表

社会议题	生物学概念	活动建议
能催熟水果的乙烯利可否使儿童性早熟	植物激素通过传递调节代谢的信息的方式发挥作用,且需要和靶细胞的特异性受体结合	通过阅读教材使学生明晰植物激素发挥作用的机理,指出动物细胞没有识别植物激素的受体,培养学生辨别迷信和伪科学的能力,最后倡导学生不信谣不传谣
修建青藏铁路会影响动物的迁徙,缩小动物觅食、繁殖等活动的范围	种群是生物繁殖的基本单位,也是生物进化的基本单位;生态系统是生物与环境相互作用形成的有机整体;人类活动对自然环境的影响	分析修建青藏铁路可能对沿途生物造成的影响,并讨论解决办法,最后指出国家修建青藏铁路时不惜耗巨资修建了许多高架桥和涵洞的意义,使学生深刻体会到在建设社会主义现代化的同时,也要有生态意识,注重环境的保护,践行"可持续发展观"
新生儿男女比例失调对社会发展的影响	性别比例通过影响出生率进而影响种群密度	通过分析资料阐明性别比例、出生率和种群密度之间的关系,再指出我国于2016年3月28日发布了新规《禁止非医学需要的胎儿性别鉴定和选择性别人工终止妊娠的规定》,帮助学生树立珍爱生命的意识和责任
HIV预防	免疫系统具有防卫功能。艾滋病主要通过性接触、血液和母婴三种传播途径传播	通过播放艾滋病患者相关视频,分析HIV给人类带来的危害,倡导学生远离毒品并洁身自好,关爱生命崇尚健康
为什么大量推广使用微生物肥料	微生物肥料利用了微生物在代谢过程中产生的有机酸、生物活性物质等来增进土壤肥力,促进植物生长	比较分析微生物肥料相对于普通化肥的优点,体会发酵工程在农牧业上的应用,倡导学生树立生态意识和环保观念
濒危动物保护和害虫防治	保护生物多样性关键在于协调好人与生态环境的关系	结合生物多样性的价值提出保护某种濒危动物或防治某种害虫的具体措施,倡导学生树立生态意识和环保观念

(二)讨论解释生命现象的高中生物学概念体系

参与讨论并理性解释生命现象,也是培养学生社会责任的重要途径,而生命现象往往涉及一些重要的生物学概念(或生物学基本规律)。因此,找出这些生物学概念并进行梳理,有助于高中生物学概念体系的建构和学生社会责任素养的培育。研究者梳理了典型社会议题及其涉及的生物学概念,并提出了概念教学实践中的活动建议(见表2-22)。

表2-22 生命现象及其涉及的生物学概念和活动建议

生命现象	生物学概念	活动建议
克隆牛的性状与提供细胞核的"母牛"几乎一模一样	细胞核是遗传信息库,是细胞代谢和遗传的控制中心	通过对教材细胞核结构与功能一节的"思考·讨论"中的实验资料进行归纳总结,得出细胞核的功能
过量施肥引起烧苗现象	植物细胞通过渗透作用吸水和失水。当细胞液的浓度小于外界溶液浓度时,细胞失水	通过展示烧苗现象的图片,讨论解释过量施肥引起烧苗现象的原因,总结归纳出渗透作用的原理

续表

生命现象	生物学概念	活动建议
萤火虫腹部可以发光	ATP是直接能源物质	组织学生完成实验：向含有荧光素和荧光素酶的试管中分别加入ATP、葡萄糖和等量蒸馏水，通过观察实验结果得出ATP是激活荧光素和荧光素酶的直接能源物质
高茎豌豆与矮茎豌豆杂交得F_1，F_1全部为高茎，F1自交得F2，F2中高茎：矮茎为3∶1	在生物的体细胞中，控制同一性状的遗传因子成对存在，不相融合；在形成配子时，成对的遗传因子发生分离，分离后的遗传因子分别进入不同的配子中，随配子遗传给后代，即分离定律	通过观察、分析孟德尔一对相对性状的杂交实验，引导学生提出问题，再组织学生通过小组讨论作出解释问题的假说，然后引导学生基于假说对测交实验展开预测，再展示孟德尔测交实验的实验结果证明假说，最后引导学生对假说进行归纳总结，建构出分离定律的主要内容
同一株水毛茛，裸露在空气中的叶和浸在水中的叶，表现出两种不同形态	基因与性状不是一一对应的关系。基因控制生物的性状，但也会受到环境的影响	通过展示同一株水毛茛具有两种不同形态叶的图片，阐明基因与性状不是一一对应的关系。再通过大量事实证明基因控制生物的性状，但也会受到环境的影响
红绿色盲患者男性明显多于女性	决定红绿色盲的基因位于X染色体上，在遗传上总是和性别相关联	组织学生完成《普通高中教科书·生物学·必修2·遗传与进化》教材(P_{35})"思考·讨论"——分析人类红绿色盲，总结归纳出伴X染色体隐性遗传病的遗传特点
吸烟能降低男性精子的数量	不良环境影响原始生殖细胞的分裂和分化	通过查阅资料阐明烟草的烟雾含有几千种化学物质，其中不少物质会影响减数分裂过程，影响精子和卵细胞的形成，使学生意识到吸烟有害健康
西瓜有的有子，有的无子	三倍体生物含有三个染色体组，减数分裂时联会紊乱导致很难产生正常配子	分析无子西瓜的培育过程，通过问题引导阐明二倍体西瓜和四倍体西瓜可以进行正常的减数分裂产生配子，而三倍体西瓜由于减数分裂时联会紊乱导致很难产生正常配子，所以无法完成受精作用
坐过山车时心跳和呼吸速率加快	肾上腺素的分泌受内脏神经的直接支配，在恐惧、剧痛等情况下肾上腺素分泌增多，促进呼吸心跳加速	通过资料分析阐明人在恐惧、严重焦虑、剧痛和失血等情况下肾上腺素分泌增多，促进呼吸心跳加速
植物的向光性	单侧光引起生长素在植物茎尖的向光侧和背光侧分布不均匀，进而导致生长不均衡	通过探索生长素的发现过程，揭秘植物向光性的原因
森林中自下而上分别是草本植物、灌木和乔木	大多数群落在垂直方向上具有明显的分层现象	通过讨论解释群落具有明显的分层现象的原因，阐明这种垂直结构显著提高了群落利用阳光等环境资源的能力
孔雀开屏	动物的特殊行为能够向同种或异种生物传递某种信息	通过孔雀开屏视频的播放，让学生了解孔雀开屏是一种"求偶炫耀"的行为信息

(三)尝试解决实际问题的高中生物学概念体系

教学中帮助学生建构相对完整的生物学概念体系，形成正确严谨的生物学认识，有助于培养学生解决现实生产生活中实际问题的能力，进而形成强烈的责任担当意识。本研究梳理了常见的现实生活问题及其涉及的生物学概念，并提出了教学实践中的活动建议（见表2-23）。

表2-23 解决实际问题及相关生物学概念和活动建议

实际问题	生物学概念	活动建议
拆除手术缝合线会对病人造成二次伤害	蛋白质的基本组成单位是氨基酸	讨论胶原蛋白作为手术缝合线的优点及原因,阐明蛋白质的结构和实践应用
种子晒干后便于储存	水在细胞中以自由水和结合水两种形式存在,一般自由水比例越小,细胞代谢越弱	分析自由水与结合水相互转化的实例,结合细胞中自由水和结合水的功能,总结出细胞代谢与自由水和结合水比例的关系
人工合成的膜材料用于疾病治疗	生物膜可以选择性地吸收营养物质和排出代谢废物	分析透析型人工肾代替病变肾行使功能的实例,体会生物膜在生活生产上的实践应用
土壤板结影响植物根系生长	植物在有氧条件下进行有氧呼吸产生更多能量,有利于植物生长	讨论土壤板结对植物根系生长的影响,分析"中耕松土"的好处
DNA指纹技术是侦破重大刑事案件的重要手段	DNA的单体是脱氧核苷酸,DNA的多样性和特异性与脱氧核苷酸多种多样的排列顺序有关	用写有ATCG的四种卡片模拟四种脱氧核苷酸,通过探究一定数量碱基的排列顺序,体会碱基排列顺序的千变万化和DNA分子的多样性和特异性
抗维生素D佝偻病的男性患者与正常女性结婚,如何做到优生优育	根据伴性遗传的规律,可以推算出后代的患病概率,就可以从医学角度给出生育建议	推算出抗维生素D佝偻病的男性患者与正常女性结婚生育后代的患病概率,并提出生男孩的合理建议
养鸡场如何做到多养母鸡,多得鸡蛋	伴性遗传理论可以指导育种工作	用芦花雌鸡(Z^BW)与非芦花雄鸡(Z^bZ^b)交配,那么F_1中,雄鸡都是芦花鸡(Z^BZ^b),雌鸡都是非芦花鸡(Z^bW)
杂交育种过程中出现性状分离,育种时间长	在杂交育种中,人们有目的地将具有不同优良性状的两个亲本杂交,使两个亲本的优良性状组合在一起,再筛选出所需要的优良品种。在单倍体育种中,常常采用花药离体培养的方法获取单倍体植物,然后人工诱导使这些植物的染色体数目加倍,恢复到正常植株的染色体数目	通过对比分析杂交育种和单倍体育种的具体实例,归纳总结出单倍体育种能明显缩短育种年限,且培育得到的植株,不但能够正常生殖,而且每对染色体上的基因都是纯合的,自交的后代不会发生性状分离
使用辅助生殖技术治疗不孕不育	人类辅助生殖技术是指采用医疗辅助手段使不孕不育夫妇生育后代的技术。这项技术包括人工授精、体外受精、胚胎移植及其衍生技术	阅读教材,了解辅助生殖技术的原理,讨论使用辅助生殖技术的利弊及其与社会发展的关系。最后指出,我国政府先后颁布了《人类辅助生殖技术管理办法》《人类辅助生殖技术规范》等法规,对辅助生殖技术的应用进行了科学、规范的管理
传统农业能量利用率低等问题	能量的多级利用,能提高能量的利用率	从能量流动的角度,比较分析传统农业与果树-草菇型立体农业的生产模式
果树的传粉率和结实率低	生物种群的繁衍,离不开信息传递	阐明模拟动物信息吸引大量传粉动物,可以提高果树的传粉率和结实率

续表

实际问题	生物学概念	活动建议
农业生产中有害动物的控制	信息传递能够调节生物的种间关系,进而维持生态系统的稳定	比较分析生物防治与化学防治的优缺点
如何让引进的优良奶牛快速、大量繁殖	胚胎移植是指将通过体外受精及其他方式得到胚胎,移植到同种的、生理状态相同的雌性动物体内,使之继续发育为新个体的技术	讲述教材"牛胚胎移植示意图",理解通过胚胎移植培育优良奶牛的过程
治疗大面积烧伤病人时,如何获得大量的自体健康皮肤	动物细胞培养是指从动物体中取出相关的组织,将它分散成单个细胞,然后在适宜的条件下,让这些细胞生长和增殖的技术	讲述教材"动物细胞培养示意图",帮助学生理解通过动物细胞培养获得大量的自体健康皮肤的过程
草场载畜量的确定	一定环境条件下所能维持的种群的最大数量称为环境容纳量	通过调查并建立种群数量变化的数学模型,确定最佳载畜量

二、培育社会责任的概念教学策略

建立和形成社会责任是教育的重要目标,也是发展核心素养的重要内涵。社会责任的建立需要科学概念的支撑和解释,需要科学思维进行分析和判断。任何一种责任意识的建立,都是建立在一定科学概念的基础之上。也就是说,要真正理解建立责任意识的理由(由概念所组成),才能从言行上表现出社会责任的内涵。可见,概念教学是培育社会责任的有效教学途径。

(一)"分析判断社会议题"的概念教学策略

从学生形成概念、分析判断社会议题和教师目标引领三个角度建构"分析判断社会议题"的概念教学策略,如图2-30所示。在讨论社会议题的过程中,联系、理解、运用和拓展相关生物学概念,实现概念进阶的同时,引导学生科学分析社会议题并作出理性判断,提高学生辨别是非的能力和责任担当的意识,培养学生的社会责任。

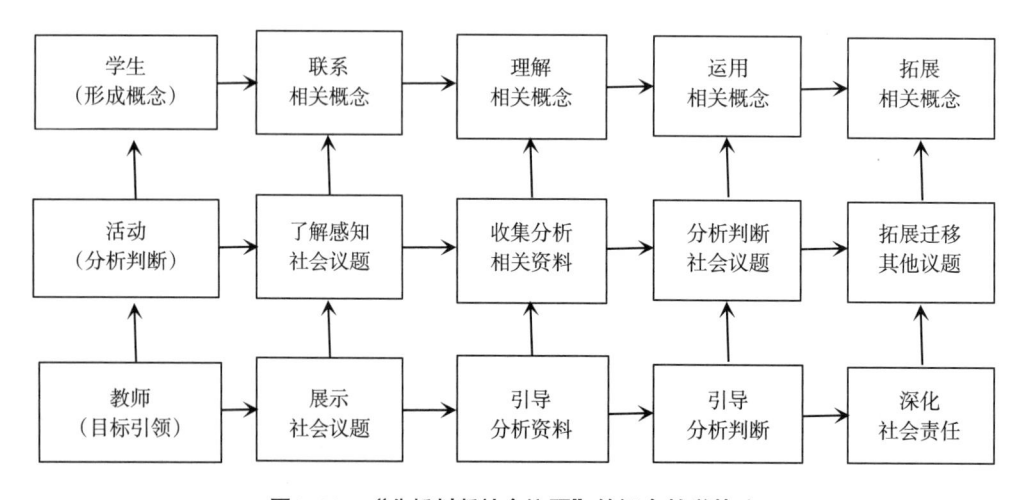

图2-30 "分析判断社会议题"的概念教学策略

1. 了解感知社会议题

教师呈现某社会议题，学生了解该社会议题并联系相关的生物学概念，激发学生积极参与讨论社会议题的兴趣，培养学生尝试分析判断社会议题的能力和责任担当意识。

2. 收集分析相关资料

组织学生全面细致地收集相关资料，再引导学生系统分析相关资料以利于对相关生物学概念的理解和应用，为运用生物学概念对社会议题作出理性分析和判断打下坚实的基础。

3. 分析判断社会议题

通过问题引导、小组讨论、合作探究等方式引导学生运用生物学概念对社会议题作出理性分析和判断，过程中可能会形成新的生物学认知，通过归纳总结，形成新的生物学概念，培养了学生分析判断能力和责任担当的意识，促进了生命观念、科学思维和社会责任的协同发展。

4. 拓展迁移其他议题

教师展示类似的社会议题，引导学生积极参与该社会议题的讨论并作出理性分析和判断，拓展相关生物学概念，进一步提升学生的分析判断能力和责任担当意识。

【教学案例】

人类活动对环境影响

国家大型基础建设对当地自然环境造成了一定的影响，教学中通过对该社会议题的讨论、分析和判断，形成生态意识和积极参与环境保护实践活动的意愿，形成造福人类的态度和价值观，培养学生的社会责任感。

1. 了解感知国家大型基础建设对当地自然环境的影响

教师展示资料：2023年2月23日，国务院新闻办公室就"奋力加快建设交通强国努力当好中国现代化的开路先锋"举行发布会。交通运输部有关人士介绍，截至2022年底，全国铁路运营里程达到15.5万km，其中高铁4.2万km；公路总里程535万km左右，其中高速公路17.7万km；全国港口拥有生产性码头泊位2.1万个，其中万吨级及以上泊位2 751个，国家高等级航道里程超过1.6万km。

教师引导学生分析上述资料并思考以下问题：①阅读了上述资料后，你有什么感触？②国家大型基础建设会不会对当地自然环境造成不良影响呢？

2. 收集分析青藏铁路的相关资料

教师提供资料：青藏铁路，简称青藏线，是一条连接青海省西宁市至西藏自治区拉萨市的国铁 I 级铁路，是中国新世纪四大工程之一，是通往西藏腹地的第一条铁路，也是世界上海拔最高、线路最长的高原铁路。青藏铁路分两期建成，一期工程东起青海省西宁市，西至格尔木市，于1958年开工建设，1984年5月建成通车；二期工程，东起青海省格尔木市，西至西藏自治区拉萨市，于2001年6月29日开工，2006年7月1日全线通车。截至2022年6月底，青藏铁路累计运送旅客2.6亿人次，旅客运送量由2006年的648.2万人次增长到2021年的1 870.5万人次，其中累计运送进出藏旅客3 169.69万人次。

教师引导学生分析上述资料并思考以下问题：①青藏铁路修建过程中可能会遇到哪些困难？②青

藏铁路修建的意义是什么?

3. 分析青藏铁路的修建对沿途动物造成的影响

教学中教师提供如下资料。

资料1：四通八达的交通网缩短了人与人之间的距离，却在动物的家园划起一道道"三八线"，筑起一堵堵"柏林墙"。车辆的喧嚣打扰了栖息地的宁静，喜欢清静的动物不得不举家迁离。为获得充足的食物，大胆的动物冒险在公路上穿梭。丧命在车轮下还只是表面现象，破碎的家园最终可能带来的是无法预见的严重后果。栖息地的破碎导致不同地区的种群无法进行基因交流，近亲繁殖和稀有基因的丧失将会导致种群的退化甚至灭绝。而各种形式的通道在被铁路和公路切割成斑块状的栖息地间架起了一道道生命的桥梁。

资料2：在青藏铁路设计时，为了不影响野生动物的生活和迁徙，对于穿越可可西里、羌塘等自然保护区的铁路线，尽可能采取了绕避的方案。同时，根据沿线野生动物的生活习性、迁徙规律等，在相应的地段设置了野生动物通道，以保障野生动物的正常生活、迁徙和繁衍。野生动物通道设计时不仅吸纳了野生动物专家、环保部门的建议，还征求了当地牧民的意见。青藏铁路唐北段和唐南段分别设置了野生动物通道25处和8处。

教师引导学生分析上述资料并思考以下问题：①青藏铁路修建会不会对沿途动物造成不良影响？②国家修建青藏铁路时不惜耗巨资修建了许多高架桥和涵洞，有什么意义？

4. 分析三峡大坝修建对当地生物造成的影响

教学中教师首先提供资料：三峡大坝，位于湖北省宜昌市夷陵区三斗坪镇三峡坝区三峡大坝旅游区内，地处长江干流西陵峡河段，三峡水库东端，控制流域面积约100万 km^2，始建于1994年，集防洪、发电、航运、水资源利用等为一体，是三峡水电站的主体工程、三峡大坝旅游区的核心景观、当今世界上最大的水利枢纽建筑之一。三峡大坝主要由挡水泄洪主坝体、发电建筑物、通航建筑物等建筑组成，坝体为混凝土重力坝，坝轴线长2 309.47 m，全长2 335 m；坝顶高程185 m，最大坝高181 m；正常蓄水位175 m，总库容393亿 m^3，其中防洪库容221.5亿 m^3；发电总装机容量2 250万 kW，年发电量超1 000亿 kW·h。三峡大坝可以改善长江航运条件，使长江年单向通航能力由1 000万吨提高到5 000万t，运输成本降低35%~37%。

教师组织学生通过小组合作探究回答以下问题：①三峡大坝修建的意义是什么？②三峡大坝的修建对沿途动物会造成哪些不良影响？

(二)"讨论解释生命现象"的概念教学策略

从形成概念、解释现象和目标引领三个角度建构"讨论解释生命现象"的概念教学策略，如图2-31所示。在概念教学中，通过讨论解释生命现象，认识相关前概念的错误，并逐步建构科学概念，培养解释生命现象的能力和担当，培养学生的社会责任。

1. 了解感知生命现象

教师展示本节课将学习的生物学概念相关的生命现象，让学生了解感知生命现象的存在，教学中展示的生命现象和学生原有认知理论（前概念）往往存在矛盾冲突，从而激发学生解释生命现象的欲望，培养学生尝试解释生命现象的意识和责任担当。

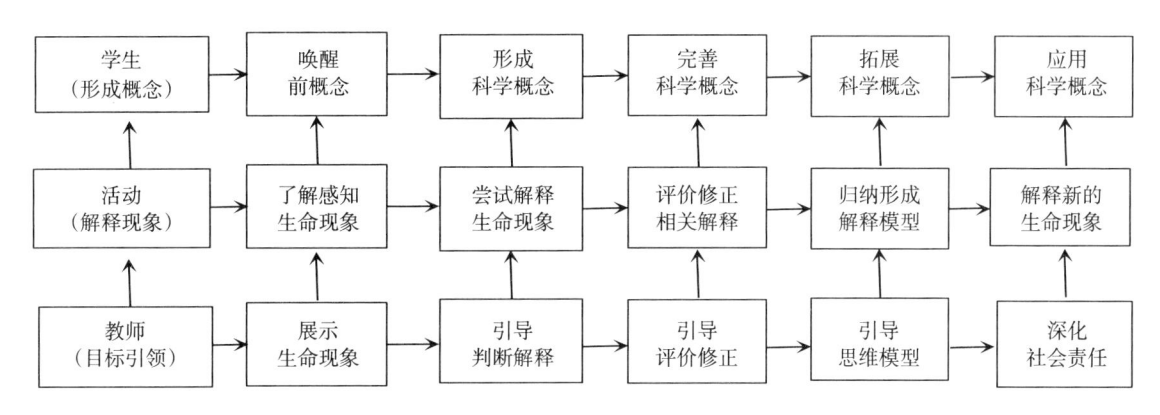

◎ 第二章 聚焦生物学核心素养的概念教学策略

图2-31 "讨论解释生命现象"的概念教学策略

2. 尝试解释生命现象

通过问题引导、小组讨论和合作探究等方式尝试理性解释生命现象，在此过程中会形成新的生物学认知，通过归纳总结，逐步转变前概念并形成科学概念，培养学生辨别迷信与伪科学的能力和责任担当的意识，促进生命观念、科学思维和社会责任的协同发展。

3. 评价修正相关解释

引导学生对相关解释进行理性评价并修正，同时对科学概念进行补充完善，体会生命现象的复杂性和科学概念的严谨性，提升学生解释生命现象的能力和责任担当意识。

4. 归纳形成解释模型

引导学生归纳、总结、建构该生命现象的解释模型，拓展科学概念，训练学生的思维建模能力，进一步提升学生解释生命现象的能力和责任担当意识。

5. 解释新的生命现象

通过引导学生运用解释模型解释新的生命现象，应用科学概念进行思维拓展训练，深化社会责任意识。

【教学案例】

分离定律

在孟德尔豌豆杂交试验（一）的教学中，教师首先展示紫茉莉花色遗传实验的实验现象，再组织学生讨论并尝试解释该遗传现象，引导学生对融合遗传的错误观点作出准确判断，然后组织学生合作探究并对紫茉莉花色遗传实验作出理性解释，最后通过归纳概括建构生物学概念——即分离定律的主要内容，最后引导学生运用分离定律解释其他生命现象，进一步训练学生运用生物学相关概念解释生命现象的能力和责任担当的意识。

在此过程中，学生运用严谨的科学思维和正确的价值观及方法论，积极参与关于紫茉莉花色遗传实验现象的讨论，并作出理性解释和判断，在转变前概念（融合遗传的观点）建构科学概念（基因的分离定律）的同时，培养学生辨别迷信和伪科学的能力和责任担当的意识，促进生命观念、科学思维和社会责任的协同发展。

1.了解感知紫茉莉花色遗传实验

教师首先从人们头脑中普遍存在的前概念——融合遗传切入学习主题：1868年达尔文提出了融合遗传的理论，该理论认为两亲本杂交后双亲的遗传物质会在子代体内发生融合，使子代表现出介于双亲之间的性状。就像把一瓶蓝墨水和一瓶红墨水倒在一起，混合液是另外一种颜色，再也无法分离出蓝色和红色。然后创设实验情境，即某同学研究紫茉莉花色遗传过程中发现如下现象：纯合红花紫茉莉和纯合白花紫茉莉杂交，F_1均表现为粉花，F_1自交，F_2性状分离比为红花：粉花：白花=1：2：1。引导学生提出问题：紫茉莉花色遗传现象是否符合融合遗传？你的判断依据是什么？

2.尝试解释紫茉莉花色遗传实验

组织学生分组讨论并作出理性解释：遗传因子在体细胞中是成对存在的，遗传因子组成相同的个体表现出相应的性状，如DD表现为红花，dd表现为白花，遗传因子组成不同的个体表现为中间类型，如Dd表现为粉红花。遗传因子在形成配子时彼此分离，分别进入不同的配子中，受精时雌雄配子的结合是随机的，导致F_2出现了性状分离现象。然后组织学生通过小组合作建构遗传图解的方式解释实验结果，如图2-32所示。

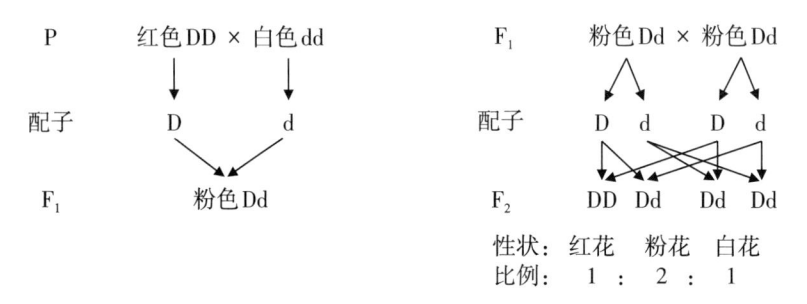

图2-32 建构遗传图解解释实验结果

3.评价修正上述解释

教师展示豌豆一对相对性状的杂交实验结果（人教版《普通高中教科书·生物学·必修2·遗传与进化》遗传与进化》P_4图1-3），然后引导学生建构遗传图解（见图2-33），使学生认识到遗传因子存在完全显性和不完全显性的情况，之前建构的解释存在片面性，再引导学生对生物学遗传现象的解释进行修订。

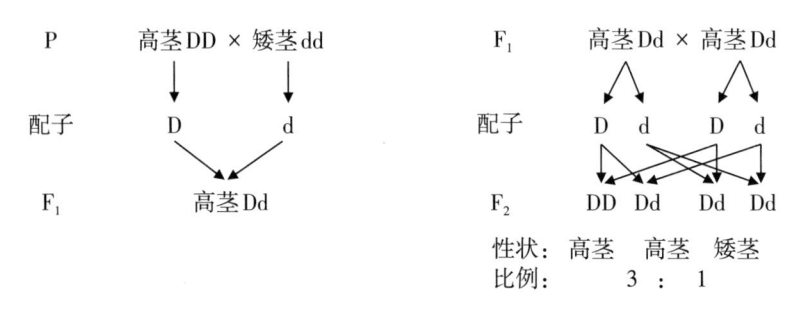

图2-33 建构遗传图解解释豌豆一对相对性状的杂交实验结果

4.归纳形成分离定律

引导学生思考问题：你能对紫茉莉花色遗传实验做出的解释进行归纳总结形成核心观点吗？然后

引导学生归纳总结出分离定律的主要内容：在生物的体细胞中，控制同一性状的遗传因子成对存在，不相融合；在形成配子时，成对的遗传因子发生分离，分离后的遗传因子分别进入不同的配子中，随配子遗传给后代。

5.解释紫茉莉测交实验

对F_1紫茉莉进行测交的实验结果为31株开粉花，30株开白花，共61株，粉花∶白花的比例接近1∶1。再引导学生自主建构遗传图解（见图2-34），对测交实验进行理性解释。

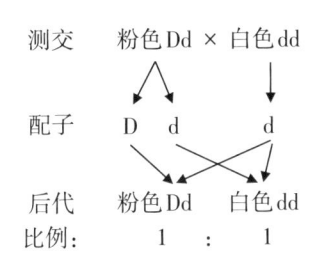

```
测交      粉色Dd  ×  白色dd
             ↓  ↓      ↓
配子        D   d      d
后代      粉色Dd      白色dd
比例：      1    ：      1
```

图2-34 建构测交遗传图解

（三）"尝试解决实际问题"的概念教学策略

从形成概念、解决问题和目标引领三个角度建构"尝试解决实际问题"的概念教学策略，如图2-35所示。通过实际问题联系相应生物学概念，再应用生物学概念分析并解决实际问题，最后归纳总结出解决该类型实际问题的通用模型，进而建构生物学概念体系。培养学生解决实际问题的能力和担当，培养学生的社会责任意识。

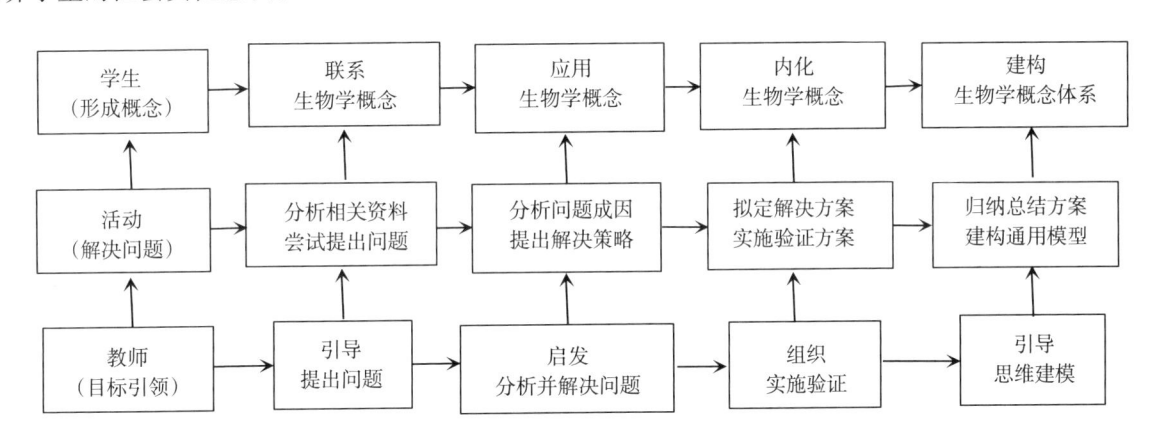

图2-35 "尝试解决实际问题"的概念教学策略

1.分析相关资料，尝试提出问题

教师展示相关资料，引导学生联系相关生物学概念，分析资料并尝试提出生产生活中的实际问题。这样真实的问题情境，可以激发学生解决问题的责任担当意识，产生强烈的社会责任感。

2.分析问题成因，提出解决策略

引导学生分析出现问题的原因，再应用已有的生物学概念，通过小组讨论、合作探究等方式提出解决问题的策略，培养学生解决问题的能力和担当意识。

3.拟定解决方案，实施验证方案

引导学生分析相关生物学概念的限定与条件，再根据解决问题的策略，通过小组讨论拟定具体的解决方案，最后组织学生实施方案验证其可行性和科学性。

4.归纳总结方案，建构通用模型

引导学生归纳总结建构解决此类问题的通用模型，形成生物学概念体系，训练学生思维建模能力，进一步提升学生解决实际问题的能力和责任担当意识。

【教学案例】

诱变育种

教学中学生能在具体情境中分析并解决生产生活中的实际问题，提升解决问题的能力，加强主人翁意识，激发强烈的社会责任感。

1.分析有关青霉素的资料，尝试提出问题

教学中教师提供资料：我国抗日战争时期，青霉素极为稀缺且价格十分昂贵，一瓶青霉素甚至可以换一根金条。

此时提出问题：请同学们小组合作探究后提出解决问题的具体思路或方案。

2.分析问题成因，提出解决策略

引导学生分析问题的主要原因：野生青霉菌分泌的青霉素很少，产量只有20单位/mL。再组织学生小组讨论，并提出解决问题的策略：运用物理因素、化学因素和生物因素处理青霉菌，诱发基因突变，培育出青霉素高产菌株。

3.拟定解决方案，实施验证方案

引导学生根据解决问题的策略，通过小组讨论拟定具体的解决方案，包括选择材料、处理方法和具体步骤等方面的内容。然后教师指出：人们对青霉菌多次进行X射线、紫外线照射及综合处理，培育出青霉素产量很高的菌株，目前青霉素的产量已经达到50 000~60 000单位/mL，验证了学生拟定的解决方案的可行性和科学性。

4.归纳总结方案，建构通用模型

教师提供资料：我国早在1987年就利用返回式卫星进行航天育种研究，即将作物种子带入太空，利用太空中的特殊环境诱导基因突变，然后在地面选择优良的品种进行培育。通过航天育种，我国已在水稻、小麦、棉花、番茄、南瓜和青椒等作物上培育出一系列优质品种，取得了极大的经济效益。我国科技人员用^{60}Co产生的射线照射水稻萌发的种子，培育出优质高产、抗病虫害强的新品种；我国科学家用辐射诱变法，培育出了"黑农五号"大豆新品种。

再引导学生对上述实例进行归纳总结，并建构诱变育种的一般流程模型（如图2-36所示）。

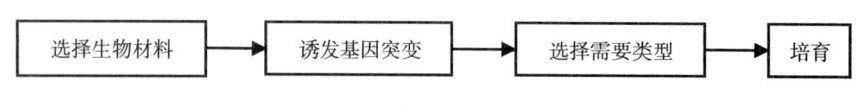

选择生物材料 → 诱发基因突变 → 选择需要类型 → 培育

图2-36 诱变育种一般流程模型

第三章　围绕核心概念发展生物学核心素养的实践

"新课程标准"提出"核心素养为宗旨"的课程理念，指出生物学课程要着眼于学生适应未来社会发展和个人生活的需要，从生命观念、科学思维、科学探究和社会责任等方面发展学生的核心素养。培养学生生物学核心素养是课程的价值追求，也是课程预期的教学目标。学生的学科核心素养需要通过每节课或每项活动来逐步培养形成，教师在制订每个单元、每节课（或活动）的教学计划时，都要全面考虑核心素养任务的针对性落实和有效完成。

"新课程标准"对生物学核心素养的内涵和外延都做了相应的界定，也提出了发展学生核心素养相关的教学建议。但"新课程标准"在规定具体教学内容时，是以概念的方式来呈现的，并没有明确学习某一概念时，应该达成哪些核心素养目标，这些核心素养目标应该采用什么方式来达成。教师在进行单元或课时教学设计时，如果不能结合教学内容将核心素养目标合理分解，核心素养的培养可能就成了纸上谈兵，针对性落实和有效完成更无从谈起。

例如关于"光合作用"的教学内容，"新课程标准"的表述是："说明植物细胞的叶绿体从太阳光中捕获能量，这些能量在二氧化碳和水转变为糖与氧气的过程中，转换并储存为糖分子中的化学能。"在这个表述中，除了能看出有生命观念（物质与能量观）的要求外，看不出对科学思维、科学探究、社会责任的具体要求。在"光合作用"的教学过程中，如何比较全面地关注学生核心素养的发展？采取哪些措施能够让核心素养目标有效完成？下面就以"光合作用"一节为例，谈谈如何对核心素养目标进行合理分解，并对相关核心素养目标的达成提出活动建议。

一、梳理支撑"生命观念"的概念和事实

生命观念是指对观察到的生命现象及相互关系或特性进行解释后的抽象，是人们经过实证后的观点，是能够理解或解释生物学相关事件和现象的意识、观念和思想方法。学生应该在较好地理解生物学概念的基础上形成生命观念，如结构与功能观、进化与适应观、稳态与平衡观、物质与能量观等。这些生命观念是抽象的，甚至是虚空的，如果不能找到相应生命观念在生物学概念中的锚定点，则会在实践中无从下手。因此，首先需要梳理生命观念的锚定点，梳理出生命观念对应的概念和关键事实。

在"光合作用"的教学过程中，教师应该引导学生梳理支撑有关生命观念的概念和事实，从而为形成正确的生命观念奠定基础。表3-1列举了"光合作用"中与几个重要生命观念对应的概念及事实。

教师引导学生梳理出这些与生命观念对应的相关概念和事实后，学生在学习相关知识内容时，就不会只停留在对生物学事实进行识记的浅表层面，而是逐渐学会在事实的基础上抽象出概念，通过对概念的理解和应用，逐渐体会并形成重要的生命观念，从而更加深刻地领悟生命活动规律和生命的本质。

表 3-1 重要生命观念对应的事实与相关概念

生命观念	相关概念	对应的事实
物质与能量观	物质是能量的载体;能量是物质变化的动力;能量形式的转换往往伴随相应的物质变化	光能驱动ATP合成并转化为化学能;暗反应中有机物的合成需要ATP水解供能
结构与功能观	生物体的很多结构与其功能是相适应的	叶绿体中的类囊体扩展受光面积有利于吸收更多光能;类囊体膜上有吸收光能的色素进而能进行光反应;叶绿体基质中有相关酶可以催化暗反应的进行
进化与适应观	生物都能适应环境;适应性是生物进化的结果;生物与环境共同进化	不同植物对不同光照(光照强度、光质、光照时间等)的适应情况不同;光合午休是一种适应性;能进行光合作用的生物出现后,原始地球才有了有氧气,使需氧型生物的出现成为可能

二、设计训练"科学思维"的路径和活动

科学思维是指尊重事实和证据,崇尚严谨和务实的求知态度,运用科学的思维方法认识事物、解决实际问题的思维习惯和能力。学生应该在学习过程中逐步发展科学思维,如能够基于生物学事实和证据运用归纳与概括、演绎与推理、模型与建模、批判性思维、创造性思维等方法,探讨、阐释生命现象及规律,审视或论证生物学社会议题。

科学思维的训练,既包括训练思维方法,也包括养成良好的思维习惯,而思维方法和思维习惯不是一朝一夕可以形成的,它需要贯穿高中学段所有教学活动的始终。在"光合作用"的教学过程中,可以参照表3-2设计训练科学思维方法的路径与活动建议。

表 3-2 训练科学思维的路径与活动建议

科学思维	训练路径	思维活动建议
归纳与概括	用简洁的语言概括相同事物的本质属性,由事实抽象出概念	概括光合作用探究历程中每个经典实验的过程及结果;将所有研究结果用一个总反应式来概括;归纳光反应、暗反应中的物质变化和能量变化过程;比较光合作用与呼吸作用的异同;总结ATP在能量转化中的作用
演绎与推理	对概念组成的命题进行分析和判断,用已有概念和命题进行演绎推理	讨论问题,交流要点:CO_2和H_2O在光合作用物质变化中分别起什么作用?光能转变为化学能的过程中ATP起什么作用?光合作用的产物大多是淀粉,有何意义?光照减弱后暗反应的速率将发生怎样的变化
模型与建模	用概念模型表达生理过程,用数学模型表达变化规律	建构叶绿体结构的物理模型;建构光合作用原理及过程的概念模型(概念图);将研究光合作用影响因素的实验数据转化成数学模型(坐标曲线);讨论数学模型中某些关键点的生理意义
批判性思维	分析评价科学史中的经典实验;评价同学的模型及实验方案	对光合作用探究历程中经典实验的巧妙之处进行评价;对自己不理解的过程及结论大胆质疑;对同学建构的模型及实验方案提出修改建议

科学思维的重点是理性思维的培养,即培养学生批判质疑、重证据、重逻辑的思维习惯和能力,这些习惯和能力一定是学生在参与与思维有关的活动中逐步培养的。教师在教学实施之前要注意设计课堂提问和学生活动,所提的问题要有一定的思维深度,学生活动方式要尽量聚焦于某项思维能力的

培养，只有做好了这两点，科学思维的训练才能收到实效。

三、确定培养"科学探究"的路径和活动

科学探究是指能够发现现实世界中的生物学问题，针对特定的生物学现象，进行观察、提问、实验设计、方案实施及对结果交流与讨论的能力。学生应在探究过程中，逐步增强对自然现象的好奇心和求知欲，掌握科学探究的基本思路和方法，提高实践能力；在探究中，乐于并善于团队合作，勇于创新。

科学探究的素养既包括实验探究能力，又包括探究的思路和方法，还包括团队合作意识和创新精神。课堂教学中，教师要创设探究性学习情境，设计学生深度参与的探究任务或实践活动，让学生在有目的的自主学习中培养科学探究的素养。在"光合作用"的教学过程中，可以参照表3-3明确"科学探究"培养的路径与活动建议。

表3-3 训练科学探究的路径与活动建议

科学探究	训练方向	具体措施建议
探究能力	观察现象、提出问题；设计并实施实验方案；交流和讨论实验结果	完成探究绿叶中色素种类的实验操作；撰写实验报告并与同伴进行交流；根据光合作用的现象提出值得探究的具体问题；设计探究某个环境因素影响光合作用的实验方案；评价同伴的实验方案
探究思路与方法	科学探究的基本思路；进行科学探究的基本方法	分析光合作用发现史中经典实验设计的巧妙之处；概括科学家经典实验的实验思路；举例说明同位素标记法的原理及应用；体会科学是在实验和争论中前进的
团队意识	同伴之间的合作意识	实验小组（包括课外兴趣小组）的建立与分工；小组成员在实验过程中互帮互学，积极评价同伴；不同小组的探究成果积极分享
创新精神	解决新情境中新问题的能力和方法	提出新问题（如层析液可以用无水乙醇吗？），并尝试设计新的实验方案去解决；尝试探索检测光合作用速率的新方法；尝试改进实验装置使实验现象更加明显

培养科学探究素养，是生物学科重要的课程价值，它不能一蹴而就，需要长期坚持。教师在进行每个单元及章节的教学设计时，都应该充分考虑在教学过程中采用什么样的方式和活动可以发展学生的科学探究素养。由于科学探究素养包含的要素很多，一节课、一个章节是不能全部实现的，因此，需要在整个高中学段有计划、有步骤、分阶段去落实和不断完善。

四、落实培养"社会责任"的思路和活动

社会责任是指基于生物学的认识，参与个人与社会事务的讨论，作出理性解释和判断，解决生产生活问题的担当和能力。要求学生积极运用生物学的知识和方法，关注社会议题，尝试解决现实生活问题，参与环境保护实践，崇尚健康文明的生活方式等。

培养社会责任的关键，是引导学生学以致用，养成"学科学、爱科学、用科学"的良好习惯。教师在教学中要尽量设置真实的情境，引导学生利用所学的知识去解释真实情境中的生命现象，去解决现实生活中的实际问题，对社会热点议题能够做出理性分析和判断，并能向周围的人们做出合理的解释。在"光合作用"的教学过程中，可以参照表3-4落实培养"社会责任"的基本思路和活动建议。

培养学生的社会责任是生物学科落实立德树人根本任务的重要途径。教师在教学过程中，一定要引导学生多关注身边司空见惯的生命现象，积极思考与生物学有关的社会问题，并向周围的人宣传有

关生物学知识和健康的生活方式，识别伪科学和迷信，培养社会责任感。

表3-4 落实社会责任的思路与活动建议

社会责任	基本思路	学生活动建议
解释生命现象	运用所学知识解释身边的生命现象	解释现象：植物白化苗与正常苗生长情况的差异；植物叶片一般上面颜色比下面更深；部分植物具有光合午休现象；种植农作物要"正其行、通其风"
解决实际问题	针对生活生产中的实际问题，提出合理的解决方案	提出解决问题的方案：塑料大棚用什么颜色的薄膜更好？怎样提高大棚蔬菜的产量？如何提高单位土地面积上的光能利用率，从而增加粮食产量
理性分析和判断	对社会热点问题提出自己的看法	分析讨论：都说施农家肥利于提高产量又环保，但生产中人们还是主要通过施化肥来提高产量，为什么？有人说可以通过改变农作物的遗传特性来提高产量，你认为可行吗？为什么

以上是以"光合作用"为例，对核心素养目标的分解与针对性落实做出的尝试与思考。教师在面对具体教学内容进行教学设计时，可以根据新课程标准的要求，先将本单元、本章节、本课时的核心素养目标进行检索与分解，然后寻找切实可行的措施和路径去落实和完成。当然，在完成不同内容的教学时，聚焦的核心素养目标应该有所侧重，没有必要也不可能面面俱到，我们可以选择与教学内容密切相关，比较好落实的部分核心素养目标去实施并努力达成。若在不同单元、不同章节、不同课时我们都有针对性地去落实某些具体的核心素养目标，那么，整个高中学段就可以全方位、多角度、多层次地发展学生的生物学核心素养。

本章选取多个核心概念，具体阐述如何在概念教学中发展生物学核心素养。围绕每个核心概念的教学，设计了引言、核心素养目标的分解与实施建议、教学案例、案例点评四部分内容。引言阐述所选取的核心概念与大概念、重要概念、次位概念等之间的关系；核心素养目标的分解与实施建议有助于教师明确教学某一概念时应该达成的核心素养目标，以及达成目标的路径；教学案例围绕某一概念，从教学目标、教学设计思路、教学过程和教学反思四个方面完整呈现了教学设计及实施过程，并在每个教学环节后说明了设计意图；案例点评是由专家对教学案例进行剖析，解读课堂教学中对核心素养的落实情况，指出可借鉴的亮点，并说明努力的方向。

第一节 《分子与细胞》模块的教学案例

案例1：走近细胞

"新课程标准"指出，学生通过必修1模块的学习，要达成"细胞是生物体结构与生命活动的基本单位"和"细胞的生存需要能量和营养物质，并通过分裂实现增殖"两个大概念，前一个大概念是后一个大概念的基础。"细胞是生物体结构与生命活动的基本单位"这一大概念的达成需要"走近细胞（细胞的

◎ 第三章 围绕核心概念发展生物学核心素养的实践

功能与结构)""细胞由多种多样的分子组成""细胞各部分结构既分工又合作"三个重要概念的支撑。"走近细胞(细胞的功能与结构)"这一重要概念又需要两个次位概念的支撑(图3-1)。通过对"走近细胞(细胞的功能与结构)"这一重要概念的学习,举例说出不同生物的细胞构成及不同细胞的特殊结构、形态与功能,发展结构与功能观;收集并比较多种类型的真核细胞和原核细胞,尝试绘制细胞类型与结构的概念图,发展归纳与概括、模型与建模等科学思维;运用显微镜观察细胞,绘制不同的细胞模型,交流探讨细胞的多样性和统一性,训练和发展科学探究能力;关注水华等污染问题,分析其形成的原因并尝试提出合理的解决措施,认同保护环境的重要性;应用相关概念合理评价脊髓灰质炎病毒的人工合成与人工合成生命的关系等,渗透社会责任。

```
          ┌─────────────────┐
          │ 细胞是生物体结构与 │
          │ 生命活动的基本单位 │
          └─────────────────┘
                   ↑ 支撑
      ┌────────────┼────────────┐
  ┌───────┐ ┌──────────────┐ ┌───────┐
  │ …… │ │走近细胞(细胞的│ │ …… │
  │       │ │ 功能与结构)  │ │       │
  └───────┘ └──────────────┘ └───────┘
                   ↑ 支撑
      ┌────────────┴────────────┐
┌──────────────────────┐ ┌──────────────────────┐
│有些生物体只有一个细胞,│ │原核细胞与真核细胞的最大│
│而有的由很多细胞构成,这│ │区别是原核细胞没有由核膜│
│些细胞形态和功能多样,但│ │包被的细胞核            │
│都具有相似的基本结构    │ │                        │
└──────────────────────┘ └──────────────────────┘
```

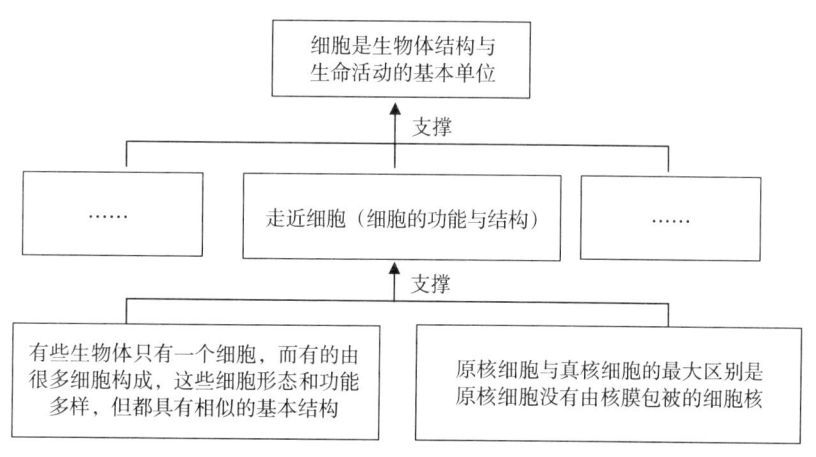

图3-1 概念的逻辑框架图

在"走近细胞(细胞的功能与结构)"这一重要概念的教学过程中,可先按核心素养目标维度将此部分学习的内容和活动进行拆解,再灵活应用相应的教学策略逐步帮助学生达成相应的核心素养目标。

一、核心素养目标的分解与实施建议

通过对走近细胞(细胞的功能与结构)这一重要概念下的教学内容和活动进行具体分析,对其中核心素养目标的分解与实施建议如下。

1.梳理支撑"生命观念"的概念和事实

结合本概念教学所选定的情境和问题及该概念的具体内容,可以从物质与能量观、结构与功能观及进化与适应观三个方面梳理相应的概念和事实(见表3-5)。

2.设计训练"科学思维"的路径和活动

在该部分内容的教学过程中,可以从归纳与概括、模型与建模、批判性思维、创造性思维等方面针对不同的教学内容设计对应的路径和活动,训练学生的科学思维(见表3-6)。

3.确定培养"科学探究"的路径和活动

在该部分内容的教学过程中,可以从观察能力、方案实施能力和结果交流与讨论能力几个方面培养学生的科学探究能力(见表3-7)。

4.落实培养"社会责任"的思路和活动

在该部分内容的教学过程中,可以从分析判断社会议题、讨论解释生命现象、尝试解决实际问题三个方面渗透社会责任(见表3-8)。

表3-5 重要生命观念对应的事实与相关概念

生命观念	相关概念	对应的事实
物质与能量观	物质是能量的载体;能量是物质变化的动力;能量形式的转换往往伴随相应的物质变化	缩手反射过程等生命活动需要细胞消耗一定的物质以提供相应形式的能量;草莓病虫害产生的原因之一是:草莓植株为害虫的生存提供了物质和能量,草莓植株与相关害虫及微生物在竞争相应营养物质和能量上处于劣势
结构与功能观	细胞是生命活动的基本单位,生物体的很多结构与其功能是相适应的	病毒没有与生命活动相适应的细胞结构,因此病毒必须寄生在活细胞中才能完成各项生命活动;蓝细菌细胞内因为有藻蓝素和叶绿素,植物叶肉细胞因为有叶绿体而能够进行光合作用,因此两者都为自养生物
进化与适应观	细胞结构与环境相适应,适应性是生物进化的结果	单细胞生物能够独立完成生命活动,多细胞生物依赖各种分化的细胞密切合作,共同完成一系列复杂的生命活动;单细胞生物的细胞与多细胞生物的细胞能够完成的生命活动类型与其直接生活的环境相适应,二者功能的差异体现了单细胞生物到多细胞生物的进化和发展;细胞具有相似的细胞膜和细胞质等结构,有助于细胞生活在相似的环境中,这些结构的存在是生物进化的结果

表3-6 训练科学思维的路径与活动建议

科学思维	训练路径	活动建议
归纳与概括	阐明细胞学说的内容和意义	对细胞学说及其建立过程这一科学史进行分析、探讨,根据证据总结得出细胞学说的三点内容
	说明细胞是基本的生命系统,生命活动离不开细胞	系统分析病毒、单细胞生物和多细胞生物生命活动与细胞的关系,观察讨论生命系统的结构层次及特征,说明生命活动离不开细胞,细胞是基本的生命系统
	说出高倍显微镜的使用步骤和显微镜成像的影响因素	利用高倍显微镜观察多种细胞,归纳总结高倍显微镜的使用方法和技巧;对比实验过程中实验操作与实验现象的关系,说明显微镜成像的影响因素
	阐明细胞的多样性和统一性	分析比较显微镜观察到的各种细胞的异同,列表比较原核细胞和真核细胞的异同,归纳各种细胞在结构上的多样性和统一性
模型与建模	用物理模型直观描绘不同细胞的关键结构	利用显微镜观察多种细胞装片,抽象出细胞的关键结构,绘制显微镜下观察到的不同细胞的典型特征简图
	用概念模型区分细胞的类型与结构组成	在观察及对比分析各类相关细胞结构的基础上,以概念图的形式梳理出动物细胞、植物细胞、真菌细胞、细菌细胞、真核细胞、原核细胞、细胞膜、细胞质和成形的细胞核等概念间的逻辑关系
批判性思维	辨别细胞学说内容的可信度	查找细胞学说具体内容对应的证据,辨别"所有的动植物都是由细胞构成的"这一结论的可信度
	观察评价同伴基于显微实验绘制的细胞物理模型及基于分析建构的细胞类型与结构关系的概念模型	对同伴绘制的特定细胞简图及细胞类型与结构逻辑关系的概念图提出修改建议;对自己不理解的结论与概念关系大胆质疑
创造性思维	对发菜被采食的现象表达新观点	调查发菜的营养价值与现存状况,对发菜因与"发财"谐音而被大量采食的现象表达相应的新观点
	针对水华及病虫害问题提出新的解决思路和方法	根据观察与实验数据,分析水华产生的原因、草莓病虫害产生的原因,提出既不影响人类生活需求又能有效治理水华和防治草莓病虫害的新措施

表3-7 训练科学探究的路径与活动建议

科学探究	训练路径	活动建议
观察能力	观察显微镜下各类细胞的结构特征	观看教师使用高倍显微镜观察装片的过程,模仿示范操作,独立制片并完成多组高倍显微镜观察实验,归纳高倍显微镜的使用步骤和技巧;从整体形态特征到各部分结构细节,从外到内或者由内到外,小组合作观察各类细胞的形态结构,并用简图呈现观察结果,总结各种细胞的异同
方案实施能力	根据教师提供的调查方案,准备观察材料和器具,针对不同生物材料进行实验,记录结果,收集数据,撰写报告	小组讨论,从植物、动物、细菌和真菌几个维度分别准备一定量的生物材料,根据选定的实验材料特征,小组内分工合作,用清水辅助制作植物细胞临时装片、用生理盐水辅助制作动物细胞临时装片,并规范使用高倍显微镜观察相应生物材料的细胞图像,对实验结果进行记录并图文结合创造性地撰写观察报告
结果交流与讨论能力	各小组交流"使用高倍显微镜观察几种细胞"的目的、过程、结果,讨论实验过程中发现的问题,对实验进行评价和反思,对观察报告进行修改	以小组为单位,指派小组代表或者小组成员分工展示交流各小组观察的生物材料种类和观察到的细胞形态结构及绘制的相关细胞简图,讨论同一小组及不同小组绘制的细胞简图存在差异的原因;讨论由低倍显微镜切换到高倍显微镜后物镜易与装片接触的原因和解决措施;讨论由低倍镜切换到高倍镜后物像消失的原因和解决办法;讨论对深色与浅色材料观察时视野亮度需求不同的原因和调节技巧;通过组内、组间及师生进行自评互评,各小组对观察报告进行修改

表3-8 落实社会责任的思路与活动建议

社会责任	基本思路	活动建议
分析判断社会议题	关注科学家对人工合成生命的探索	分析科学家人工合成支原体基因并注入去除DNA的支原体细胞中、人工合成酵母菌染色体并移植到去核酵母菌细胞中,使得相关细胞具有相应的生命特征的过程,阅读并分析科学家人工合成脊髓灰质炎病毒的研究,判断上述研究成果是否标志着人类能够人工合成生命,个人对该项研究持赞同还是否定的态度
讨论解释生命现象	探讨水华的表现与产生原因	收集水体富营养化的相关资料,描述水华污染出现时的具体表现,从蓝细菌生长需求及生物间相互作用的角度阐明水华的产生与氮(N)、磷(P)等污染物大量排放及利用的关系
尝试解决实际问题	针对水体富营养化和病虫害问题,提出合理的解决方案	在分析水华和草莓病虫害产生原因的基础上,针对水体污染问题和无土栽培草莓中遇到的问题,结合自身对所涉及生物细胞的认识,查阅相关资料,从相关生物细胞的结构与功能等角度入手提出兼顾环保和安全的合理的解决方案

以上是从核心素养目标维度对"走近细胞（细胞的功能与结构）"这一概念中相关内容和活动的拆解及推进策略的思考。下面将在这一概念的某一课堂教学中展示发展学生生物学核心素养的具体措施。

二、教学案例：细胞的多样性和统一性

1. 教学目标

基于新课程标准的内容要求、学业要求和新高考评价标准，着眼于提高学生生物学科核心素养，制订以下教学目标。

（1）分析真核细胞与原核细胞在结构上的异同，探讨无土栽培草莓过程中不同生物间的关系，说出不同生物出现的原因，认同生命的多样性和统一性。

（2）利用显微镜观察，对比真核细胞与原核细胞的结构，阐述高倍显微镜操作的方法与技巧，归纳显微镜成像的影响因素。

（3）绘制在显微镜下观察到的细胞结构模式图并进行展示与交流，归纳不同细胞结构的异同点。

（4）分析草莓病虫害产生的原因，提出病虫害防治的有效措施；交流水华与赤潮的成因，讨论水体富营养化造成的生态环境破坏问题，渗透爱护环境、保护环境的理念。

2. 教学思路

"细胞的多样性和统一性"的教学思路如图3-2。

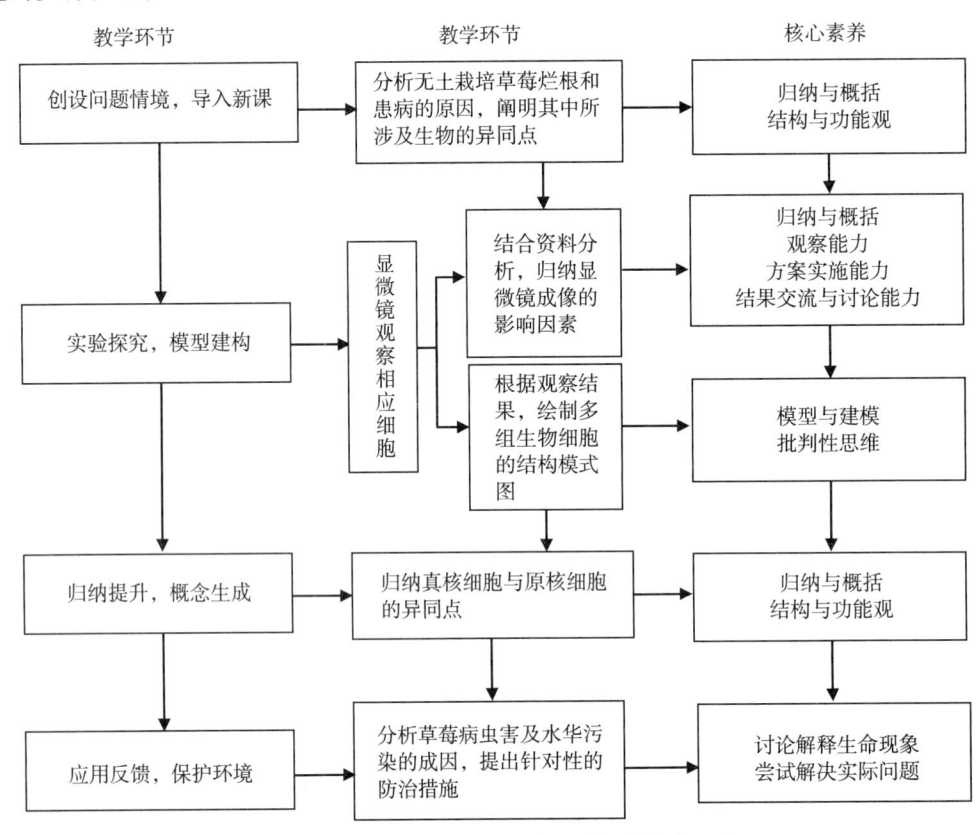

图3-2 "细胞的多样性和统一性"的教学思路

3. 教学过程

（1）创设问题情境，导入新课

教师展示相关资料，介绍学校"无土栽培草莓"课程组遇到的问题并做简要解释：图3-3是无土栽

培过程中出现烂根和水体发臭、发绿现象；图3-4和图3-5是草莓果实和叶片出现病虫害现象；图3-6展示的是学生将水体、虫卵、草莓组织等制成装片在显微镜下观察，寻找草莓患病原因的过程。

图3-3　无土栽培草莓过程中水体的发臭、发绿现象

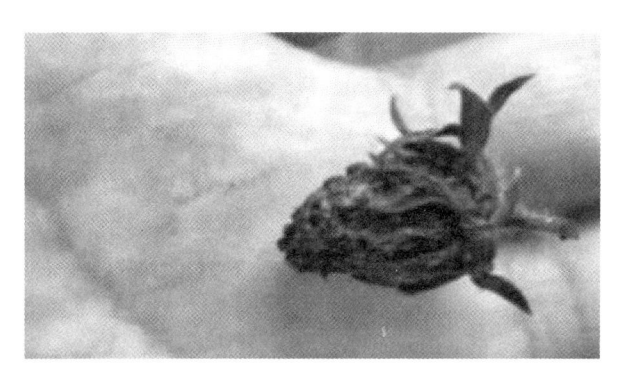

图3-4　草莓果实出现病虫害现象

图3-5　草莓叶片出现病虫害现象

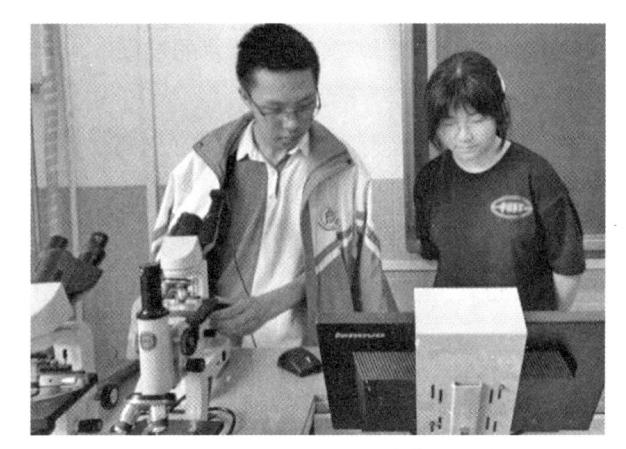

图3-6　学生在显微镜下寻找草莓患病的原因

教师要求学生针对展示的"无土栽培草莓"课程组学生遇到的烂根和病虫害资料，结合教材内容，思考并回答问题：什么原因导致草莓烂根、水体发臭和发绿？什么原因造成草莓果实叶片局部干枯？学生猜测可能是一些细菌导致草莓烂根、水体发臭和发绿，一些蚜虫导致果实叶片患病干枯。教师提出课题：研究不同生物需要从组成生物的基本单位——"细胞"着手，草莓细胞、细菌细胞和蚜虫细胞都有各自的组成特点。由此提出本节课的学习内容即为走近细胞。

设计意图：本环节以真实的无土栽培草莓情境入手，结合教材内容，分析室内草莓生长所需条件、草莓与病虫害的关系等，分析探讨单细胞藻类、多细胞害虫与草莓植株细胞的关系，说明生命活动离不开细胞，以此来导入新课内容。

（2）实验探究，模型建构

①用显微镜观察细胞，学习高倍显微镜的使用方法，归纳显微镜成像的影响因素

教师提问：如何确定草莓种植中水体发臭、发绿和虫害产生的真正原因？这需要同学们像学长学姐们一样利用显微镜观察、验证。教师提供制作临时装片的材料及显微镜，分组引导学生制作临时装片，使用高倍显微镜观察原核细胞、动物细胞和植物细胞等装片。教师提问：显微镜包括哪些结构？如何使用高倍显微镜观察装片？提示学生从教材内容出发进行总结并动手操作。学生研读教材，分析、讨论得出结构图（见图3-7）。

· 89 ·

阅读教材和实际操作相结合，学生小组讨论后可以归纳出显微镜的操作步骤：对光→放置装片→使镜筒下降→使镜筒上升→在低倍镜下观察清楚后→将要用高倍镜观察的物像移至视野中央→转动转换器换高倍镜→观察并用细准焦螺旋调焦。结合学生回答和动手操作过程，教师和学生一起总结显微镜使用的技巧：取镜安放→对光→低倍镜观察→高倍镜观察（移、转、调），即：一取二放三安装，四转低倍五对光；六放玻片七下降，八升镜筒细观赏；看完低倍换高倍，九退整理后归箱。

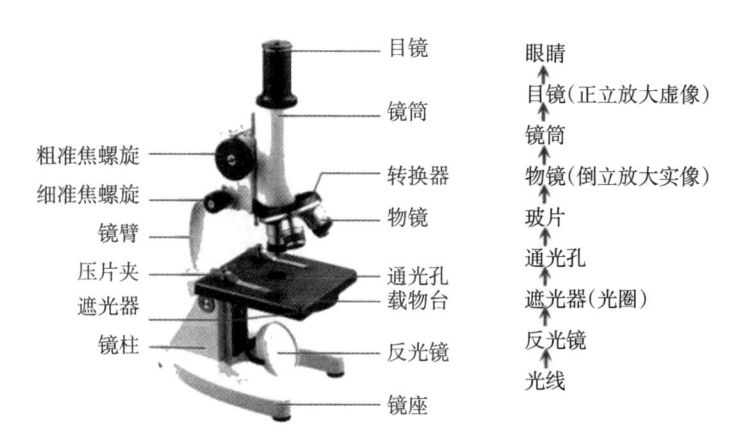

图3-6 显微镜的结构和使用方法

教师进一步提问：在观察装片的过程中，有没有失败的小组？能和同学们分享一下失败的原因吗？在学生分享失败操作的过程中，教师和学生通过讨论后总结出使用高倍镜的注意事项：（1）使用物镜转换时，转动转换器由低倍镜慢慢地向高倍镜转换；（2）在换成高倍镜前必须将要观察的物像移至视野中央；（3）换了高倍镜后只能使用细准焦螺旋（只细不粗，先低后高，不动粗焦）等。

接着，教师引导学生利用显微镜的低倍镜和高倍镜观察同一装片，完成下列低倍镜和高倍镜成像差异的内容。

	物镜大小	视野亮度	细胞数	视野范围
低倍镜				
高倍镜				

同时观察显微镜的目镜和物镜，比较归纳不同倍数的物镜、目镜的区别。

	螺纹	镜长与放大倍数的关系
目镜		
物镜		

教师进一步出展显微镜工作原理的资料：

资料1 近代的光学显微镜通常是两级放大，分别由物镜和目镜完成。被观察物体位于物镜的前方，被物镜作第一级放大后成一倒立的实像，然后此实像再被目镜作第二级放大，成一虚像，人眼看到的就是虚像。显微镜的总放大倍率就是物镜放大倍率和目镜放大倍率的乘积。放大倍率是指直线尺寸的放大比，而不是面积比。

引导学生阅读资料后，回答显微镜成像结果和放大倍数的关系：呈倒立放大的虚像，放大的倍数＝目镜倍数×物镜倍数，放大的倍数是该物体的长度或宽度，而不是表面积或者体积。

设计意图：学生利用高倍显微镜观察多种细胞，通过操作显微镜，归纳显微镜操作对视野的影响，总结高倍显微镜的使用方法和技巧；分析显微镜成像的资料，说出显微镜成像的影响因素，培养归纳与概括的能力，提升科学思维素养。学生在观察教师使用高倍显微镜操作的基础上，模仿教师的示范操作，独立制片并完成多组高倍显微镜观察实验，讨论并归纳高倍显微镜的实验步骤和技巧，培养观察能力、方案实施能力及结果交流与讨论能力，提升科学探究能力。本环节学生掌握的是高倍显微镜的使用这一概念，为后续在高倍镜下观察不同细胞，形成细胞组成和不同细胞的结构等概念做准备。

②用显微镜观察细胞，根据显微镜观察结果绘制细胞结构模式图，解读细胞的组成结构

教师引导学生绘制显微镜下观察到的水体中大肠杆菌的结构模式图、水体中蓝细菌的细胞结构模式图、草莓叶肉细胞的结构模式图、蚜虫幼虫组织细胞的模式图等。教师对绘制细胞结构模式图提出要求：绘制观察到的细胞组成结构并标注其可能的名称。

接着，教师要求学生分组展示绘制的结构模式图，鼓励学生描述绘制过程，并引导学生进行自评和互评，并对自评和互评过程进行评价。

设计意图：学生通过绘制不同细胞模式图，用物理模型直观表达细胞的关键结构，培养模型与建模的能力。学生小组之间基于不同细胞的组成结构进行互评，培养批判性思维，这一过程，使学生更深层次地认识到不同细胞的结构。

（3）归纳提升，概念生成

教师针对学生绘制的不同细胞模式图进行提问：同学们所观察到的细胞在组成结构上有什么共同点和区别呢？学生容易从教材上找到答案，回答出：细胞都有细胞膜、细胞质和细胞核（拟核），有无以核膜为界限的细胞核是真核细胞和原核细胞最主要的区别。教师进一步追问，同学们绘制的四种细胞属于真核细胞还是原核细胞呢？学生容易做出判断，即大肠杆菌和蓝细菌是原核细胞，草莓叶肉细胞和蚜虫细胞是真核细胞。

这时教师对学生活动进行总结：通过显微镜观察到了细胞的多样性，同时也看到细胞都有相似的基本结构，如细胞膜、细胞质，这反映了细胞的统一性。自然界有各种各样的细胞，根据有无核膜，将细胞分为真核细胞和原核细胞，常见的动植物细胞有以核膜为界限的细胞核，属于真核细胞。原核细胞中最常见的是蓝细菌与大肠杆菌等，只有类似细胞核的拟核。多数细菌为异养生物，营腐生或寄生生活，有杆菌、球菌、螺旋菌、弧菌等。

接下来，学生阅读完教材对应内容后，教师请学生小组列表比较原核细胞与真核细胞结构的异同点，如表3-9，并对归纳情况进行点评。

图3-9 原核细胞与真核细胞异同点的比较

		原核细胞	真核细胞
常见种类		细菌：蓝细菌、细菌如大肠杆菌等	动物、植物、真菌
细胞大小		较小、形态多样	较大、形态多样
细胞结构	细胞壁	主要成分是肽聚糖	植物主要成分是纤维素、果胶；真菌主要成分是几丁质
	细胞膜	都有细胞膜	
	细胞质	仅有核糖体	有核糖体、内质网、线粒体等多种细胞器
	细胞核	无核膜、DNA成环状	有核膜，DNA与蛋白质结合形成染色体（质）
遗传物质		都是DNA	

设计意图：学生通过比较显微镜下观察到的各种细胞结构的异同点，归纳各种细胞在结构上的多样性和统一性，既有助于归纳与概括能力的培养，也促进了结构与功能观的形成，建构了"细胞的形态和功能多样，但都有相似的基本结构"这一概念。这一环节从认识细胞膜、细胞质和细胞核（拟核）入手，拓展到组成细胞的具体物质（如DNA、肽聚糖）和结构（如核糖体、核膜）的概念，为生成"走近细胞（细胞的功能与结构）"概念做好准备。

（4）应用反馈，保护环境

教师引导学生回到课堂开始提出的问题：造成无土栽培草莓烂根、水体发臭、水体变绿，以及导致草莓病虫害的原因是什么？学生根据不同生物的代谢特点可以作开放性回答，教师评价后揭开具体原因：草莓烂根是因为水体缺氧，根细胞无氧呼吸产生酒精，根细胞坏死，滋生大量细菌，导致烂根和水体发臭。水体发绿是浮游藻类大量繁殖，有蓝细菌和小球藻，原因是施加的N、P等元素太多。虫害主要是蚜虫、伊蚊和红蜘蛛大量繁殖，它们的幼虫吮吸草莓植株的营养，造成组织坏死。

教师进一步要求学生针对无土栽培草莓中遇到的问题，结合自身对所涉及生物细胞的认识，在兼顾环保和安全的情况下，从相关生物结构等角度入手，提出合理的解决方案。学生会从细胞结构的差异性方面提出方案，如水体遮光、通氧、用绿色杀虫剂、广谱抗生素等，教师基于安全和环保，结合生物特点对学生提出的方案进行评价，如抗生素就是特异性针对细菌的药物，有的破坏细菌的细胞壁、有的针对细菌的核糖体、有的抑制拟核遗传物质的复制，但要注意用药的安全性，避免滥用药物导致抗药性病虫害的发生。

教师进一步展示水华和赤潮的资料，阐述其对环境的危害，引导学生创造性地提出防治措施。

资料2　水华现象是在特定的环境条件下，水中某些浮游植物、原生动物或细菌爆发性增殖或高度聚集而引起水体变色的一种有害生态现象，江河、湖泊中出现类似的现象，通常称为水花或水华。赤潮又称红潮，是因海洋中的浮游生物暴发性急剧繁殖造成海水颜色异常的现象。一是大量赤潮生物集聚于鱼类的鳃部，使鱼类因缺氧而窒息死亡；二是赤潮生物死亡后，藻体在分解过程中大量消耗水中的溶解氧，导致鱼类及其他海洋生物因缺氧死亡，使海洋的正常生态系统遭到严重的破坏；三是鱼类吞食大量有毒藻类，可致鱼类死亡；四是有些藻类可分泌毒素，毒素通过食物链严重威胁水体中消费者的健康和生命安全。引起水华和赤潮的原核生物主要是蓝细菌，其含有藻蓝素和叶绿素，能进行光合作用，属于自养生物。常见的蓝细菌有色球蓝细菌、念珠蓝细菌、颤蓝细菌、发菜等。相关图片如图3-8、3-9、3-10、3-11所示。

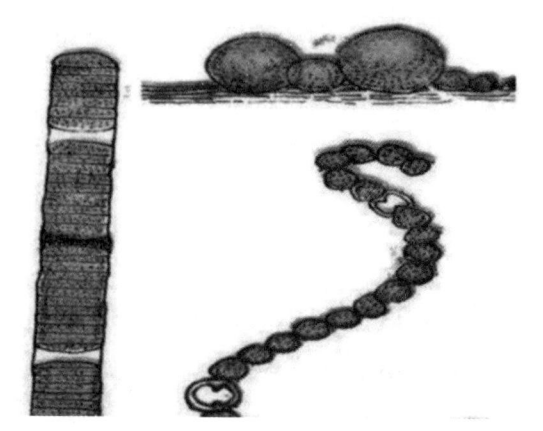

图3-8　颤蓝细菌(左)和念珠蓝细菌(右)显微图片

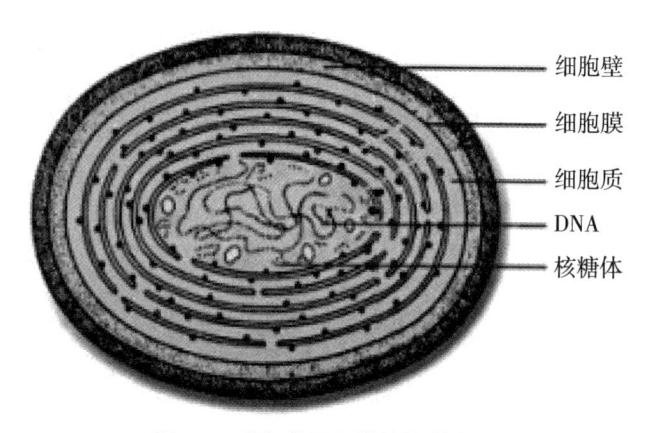

图3-9　蓝细菌亚显微结构模式图

图3-10 水华的危害　　　　　　　　　图3-11 赤潮的危害

教师引导学生观看水华和赤潮的资料后，运用掌握的知识和信息，创造性地提出水华和赤潮的防治方案。学生结合本节课的学习内容，能够提出减少含磷洗衣粉的使用、污水排放等措施，避免水体富营养化，减少藻类繁殖。

设计意图：学生通过解释草莓出现不同病虫害的原因及水体污染产生的原因，培养讨论解释生命现象的能力。分析草莓染病、染菌产生的原因，判断相关防治措施的可行性，提出自己的理解和看法，培养理性分析、判断及解决实际问题的能力。最后通过提出防治水华和赤潮的举措，从自身做起，培养环保理念。本环节学生熟知了多种具体细胞，如根细胞、大肠杆菌、蓝细菌、蚜虫细胞等，为巩固"细胞多样性和统一性"的概念提供帮助。

4.教学反思

（1）情境源自学生实践，学习探究欲望强烈

将校园项目课程"草莓的无土栽培"的情境作为素材融入到课堂，激发了学生的学习热情，利用草莓病虫害防治为探究情境，使学生对知识的学习有了具体化目标，增强了学生的探究动力。

（2）从现象到本质，活动形式多样，层层递进

围绕"细胞"开展显微镜观察、绘制和评价活动，学生能够有层次地结合动眼、动手、动口和动脑的学习行为，建构并深入理解"细胞多样性和统一性"的概念，进一步领悟结构与功能相适应的生命观念。同时，学生在已有认知的基础上，通过资料分析、模型建构等方式实现知识的同化与顺应，促进学生自主建构生物学概念。

三、案例点评

1.学生的深度学习活动围绕真实的问题情境展开

本节课以"草莓的无土栽培"课程引入，围绕"探究草莓栽培过程中遇到的水体发臭、发绿、植株病虫害的现象，探寻造成这一现象的原因并提出合理的防治措施"作为情境展开。先引导学生使用显微镜观察与草莓病虫害相关的装片，在观察的过程中归纳总结高倍显微镜的使用方法，比较真核细胞与原核细胞的异同点，最后根据它们的异同提出草莓病虫害防治的设想，以真实情境促进学生的深度学习体验，问题情境层层递进，有效推进课堂教学。

2. 基于观察实践建构细胞物理模型，促进概念的生成与概念内涵的理解

在学生利用高倍显微镜观察不同细胞装片之后，教师引导学生通过绘制水体中大肠杆菌的结构模式图、水体中蓝细菌细胞的结构模式图、草莓叶片叶肉细胞的结构模式图、蚜虫幼虫组织的细胞模式图，并进行展示交流。上述细胞模式图涵盖了原核生物细胞、植物细胞、动物细胞这几类自然界中的细胞。学生在观察和绘制细胞模式图的过程中可以逐步建构出"细胞多样性与统一性"这一概念，并且通过学生小组进行细胞模式图的展示，有意识地引导学生进行了互评、修正，一步步地引导学生理清概念中的逻辑关系，进行思维训练，促进概念内涵的理解。

3. 及时应用概念解决生活中的实际问题

本节课的最后，教师借助真实的问题情境，引导学生将所学的知识运用到讨论草莓无土栽培过程中病虫害的防治措施上，学生根据真核细胞与原核细胞的异同点，针对核膜、染色体、核糖体、细胞壁等细胞结构提出针对性的防治措施，并延伸到自然水域中富营养化的防治情境，强化概念的迁移应用，促进学生关注现实问题，体现社会责任，真正实现学以致用，使生物学核心素养得到培养和提升。

4. 意见和建议

本节案例设计以学生生物学核心素养的培养为导向，能够达成生物学课程育人的目标，但还有一些不足，主要表现在对科学探究素养的培养还不够深入，如"实验设计能力"就没有体现，造成实验操作过程中学生的自主性受到限制，学生的实验探究体验不够深刻。建议在课时充裕的情况下，以学习小组为单位，利用科学探究的一般思路，自主通过提出问题—作出假设—实验验证—得出结论的步骤对草莓病虫害出现的原因进行探究，进一步培养学生的科学探究素养。

案例2：蛋白质和核酸是两类最重要的生物大分子

"新课程标准"指出，学生通过《普通高中教科书·生物学·必修1·分子与细胞》模块的学习，要达成"细胞是生物体结构与生命活动的基本单位"这一大概念，此大概念的达成需要以"组成细胞的分子""细胞各部分的结构和功能""细胞的统一性和多样性"三个重要概念作支撑。"组成细胞的分子"这一重要概念的达成又需要七个次位概念的支撑（见图3-12）。通过对"蛋白质和核酸是两类最重要的生物大分子"这一重要概念的学习，学生自主建构"蛋白质功能"的概念图，总结蛋白质功能的多样性，发展结构与功能观；对教材提供的不同氨基酸分子的结构进行比较、归纳和概括。小组合作动手建构核苷酸和核苷酸链的物理模型，提升归纳与概括、模型与建模的科学思维能力；查阅资料、准备实验材料、分组开展实验——探究不同生物组织中的蛋白质存在情况、记录实验现象、交流实验结果、得出结论，发展科学探究能力；正确评论"手术缝合线""大头娃娃""儿童拐卖"等议题，分析通过DNA指纹技术在刑侦工作中锁定犯罪嫌疑人的原理，引导学生理性分析和判断问题，认同蛋白质与人体营养、健康的联系，运用所学知识解决现实生活问题，提升社会责任意识。

在"蛋白质和核酸是两类最重要的生物大分子"这一重要概念的教学过程中，可先将这部分内容按照生物学核心素养目标进行合理分解，再采用恰当的教学活动帮助学生达成核心素养目标。

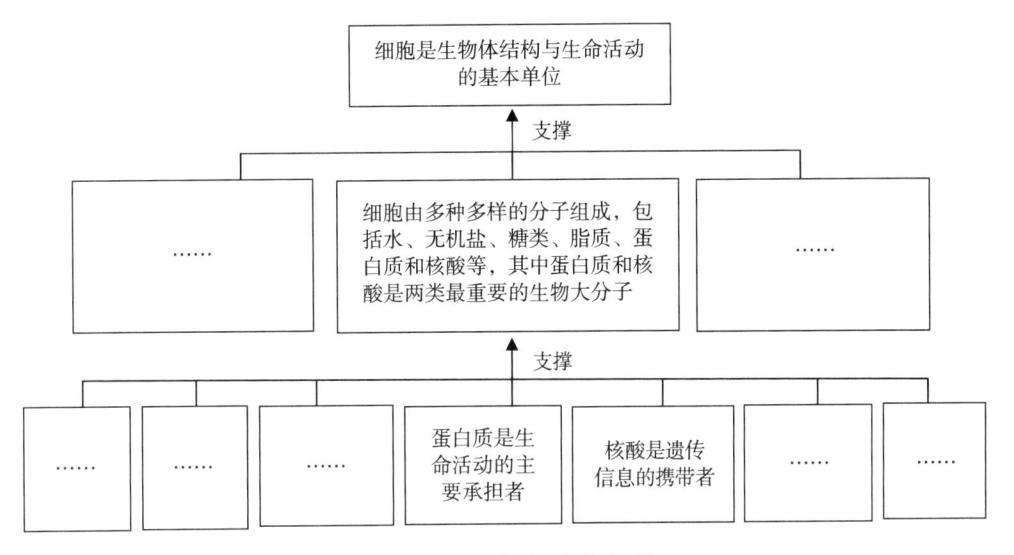

图 3-12 概念的逻辑框架图

一、核心素养目标的分解与实施建议

通过对"蛋白质和核酸是两类最重要的生物大分子"这一重要概念相关教学内容和活动进行具体分析，对其中核心素养目标的分解与实施建议如下。

1. 梳理支撑"生命观念"的概念和事实

根据教材内容和"新课程标准"要求，要建立该概念体系相对应的生命观念，需要以下概念和事实作为支撑（见表3-10）。

表3-10 重要生命观念对应的事实与相关概念

生命观念	相关概念	对应的事实
结构与功能观	蛋白质和核酸的结构与其功能是相适应的	若血红蛋白某一处的谷氨酸被缬氨酸取代，就可能聚合成纤维状，其参与组成的红细胞就会扭曲成镰刀状，运输氧的能力大为削弱；蛋白质分子的结构极其多样，导致生物界的蛋白质种类有10^{10}~10^{12}种，故蛋白质能承担催化、运输、免疫等多种多样的功能；DNA和RNA各含四种核苷酸，数量成千上万，在连成长链时，排列顺序极其多样，生物的遗传信息就储存在其中
稳态与平衡观	机体的蛋白质含量处在不断变化之中，但又保持相对稳定	血清白蛋白是血浆中含量最多的蛋白质之一，是反映人体营养状况的重要指标之一，血清白蛋白的正常范围为35~50 g/L，若血清白蛋白含量低于正常范围，说明机体蛋白质摄入不足或分解代谢过程异常，需及时调整饮食结构或进行营养干预
物质与能量观	物质是能量的载体，能量是物质变化的动力，能量转换往往伴随物质变化	细胞中的蛋白质在特殊情况下能氧化分解释放能量，供生命活动所需；氨基酸合成蛋白质、核苷酸合成核酸的过程中需要能量

2. 设计训练"科学思维"的路径和活动

在该部分内容的教学过程中，设计了训练科学思维的路径和学生活动（见表3-11），以发展学生的归纳与概括、模型与建模、演绎与推理、批判性思维、创造性思维等科学思维能力。

表3-11 训练科学思维的路径与活动建议

科学思维	训练路径	活动建议
归纳与概括	归纳氨基酸的结构通式与特点	分析几种氨基酸结构的异同，说明氨基酸的元素组成、种类、结构特点，尝试写出氨基酸分子的结构通式
	归纳氨基酸形成蛋白质的过程	根据视频或球棍模型理解两个氨基酸分子脱水缩合的过程，再手拉手模拟多个氨基酸分子脱水缩合的过程，形成肽键、二肽、多肽、肽链、肽链的空间结构等概念
	归纳蛋白质结构和功能多样性的原因及其关联	完成教材P31"思考·讨论"，总结蛋白质结构多样性的原因；根据镰状红细胞形成的直接原因、吃熟鸡蛋和熟肉易消化等实例，说明蛋白质功能多样性与结构多样性的关系
	归纳DNA和RNA的异同	区别自主建构的DNA和RNA模型，根据兴趣小组汇报中的信息从元素组成、分子组成、连接方式、在细胞中的分布等角度，列表比较DNA和RNA的异同
	解释"碳是生命的核心元素""没有碳，就没有生命"的原因	根据提供的各种生物大分子的结构、种类等图片和文字资料，总结生物大分子在组成上的共性
模型与建模	建构氨基酸脱水缩合形成二肽和多肽的物理模型	用球棍模型建构两个氨基酸分子形成二肽的过程，手拉手模拟形成多肽的过程，得出脱水缩合的定义
	建构蛋白质结构和功能多样性及关系的概念模型	写出蛋白质结构多样性和功能多样性及其关系的概念图，阐明蛋白质功能多样性的直接原因
	建构核苷酸和核酸的物理模型；建构核酸分子结构多样性的数学模型	先用自制模型建构脱氧核苷酸和核糖核苷酸、脱氧核苷酸长链和核糖核苷酸长链，再比较模型，阐明核酸分子多样性的原因
演绎与推理	根据实例，推测蛋白质功能与其结构是相适应的，阐明蛋白质结构多样性和功能多样性的关系	分析镰状红细胞形成的直接原因、熟鸡蛋和熟肉易消化的原因、生活中杀菌消毒的原理，阐明每种蛋白质分子都有与它所承担功能相适应的独特结构
	根据模型，分析核苷酸的排列顺序和遗传信息的关联	比较各小组制作的核苷酸长链物理模型的碱基排序，阐明核酸是储存和传递遗传信息的生物大分子，遗传信息蕴含在核苷酸的排列顺序中
批判性思维	评价自己和同学建构的多种概念模型、物理模型	对自己和同学建构的蛋白质结构和功能及其关系的概念模型、二肽和多肽的物理模型、核苷酸和核苷酸长链的物理模型提出修改建议，尝试对自己不理解的概念提出质疑
	评价探究实验方案：探究生物组织中的蛋白质	对实验中自己不理解的过程及结论大胆质疑，对实验方案提出修改建议
	评价蛋白质与人体的营养、健康的关系	对"手术缝合线""大头娃娃"等议题提出自己的见解
创造性思维	提出核酸相关知识在生活中其他领域的应用与设想	根据核酸相关知识在刑侦工作中的应用原理和运用"全国公安机关查找被拐卖/失踪儿童DNA数据库"（简称打拐DNA数据库）寻亲的原理，提出核酸相关知识在现实生活中的其他应用与设想

3.确定培养"科学探究"的路径和活动

在该部分内容的教学过程中，通过创设探究性学习情境，设计学生深度参与的探究任务（表3-12），从学生的观察能力、实验设计能力、方案实施能力和结果交流与讨论能力四个方面来培养学生的科学探究能力。

表3-12 训练科学探究的路径与活动建议

科学探究	训练路径	活动建议
观察能力	观察对比不同生物组织材料与双缩脲试剂反应前后的颜色	用自己准备的生物组织材料样液和老师提供的具有代表性的生物组织样液（如豆浆、稀释后的蛋清等）进行蛋白质鉴定实验，并仔细观察样液的颜色变化，寻找鉴定蛋白质的最佳实验材料，体会观察类实验选材的重要性
实验设计能力	设计实验探究不同生物组织中的蛋白质的存在情况	根据不同生物组织材料本身的颜色和材料中蛋白质含量的差异，设计实验方案，探究生物组织中蛋白质的有无或含量的高低
方案实施能力	根据方案准备材料，进行实验，观察记录，收集数据，撰写报告	根据实验方案准备不同生物组织材料进行蛋白质鉴定实验，实验过程中注意区分实验材料的种类和颜色，双缩脲试剂A液和B液添加的顺序和含量等，观察记录被鉴定材料颜色的变化情况，列表填写实验现象，撰写实验报告
结果交流和讨论能力	交流实验目的、过程、结果，讨论实验过程中发现的问题，对实验进行评价和反思，对报告进行修改	分组展示和交流探究实验——不同生物组织中的蛋白质实验目的、实验操作过程和实验现象，探究实验中发现的问题，如鸡蛋清虽富含蛋白质，但必须稀释一定倍数才能让实验现象更明显，那么多少倍稀释度更优呢？血液中红细胞内含血红蛋白，血浆中含血浆蛋白，如何处理血液这种实验材料以达到更好的鉴定效果呢？接着，反思整个实验的方方面面，提出改进和优化实验的措施，并对实验报告进行修改

4.落实培养"社会责任"的思路和活动

在本节教学过程中，设置了如表3-13的基本思路和学生活动，引导学生利用所学知识分析判断社会议题、尝试解决实际问题并讨论解释生命现象，以发展学生的社会责任。

表3-13 落实社会责任的思路与活动建议

社会责任	基本思路	活动建议
分析判断社会议题	关注蛋白质和核酸等保健品与人体营养、健康的问题；关注儿童拐卖问题	分析讨论：食物中哪些蛋白质营养价值更高？补充某些特定的核酸，就可增强基因的修复能力吗？如何看待打拐DNA数据库、DNA指纹图谱的建立在各个领域对社会的价值？
尝试解决实际问题	关注"儿童拐卖""亲子鉴定""查找犯罪嫌疑人""身体健康"等问题	解释DNA能帮助被拐卖儿童找到亲生父母和能帮助确立犯罪嫌疑人的原因；根据组成生物体的蛋白质的相关知识，提出避免"大头娃娃"出现的公益宣传方案、拟定青少年合理膳食建议
讨论解释生命现象	运用蛋白质和核酸相关知识阐释生活中的生命现象	解释"手术缝合线"能被人体吸收的原因，解释静脉注射人体免疫球蛋白能增强免疫力的原因，解释注射胰岛素能治疗糖尿病的原因，解释加热、加酸、加酒精等可以达到消毒和灭菌目的的原因；解释吃熟鸡蛋和熟肉更容易消化的原因

以上是以"蛋白质和核酸是两类最重要的生物大分子"这一重要概念为例，对生物学核心素养目标的分解与落实的尝试与思考。下面具体展示在"核酸是遗传信息的携带者"这一次位概念的课堂教学中，如何发展学生的生物学核心素养。

二、教学案例：核酸是遗传信息的携带者

1.教学目标

基于"新课程标准"的内容要求、学业要求和学业质量标准，着眼于提高学生生物学核心素养的要求，制订以下教学目标。

（1）建构DNA和RNA结构模型，归纳概括出两类核酸在结构、功能和分布方面的区别与联系。

（2）分析核酸结构模型，阐述核酸是储存与传递遗传信息的生物大分子及生物大分子是以碳链为骨架。

（3）基于对核酸结构与功能的认识，解释打拐DNA数据库寻亲的原理和"DNA指纹技术"锁定罪犯的原理，尝试运用所学知识解决实际问题，引导学生关爱生命。

2.教学设计思路

本节课创设寻亲的真实情境，课堂上先建构DNA的结构模型、RNA的结构模型，运用模型理解核酸的结构，比较二者的异同，发展模型与建模、归纳与概括的科学思维；再分析核酸结构模型，解释核酸能储存和传递遗传信息的原因，说明核酸与蛋白质等生物大分子是以碳链为基本骨架的，发展结构与功能观；最后探讨打拐DNA数据库寻亲的原理、"DNA指纹技术"锁定罪犯的原理，尝试解决实际问题，形成关爱生命的理念，发展社会责任。

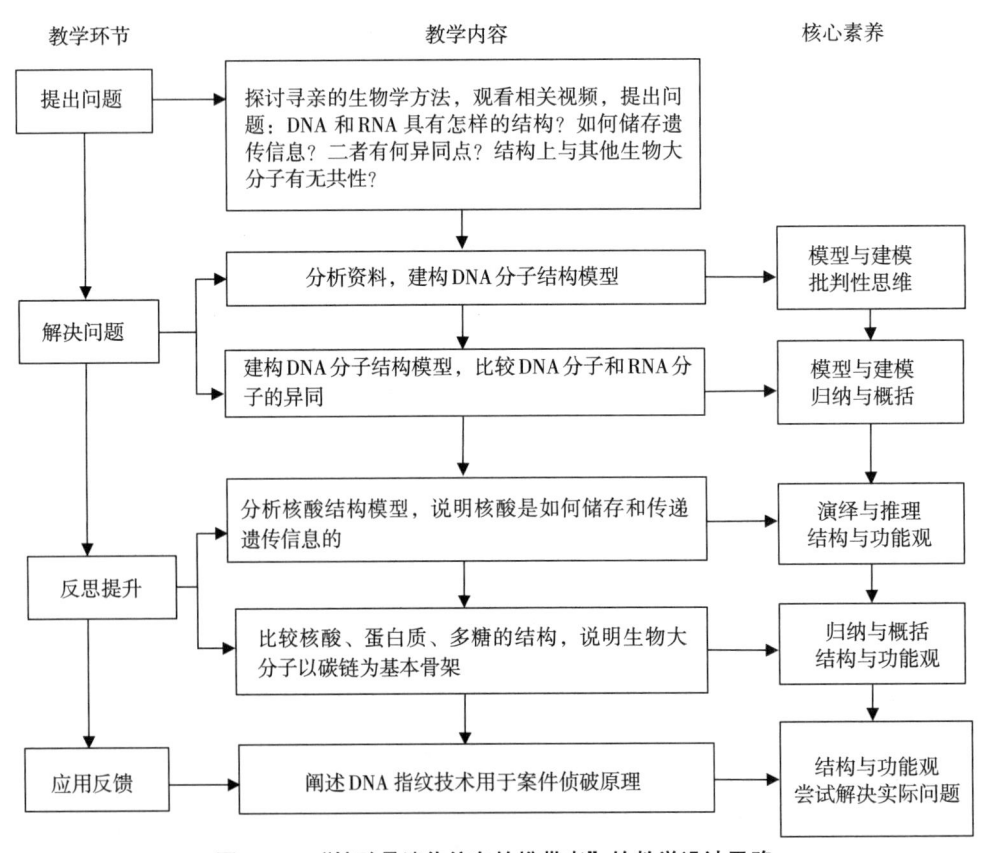

图3-13 "核酸是遗传信息的携带者"的教学设计思路

3.教学过程

1）提出问题

教师出示待认领的被拐儿童图片及家长找寻孩子的图片，引导学生思考并回答：我们可以检测这些孩子、家长细胞中的什么物质来确定他们是否具有血缘关系？大部分学生猜测是DNA，极少数学生会提到RNA、蛋白质等其他生物大分子，此时教师再播放公安机关通过建立打拐DNA数据库帮助被拐儿童回到父母身边的视频，使学生认识到现实生活中是通过DNA的相似度寻亲的，这可能与DNA是遗传物质有关。教师追问：DNA是遗传物质，RNA、蛋白质等物质能否作为某些生物的遗传物质呢？部分学生根据生活经验能说出新型冠状病毒的遗传物质就是RNA，知道DNA和RNA能作为遗传物质，能携带遗传信息。教师在此基础上提出本节课的核心问题：DNA和RNA统称为核酸，这两类核酸具有什么特殊结构让其能储存遗传信息呢？两者有什么异同点？它们在结构上与蛋白质等生物大分子有无共性？

设计意图：本环节以真实的寻亲情境入手，结合生活经验，学生在探讨寻亲途径时先提出DNA、RNA、蛋白质相关概念，再在教师的引导下，认识到DNA和RNA是两类核酸，能作为不同生物的遗传物质，携带遗传信息，进而产生疑问：核酸为什么能携带遗传信息？在结构上与蛋白质等生物大分子有无共性？最后提出本节要学习的概念：DNA、RNA两类核酸的结构与功能，核酸与蛋白质等生物大分子的共性。本环节旨在探讨被拐儿童寻亲途径的过程中形成关爱生命的意识。

2）解决问题

（1）分析资料，建构DNA分子结构模型。

①建构脱氧核苷酸。

资料1　DNA是由多个脱氧核苷酸组成的一种生物大分子。化学家柯塞尔发现，一个脱氧核苷酸是由一分子碱基、一分子脱氧核糖、一分子磷酸组成的。后来，科学家们又证实了碱基、脱氧核糖、磷酸的连接方式如图3-14。

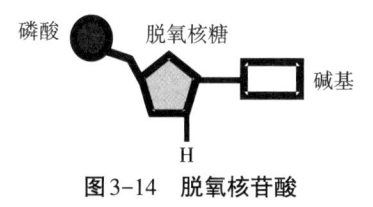

图3-14　脱氧核苷酸

资料2　生物体中常见的碱基有5种，分别是腺嘌呤（A）、鸟嘌呤（G）、胸腺嘧啶（T）、胞嘧啶（C）、尿嘧啶（U）；五碳糖常见的有2种，分别是脱氧核糖、核糖。脱氧核苷酸的碱基不含尿嘧啶（U），五碳糖只有脱氧核糖。

教师先呈现资料1、资料2，使学生认识到DNA的基本组成单位是脱氧核苷酸，以及脱氧核苷酸的基本组成，核酸中五碳糖及碱基的种类；再分发并介绍自制模型：磷酸、脱氧核糖（已经标注好了5个碳原子位置）、核糖（已经标注好了5个碳原子位置）模型，A、G、C、T、U模型均若干个，化学键模型若干个。学生小组合作，利用提供的磷酸，脱氧核糖，核糖，A、G、C、T、U，化学键模型，建构多个脱氧核苷酸。学生除了建构出4种正确的脱氧核苷酸外，还会出现错误的脱氧核苷酸，如尿嘧啶脱氧核苷酸、腺嘌呤核糖核苷酸等，再经讨论修正，最终归纳出脱氧核苷酸只有4种：腺嘌呤脱氧核苷酸、鸟嘌呤脱氧核苷酸、胞嘧啶脱氧核苷酸、胸腺嘧啶脱氧核苷酸,认识到它们的五碳糖只能是脱氧核糖,碱基只包含A、G、C、T四种。

②建构脱氧核苷酸长链。教师呈现资料3,使学生明确DNA是由脱氧核苷酸连接成的两条脱氧核苷酸链,明确相邻两个脱氧核苷酸之间的连接方式,学生再以小组为单位,利用所有脱氧核苷酸建构出一个DNA分子的平面结构,并评价修正。各个小组建构的DNA分子都不相同,全班就建构出多个不同的DNA分子。

资料3 DNA是由脱氧核苷酸连接成的两条脱氧核苷酸链构成,相邻两个脱氧核苷酸之间的连接方式是:一个脱氧核苷酸的磷酸与另一个脱氧核苷酸的脱氧核糖的3号碳原子相关部位发生化学反应生成磷酸二酯键,磷酸二酯键将它们连在一起。

设计意图:先通过资料1、资料2的引导,使学生主动建构出脱氧核苷酸结构模型,充分理解DNA的基本组成单位——脱氧核苷酸的种类及化学成分,在此基础上再借助资料3进一步建构出脱氧核苷酸链的结构模型,使其充分理解DNA的平面结构。利用模型与建模的思想将DNA这样的微观抽象事物外显化,既加深对DNA基本概念的理解,又发展了模型与建模的能力,形成运用模型与建模的方法认识微观抽象事物的意识。在对各小组建构的脱氧核苷酸和脱氧核苷酸链进行评价时,充分利用资料信息对一些错误的脱氧核苷酸和脱氧核苷酸链大胆质疑,提出不同的见解,发展批判性思维。本环节学生掌握的是DNA结构这一概念,在知识和学习方法上都为接下来学习RNA结构、DNA和RNA的异同等概念奠定基础。

(2)建构RNA结构模型,比较DNA和RNA的异同。

①建构核糖核苷酸。教师引导提问:RNA是某些病毒的遗传物质,其又具有怎样的结构?其与DNA有什么异同点?再出示资料4。

资料4 RNA的基本组成单位是核糖核苷酸,每个核糖核苷酸是由一分子磷酸、一分子核糖和一分子碱基组成,RNA含有腺嘌呤(A)、鸟嘌呤(G)、胞嘧啶(C)、尿嘧啶(U)4种碱基。碱基、核糖、磷酸的连接方式如图3-15。

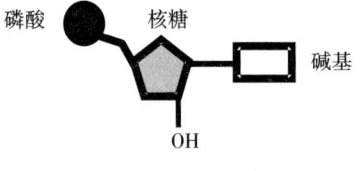

图3-15 核糖核苷酸

教师引导学生研读资料4,以小组为单位,类比脱氧核苷酸的建构过程,利用剩余的模型材料建构多个核糖核苷酸,再经讨论修正,最终归纳出核糖核苷酸只有4种:腺嘌呤核糖核苷酸、鸟嘌呤核糖核苷酸、胞嘧啶核糖核苷酸、尿嘧啶核糖核苷酸,认识到它们的五碳糖只能是核糖、碱基只有A、G、C、U四种。

②建构核糖核苷酸链。出示资料5,再引导学生小组类比脱氧核苷酸链的建构过程,将多个核糖核苷酸连接成一条核糖核苷酸链,即RNA分子,最后讨论修正。每个小组建构的RNA分子都各不相同,全班又建构出多个不同的RNA分子。

资料5　RNA一般是由多个核糖核苷酸连接成的单条核糖核苷酸链构成的，相邻的两个核糖核苷酸之间的连接方式是：一个核糖核苷酸的磷酸与另一个核糖核苷酸的核糖的3号碳原子相关部位发生化学反应生成磷酸二酯键，磷酸二酯键将它们连在一起。

（3）归纳DNA和RNA的异同。

在习得了DNA、RNA结构的基础上，教师让学生分小组列表归纳DNA和RNA的区别与联系。学生能归纳出两类核酸在元素组成、基本单位、连接方式等结构上的异同；能概括出它们都能作为遗传物质，在生物的遗传变异中具有重要作用的共性，但不知道核酸在蛋白质的生物合成中也具有重要作用，也不能解释核酸是如何储存和传递遗传信息的，还有部分学生会提出新问题：细胞中是否同时具有DNA和RNA？若有，其是怎样分布的？

关于核酸对蛋白质的影响的学习，教师提问：生命活动的主要承担者是什么物质？并介绍核酸在蛋白质的生物合成中也具有重要作用，为《普通高中教科书·生物学·必修2·遗传与进化》中"基因表达"的学习奠定基础。

关于DNA和RNA在细胞中分布的学习，教师可以出示以下资料。

资料6　甲基绿能使DNA呈现绿色，吡罗红能使RNA呈现红色。科研工作者利用甲基绿和吡罗红两种混合染色剂处理人的口腔上皮细胞，结果如图3-16所示。

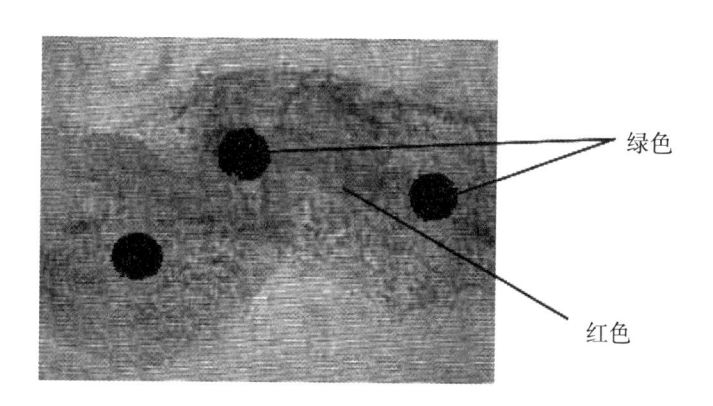

图3-16　人的口腔上皮细胞中DNA和RNA分布的状况

引导学生自主归纳出：真核细胞的DNA主要分布在细胞核中，RNA主要分布在细胞质中。教师补充：线粒体、叶绿体中也有少量DNA和RNA。学生再完善修正DNA和RNA比较的表格。

设计意图：通过类比DNA结构模型建立过程来建构RNA结构模型，帮助学生轻松理解RNA的结构，进一步提升模型对模的能力，习惯运用模型来理解抽象事物。为了更深刻地理解DNA和RNA两类核酸，小组合作列表归纳DNA和RNA在结构、功能、分布方面的区别与联系，发展学生的归纳与概括能力。学生通过建构DNA和RNA结构模型深刻理解了DNA和RNA的概念，每一小组建构的DNA和RNA不尽相同，多种多样的核酸模型又为后面"核酸能储存和传递遗传信息""生物大分子以碳链为骨架"概念的学习奠定基础。

3）反思提升

（1）分析核酸结构模型，说明核酸是如何储存和传递遗传信息的。

针对学生不能解释核酸是如何储存和传递遗传信息的现状，教师让学生每三个小组合并为一个大组,将之前三个小组各自建构的DNA、RNA结构模型放一起,分析出这些DNA结构不同的原因是组成DNA的脱氧核苷酸的数目和排列顺序不同,且进一步说明DNA的遗传信息是蕴藏在4种脱氧核苷酸的排列顺序之中,随亲代传递给子代;同样分析出RNA结构不同的原因及RNA是如何储存和传递遗传信息的。教师随即要求学生利用本节所学,解释打拐DNA数据库应用于寻亲的原理。

设计意图:在分析比较不同DNA或不同RNA结构的过程中,演绎推理出两类核酸多样性的原因,进一步理解核酸的遗传信息是蕴藏在核苷酸的排列顺序中,使核酸能作为遗传物质并携带遗传信息,认识到结构与功能是相适应的。又用相关知识解释打拐DNA数据库寻亲的原理,将DNA结构与功能方面的理论知识应用于生活实践,解决实际问题,进一步理解核酸结构与功能的相关概念。

(2)比较核酸、蛋白质、多糖的结构,说明生物大分子以碳链为骨架。

教师问题引导:①组成生物大分子的基本单位称之为单体,由若干个单体组成的生物大分子即为多聚体,哪些物质是多聚体?其单体分别是什么?②观察自制DNA、RNA模型中单体的结构,其基本骨架是什么?哪些物质有类似的结构特征?③阐述碳元素对生命的重要意义。学生在问题引导下,理解多聚体和单体的内涵并举例说明:DNA、RNA、蛋白质、多糖为多聚体,它们的单体分别为脱氧核苷酸、核糖核苷酸、氨基酸、单糖。通过分析DNA、RNA、蛋白质、多糖结构上的共性,指出生物大分子是以碳链为骨架的,随即阐明碳元素对生物的重要作用。

设计意图:学生通过对核酸、蛋白质、多糖这些生物大分子相关单体结构的分析,归纳概括出这些生物大分子是以碳链为骨架,说明碳元素对生命的重要意义,发展结构与功能观及归纳与概括能力,这里学生将核酸与学过的蛋白质、多糖等生物大分子集中分析比较,找到其结构上的共性,以便深入理解其功能。

4)应用反馈

资料7 DNA指纹技术在案件侦破工作中有重要的用途。刑侦人员从案发现场收集到的血液、头发等样品中提取出DNA,将其与犯罪嫌疑人的DNA进行比较,就有可能为案件的侦破提供证据。

学生阅读资料7,根据本节所学,回答以下两个问题:

(1)为什么DNA能够提供犯罪嫌疑人的信息?

(2)说出DNA鉴定技术在其他方面的应用。

设计意图:运用本节所学核酸相关理论知识来解释DNA指纹技术锁定罪犯的原理,检测学生是否能够迁移解决新情境下的问题,促进学生形成运用所学知识解决实际问题的意识,提升社会责任感。

4.教学反思

"新课程标准"强调学生的全面参与,在课堂教学中体现学生的主体性,问题让学生去发现,结论让学生去获得,实验让学生去亲历,学生参与到学习活动的全过程中,真正成为学习的主人。在本节课的执教中,为了让学生主动参与课堂教学,提高课堂效率,因而设定了既能激发学生兴趣,又能贯穿整堂课的打拐DNA数据库寻亲情境,在解决核心问题的活动中,掌握模型建构的方法,将抽象的DNA与RNA结构显性化,利用资料引导,确保学生能自主建构DNA、RNA结构模型,真正理解核酸的结构和具体的功能。由于DNA和RNA是细胞中微观层面的抽象物质,加上学生是首次接触,尽管本节运用模型与建模的方式将其显性化,但还是有小部分学生不能深刻理解核酸结构与功能之间的联系,还需课后再强化。

三、案例点评

1. 创设生活真实情境，引发自主探究热情

该课创设了"被拐儿童寻亲"的真实生活情境，先组织学生探讨帮助被拐儿童寻亲的途径，接着展示公安机关利用打拐DNA数据库帮助寻亲的视频，使学生认识到该方法寻亲与DNA是遗传物质有关，学生又结合生活经验发现RNA也可作为新型冠状病毒等生物的遗传物质。DNA和RNA能作为遗传物质与其结构相关，便产生想进一步探究DNA、RNA结构与功能的欲望并实施探究。当学生探究清楚核酸的结构及核酸能储存、传递遗传信息的原因后，再利用核酸相关知识解释打拐DNA数据库应用于寻亲的原理。像这样首尾呼应，使寻亲情境贯穿整个课堂，将核酸的结构与功能这个知识目标融入生活真实情境中，促使学生积极探索，在探索中提升生物学核心素养。

2. 通过模型建构，探究概念的本质，深化结构与功能观，发展生物学核心素养

本堂课在学习DNA、RNA这两个概念时，学生从教师提供的资料中获取并处理信息，根据信息利用实物材料建构核苷酸模型、核苷酸链模型，边互评边修正，逐步探究出两大核酸的结构并归纳出它们的异同。由此可见，模型建构应用于概念教学中，使得原本抽象的知识，变得更加生动、直观、形象，显著降低了学生的理解难度，同时发展了学生的模型与建模、归纳与概括等科学思维能力。后又通过对核酸结构模型的分析，深度体验到核酸能储存和传递遗传信息的重要功能，体验到了核酸与蛋白质等其他生物大分子都是以碳链为骨架，深化了结构与功能观。

3. 意见和建议

本节案例设计充分发展了学生结构与功能相适应的生命观念，以及归纳与概括、模型与建模等科学思维，尝试解决实际问题等社会责任，但在提升科学探究能力方面是欠缺的。另外，对于DNA和RNA在细胞中的分布，学生只是从资料中简单看到，体验不深，很容易遗忘。鉴于以上两点不足，建议可在课后组织学生通过选修课查阅资料进行探究实验：探究DNA和RNA在细胞中的分布。在教师指导下设计实验方案、实施探究实验、交流与讨论、得出实验结论，体验科学探究的一般过程与方法，体验科学研究的艰辛，发展科学探究素养。

案例3：小分子物质的跨膜运输方式

"新课程标准"指出，学生通过必修1模块的学习，要达成两个大概念，其中一个大概念是"细胞的生存需要能量和营养物质，并通过分裂实现增殖"。此大概念的达成需要"物质通过被动运输、主动运输等方式进出细胞，以维持细胞的正常代谢活动"等3个重要概念作支撑，其中"物质通过被动运输、主动运输等方式进出细胞，以维持细胞的正常代谢活动"这一重要概念的达成又需要3个次位概念的支撑（见图3-17）。通过对"有些物质顺浓度梯度进出细胞，不需要额外提供能量；有些物质逆浓度进出细胞，需要能量和载体蛋白"这一次位概念的学习，学生在比较通道蛋白与载体蛋白结构、功能的异同中，发展结构与功能观；学生在对图文资料、动画中的信息进行分析、探讨和归纳即在分析物质的浓度、能量对三种运输方式的影响的过程中，发展归纳与概括及模型与建模的能力；学生在设计实验探究肾小管上皮细胞吸水方式的活动中，提升科学探究能力和实践能力；学生在解释农作物施肥用量及设计实验证明桉柳吸收无机盐的方式的活动中，提升社会责任感，并发展稳态与平衡观。

```
                    ┌─────────────────┐
                    │ 细胞的生存需要能量和 │
                    │ 营养物质,并通过分裂实│
                    │   现增殖        │
                    └─────────────────┘
                             ↑ 支撑
       ┌──────────┬──────────┼──────────┐
   ┌───────┐  ┌─────────────────┐  ┌───────┐
   │ …… │  │ 物质通过被动运输、  │  │ …… │
   │       │  │ 主动运输等方式进  │  │       │
   │       │  │ 出细胞,以维持细  │  │       │
   │       │  │ 胞的正常代谢活动 │  │       │
   └───────┘  └─────────────────┘  └───────┘
                             ↑ 支撑
   ┌──────────┬──────────────────┬──────────┐
┌─────────┐ ┌─────────────────┐ ┌─────────┐
│         │ │ 有些物质顺浓度梯度 │ │         │
│ 质膜具有 │ │ 进出细胞,不需要额 │ │ 大分子物质可以通过 │
│ 选择透过性│ │ 外提供能量;有些物 │ │ 胞吞、胞吐进出细胞 │
│         │ │ 质逆浓度进出细胞, │ │         │
│         │ │ 需要能量和载体蛋白 │ │         │
└─────────┘ └─────────────────┘ └─────────┘
```

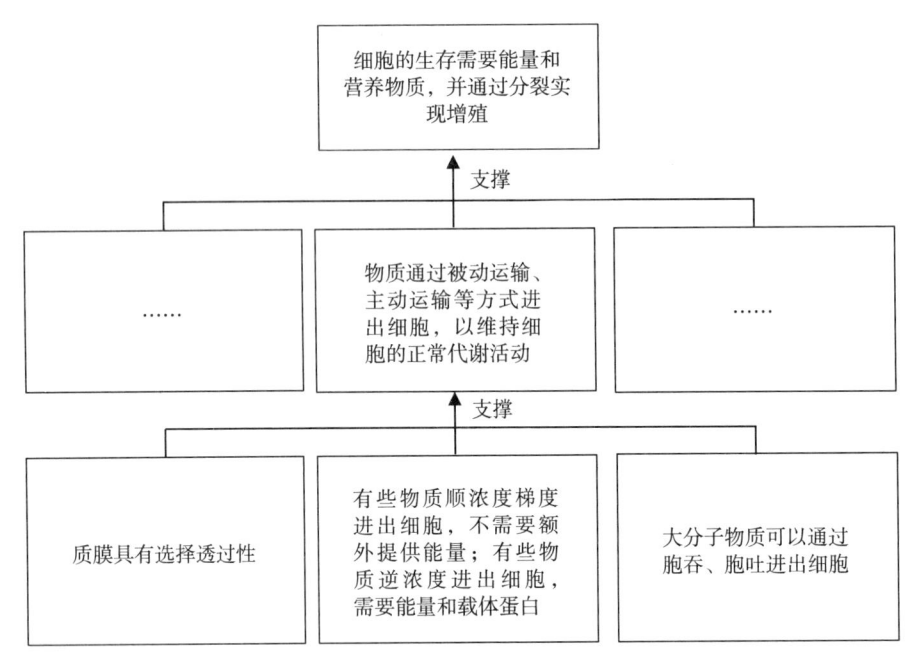

图 3-17 概念的逻辑框架图

在"有些物质顺浓度梯度进出细胞,不需要额外提供能量;有些物质逆浓度进出细胞,需要能量和载体蛋白"这一次位概念的教学过程中,可先将这部分内容按照核心素养目标进行合理分解,再采用相应的教学措施帮助学生达成核心素养目标。

一、核心素养目标的分解与实施建议

通过对"有些物质顺浓度梯度进出细胞,不需要额外提供能量;有些物质逆浓度进出细胞,需要能量和载体蛋白"这一次位概念下的内容和活动进行分析,对核心素养目标的分解与实施建议如下。

1. 梳理支撑"生命观念"的概念和事实

根据教材内容和"新课程标准"要求,要建立该概念体系相对应的生命观念,需以下列概念和事实作为支撑(表 3-14)。

表 3-14 重要生命观念对应的事实与相关概念

生命观念	相关概念	对应的事实
结构与功能观	细胞膜的结构与其功能是相适应的	细胞膜上含有通道蛋白、载体蛋白等结构,有些物质能通过相应转运蛋白的协助进出细胞;细胞膜上含有相应的载体蛋白及ATP水解酶等结构,有些物质能借助载体蛋白并在能量驱动下,通过主动运输进出细胞
	某些分子的结构与其功能相适应	ATP中含有特殊化学键,可以为主动运输等提供能量
稳态与平衡观	农作物中无机盐的含量维持在一定范围内,才能正常生长	强耐盐植物——柽柳将吸收到体内的无机盐排出体外
	细胞中的物质处于相对稳定的状态	生物体通过主动运输来选择吸收所需要的物质,排出代谢废物和对细胞有害的物质,从而保证生物体生命活动的需要

2.设计训练"科学思维"的路径和活动

在该部分内容的教学过程中,设计了训练科学思维的路径和学生活动(表3-15),以发展学生的归纳与概括、模型与建模、演绎与推理、批判性思维等科学思维能力。

表3-15　训练科学思维的路径与活动建议

科学思维	训练路径	活动建议
归纳与概括	由事实归纳出自由扩散、协助扩散、主动运输的概念	分析图文资料,归纳自由扩散、协助扩散、主动运输的概念;比较被动运输与主动运输的区别与联系;比较通道蛋白与载体蛋白的异同
模型与建模	用数学模型表达相关因素与物质进出细胞速度的关联	结合所学知识,建构物质浓度、能量等因素对物质进出细胞速度的影响的数学模型,并讨论数学模型中某些关键点出现的原因
模型与建模	通过几种运输方式关联的概念模型,表达它们之间的关系,形成整体思想	结合提示信息,建构自由扩散、协助扩散、主动运输之间关联的概念模型
演绎与推理	结合已有概念对新的概念进行演绎推理	结合被动运输的概念及特点建构主动运输的概念
演绎与推理	根据图中信息并结合每种运输方式的特点判断物质进出细胞的方式	分析图中 Na^+ 和葡萄糖的运输特点,阐明不同物质运输方式的差异及原因分析
批判性思维	评价同学建构的物理模型及概念模型	对同学建构的模型提出修改建议;对自己不理解的过程及结论大胆质疑
批判性思维	评价同学设计的实验方案	对同学设计的实验方案提出修改建议;对自己不理解的过程及结论大胆质疑

3.确定培养"科学探究"的路径和活动

在该部分内容的教学过程中,通过创设探究性学习情境,设计学生深度参与的探究任务或思维活动(见表3-16),让学生在有目的的自主学习过程中发展科学探究能力。

表3-16　训练科学探究的路径与活动建议

科学探究	训练路径	活动建议
观察能力	观察自由扩散、协助扩散、主动运输的实例资料	观察图文资料及动画,归纳自由扩散、协助扩散、主动运输的特点并建构概念
观察能力	观察2种转运蛋白的形态及它们发挥作用的过程	观察水通道蛋白及葡萄糖载体蛋白运输水和葡萄糖的过程,总结两种转运蛋白的作用机制
实验设计能力	根据被动运输和主动运输的区别,结合实验材料,设计可行的实验方案	根据被动运输和主动运输的区别,设计探究柽柳的根吸收无机盐离子的方式是主动运输还是被动运输的实验方案,探究物质运输方式

续表

科学探究	训练路径	活动建议
	设计探究肾小管上皮细胞吸水方式的实验方案	依据资料内容及自由扩散与协助扩散的区别，补充实验方案，探究肾小管上皮细胞的吸水方式
结果交流与讨论能力	交流实验设计过程中易出现的问题及应遵循的原则，讨论方案的可行性、严谨性、科学性	小组内成员讨论交流探究柽柳吸收无机盐的方式的实验方案，不同小组之间进行互评，最后对方案进行修正补充

4. 落实培养"社会责任"的思路和活动

培育社会责任的关键，是引导学生学以致用。在本节教学过程中，设置了如表3-17中的学生活动，引导学生利用所学知识解释真实情境中的生命现象，解决现实生活中的实际问题，以培养学生的社会责任意识。

表3-17 落实社会责任的思路和活动建议

社会责任	基本思路	活动建议
讨论解释生命现象	对生产生活现象做出合理解释	解释农业生产中的"烧苗"现象
尝试解决实际问题	针对生活生产中的实际问题	提出农作物在施肥时的注意事项及相关原因

以上是以"有些物质顺浓度梯度进出细胞，不需要额外提供能量；有些物质逆浓度进出细胞，需要能量和载体蛋白"这一次位概念为例，对核心素养目标的分解与落实的尝试与思考。下面具体展示在这一次位概念的课堂教学中，如何发展生物学核心素养。

二、教学案例：小分子物质的跨膜运输方式

要建构上述次位概念，需要以《普通高中教科书·生物学·必修1·分子与细胞》第4章第1节"被动运输"中"自由扩散和协助扩散"和第4章第2节中"主动运输"这部分教材内容作为支撑。因此，本案例整合重组了教材内容，形成了以"小分子物质的跨膜运输方式"为主题的教学案例。

1. 教学目标

基于"新课程标准"的内容要求、学业要求和学业质量标准，着眼于提高学生生物学核心素养的要求，制订以下教学目标。

（1）基于资料，分析O_2、CO_2、甘油进出细胞的过程，总结自由扩散的特点；通过对比水、葡萄糖进出细胞的过程，阐明协助扩散的特点。

（2）通过对物质逆浓度梯度运输的资料分析，说明主动运输的特点。

（3）基于对小分子物质跨膜运输的3种方式的比较，总结概括细胞膜具有选择透过性、多种物质跨膜运输方式所依赖的结构基础。

（4）通过建构数学模型和概念模型，发展学生运用多种方式对零散知识点进行整合的能力。

2.教学设计思路

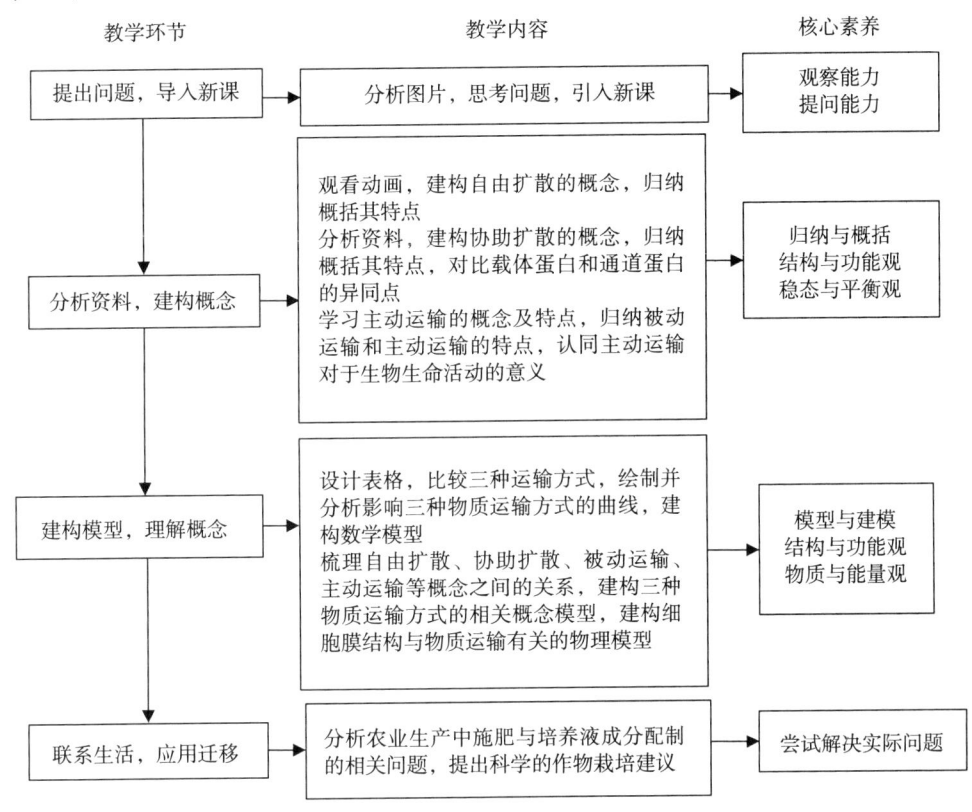

```
教学环节                    教学内容                           核心素养

提出问题，导入新课  →  分析图片，思考问题，引入新课   →   观察能力
                                                           提问能力

                       观看动画，建构自由扩散的概念，归纳
                       概括其特点
                       分析资料，建构协助扩散的概念，归纳        归纳与概括
分析资料，建构概念  →   概括其特点，对比载体蛋白和通道蛋白  →   结构与功能观
                       的异同点                                稳态与平衡观
                       学习主动运输的概念及特点，归纳被动
                       运输和主动运输的特点，认同主动运输
                       对于生物生命活动的意义

                       设计表格，比较三种运输方式，绘制并
                       分析影响三种物质运输方式的曲线，建
                       构数学模型                              模型与建模
建构模型，理解概念  →   梳理自由扩散、协助扩散、被动运输、  →   结构与功能观
                       主动运输等概念之间的关系，建构三种       物质与能量观
                       物质运输方式的相关概念模型，建构细
                       胞膜结构与物质运输有关的物理模型

联系生活，应用迁移  →  分析农业生产中施肥与培养液成分配制  →  尝试解决实际问题
                       的相关问题，提出科学的作物栽培建议
```

图 3-18 "小分子物质的跨膜运输方式"的教学设计思路

3.教学过程

1）提出问题，导入新课

教师提问：细胞膜的作用有哪些？细胞膜是如何控制物质进出细胞的？不同物质进出细胞的方式是否有差异？

设计意图：提出问题，引发学生思考，导入新课内容。

2）分析资料，建构概念

（1）建构自由扩散的概念并归纳概括其特点。

教师展示自由扩散的动画，引导学生归纳自由扩散的概念和特点。教师强调：结合细胞膜的成分、结构和功能进行分析。学生得出：自由扩散是物质通过简单的扩散作用进出细胞的方式。该运输方式既不需要载体也不消耗能量，其运输的动力仅仅是浓度差。

设计意图：通过结合已学知识（细胞膜的结构特点），观看动画，发展学生分析并提取动画中的图文信息及归纳与概括的能力，提升学生的科学思维素养，初步建构"有些物质顺浓度梯度进出细胞，不需要额外提供能量"的概念。本环节学生建构自由扩散这一概念，该过程所用的方法为后续探究协助扩散、主动运输等概念的建构做铺垫。

（2）建构协助扩散的概念及特点，并辨析载体蛋白和通道蛋白的异同点。

资料1 人们曾经普遍认为，水分子都是通过自由扩散进出细胞的。但在之后的一些研究中发现，水分子以扩散作用穿过脂双层的速率非常缓慢。仅凭扩散作用很难解释红细胞在水溶液中很快吸水膨胀而溶血的现象。

教师提出问题：水分子仅以自由扩散的方式进出细胞吗？学生回答：不是。教师继续提问：根据你对细胞膜的组成成分及其结构与功能的了解，你认为细胞膜上的哪些成分可以帮助水分子快速跨膜运输呢？学生通过分析资料初步得出结论：膜蛋白可以帮助水分子进行跨膜运输。

资料2　1988年，美国科学家阿格雷从红细胞和肾小管细胞中分离出一种新的膜蛋白，后来经过实验获得了该蛋白的氨基酸序列结构，证实了水通道蛋白的存在（图3-19）。目前，人们已经从细菌、酵母菌、植物、动物的细胞中分离出多种水通道蛋白。

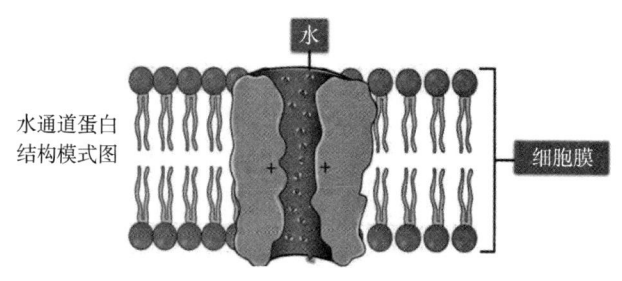

图3-19　水通道蛋白

学生结合图片分析资料，得出：除了自由扩散外，水分子还可以由通道蛋白协助进行运输。教师提示：除了水分子外，葡萄糖等小分子也能以协助扩散的方式进出细胞。

资料3　葡萄糖代谢的第一步就是进入细胞，但亲水的葡萄糖溶于水，而疏水的细胞膜就像一层油，葡萄糖要进入细胞内发挥作用，必须依靠转运蛋白，转运蛋白运输葡萄糖的过程如图3-20。葡萄糖转运蛋白几乎存在于人体的每一个细胞中，如大脑、神经系统、肌肉等组织器官中的葡萄糖转运蛋白最为重要，细胞对葡萄糖吸收不足可导致大脑萎缩、智力低下、发育迟缓、癫痫等系列疾病。

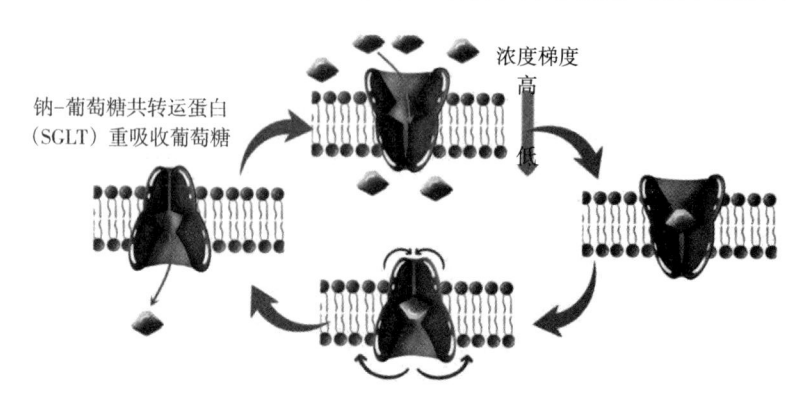

图3-20　转运蛋白运输葡萄糖的过程

注：图中葡萄糖转运载体通过构象变化将葡萄糖运进细胞和运出细胞。对组织细胞而言，膜外葡萄糖浓度较高，所以载体更多的是将葡萄糖运进细胞

教师要求学生根据教师提供的资料，提炼资料中的关键信息，得出结论并归纳出协助扩散的概念及特点。学生结合资料中的图文信息得出：协助扩散是物质借助膜上的转运蛋白进出细胞的方式。该运输方式需要转运蛋白协助，不消耗能量。

教师进一步提问：通过载体蛋白进入细胞和通过通道蛋白进入细胞有什么区别？

学生再次对比资料2和资料3，完善导学案中的表3-18。

◎ 第三章 围绕核心概念发展生物学核心素养的实践

表3-18 载体蛋白与通道蛋白的比较

比较项目	载体蛋白	通道蛋白
转运特点		
自身构象		
是否与转运分子结合		
是否有特异性		
实例		

设计意图：通过分析与两种转运蛋白相关的文字和图像信息，将抽象的转运蛋白的概念形象化，通过对比区分通道蛋白与载体蛋白结构与功能的异同，渗透结构与功能观。这一环节中学生对两种转运蛋白的理解更为深入，为后续理解主动运输所需的载体蛋白的工作机理奠定基础，建构"有些物质顺浓度梯度进出细胞，不需要额外提供能量"的概念。

教师强调：以上两种跨膜运输方式均不消耗能量，但依赖于浓度差，被归为被动运输一类。教师提问：小分子物质的运输方式都是被动运输吗？

（3）学习主动运输的概念及特点，辨析被动运输和主动运输的特点，认同主动运输对于生物生命活动的意义。

资料4 中国是农业大国，钾元素作为植物生长的三大营养元素之一，施用钾肥早已成为常规的农作措施之一，对于作物的稳产、高产和优产至关重要。钾能促进光合作用产物的运输；钾可以提高固氮酶活性……钾元素主要呈离子状态。植物主要靠根从外界吸收钾离子。钾离子是细胞中最丰富的阳离子，例如在细胞质中，钾的浓度常大于100 mmol/L，高于外界环境中钾几倍至数十倍。

教师提问：根细胞吸收钾离子，属于被动运输吗？说明理由。学生从资料中找到信息反驳"细胞质中钾离子的浓度远远高于外界环境"。教师继续提问：结合逆水行舟的情形，猜想根细胞吸收钾离子可能需要的条件。学生回答：还需要能量。

资料5 科学家发现，K^+进入细胞时，需要通过Na^+-K^+泵运输。Na^+-K^+泵是一个跨膜蛋白复合物，包括一个离子通道和一个蛋白磷酸酶。离子通道两端分别位于膜两侧，可以结合膜附近的钾离子。然后蛋白磷酸酶水解ATP上的一个磷酸基团，生成ADP并释放能量，利用这个能量，离子通道的蛋白构象发生变化，内侧转出去，外侧转进来，这样钾离子被运入细胞。

教师提问：Na^+-K^+泵的本质是什么？学生回答：蛋白质。教师继续提问：Na^+-K^+泵的功能是什么？学生回答：运输Na^+和K^+。教师追问：钾离子进入细胞需要哪些条件？学生回答：需要载体和能量。

教师继续设计学生活动：请学生以小组为单位，根据资料6（教材P_{69}及P_{70}主动运输的图示）并结合细胞膜的流动镶嵌模型，尝试画出钾离子进入根尖细胞的图示，并尝试描述该过程。学生根据资料信息，画出图示，感知钾离子进入细胞的过程。教师补充：钾离子进入细胞的这种方式就叫主动运输，这也是物质进出细胞的一种重要方式。

教师要求学生结合资料6，类比被动运输的概念，尝试为主动运输下定义——主动运输是物质逆浓度梯度的跨膜运输，需要载体蛋白的协助，同时还消耗细胞内化学反应所释放的能量。教师追问：主动运输的作用机理是什么？学生看教材图示总结出：是ATP水解使载体蛋白磷酸化，导致载体空间结构改变，从而完成相关物质（如离子）的运输。最后，教师引导学生总结：主动运输的意义。

设计意图：分析资料4、5，认同某些离子可以进行逆浓度运输及该运输过程需要消耗能量，帮助学生理解主动运输的特点，建构"有些物质逆浓度梯度进出细胞，需要能量和载体蛋白"这一概念；通过结合资料6，运用在建构"被动运输"概念中习得的方法，帮助学生再次建构"主动运输"的概念，进一步渗透结构与功能观。通过总结主动运输的意义，渗透稳态与平衡观。进一步理解主动运输的特点，为后续比较自由扩散、协助扩散、主动运输、被动运输打下基础。

3）建构模型，理解概念

（1）设计表格表3-19，比较自由扩散、协助扩散与主动运输。

表3-19 自由扩散、协助扩散与主动运输的比较

比较项目	小分子物质进出细胞的方式		
	自由扩散	协助扩散	主动运输
运输方向(浓度梯度)			
是否需要转运蛋白			
是否消耗能量			
实例			
影响因素(曲线图)			

设计意图：通过建构自由扩散、协助扩散、被动运输、主动运输等概念，发展学生的归纳与概括能力，提升学生的科学思维。

（2）梳理自由扩散、协助扩散、被动运输、主动运输等概念之间的关系。学生建构的模型预期如（图3-21）。

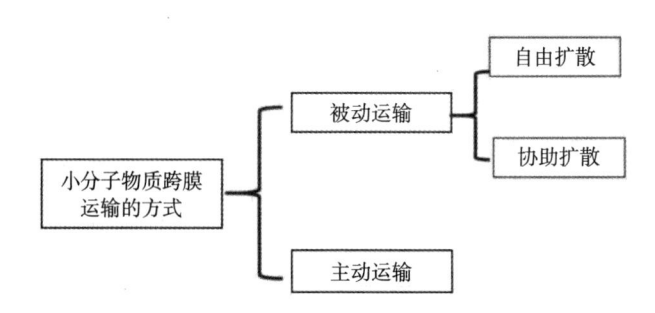

图3-21 小分子物质跨膜运输方式的关系图

学生建构好概念模型后，教师布置课后活动任务：自选材料，建构三种小分子运输方式的物理模型，下节课展示交流。

设计意图：通过梳理以上三种运输方式之间的关联，发展学生的模型与建模能力，进而发展学生的科学思维。

4）联系生活，应用迁移

教师呈现如下课堂练习：

（1）柽柳是强耐盐植物，它的叶子和嫩枝可以将吸收到植物体内的无机盐排出体外，柽柳的根部吸收无机盐离子是主动运输还是被动运输？设计实验加以证明，写出实验思路及预测实验结果；针对普通的农作物为何在施肥时要注意肥料的用量？

设计意图：通过解决生活中的实际问题，引导学生学会将课本知识与生活中的问题联系起来，促进学生形成将书本知识用于解决农业生产中的实际问题的意识，提升社会责任感。加深学生对稳态与平衡观的认识，提升学生的批判性思维及信息搜集能力、语言表达能力。加深学生对主动运输、被动运输概念的理解。

（2）图3-22为Na^+和葡萄糖进出小肠上皮细胞的示意图，图中的主动运输过程既可消耗来自ATP直接提供的能量，也可利用Na^+电化学梯度的势能。

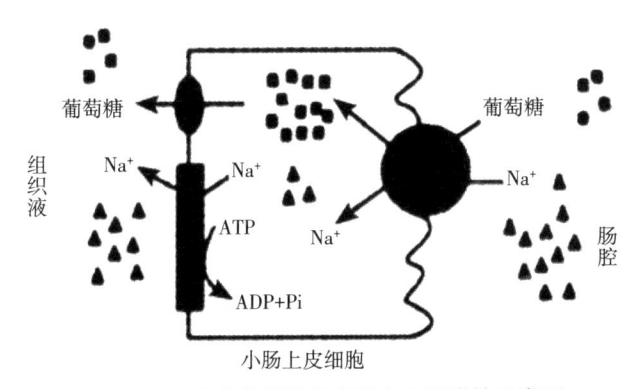

图3-22　Na^+和葡萄糖进出小肠上皮细胞的示意图

据图回答下面的问题：图中葡萄糖从肠腔进入小肠上皮细胞的跨膜运输方式是_____，判断的依据是：_____。

（3）研究发现，水分子存在两种跨膜运输机制：一种是自由扩散，另一种是通过水通道蛋白的协助扩散。某兴趣小组为探究肾小管上皮细胞的吸水方式，进行了如下实验（见表3-20）。

表3-20　探究肾小管上皮细胞的吸水方式的实验

步骤	相关操作
a	实验分组:甲组,肾小管上皮细胞+生理盐水配制的$HgCl_2$溶液 乙组,肾小管上皮细胞+X
b	将甲、乙两组制成装片,在盖玻片一侧滴清水,另一侧用吸水纸吸引,重复多次,显微镜观察
c	统计一段时间内的细胞破裂数目

注：Hg^{2+}能显著抑制水通道蛋白的活性。

回答下列问题：

Ⅰ.人的肾小管上皮细胞吸水或失水取决于细胞内外溶液的_____。当外界溶液的浓度_____（高于或低于）细胞内溶液的浓度时，细胞会吸水膨胀甚至破裂。

Ⅱ.自由扩散与协助扩散的共同点有_____（答出其中一点）。步骤a中"X"应为_____。

111

Ⅲ.实验结果及结论分析：若甲组和乙组破裂的细胞数目基本相同，说明水进入肾小管上皮细胞的主要方式是_____；若甲组破裂的细胞数目明显少于乙组，说明水进入肾小管上皮细胞的主要方式是_____。

设计意图：考查学生的识图能力和运用模型解决问题的能力。通过题上信息，补充主动运输所需的能量并非一定由ATP提供，还能由电化学梯度的势能提供。通过这一环节，学生对主动运输中所需的能量的来源得到了拓展补充，该环节还培养了学生的实验设计能力。通过组织小组讨论分析实验中的变量、结果及结论，发展学生的实验探究能力、结果交流与讨论能力。

4.教学反思

（1）借助直观的图文资料，层层递进，建构概念。

围绕呈现的几则资料，学生自主分析自由扩散、协助扩散、主动运输的特点，进而归纳出三者的概念。在这个过程中结合资料中的图像，学生可以更加直观地感知三种运输方式的区别与共同点。通过分析资料将三种运输方式有机地整合在一起，有利于学生系统地掌握概念之间的关联。

（2）借助模型的建构，理清影响因素与运输速率的关系及不同运输方式之间的关系。

在掌握了三种运输方式后，学生继续建构浓度差等因素与运输速率关系的数学模型，并借助老师提供的信息，建构不同物质进出细胞方式的概念模型，有利于检测学生学习的效果，促进学生完善生物学概念体系。

（3）创设问题情境，培养学生解决问题的能力。

通过创设生活情境设置的检测题，促进学生将所学概念进行迁移应用，有利于提升其解决实际问题的能力。

三、案例点评

本节课围绕小分子物质的跨膜运输方式展开，主要采用内容较为丰富的"资料分析"，在问题串的引领下展开教学。

1.重组教材内容，有利于学生形成更加完善的知识体系

本节内容位于教材的第四章，是第一节第2课时和第二节第1课时的重新组合。第一节内容包含了物质运输的实例和两种被动运输方式，第二节内容包含了主动运输和胞吞胞吐，本节课将小分子物质的跨膜运输方式整合到一个课时中完成，这样可以帮助学生形成更加系统和清晰的知识体系，同时很好地避免了部分学生将大分子物质和小分子物质运输方式混淆。

2.始终围绕培育结构与功能相适应的生命观念

本节内容中始终渗透结构与功能观，帮助学生联系以前所学的蛋白质结构与功能、生物膜的结构与功能等知识，有利于学生理解本节课的内容，如：脂溶性物质能通过自由扩散过膜，是因为细胞膜的基本支架是磷脂双分子层；载体蛋白具有特异性，是因为载体蛋白上有与物质结合的相应位点；水分子由通道蛋白进出细胞与红细胞吸收葡萄糖的方式存在差异，是因为这两种物质进出细胞借助的转运蛋白的结构不同。

3.从事实出发，学生自主建构概念，同时注重科学思维能力的提升

本节课涉及的自由扩散、协助扩散、主动运输等几个概念，都是老师提供资料，引导学生深入思考、提炼，最终由学生自主建构。在此过程中，学生基于真实的生物学事实和证据，通过数学模型和

概念模型的建构活动，发展了"归纳与概括""模型与建模""演绎与推理"的科学思维能力。比如通过对比分析不同小组展示的模型的科学性及优缺点，分析影响三种小分子跨膜运输方式的曲线，在小组展示的概念模型基础上进行补充和完善等活动，进一步帮助同学树立团队合作精神与严谨的科学探究精神，从而多维立体地落地生物学核心素养，实现了对物质跨膜运输方式的深度学习。

4.通过建构概念图，理清概念之间的逻辑关系，学以致用，培育学生的社会责任感

在学完了几个概念之后，教师设置了小组活动，让学生通过绘制概念图表示出自由扩散、协助扩散、被动运输、主动运输等几个概念之间的逻辑关系，在这个过程中，学生能够进一步厘清这些概念之间的逻辑关系。通过为学生创设真实情境的习题，利用情境活动，促进学生在情境中运用所学知识，解决农业生产和生活中的问题，解释相关生物学现象，真正做到理论与实践相结合。如课堂练习①和②，考查学生获取信息和分析问题的能力，引导学生将所学知识应用到生产和生活中去，强化科学劳动意识，提升社会责任感。课堂练习③以实验设计为考查点，考查学生的实验探究能力，让学生在解决实际生产问题的过程中形成崇尚科学、科学改变生活、科学推动社会进步的价值观。

5.改进建议

将教材内容重组之后，本节内容略显偏多。建议将"设计表格，比较自由扩散、协助扩散与主动运输"中的最后一项"曲线绘制与分析"调整到课后练习题中进行拓展和提升，这样能更好地避免课堂时间有限而导致学生活动不充分。

案例4：酶

"新课程标准"指出，学生通过必修1模块的学习，要达成"细胞的生存需要能量和营养物质，并通过分裂实现增殖"这一大概念，此大概念的达成需要"细胞的功能绝大多数基于化学反应，这些反应发生在细胞的特定区域"等重要概念作为支撑，其中"细胞的功能绝大多数基于化学反应，这些反应发生在细胞的特定区域"这一重要概念的达成需要次位概念"绝大多数酶是一类能催化生化反应的蛋白质，酶活性受到环境因素（如pH和温度等）的影响"等作为支撑（见图3-23）。通过分析酶与底物锁钥模型资料，温度和pH对酶活性影响的相关资料，形成酶的特性及功能与其结构是相适应的生命观念；利用小球挡板物理模型，类比推理理解酶的作用机理，绘制不同条件下反应过程中分子能量变化的曲线，从物质与能量视角深入理解并阐述酶催化作用的机理；观察实验现象、分析酶的发现历程科学史等资料，基于生物学事实和证据，运用归纳与概括、模型与建模等方法，说明酶在细胞代谢中的作用，解释酶的化学本质及催化机理，总结影响酶促反应速率的因素；进行"比较过氧化氢在不同条件下的分解""验证酶的专一性""探究温度和pH值对酶活性的影响"等实验思路或方案设计，掌握控制自变量和无关变量、观察和检测因变量、设置对照等科学探究的基本思路和方法；完成分组实验"比较过氧化氢在不同条件下的分解""验证酶的专一性""探究温度和pH对酶活性的影响"，分析实验结果，讨论得出实验结论，阐明酶具有高效性、专一性及其活性受环境因素的影响，提升实践能力和发展科学探究素养。运用所学知识解释身边与酶的催化特性有关的生命现象，针对生活生产中酶应用相关的实际问题，提出合理的解决方案，认同酶具有高效、环保、节能等特点，主动向他人宣传科学运用酶制剂，抵制有关酶保健品的虚假宣传，成为健康中国的促进者和实践者。

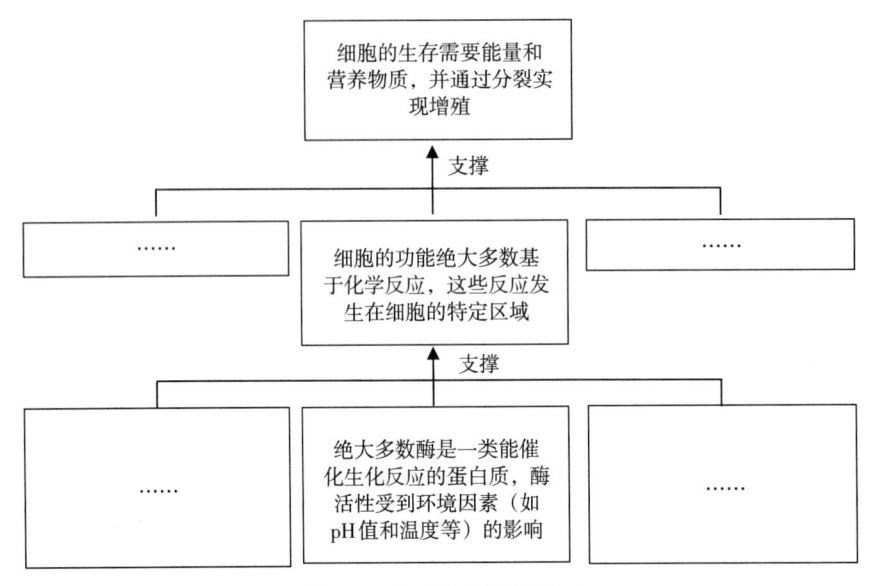

图 3-23 概念的逻辑框架图

现以次位概念"绝大多数酶是一类能催化生化反应的蛋白质，酶的活性受到环境因素（如pH值和温度等）的影响"为例，分析如何在建构该概念的教学中，达成相关核心素养目标。可先将这部分内容按照核心素养目标进行合理分解，再在相应的教学环节中逐步达成核心素养目标。

一、核心素养目标的分解与实施建议

生物学核心素养包括生命观念、科学思维、科学探究和社会责任。生命观念是众多生物学概念的提炼和升华，因此需要先梳理出"酶"这部分内容中生命观念对应的概念和典型事实，为形成正确的生命观念奠定基础。同时还需从训练科学思维、发展科学探究能力、培育社会责任三个方面对本节内容的核心素养目标进行检索和分解，并寻找出切实可行的措施和训练路径。

1. 梳理支撑"生命观念"的概念和事实

结合本概念教学所选定的情境和问题及该概念的具体内容，可以从物质与能量观、结构与功能观、稳态与平衡观和进化与适应观四个方面梳理相应的概念和事实（表3-21）。

表3-21 重要生命观念对应的事实与相关概念

生命观念	相关概念	对应的事实
物质与能量观	物质是能量的载体，能量是物质变化的动力	淀粉、蔗糖、葡萄糖、过氧化氢中都含有化学能，这些分子都需要活化能才能从常态转变为容易发生化学反应的活跃状态
	能量形式的转换往往伴随相应的物质变化	过氧化氢水解过程中反应容器发烫，这一过程中过氧化氢中的化学能释放出来转化成热能；淀粉、蔗糖等水解过程中也会释放能量
	物质与能量变化的高效进行离不开酶的催化	过氧化氢在过氧化氢酶的催化作用下能快速分解，淀粉在淀粉酶的催化作用下快速分解；踢球或奔跑时，肌细胞需要大量的能量供应离不开酶的高效催化作用；酶的作用机理是降低化学反应所需要的活化能

续表

生命观念	相关概念	对应的事实
结构与功能观	酶的结构与其功能特性是相适应的	酶降低化学反应活化能的作用比无机催化剂更显著,这与酶的特定结构有关;过氧化氢酶只能催化过氧化氢分解,脲酶除了催化尿素分解,对其他化学反应也不起作用,一种酶只能催化一种或一类化学反应,这与酶和底物的分子结构相契合有关;高温、过酸和过碱会使蛋白质空间结构破坏,使酶失活
	细胞中各类化学反应的有序进行与酶在细胞中的分布有关	与光合作用有关的酶分布在叶绿体内,与呼吸作用有关的酶分布在细胞质基质和线粒体内,光合作用与呼吸作用在细胞内不同的区室同时进行,互不干扰
稳态与平衡观	细胞内的物质和能量变化处于相对稳定状态	细胞中的过氧化氢酶能催化分解细胞代谢中产生的有害物质过氧化氢;因为酶的催化作用,细胞代谢才能在温和条件下快速有序地进行;酶只改变化学反应的速率,不改变化学平衡点(最终产物的量)
进化与适应观	生物都能适应环境,适应性是生物进化的结果	绿色植物的光合作用及所有细胞的呼吸作用都离不开酶的催化,是生物体长期进化与适应的结果
	不同酶的最适温度和最适pH值不同,但都与其生活的环境相适应,是长期进化的结果	动物体内的酶最适温度在35~40 ℃,植物体内的酶最适温度在40~50 ℃,细菌和真菌体内的酶最适温度可高达70 ℃,与之生活的环境相适应;动物体内的酶最适pH值大多在6.5~8.0,胃蛋白酶的最适pH值为1.5,植物体内的酶最适pH值大多为4.5~6.5,与之生活的环境相适应

2.设计训练"科学思维"的路径和活动建议

在该部分内容的教学过程中,可以从归纳与概括、模型与建模、演绎与推理、批判性思维和创造性思维等方面针对不同的教学内容设计对应的路径和活动,训练学生的科学思维(表3-22)。

表3-22 训练科学思维的路径与活动

科学思维	训练路径	活动建议
归纳与概括	分析得出实验思路设计的方法	讨论问题串,分析得出严谨实验思路设计的方法
	阐明酶的作用机理	使用小球挡板物理模型模拟不同条件下过氧化氢分解的情况,绘制无机催化剂和酶参与的反应过程中分子能量变化的曲线,从物质与能量的视角深入理解并阐明酶催化作用的机理
	说出酶的化学本质	阅读教材及资料"酶发现历程的科学史",绘制科学家观点争论的逻辑图,说出酶的化学本质
	总结酶的概念	根据探究实验和模型分析所得的结论总结酶的概念,形成基于实验及生物学事实建构概念的思维方法
	阐明酶的特性及影响酶促反应速率的因素	根据实验现象,得出实验结论,阐明酶的特性及影响酶促反应速率的因素

续表

科学思维	训练路径	活动建议
模型与建模	用概念模型概述酶发现的科学史	阅读教材及资料"酶发现历程的科学史",绘制科学家观点争论的逻辑图,说出酶的化学本质
	用物理模型直观描绘酶的作用机理	使用小球挡板物理模型模拟不同条件下过氧化氢分解的情况,直观描绘酶的作用机理
	用反应过程中分子能量变化的数学模型阐明酶的作用机理,解释酶的高效性	绘制无机催化剂和酶参与的反应过程中分子能量变化的曲线,从物质与能量的视角深入理解并阐明酶催化作用的机理,解释酶的高效性
	用某因素对酶促反应速率影响的数学模型阐明影响酶促反应速率的因素	建构pH值、温度等因素对酶促反应速率影响的数学模型,探讨并阐明影响酶促反应速率的因素
演绎与推理	分析锁钥模型资料得出酶具有高效性的原因	分析锁钥模型资料,从结构与功能相适应的角度得出酶具有高效性的原因
	根据酶的化学本质绝大多数是蛋白质,阐明环境因素影响酶促反应速率的原因	应用高温、过酸和过碱等条件破坏蛋白质空间结构的原理,阐明pH值、温度等环境因素对酶促反应速率影响的原因
	根据酶的特性和细胞代谢的本质,说明酶对于细胞代谢的重要意义	根据酶的特性和细胞代谢的本质,说明酶的高效性、专一性和作用条件温和对于细胞代谢的意义
	推测说出酶的特性对于生物适应环境的重要意义	从酶的特性角度推测说出动物从变温动物进化为更为高等的恒温动物对于适应环境的意义
批判性思维	评价同学建构的物理和数学模型及设计的实验方案	对同学建构的物理和数学模型及设计的"比较过氧化氢在不同条件下分解的快慢"实验方案提出修改建议;对自己不理解的过程及结论大胆质疑
创造性思维	尝试改进实验装置,设计可行的检测方法	尝试改进实验装置使定性分析变为定量分析,设计过氧化氢分解速率检测的新方法

3. 确定发展"科学探究"的路径和活动建议

在该部分内容的教学过程中,可以从观察能力、实验设计能力、方案实施能力和结果交流与讨论能力几个方面培养学生的科学探究能力(见表3-23)。

表3-23 培养科学探究的路径与活动建议

科学探究	训练路径	活动建议
观察能力	观察演示实验,指出实验存在的问题	观察"神奇魔法药水"制作"大象牙膏"的"魔术",思考"魔术"原理,指出"魔术"要严谨地证明酶具有催化作用存在的问题,尝试完善实验设计,验证酶的作用

续表

科学探究	训练路径	活动建议
实验设计能力	评价并完善"证明酶的催化作用"的实验思路	评价并完善"证明酶的催化作用"的实验思路,初步得出控制变量和设置对照实验的基本思路和科学方法
	设计"比较过氧化氢在不同条件下的分解"的实验思路	列表设计"比较过氧化氢在不同条件下的分解"的实验思路,探讨定量检测因变量的方法
	设计"探究酶的作用特性"的实验思路	设计并评价"验证酶专一性"的实验思路,进一步应用控制变量和设置对照实验的基本思路和科学方法
	设计并撰写"探究温度和pH值对酶活性影响"的实验方案	设计并撰写"探究温度和pH值对酶活性影响"的实验方案,总结实验方案撰写的一般方法;评价同伴设计的实验方案
方案实施能力	分组进行"探究不同条件下过氧化氢分解快慢"的实验,记录结果,收集数据,撰写报告	分组进行"探究不同条件下过氧化氢分解快慢"的实验,对实验结果进行记录并图文结合创造性地撰写实验报告,发展通过完整科学探究过程得出科学结论的素养
	分组进行"探究温度和pH值对酶活性影响"的实验,记录结果,收集数据,撰写报告	分组进行"探究温度和pH值对酶活性影响"实验,对实验结果进行记录并图文结合地撰写观察报告,发展通过完整科学探究过程得出科学结论的素养
结果交流和讨论能力	观察"比较过氧化氢在不同条件下的分解"的实验现象,分析讨论,得出实验结论	以小组为单位展示交流实验结果,描述实验现象与实验操作,组内、组间进行自评互评,探讨实验中遇到的各类问题,观察不同条件下过氧化氢分解产生气泡快慢的实验现象,讨论分析得出实验结论
	观察"探究温度和pH值对酶活性影响"实验现象,分析讨论,得出实验结论	以小组为单位展示交流实验结果,描述实验现象与实验操作,组内、组间进行自评互评,探讨实验中遇到的各类问题,观察不同温度下淀粉酶分解淀粉后加入碘液蓝色的深浅,讨论分析得出温度对淀粉酶活性的影响;观察不同pH值下过氧化氢酶催化分解过氧化氢产生气泡的快慢,讨论分析得出pH值对过氧化氢酶活性的影响

4. 落实"社会责任"的训练路径和活动建议

在该部分内容的教学过程中,可以从讨论解释生命现象、尝试解决实际问题两个方面渗透社会责任的培育(见表3-24)。

表3-24 落实社会责任的训练路径与活动建议

社会责任	训练路径	活动建议
讨论解释生命现象	运用所学知识解释身边与酶的催化特性有关的生命现象	根据酶的特性,解释生活现象:感冒发热的病人,为什么胃口不好,吃不下东西?分析正常人的体温、pH值能维持在相对稳定状态的原因;根据酶的特性和影响因素,阐明新疆昼夜温差大,水果更甜;阐明蔬菜大棚,晚上需适当降低温度的原理
尝试解决实际问题	针对生活生产中酶应用的相关实际问题,提出合理的解决方案	分析讨论为什么消化不良可以通过服用多酶片药物来缓解症状;研究如何处理洋葱才能减缓"辣眼睛";设计并撰写"嫩肉粉(木瓜蛋白酶)"的使用和保存说明

以上是以"绝大多数酶是一类能催化生化反应的蛋白质,酶活性受到环境因素(如pH值和温度等)的影响"概念为例,对核心素养目标的分解与落实的尝试与思考。下面以第5章第1节"降低化学反应活化能的酶"为例,具体展示在真实的课堂教学中如何发展生物学核心素养。

二、教学案例:"神奇魔法药水"的奥秘——降低化学反应活化的酶

1.教学目标

基于"新课程标准"的内容要求、学业要求和新高考评价标准,着眼于提高学生生物学核心素养,制订以下教学目标。

(1)尝试完善用"神奇魔法药水"制作"大象牙膏"证明酶的作用的实验设计,进行实验,得出结论,讨论问题串,理清自变量、因变量、无关变量的关系,建构酶具有催化作用的概念,初步分析得出控制变量和设置对照实验的基本思路和科学方法。

(2)通过填表设计探究实验"比较过氧化氢在不同条件下的分解",进行实验,分析结果并得出结论,建构概念:酶的催化效率强于无机催化剂,进一步应用控制变量和设置对照实验的基本思路和科学方法,发展通过完整科学探究过程得出科学结论的素养。

(3)使用小球挡板物理模型模拟不同条件下过氧化氢分解的情况,绘制无机催化剂和酶参与的反应过程中分子能量变化的曲线,从物质与能量的视角深入理解并阐明酶催化作用的机理,提升模型与建模、归纳与概括的科学思维素养。

(4)通过阅读教材及资料"酶发现历程的科学史",绘制科学家观点争论的逻辑图,总结酶的化学本质,认同科学家不但要继承前人的科研成果,还要善于质疑并不断创新,更要有勇于实践的科学精神与态度。

(5)根据探究实验和模型分析所得结论总结酶的概念,形成基于实验及生物学事实运用归纳与概括的方法建构生物学概念的科学思维方法。

2.教学设计思路

教学设计思路见图3-24。

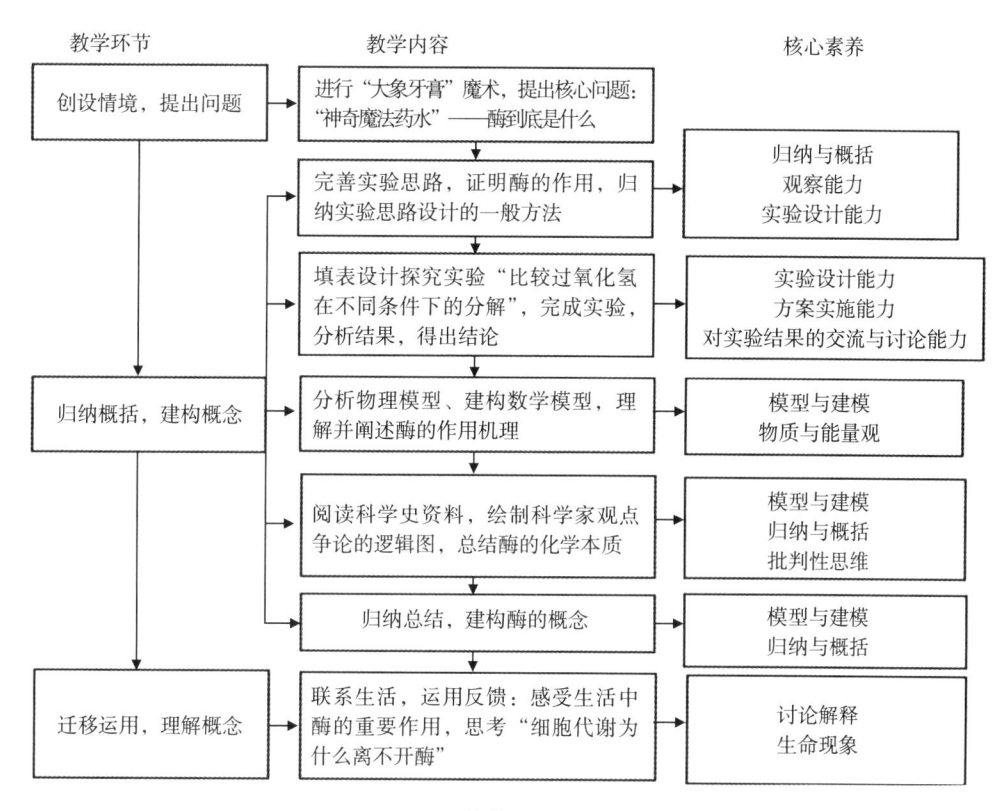

```
教学环节                教学内容                          核心素养
┌─────────────┐   ┌──────────────────────┐
│创设情境，提出问题│──▶│进行"大象牙膏"魔术，提出核心问题：│
└─────────────┘   │"神奇魔法药水"——酶到底是什么│
      │           └──────────────────────┘
      │                      │
      │                      ▼
      │           ┌──────────────────────┐   ┌──────────┐
      │           │完善实验思路，证明酶的作用，归│──▶│归纳与概括 │
      │           │纳实验思路设计的一般方法    │   │观察能力   │
      │           └──────────────────────┘   │实验设计能力│
      │                      │               └──────────┘
      │                      ▼
      │           ┌──────────────────────┐   ┌──────────────┐
      │           │填表设计探究实验"比较过氧化氢│──▶│实验设计能力     │
      │           │在不同条件下的分解"，完成实验，│   │方案实施能力     │
      │           │分析结果，得出结论         │   │对实验结果的交流与讨论能力│
      │           └──────────────────────┘   └──────────────┘
      │                      │
      ▼                      ▼
┌─────────────┐   ┌──────────────────────┐   ┌──────────┐
│归纳概括，建构概念│──▶│分析物理模型、建构数学模型，理│──▶│模型与建模 │
└─────────────┘   │解并阐述酶的作用机理       │   │物质与能量观│
      │           └──────────────────────┘   └──────────┘
      │                      │
      │                      ▼
      │           ┌──────────────────────┐   ┌──────────┐
      │           │阅读科学史资料，绘制科学家观点│──▶│模型与建模 │
      │           │争论的逻辑图，总结酶的化学本质│   │归纳与概括 │
      │           └──────────────────────┘   │批判性思维 │
      │                      │               └──────────┘
      │                      ▼
      │           ┌──────────────────────┐   ┌──────────┐
      │           │归纳总结，建构酶的概念      │──▶│模型与建模 │
      │           └──────────────────────┘   │归纳与概括 │
      │                      │               └──────────┘
      ▼                      ▼
┌─────────────┐   ┌──────────────────────┐   ┌──────────┐
│迁移运用，理解概念│──▶│联系生活，运用反馈：感受生活中│──▶│讨论解释   │
└─────────────┘   │酶的重要作用，思考"细胞代谢为│   │生命现象   │
                  │什么离不开酶"             │   └──────────┘
                  └──────────────────────┘
```

图3-24 教学设计流程思路

3.教学过程

1）创设情境，提出问题

教师组织学生进行"神奇魔法药水"制作"大象牙膏"的"魔术"。学生观察"魔术"现象（如图3-25），思考问题："'魔术'的原理是什么？"并分析得出："神奇魔法药水"使过氧化氢快速分解产生大量氧气，与洗洁精产生大量气泡喷涌而出。教师揭秘"神奇魔法药水"的本质是来自于新鲜猪肝研磨液中的过氧化氢酶，师生共同提出核心问题："神奇魔法药水"——酶到底是什么？

图3-25 魔术"大象牙膏"现象照片

设计意图：通过"神奇魔法药水"制作"大象牙膏"的"魔术"，让学生直观感受到细胞中酶的神奇作用，引发学生的好奇心，激发学生的探究热情，引出本节课要研究的核心问题，培养观察与提问能力。

2）归纳概括，建构概念

（1）完善演示实验，证明酶的作用，归纳实验思路设计的方法。

教师指出，"神奇魔法药水"之所以那么神奇是因为其中的酶发挥了重要作用，提出问题：酶到底发挥了什么样的作用？学生通过刚才的魔术初步猜测酶能提高化学反应的速率，具有催化作用。教师追问："魔术"真的能够严谨地证明酶具有催化作用吗？学生依据初中初步学习的设置对照实验的原则提出：演示实验缺乏对照，不能排除过氧化氢自动剧烈分解的影响。

教师引导学生完成活动一：完善"神奇魔法药水"制作"大象牙膏"证明酶的作用的实验设计，进行实验，得出结论，讨论问题串，归纳严谨实验思路设计的方法。

教师呈现问题串：

①"神奇的魔法药水"实验（过氧化氢酶分解过氧化氢与过氧化氢自动分解的对照演示实验）中，人为控制两组改变的实验处理是什么？

②本实验中因不同处理而变化的变量是什么？

③除了人工控制改变的条件外，实验过程中还存在哪些对实验结果造成影响的可变因素？举例说明。

通过讨论学生回答：需要设置一个不加"神奇魔法药水"，其余条件都和"魔术"相同的对照组。教师指导学生代表演示对照实验，学生观察现象得出结论：酶具有催化作用。通过讨论问题串，学生总结实验设计设置对照和单一变量的原则，实验思路设计的方法：关注自变量处理、因变量检测和无关变量控制。

设计意图：通过引导学生完善"神奇魔法药水"制作"大象牙膏"证明酶的作用的实验设计，进行实验，对比分析现象得出结论，帮助学生建构酶具有催化作用的概念；通过引导学生讨论问题串，归纳实验思路设计的方法，帮助学生理清自变量、因变量、无关变量的关系，初步掌握控制变量和设置对照实验的基本思路和科学方法，发展科学探究能力。

（2）填表设计探究实验"比较过氧化氢在不同条件下的分解"，完成实验，分析结果，得出结论。

教师展示过氧化氢的运输提示：过氧化氢在运输的过程中温度不能超过20℃，且不能与Fe^{3+}混运，说明高温和Fe^{3+}都能加快过氧化氢的分解，在此基础上提出问题：酶与无机催化剂、加热相比，谁提高化学反应速率的能力更强？

教师引导学生完成活动二：填表3-25，设计探究实验"比较过氧化氢在不同条件下的分解"，完成实验，分析结果并得出结论。实验材料：新鲜的质量分数为20%的肝脏研磨液、新配制的体积分数为3%的过氧化氢溶液（见表3-25），质量分数为3.5%的$FeCl_3$溶液、酒精灯、卫生香、温度计、其他实验用具若干。

表3-25 "比较过氧化氢在不同条件下的分解"实验步骤思路

	1	2	3	4
加入物质	2 mLH_2O_2	2 mLH_2O_2	2 mLH_2O_2	2 mLH_2O_2
自变量处理				
观察				

学生小组汇报，学生互评，探讨定量检测过氧化氢反应速率的方法：排水集气法、气球集气法等，进行分组实验，记录并计算实验结果（气球的体积大小）。学生探讨得出实验结论：酶的催化作用强于无机催化剂及加热。

设计意图：通过引导学生填表设计探究实验"比较过氧化氢在不同条件下的分解"，完成实验，分析结果并得出结论，帮助学生建构概念"酶的催化效率强于无机催化剂"，检测学生控制变量和设置对照实验的基本思路和科学方法的掌握应用情况，提升学生通过完整科学探究过程得出科学结论的素养。

（2）分析物理模型、建构数学模型，理解并阐述酶的作用机理。

教师提问："神奇魔法药水"——酶的催化效率为什么如此高呢？教师展示小球挡板物理模型，若干小球模拟将要发生化学反应的分子，长方体盒子模拟化学反应容器，盒子正中央可调节高度的挡板模拟分子发生化学反应需要的活化能，盒子一侧外沿竖立可调节高度的小球俯冲轨道，小球俯冲越过挡板代表分子发生了化学反应成了产物，小球未越过挡板代表分子未达到活跃状态，未发生化学反应。教师演示模拟无催化剂情况下，反应进行的情况，并引导学生完成活动三：分组模拟加热、加无机催化剂和加酶的反应体系反应进行的情况，并分别绘制相应的反应体系分子能量变化的曲线，并利用曲线阐述酶催化作用的机理。

教师呈现活动三的物理模型（实物）和数学模型（见图3-26）。

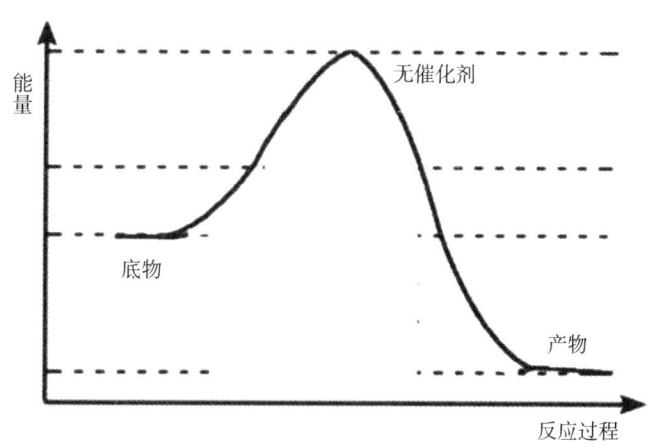

图3-26 反应过程中分子能量变化的曲线

设计意图：引导学生通过物理模型模拟不同条件下反应进行的情况，绘制无机催化剂和酶参与的反应过程中分子能量变化的曲线，帮助学生从物质与能量的视角深入理解并阐述酶催化作用的机理是降低化学反应的活化能。培养学生模型与建模、归纳与概括的科学思维素养。

（4）阅读科学史资料，绘制科学家观点争论的逻辑图，总结酶的化学本质。

教师引导学生完成活动四：阅读科学史资料，绘制科学家观点争论的逻辑图，总结酶的化学本质，帮助学生认同科学家不但要继承前人的科研成果，还要善于质疑并不断创新，更要有勇于实践的科学精神与态度。

设计意图：引导学生阅读教材及资料"酶发现历程的科学史"，总结酶的化学本质，建构概念"酶是蛋白质或RNA，产自核糖体或细胞核（活细胞内）"，帮助学生认同科学家不但要继承前人的科研成果，还要善于质疑并不断创新，更要有勇于实践的科学精神与态度。

(5) 归纳总结，建构酶的概念。

教师引导小组讨论：根据以上探究实验和模型分析所得结论，给"神奇魔法药水"——酶下一个定义。师生共同总结得出酶的定义：酶是活细胞产生的具有出的催化作用的有机物，其中绝大多数是蛋白质。

设计意图：引导学生根据以上探究实验和模型分析所得结论总结酶的概念，领悟基于实验及生物学事实的概念建构，学会运用归纳与概括形成生物学概念的科学思维方法。

(6) 迁移运用，理解概念。

教师展示生活中的各种酶，提出问题：细胞代谢为什么离不开酶？学生思考并回答：细胞代谢需要在温和的条件下高效有序地进行，离不开酶的催化。

设计意图：引导学生从物质与能量视角，理解细胞的功能绝大多数基于化学反应，这些反应的发生离不开酶的催化作用，并形成关心社会生活的意识和生命科学服务生产生活的价值观念。

4. 教学反思

(1) 运用全新、有趣且直观的方式引入，使学生对酶的神奇作用有感性的认识。本节课将创新实验用"神奇魔法药水"制作"大象牙膏"的"魔术"引入课堂，实验现象有趣、直观，使学生初步认识酶的神奇作用，并开始有兴趣继续研究：酶是什么？为什么有如此神奇的作用？这与人体细胞有关系吗？进而为核心问题："'神奇魔法药水'——酶到底是什么？"的提出创造了条件。

(2) 采用不同形式的模型建构活动，发展学生建模与运用模型分析问题的科学思维。本节课采用了三种形式的模型建构活动，通过物理模型模拟不同条件下过氧化氢的分解情况，绘制无机催化剂和酶参与的反应过程中分子能量变化曲线，让学生在建构模型、运用分析模型的活动中，比较分析，归纳概括，阐释原理，帮助学生从物质与能量的视角深入理解酶的作用机理。通过绘制科学家观点争论的逻辑图，让学生据此总结酶的化学本质，同时认同科学家不但要继承前人的科研成果，还要善于质疑并不断创新，更要有勇于实践的科学精神与态度。

物理模型、数学模型和概念模型的分析或建构，可以帮助学生逐步挖掘酶的内涵，建构酶的概念，发展建模与运用模型分析问题的科学思维素养。

(3) 设置难度水平递增的科学探究活动，让学生经历完整的科学探究过程，科学探究能力逐步提升。本节课学生先后经历难度水平递增的科学探究活动，在活动中科学探究能力逐步提升。首先是评价并完善简单实验思路设计，归纳实验思路设计的方法。通过本活动让学生理清自变量、因变量、无关变量的关系，初步掌握控制变量和设置对照实验的基本思路和科学方法；然后填表设计更复杂实验的思路，检测学生的掌握情况，帮助学生进一步掌握并能应用控制变量和设置对照实验的基本思路和科学方法；最后让学生分组动手实验，记录并分析实验现象，得出实验结论，引导学生在科学探究中进行科学思维，对学生探究能力的提高、实事求是的科学态度的培养起到促进作用，培养了学生的团队合作意识。

三、案例点评

1. 创设情境，以解决核心问题为主线开展教学

本节课在设计时就紧扣新课程标准提出的生物学核心素养即生命观念、科学思维、科学探究和社会责任四个维度来制定教学目标。在教学过程中，教师始终围绕教学目标，以问题为载体，以解决核心问题"'神奇魔法药水'——酶到底是什么？"为主线，建构以学生为主体的探究型课堂。核心问题又被拆解为了几个递进的小问题："酶到底有什么作用？"、"酶与无机催化剂、加热相比，谁提高化学反应速率的能力更强？""'神奇魔法药水'——酶的催化效率为什么如此高呢？"本节课设置了实验设计、方案实施、结果讨论和模型建构等不同形式的活动依次解决以上问题，最终引导学生归纳概括酶的定义、解决核心问题。在解决问题的活动中，依次建构酶概念的丰富内涵，训练科学思维，发展科学探究能力。

2. 以探究活动为载体，建构酶的概念

本节课以探究活动为载体，建构酶的概念，形成以学生为主体的实践型课堂。通过向学生展示"神奇魔法药水"制作"大象牙膏"的"魔术"，引发猜想："神奇魔法药水是什么呢？"提出本节课的核心问题："神奇魔法药水"——酶到底是什么？提出问题一：酶的作用是什么？通过演示实验，可推测酶具有提高化学反应速率的催化作用，引出疑问：演示实验真的能严谨地证明酶的作用吗？从而引出活动一：完善"神奇魔法药水"制作"大象牙膏"证明酶的作用的实验思路设计，进行实验，讨论问题串，归纳严谨实验思路设计的一般方法。学生通过活动一中讨论的问题串，分析"神奇的魔法药水"演示实验，厘清自变量、因变量、无关变量的关系，初步掌握控制变量和设置对照实验的基本思路和科学方法。通过过氧化氢的保存提示，提出问题二：酶与无机催化剂、加热相比，谁提高化学反应速率的能力更强呢？学生通过活动二填表设计探究实验"比较H_2O_2在不同条件下的分解"，完成实验，分析结果并得出结论，建构概念：酶的催化效率强于无机催化剂，进一步掌握控制变量和设置对照实验的基本思路和科学方法，发展通过完整科学探究过程得出科学结论的素养。学生通过活动一、二得出酶具有催化作用，且催化效率高于无机催化剂和加热的结论，发展根据实验现象得出科学结论的科学探究能力。在此基础上提出问题三："神奇魔法药水"——酶的催化效率为什么如此高？学生通过活动三利用物理模型模拟不同条件下过氧化氢分解的情况，绘制无机催化剂和酶参与的反应过程中分子能量变化的曲线，从物质与能量的视角深入理解并阐述酶催化作用的机理，发展模型与建模、归纳与概括的科学思维素养。在此基础上提出问题四："神奇魔法药水"——酶的本质到底是什么？学生通过活动四阅读教材及资料"酶发现历程的科学史"，绘制科学家观点争论的逻辑图，总结酶的化学本质，认同科学家不但要继承前人的科研成果，还要善于质疑并不断创新，更要有勇于实践的科学精神与态度。

最后根据以上探究实验和模型分析所得结论总结酶的概念，领悟基于实验及生物学事实的概念建构，学会运用归纳与概括形成生物学概念的科学思维方法。

3. 科学探究能力培养扶放有度

核心素养落地的教学是单元整体的教学，整体性的设计有利于课时之间的衔接，便于学生对重要概念的整体性建构，在整体性设计学生科学探究能力的培养路径中教师应做到扶放有度，为学生的深度学习创造条件。例如，"控制变量和设计对照实验"是酶单元知识中隐含的重点和难点知识，也是科学探究能力培养的重要抓手。对该知识的教学，在3个课时的教学中先后采用了以扶为主、扶放并重、以放为主的精准扶放策略。教师先通过演示实验思路的修正活动，引导学生归纳总结实验思路设计的方法及原则，做到从扶开始，搭建脚手架。然后教师通过让学生填表设计"比较过氧化氢酶在不同条件下的分解"的实验思路，学生小组讨论完成，师生共同评价完善的教学活动，做到有扶有放、扶够扶透。最后教师通过让学生独立设计"探究温度对酶活性的影响"实验方案，做到扶后放手。先扶后放不仅能够通过采用多种多样的教学方法提高教学效率，而且还促进了学生深度学习的发生，提高了学生的自学能力、表达能力等关键能力，发展了学生的科学思维和科学探究等素养。

案例5：细胞的生命历程

"新课程标准"指出通过对必修1模块的学习，要达成2个大概念，其中第2个大概念"细胞的生存需要能量和营养物质，并通过分裂实现增殖"的达成需要"细胞的物质输入输出、细胞的能量供应、细胞的生命历程"等重要概念的支撑，"细胞的生命历程"这一重要概念需要三个次位概念支撑（见图3-27）。通过模拟有丝分裂过程中染色体的行为变化，学习衰老细胞的结构特征等发展结构与功能相适应的生命观念；通过归纳细胞分裂各时期特征、细胞分化的概念，概括细胞衰老的特征等提高归纳概括能力；通过制作并比较染色质和染色体模型，逆向推理细胞在有丝分裂中维持染色体数目稳定的机制提高模型与建模能力，从而训练科学思维；通过使用高倍显微镜观察根尖分生区组织细胞的有丝分裂，并运用其中的操作技能对其他适宜材料进行观察，从而提高科学探究能力。基于对细胞分化形成的不同组织细胞之间的分工合作，细胞凋亡对个体有积极意义的理解，关注我国已经步入老龄化社会的现状，关爱老年人，以此增强社会责任感。

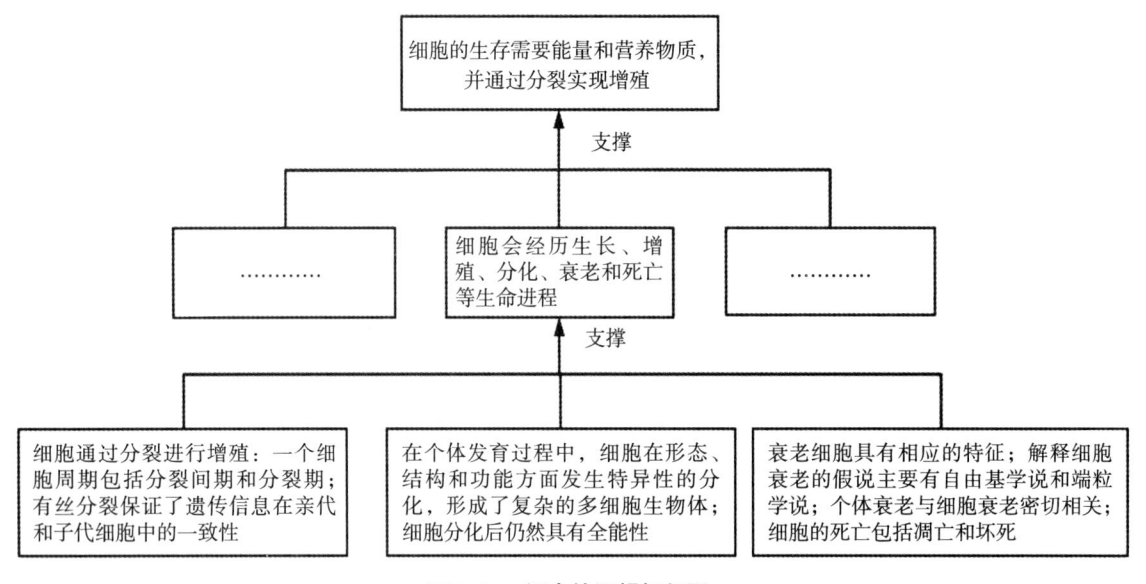

图3-27 概念的逻辑框架图

在"细胞的生命历程"这一重要概念的教学过程中，可先将这部分内容按照核心素养目标进行合理分解，再采用相应的教学措施帮助学生达成核心素养目标。

一、核心素养目标的分解与实施建议

"新课程标准"要求发展学生生命观念、科学思维、科学探究及社会责任的生物学核心素养，培养学科核心素养需要一系列具体的教学活动来实现，因此在基于问题情境的单元教学设计中，将学科核心素养目标进行分解，整理出达成核心素养目标的训练路径和活动，有利于核心素养目标在实际教学过程中的落实。

通过对"细胞的生命历程"这一重要概念下的教学内容和活动进行具体分析,对其中核心素养目标的分解与实施建议如下。

1. 梳理支撑"生命观念"的概念和事实

生命观念包括物质与能量观、结构与功能观、稳态与平衡观、进化与适应观等几方面,下面将"细胞的生命历程"这一重要概念从结构与功能观、稳态与平衡观、进化与适应观三个方面梳理出相应的具体概念及对应的事实(见表3-26)。

表3-26 重要生命观念对应的事实与相关概念

生命观念	相关概念	对应的事实
结构与功能观	细胞的生命历程中,细胞的结构与其功能是相适应的	细胞有丝分裂前期,染色质高度螺旋化为染色体,便于有丝分裂时在纺锤体作用下染色体平均分配;细胞分化形成具有特定形态、结构、功能的组织和器官,使得生物体能够正常发育;细胞衰老时细胞染色质收缩,不利于转录、翻译的进行;衰老细胞的膜通透性改变,物质运输效率下降,细胞代谢减弱;毛囊中的黑色素细胞衰老,细胞中的酪氨酸酶活性降低,黑色素合成减少,所以老年人的头发会变白;血液中红细胞快速更新,可以保障机体所需氧气的供应
稳态与平衡观	细胞内部的物质变化处于相对稳定状态	染色体进行精确复制和分离,使子代细胞与亲代细胞的染色体数目保持一致,维持了细胞的遗传稳定性;细胞凋亡对于多细胞生物体完成正常发育、维持内部环境的稳定,以及抵御外界各种因素的干扰都起着非常关键的作用;通过细胞自噬可以清除受损或衰老的细胞器,以及感染的微生物和毒素,从而维持细胞内部环境的稳定
进化与适应观	细胞结构与环境相适应,适应性是生物进化的结果	正常细胞的衰老有利于机体更好地实现自我更新;个体发育过程中部分细胞的凋亡是进化的结果,人在胚胎时期,尾部细胞自动死亡,导致尾部消失;处于营养缺乏条件下的细胞,通过细胞自噬可以获得维持生存所需的物质和能量;机体众多细胞及组织的衰老,会引起人的衰老,人衰老后就会出现免疫力下降、适应环境能力减弱等现象

2. 设计训练"科学思维"的路径和活动

在该部分内容的教学过程中,可以从归纳与概括、模型与建模、演绎与相理、批判性思维等方面针对不同的教学内容设计对应的路径和活动,训练学生的科学思维(见表3-37)。

表3-27 训练科学思维方法的路径与活动

科学思维	训练路径	活动建议
归纳与概括	归纳有丝分裂各时期细胞的特征	通过观察图片及动画,归纳细胞分裂间期及有丝分裂前、中、后、末各时期染色体的行为变化特征
	归纳细胞分化的特征	通过阅读教材内容,归纳出细胞分化具有普遍性、持久性、不可逆性等特征
	概括衰老细胞的特征	分析生活实例,阅读教材内容,概括衰老细胞的特征为"一大一多三低一小"

续表

科学思维	训练路径	活动建议
模型与建模	使用实物建构染色质、染色体的物理模型	使用毛线建构染色质、染色体物理模型,使用染色体毛线模型模拟染色体的平均分配及有丝分裂各时期的染色体行为变化
	建构细胞有丝分裂各时期染色体、核DNA、染色单体数量变化的数学模型	分析有丝分裂过程中染色体数、核DNA数、染色单体数的变化,建构多种形式的数学模型(曲线图、柱状图等),分析数学模型中曲线线段对应的具体分裂时期及特点
	分析并计算不同大小的细胞模型的物质运输效率,解释细胞不能无限长大的原因	观察并分析不同大小的细胞模型,通过计算表面积、体积等数值,得出细胞体积越大,越不利于细胞与外界的物质交换,阐明细胞体积大小与物质运输效率的关系
演绎与推理	根据已知细胞分裂前、后的染色体数目及细胞数目,推测有丝分裂的过程	已知经过有丝分裂会使细胞数目加倍,但每个细胞的染色体数不变,推测染色体经过复制后又平均分配的机制;根据染色体的行为变化,预测有丝分裂前期及末期时核膜、核仁的变化情况
	根据细胞分化及细胞全能性的知识,推测治疗血液病的机制	通过学习细胞分化及细胞全能性的实例,推测出血液病的治疗方案之一是干细胞移植
批判性思维	分析、评价同学建构的细胞有丝分裂时各结构数量变化的数学模型	对同学建构的细胞分裂时染色体、核DNA、染色单体等数量变化的数学模型进行分析、评价并提出修改建议
	对干细胞的应用提出自己的看法	了解干细胞的研究进展,对干细胞的不合理研究应用提出质疑

3.确定培养"科学探究"的路径和活动

在该部分内容的教学过程中,可以从观察能力、方案实施能力和结果交流与讨论能力几个方面培养学生的科学探究能力(见表3-28)。

表3-28 训练科学探究能力的路径与活动

科学探究	训练路径	活动建议
观察能力	观察不同细胞所处细胞分裂时期的特征	用显微镜观察根尖分生区组织细胞的有丝分裂,能正确识别分生区细胞,并根据染色体的数目、形态判断所观察到的细胞所处的具体分裂时期,总结分生区细胞特征及有丝分裂各时期的特征
	观察不同时期染色体和染色质的不同形态	通过观察用毛线及铁丝制作的染色体、染色质模型,认识染色体(质)的存在形式与其完成的生命活动相适应
方案实施能力	能利用适宜材料制作装片并观察记录	用洋葱根尖制作临时装片,规范使用显微镜观察到相应的细胞图像,对实验结果进行记录并撰写观察报告
结果交流与讨论能力	评述小组观察细胞的实验操作与实验结果和结论	以小组为单位,指派小组代表或者小组成员分工展示交流各小组观察到的细胞有丝分裂各时期的染色体形态和分布特点及绘制的植物细胞有丝分裂简图,描述实验操作及细胞周期各个时期的特点。通过组内、组间及师生进行自评互评,各小组对观察报告进行修改,探讨实验中遇到的各类问题,总结判断细胞所处分裂时期的方法

4.落实培养"社会责任"的路径和活动

在该部分内容的教学过程中,可以从分析判断社会议题、尝试解决实际问题、讨论解释生命现象三个方面渗透社会责任的培养(见表3-29)。

表3-29 培养社会责任的路径与活动

社会责任	训练路径	活动建议
分析判断社会议题	了解干细胞的研究进展,分析其在医疗方面的应用	关注当前社会中血液病的治疗情况,运用所学的细胞分化及细胞全能性知识,阐明用脐带血造血干细胞移植治疗白血病的原理,分析讨论干细胞的研究意义及价值,并提出个人对利用干细胞进行科学研究的看法
尝试解决实际问题	针对人口老龄化问题,提出合理的建议	收集我国人口信息相关资料,分析我国的人口老龄化趋势,正确看待社会老龄化问题,提出关爱老人的具体措施及应对老龄化的一些建议
讨论解释生命现象	探讨人体衰老的原因	收集有关细胞衰老和个体衰老的相关信息,科学解释人体衰老的原因,阐明细胞衰老与个体衰老的关系

以上是从核心素养目标角度对"细胞的生命历程"这一概念中相关内容和活动的拆解及推进策略的思考。下面将在"有丝分裂"这一概念的课堂教学中展示"细胞的生存需要能量和营养物质,并通过分裂实现增殖"大概念下发展学生生物学核心素养的具体措施。

二、教学案例:细胞的增殖(第一课时)——有丝分裂

1.教学目标

基于"新课程标准"的内容要求、学业要求和学业质量标准,着眼于提高学生生物学核心素养的要求,制订以下教学目标。

(1)通过制作并比较染色质和染色体模型,认识到染色体(质)的存在状态与其参与完成的细胞生命活动相适应,即为了遗传物质的精确复制和分离,使子代细胞与亲代细胞的遗传物质保持一致,维持细胞的遗传稳定性。

(2)分析问题,结合资料,使用染色体模型推演染色体行为变化,探究有丝分裂的过程,感悟有丝分裂的精致和奇妙。

(3)通过建构有丝分裂的知识结构图,运用建模的思维方法阐释有丝分裂的实质。

(4)关注当下造血干细胞移植等医疗问题,并能结合所学对其进行理性解释和分析。

2.教学设计思路

教学设计思路见图3-28。

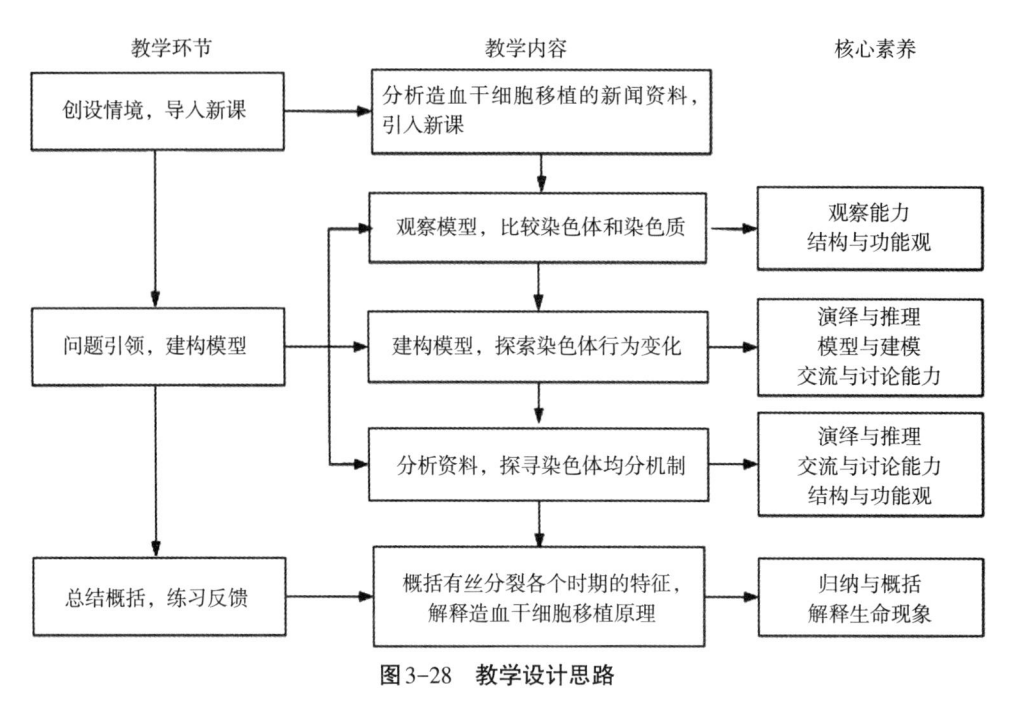

```
教学环节                教学内容                      核心素养

创设情境，导入新课 → 分析造血干细胞移植的新闻资料，
                      引入新课
                              ↓
                  ┌→ 观察模型，比较染色体和染色质 → 观察能力
                  │                               结构与功能观
                  │
问题引领，建构模型 ├→ 建构模型，探索染色体行为变化 → 演绎与推理
                  │                               模型与建模
                  │                               交流与讨论能力
                  │
                  └→ 分析资料，探寻染色体均分机制 → 演绎与推理
                                                  交流与讨论能力
                                                  结构与功能观
                              ↓
总结概括，练习反馈 → 概括有丝分裂各个时期的特征， → 归纳与概括
                      解释造血干细胞移植原理         解释生命现象
```

图3-28 教学设计思路

3. 教学过程

1) 创设情境，导入新课

教师呈现一则新闻报道：

资料1 2022年10月，江西南昌2岁7月大的力力不幸得了急性髓系白血病，而造血干细胞移植是治愈白血病患者的唯一途径。最近，力力配型成功，江西省儿童医院为他完成了脐带血造血干细胞移植，这在江西全省属于首例。

教师设问： 移植的少量造血干细胞如何满足大量的需求？引导学生回忆必修一细胞核部分知识：细胞核是遗传和代谢的控制中心，细胞的结构功能由遗传物质决定。引导学生思考要保证子代造血干细胞具有相同的功能，需要保证亲子代细胞遗传物质的一致性，因此在造血干细胞增殖过程中，遗传物质需要复制再均分。师生共同总结细胞增殖包括物质准备和细胞分裂两个过程，从而引出本节课的两个核心问题：①造血干细胞怎样进行物质准备？②遗传物质如何精确地平均分配？

设计意图： 通过呈现新闻报道，创设真实情境，让学生关注当下医疗健康的科学进展，同时提出核心问题，激发学生的求知欲，导入新课。

2) 问题引领，建构模型

(1) 观察模型，比较染色质和染色体。 教师展示染色体和染色质的图片。

教师设计活动一： 引导学生回顾染色质（体）的组成，明确细胞的遗传物质DNA主要存在于染色质（染色体），并让学生观察染色质与染色体的结构和形态（如图3-29），使用毛线和铜芯线，动手制作"染色质"和"染色体"（如图3-30），模拟"染色质"形成"染色体"的过程。让学生思考：哪种存在状态利于遗传物质的复制？哪种存在状态利于遗传物质的均分？学生通过动手操作，分析问题得出染色质的存在状态利于遗传物质的复制，染色体的存在状态利于平均分配，深入理解染色质向染色体转化的意义，总结出造血干细胞物质准备阶段最重要的特点：染色质的复制——DNA的复制和蛋白质的合成。教师引导学生回顾与有丝分裂有关的细胞器，中心体也是在这个时候进行复制，这个时期

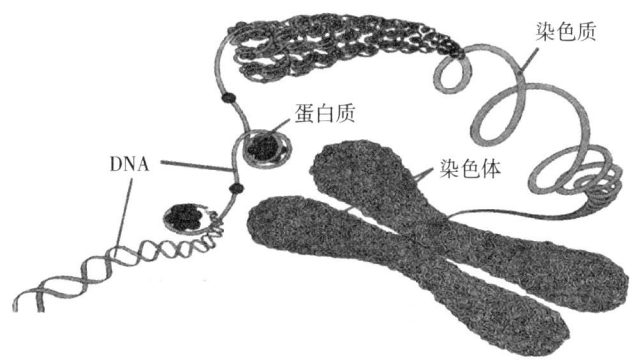

图3-29　染色体与染色质结构模式图

图3-30　染色体与染色质模型

被命名为分裂间期。

设计意图：引导学生通过观察图片和实物模型，动手制作"染色质"和"染色体"，模拟"染色质"形成"染色体"的过程，帮助学生具象化地感受染色质与染色体的区别，并引导学生分析染色质（体）的存在状态与其参与完成的细胞生命活动相适应，建构有丝分裂间期的概念，发展学生的观察能力，渗透结构与功能观。

（2）建构模型，探索染色体行为变化。教师展示复制后的染色体图片（如图3-31）并提供提前制作好的染色体模型（如图3-32）。

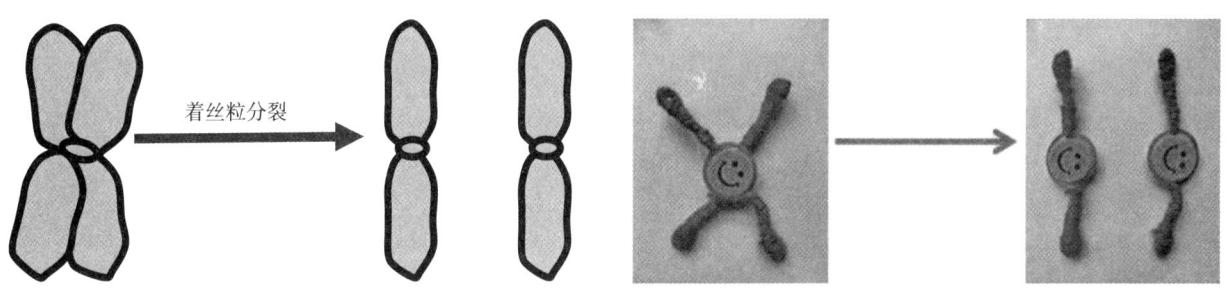

图3-31　着丝粒分裂图

图3-32　着丝粒分裂模型

教师设问：①着丝粒分裂前后，造血干细胞的染色体数目有怎样的变化？②是任意46条染色体进入一个子细胞吗？学生观察图片后，在老师提供的染色体模型上指认着丝粒和姐妹染色体单体并动手操作模拟着丝粒分裂的过程。学生初步说出着丝粒分裂后，染色体的数目加倍，每对姐妹染色单体都必须分别进入不同的子细胞。

教师设计活动二：向每个小组提供4个染色体模型，让学生尝试用染色体模型模拟染色体的均分过程。针对学生可能会出现不同的分配结果，教师让学生组内相互提问交流，然后请一个小组代表上台展示，其他小组进行评价，最后师生共同总结每对染色单体分离后必须进入不同的细胞才能保证每个子细胞的染色体数目一致，遗传物质相同（如图3-33）。教师追问：怎么保证染色体不会走错呢？

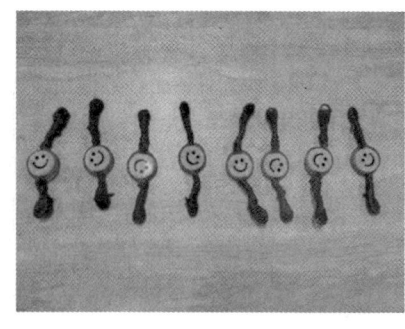

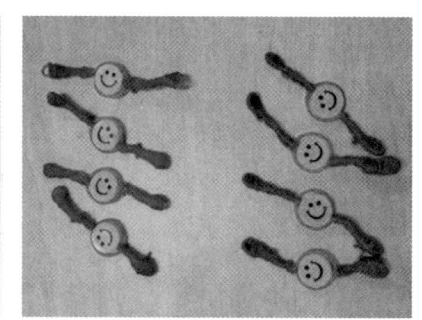

图 3-33 染色体行为变化模型图

设计意图：教师引导学生通过小组合作，使用染色体模型模拟染色体平均分配过程，加深对染色体行为变化的认识，理解染色体精确分配的意义，发展学生的交流与讨论能力。

(3) 分析资料，探寻染色体均分机制

教师设计活动三：让学生结合资料2和问题，小组讨论倒推出造血干细胞为了保证染色体的精确分配需要发生的变化。

资料2 染色体没有自主运动系统，无法在细胞内自主移动，而中心体可以发出星射线，类似风筝线，可以和着丝粒结合，牵引染色体移动。

教师设问：①中心体在细胞质中，而染色体在细胞核里，且两者都不能通过核孔，如何解决这个问题？②复制后的两个中心体的位置应该如何分布？③如何保证姐妹染色单体分开后不会进入同一个细胞中？学生结合资料分析和小组讨论，整理出造血干细胞为了保证遗传物质精确分配的各种变化，如核膜、核仁消失，中心体移向两极并发出星射线牵引染色体移动，染色体在星射线的牵引下移到细胞中央，着丝粒分裂后，姐妹染色单体分开并在星射线的牵引下移向两极等，并用细线和染色体模型模拟染色体移向两极的过程（见图3-34）。

图 3-34 染色体移向两极模型图

第三章 围绕核心概念发展生物学核心素养的实践

教师追问：①伴随着丝点分裂后的染色体移向两极，细胞应该有什么变化？②分裂后的两个子细胞和之前的造血干细胞一模一样吗？它还应该发生什么变化？③分裂后的造血干细胞接下来会怎样？学生小组讨论思考回答相关问题：细胞膜凹陷，一个细胞分裂成两个子细胞，纺锤体消失，核膜核仁出现，染色体变回染色质，分裂后的造血干细胞继续分裂。教师在此基础上引入"细胞周期"的概念。

设计意图：结合资料和问题，帮助学生运用逆向思维倒推出造血干细胞为了保证染色体的精确分配需要发生的变化，渗透结构与功能观。让学生在活动中感悟这一系列变化机制的精妙和神奇，从而理解有丝分裂对于亲代、子代细胞保持遗传稳定性的重要意义，建立"细胞周期"的概念。

3）总结概括，练习反馈

教师播放动物细胞有丝分裂的视频，让学生与自己模拟的过程进行对比，总结概括各个时期的特点，并说出有丝分裂的意义，然后师生共同建构如图3-35的概念图。

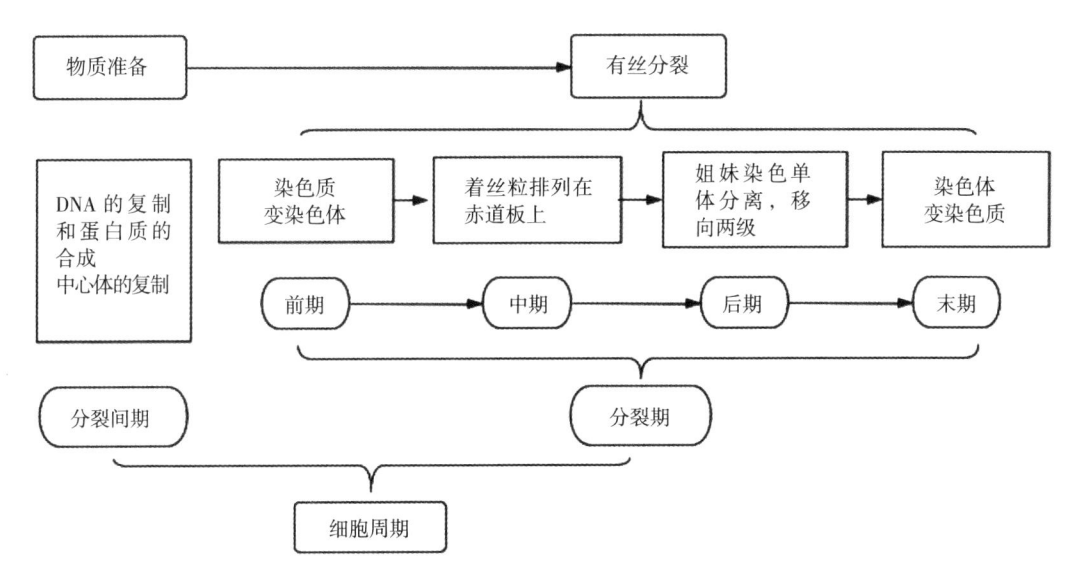

图3-35 有丝分裂概念图

教师让学生完成以下练习反馈：

（1）正常情况下，造血干细胞有丝分裂产生的子细胞与母细胞相比，保持不变的是（　　）

　　A. 蛋白质的含量　　　B. 染色体的数量　　　C. 细胞器的数量　　　D. RNA的含量

（2）造血干细胞可通过增殖分化形成新细胞。在一次分裂过程中细胞内依次发生的变化是（　　）

①复制的两个DNA分子完全分开　　　②出现放射状排列的星射线

③中心体发生倍增　　　④着丝粒排列在一个平面上

　　A. ③→②→④→①　　B. ②→④→③→①　　C. ③→②→①→④　　D. ②→③→④→①

教师再次展示课堂开始创设的情境：移植到体内的少量造血干细胞通过有丝分裂不断增殖，产生大量相同的造血干细胞，为人体重建造血和免疫系统打下坚实的基础。我们也祝福这个小朋友战胜病魔，早日恢复健康！

教师同时引入下节课探讨的问题：①高等植物细胞没有中心体，其有丝分裂过程与动物细胞有什么不同？②所有细胞都是通过有丝分裂来进行增殖吗？③有丝分裂过程中，染色体的数目变化和DNA

的数目变化一致吗？

设计意图：通过建构知识结构图，深入理解有丝分裂和细胞周期等概念之间的逻辑关系，发展学生的归纳与概括能力，同时渗透结构和功能观。让学生运用本节课所学对新闻中涉及的造血干细胞增殖进行解释，关注当下造血干细胞移植等医疗问题，增强社会责任感。

4.教学反思

（1）围绕"细胞的增殖"概念，以有丝分裂为主线，将细胞周期、染色体的行为变化等学习内容有机地结合在一起，建立"细胞的增殖"中每个时期之间的逻辑关系，以真正理解有丝分裂的内涵。

（2）巧妙设置问题，层层推进，让学生通过资料分析、建构模型等方式逆推出染色体及细胞结构的变化，充分理解有丝分裂各时期的特点，体验生命的精妙。

（3）让学生自己用毛线和铜芯线制作模型，使用模型模拟过程，直观体验细胞水平的变化，变抽象为具体，将枯燥的知识点变成有趣的探索过程，提高学生的主观能动性。

三、案例点评

1.通过创设问题情境，逐步击破重难点内容

本节课以问题串为中心组织教学内容，将问题串贯穿于课堂教学。导入时创设了脐带血造血干细胞移植治疗白血病的情境，提出了移植的少量造血干细胞如何满足大量需求的疑问，又将其分解为两个核心问题：造血干细胞怎样进行物质准备？遗传物质如何精确地平均分配？在解决核心问题时通过创设多个小问题来逐步击破重难点内容。引导学生逐步深入分析问题、解决问题、建构知识、发展能力，从而更好地帮助学生理解本节的重要概念。

2.逆向思维设计，反向推理分裂过程，提高科学思维能力

本节课打破了传统教学顺序，先确定预期的学习结果，告知学生经过有丝分裂，两个子细胞会得到两套相同的遗传物质，再依据结果设置相应的教学活动，让学生逐步理解遗传物质为什么要复制及能够平均分配的机制。如此设计既能激发学生的学习兴趣，也能提高学生的科学思维能力。

3.建构物理模型，形象生动地展现抽象概念

对物质的微观结构、对特定条件下的生物现象和生理过程，在头脑中没有建立起正确的形象，就难以把文字叙述和现实过程有机地联系起来，也就难以正确地进行分析、推理、判断等逻辑思维活动，进而无法理解抽象概念。因此，本节课用毛线建构染色体及染色质的物理模型，生动地呈现了两者的区别及联系，从而帮助学生更好地理解结构与功能的关系，同时利用建构的物理模型模拟有丝分裂过程中染色体的行为变化，将微观的概念具象化，便于学生理解及分析。

第二节 《遗传与进化》模块的教学案例

案例1：性染色体上的基因传递和性别有关

"新课程标准"指出，学生通过必修2模块的学习，要达成"遗传信息控制生物性状，并代代相传"这一大概念，此大概念的达成需要以遗传的分子基础、遗传的细胞学基础、可遗传变异等若干个重要概念作为支撑。其中重要概念"有性生殖中基因的分离和重组导致双亲后代的基因组合有多种可能"需要包含"性染色体上的基因传递和性别相关联"在内的4个次位概念的支撑（见图3-36）。在人教版教材中，"性染色体上的基因传递与性别相关联"这一概念包含"基因位于染色体上"和"伴性遗传"两部分内容。学生通过对该概念的学习，理解减数分裂中染色体的变化和孟德尔遗传规律中遗传因子（基因）的变化具有明显的平行关系，认同生物遗传的多样性和稳定性与物质相关，形成物质与能量观；通过探索果蝇杂交实验过程、分析人类遗传病家系图、绘制遗传图解、归纳基因与染色体的关系及伴性遗传特点，认识遗传学研究的基本方法，学会通过假说—演绎法从复杂的生命现象中归纳概括内在的规律，发展科学思维；对果蝇杂交实验中的遗传现象提出合理的假说，设计验证方案并分析实验结果，发展科学探究能力；运用基因在染色体上等知识解释基因分离规律和基因自由组合规律的本质，将所学知识应用于生物育种和医学实践，培育优质品种，减少遗传病患儿的出生，关注生产实践和生命健康，提升社会责任。

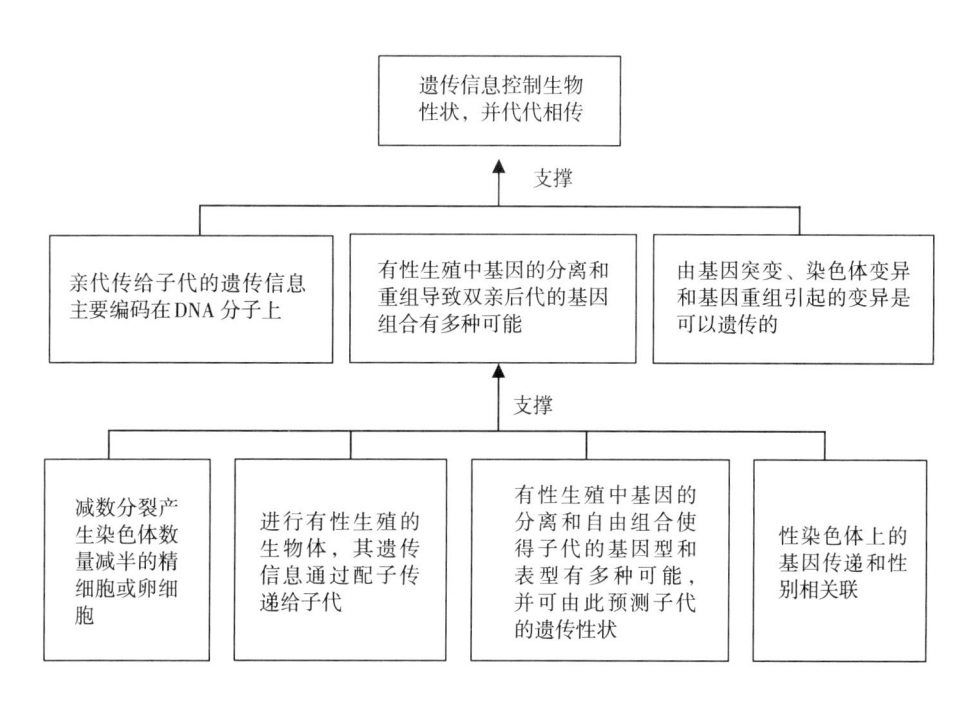

图3-36 概念的逻辑框架图

在"性染色体上的基因传递和性别相关联"这一概念的教学过程中,可先将这部分内容按照核心素养目标进行合理分解,再采用相应的教学措施帮助学生达成核心素养目标。

一、核心素养目标的分解与实施建议

生物学核心素养包括生命观念、科学思维、科学探究和社会责任。生命观念是众多生物学概念的提炼和升华,因此需要先梳理出生命观念对应的概念和关键事实,为形成正确的生命观念奠定基础,同时还需从训练科学思维、培养科学探究能力、落实社会责任三个方面对本节内容的核心素养目标进行检索和分解,并寻找出切实可行的措施和路径去落实和完成。

1. 梳理支撑"生命观念"的概念和事实

概念"性染色体上的基因传递和性别相关联"的建立有助于发展学生的结构和功能观等生命观念,对应的概念和事实见表3-30。

表3-30 重要生命观念对应的事实与相关概念

生命观念	相关概念	对应的事实
结构和功能观	生物体的结构与功能是相适应的	染色体在配子形成和受精过程中,有相对稳定的形态结构,亲代能稳定地将遗传信息传递给子代;染色体自由组合及受精过程雌雄配子随机结合会增加子代的多样性;果蝇、人、鸟等生物细胞内存在性染色体,决定某些性状的基因位于性染色体上,如果蝇的红眼与白眼、人类红绿色盲和抗维生素D佝偻病及鸡羽毛上的条纹等,在遗传上总是和性别相关联

2. 设计训练"科学思维"的路径和活动

在该部分内容的教学过程中,设计了训练科学思维的路径和学生活动(见表3-31),以发展学生的归纳与概括、模型与建模、演绎与推理、批判性思维等科学思维能力。

表3-31 训练科学思维方法的路径与活动建议

科学思维	训练路径	活动建议
归纳与概括	把某一事物与其他事物的属性和特征加以比较,用简洁的语言概括相同事物的本质属性	比较孟德尔遗传规律中遗传因子与减数分裂中染色体在独立性、数量、行为上的共性,归纳基因与染色体存在平行关系;比较孟德尔遗传规律和孟德尔遗传规律的现代解释,概括基因的行为、数量变化的本质原因;比较分析红绿色盲和抗维生素D佝偻病患者家系图,归纳伴X染色体隐性遗传病和伴X染色体显性遗传病的遗传特点
模型与建模	用物理模型表达事物的特点;用概念模型表达概念的关系	建构基因与染色体关系的模型,理解基因分离规律和基因自由组合规律的本质;建构伴性遗传类型的概念模型,理解伴性遗传的概念和类型
演绎与推理	对概念组成的命题进行分析和判断,用已有概念和命题进行推理	根据摩尔根基于果蝇杂交实验提出的假说,预期测交代的基因型、表型及比例;根据分离定律和自由组合定律预测杂交实验的结果,解释生活中的遗传学现象;基于对伴性遗传的认识,对常见的由一对等位基因决定的伴性遗传病,根据双亲的表型对后代的患病概率作出科学的预测

续表

科学思维	训练路径	活动建议
批判性思维	对他人的理论质疑和辨析	辩证思考摩尔根果蝇杂交实验与孟德尔豌豆杂交实验结果的不同,理解正反交在常染色体遗传与伴性遗传判定中的作用;对同学建构的模型提出修改建议;质疑"基因在染色体上"这一概念,完善基因与染色体的关系,进一步理解孟德尔遗传规律适用的研究对象

3.确定培养"科学探究"的路径和活动

在该部分内容的教学过程中,通过设计问题情境和相应的探究任务,让学生在讨论、交流和实践过程中培养科学探究能力(表3-32)。

表3-32 训练科学探究的路径与活动建议

科学探究	训练路径	活动建议
提问能力	基于给定的情境,发现与生物学相关的问题,并结合所学的科学知识尝试以疑问句的形式进行口头或书面表达	观察比较染色体和基因的行为、数目变化,思考基因与染色体存在平行关系的原因;基于摩尔根的果蝇杂交实验,分析F_2代性状与性别的关联性,质疑现象是否符合孟德尔遗传规律,为什么F_2中白眼果蝇仅存在于雄果蝇中
实验设计能力	针对问题或者假设分析变量,表述实验思路,设计探究途径	基于控制果蝇眼色的基因位于X染色体上的假说,运用假说演绎的思想设计测交实验,探究假说的正确性;基于控制性状的基因位置(如基因位于常染色体上还是位于性染色体上、只位于X染色体上还是位于X和Y的同源区段,位于细胞核中还是细胞质中、两对基因位于一对同源染色体上还是两对同源染色体上等)判断,选择合适的杂交组合进行探究
结果交流与讨论能力	分析实验过程与结果的因果关系,对实验结果作出合理的解释,虚心听取质疑,基于证据,对自己或本小组的探究结果进行必要的辩护、反思和修改	小组合作探究基于控制果蝇眼色的基因位于X染色体上的假说的测交验证实验,预期实验结果和结论;基于控制性状的基因位置(如基因位于常染色体上还是位于性染色体上、只位于X染色体上还是位于X和Y的同源区段、位于细胞核中还是细胞质中、两对基因位于一对同源染色体上还是两对同源染色体上等)判断杂交组合,书写实验思路并预期结果和结论,分析结果和结论之间的逻辑关系

4.落实培养"社会责任"的思路和活动

在本节教学过程中,可以从解决实际问题和讨论解释生命现象两个方面培养学生的社会责任感,分别设置如下学生活动(表3-33)。

以上是以"性染色体上的基因传递和性别相关联"这一概念为例,对分解与落实核心素养目标的尝试与思考。下面以《基因在染色体上》为例,具体展示在真实的课堂教学中,如何发展生物学核心素养。

表3-33 落实社会责任的思路与活动建议

社会责任	基本思路	活动建议
尝试解决实际问题	运用相关知识分析并解决现实生活问题及生产实践问题	运用分离定律分析红绿色盲、抗维生素D佝偻病的家系图，预测子代的发病情况，给出合理的生育建议；分析禁止近亲结婚的原因；通过芦花鸡和非芦花鸡的遗传特点，设计实验仅通过羽毛特征来区分雌性和雄性，从而达到多养母鸡、多得鸡蛋的目的
讨论解释生命现象	运用所学知识解释生命现象	结合自由组合定律的现代遗传学解释，分析果蝇的翅形和体色两对相对性状的正反交实验结果不同的原因；运用基因与染色体关系的相关知识解释人类基因组测序选择24条（23条常染色体+X+Y）染色体的理由，推测其他生物，如果蝇（$2n=8$）、水稻（$2n=24$）等基因组测序时选择染色体的情况

二、教学案例：基因在染色体上

1. 教学目标

（1）通过遗传因子（基因）与染色体的对比分析，对相关的生命现象作出解释。

（2）基于果蝇眼色伴性遗传现象，运用基因与染色体的关系等知识，设计实验探究方案、建构遗传图解模型等，对杂交实验结果作出判断与论证，阐明控制果蝇红眼与白眼的基因位于X染色体上。

（3）通过感悟和体验摩尔根对孟德尔遗传定律的"怀疑—认同—创新"的科学探索过程，认同科学研究需要不断的探索、大胆的质疑和严谨的逻辑证明。

2. 教学设计思路

生物学核心素养包括生命观念、科学思维、科学探究、社会责任，结合核心素养目标的分解、实施建议及学情，教学设计思路如图3-37。

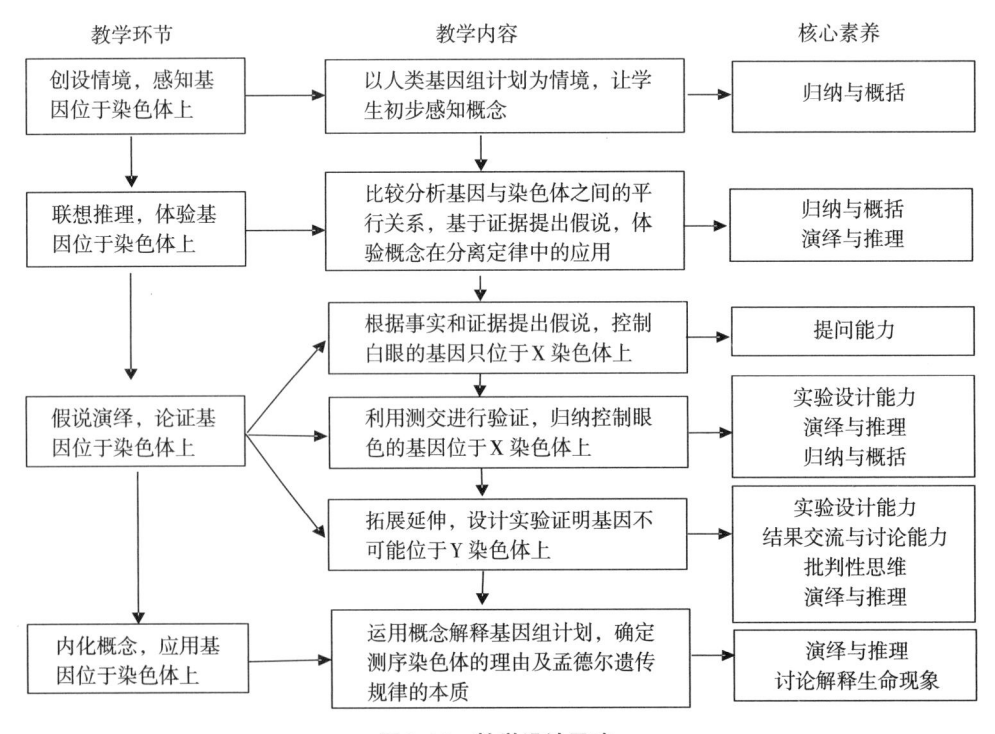

图3-37 教学设计思路

3. 教学过程

1) 创设情境，感知基因位于染色体上

资料1 人类基因组计划于1990年由美国科学家正式启动，英国、法国、德国、日本和中国科学家共同参与。该计划旨在测定人类24条染色体上的遗传信息。

2001年，人类基因组工作草图大约2.5万个基因的遗传信息被揭示，被人们认为是人类基因组计划成功的里程碑。在中华世纪坛，青铜甬道记录着中华上下五千年的大事，"我国科学家成功破译人类3号染色体部分遗传密码"也被记录在其中。2007年10月11日，我国科学家用新一代测序技术独立完成中国人基因组图谱。

基于个体基因组研究的精准医学是人类基因组图谱的"续集"，在2001年之前，明确某种药物全部蛋白靶点的概率不到50%，"人类基因组计划"完成后，美国每年通过的药物几乎都有清楚的作用靶点说明。2014年，北京大学利用单细胞基因组扩增技术筛查试管婴儿的遗传病，这些婴儿的顺利出生，展示了基因组测序在遗传病防治中的重要作用。

教师设疑： 通过分析资料可以推测基因与染色体的位置和数量关系。学生思考后得出基因位于染色体上、一条染色体上含有很多个基因等结论，教师进一步引导学生通过资料分析寻找支撑结论的证据。

设计意图： 通过分析人类基因组计划成果，初步感知概念——基因位于染色体上，培养归纳与概括等科学思维。了解中国科学家在这一领域的贡献，增强民族自豪感，认同合作精神在科学探索中的作用及科学技术在人类健康生活中的价值。

2) 联想推理，体验基因位于染色体上

教师肯定大家的说法，并指出在遗传学早期美国科学家萨顿也提出基因位于染色体上这一假说，那么他提出这一观点的依据是什么呢？请同学们观察孟德尔遗传规律中遗传因子（基因）的行为和数量变化（见图3-38）以及减数分裂中染色体的行为和数量变化（见图3-39）有哪些相同点，将相关信息整理在表3-34中。

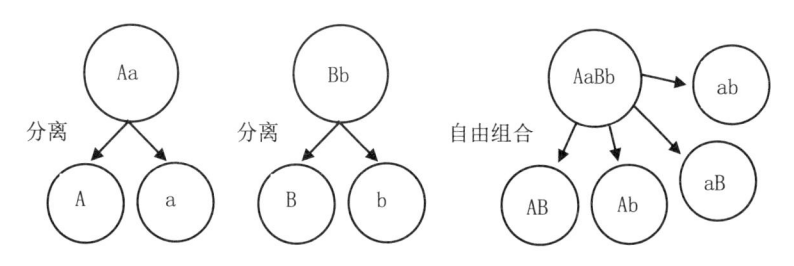

图3-38 孟德尔遗传规律中遗传因子（基因）变化示意图

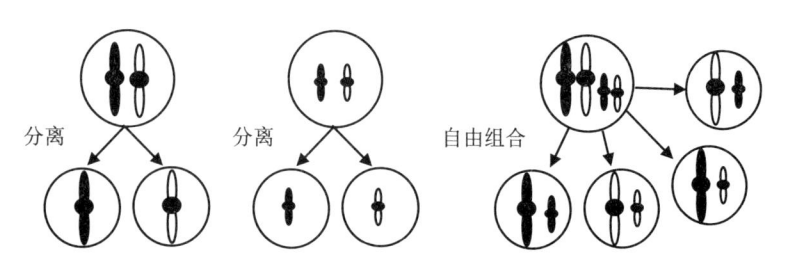

图3-39 减数分裂中染色体变化示意图

表3-34 基因与染色体在有性生殖过程中的比较

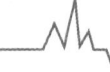

比较项目	遗传因子(基因)	染色体
性质		
存在形式		
来源		
行为		

通过分析比较，学生认同基因与染色体之间存在平行关系，为推理出基因在染色体上提供依据。学生或教师质疑基因与染色体之间存在平行关系就只能是因为基因位于染色体上吗？可不可以是基因即染色体或者染色体位于基因上等原因？学生结合基因控制性状及性状数量远多于染色体的数量等事实，可以推论应该有多个基因位于同一条染色体上，从而排除后两种假说。

学生认同这一观点后，要求学生在图3-40的染色体上标注基因符号，解释孟德尔一对相对性状的杂交实验（图中染色体上的横线代表基因的位置），体验运用基因在染色体上的观点解释分离定律。

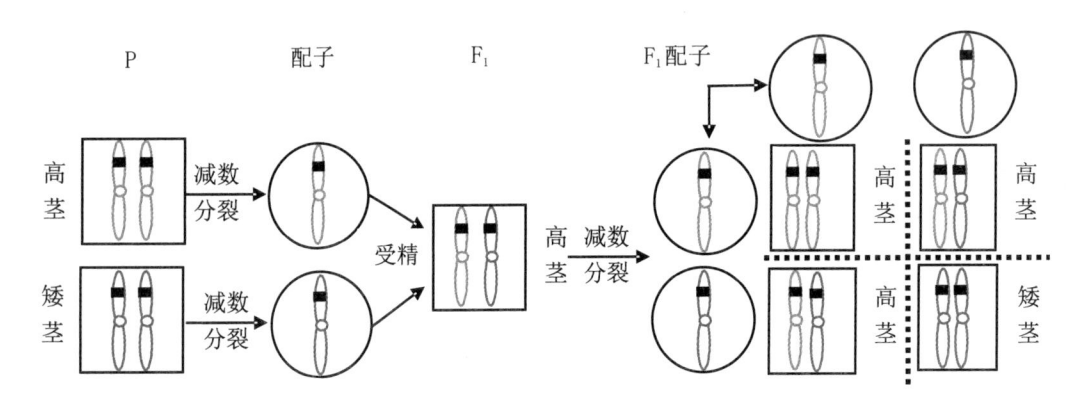

图3-40 孟德尔豌豆高茎与矮茎杂交实验过程示意图

设计意图：通过比较分析遗传因子（基因）与染色体的性质、数量和行为变化，提出假说解释基因与染色体之间存在的平行关系，并尝试用基因与染色体的关系进一步解释孟德尔的分离定律，培养学生归纳与概括、演绎与推理能力。

3）假说演绎，论证基因位于染色体上

（1）提出假说。教师指出尽管基于事实的推理有一定的逻辑性，但是它并没有被证实，因此令人怀疑是正常的。摩尔根早期利用小鼠做的遗传学杂交实验结果令他既不相信孟德尔遗传定律，也不相信萨顿的假说，直到1910年的果蝇红眼与白眼杂交实验。

资料2 1910年初，摩尔根在一个培养瓶中偶然发现一只奇特的白眼雄果蝇。他将这只白眼雄果蝇与多只野生型（未发生过突变的个体）雌果蝇交配，产生1 237只红眼子代（F_1），再将这些红眼雌、雄果蝇相互交配，得到的F_2中有2 459只红眼雌果蝇，1 011只红眼雄果蝇，787只白眼雄果蝇，没有白眼雌果蝇出现。

第三章 围绕核心概念发展生物学核心素养的实践

教师设问：①果蝇的红眼与白眼是一对相对性状吗？判断的依据是什么？它们的显隐性关系如何？理由是什么？②果蝇的眼色遗传是否符合孟德尔遗传定律？为什么？③与孟德尔杂交实验的实验结果相比，它有什么特殊之处？如果你是摩尔根，会如何对上述实验现象进行解释？

学生能根据果蝇的眼色遗传"与性别相联系"这个信息，得出"决定果蝇眼色的基因位于性染色体上"。教师继续提问："具体在哪条性染色体上呢？"

资料3 1916年，摩尔根的学生布里吉斯研究发现雌性果蝇少数卵细胞减数分裂异常。这种异常让摩尔根团队发现了果蝇性别的决定方式：果蝇的性别不是取决于是否存在Y染色体，而是取决于X染色体的数量，比如一条X染色体的果蝇表现为雄性，有两条X的表现为雌性。

学生结合事实"果蝇的性别不是取决于是否存在Y染色体，而是取决于X染色体的数量"，提出假说：控制果蝇白眼的基因在X染色体上，Y染色体上不含有它的等位基因，并用遗传图解解释杂交实验过程（见图3-41），初步检验其正确性。

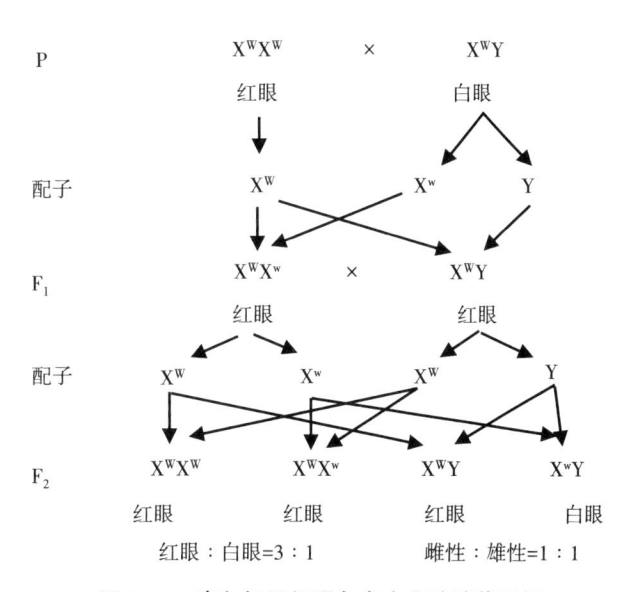

图3-41 摩尔根果蝇眼色杂交实验遗传图解

设计意图：通过分析摩尔根果蝇杂交实验的过程及结果，基于事实和证据提出假说，初步推测控制白眼性状的基因位于X染色体上，培养学生的证据意识和提问能力。

（2）验证假说。根据"假说—演绎法"的思想：一种正确的假说，除了能解释已有的实验结果外，还应该能预测另一些实验的结果。学生模仿孟德尔的科学研究过程，设计测交实验，对假说进行演绎推理（见图3-42）。

教师呈现摩尔根的实验结果，测交一：红眼雌果蝇为126，红眼雄果蝇为132，白眼雌果蝇为120，白眼雄果蝇为115；测交二：所有雌果蝇为红色，所有雄果蝇均为白色。最终证明控制果蝇白眼的基因位于X染色体上。摩尔根用实验证明基因位于染色体上，从此成了孟德尔理论的忠实信徒，并和他的学生们发明了测定基因位于染色体上的相对位置的方法，绘制了第一幅果蝇各种基因在染色体上的相对位置图，同时说明了基因在染色体上成线性排列，为现代遗传学奠定了细胞学基础。由于摩尔根在染色体遗传理论上的杰出贡献，他获得了1933年的诺贝尔生理学或医学奖，成为第一位因遗传学领域

139

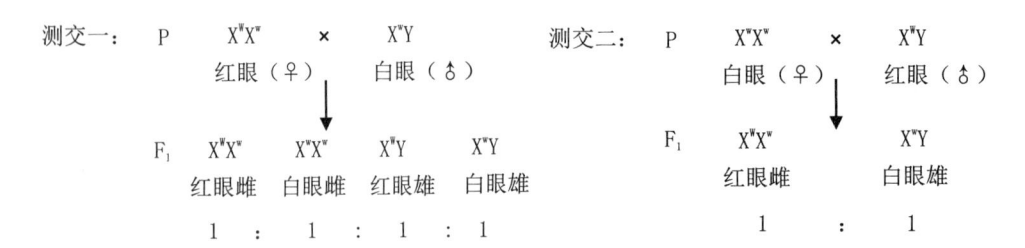

测交一： P　　X^wX^w　　×　　X^WY
　　　　　　　红眼（♀）　　　白眼（♂）
　　　　　　　　　　　↓
　　　　　F₁　X^WX^w　X^wX^w　X^WY　X^wY
　　　　　　　红眼雌　白眼雌　红眼雄　白眼雄
　　　　　　　　1　:　1　:　1　:　1

测交二： P　　X^wX^w　　×　　X^WY
　　　　　　白眼（♀）　　　红眼（♂）
　　　　　　　　　↓
　　　　F₁　X^WX^w　　　X^wY
　　　　　　红眼雌　　　　白眼雄
　　　　　　　　1　:　1

图3-42　摩尔根果蝇眼色测交实验遗传图解

的贡献而获得这一奖项的科学家。

设计意图：通过设计测交实验方案，预测子代的表型及比例，分析实验结果，验证假说，建构概念"基因位于染色体上"，培养学生实验设计能力及演绎与推理、归纳与概括等科学思维。通过感悟和体验摩尔根对孟德尔遗传规律的"怀疑—认同—创新"的科学探索过程，认同科学研究需要不断的探索、大胆的质疑和严谨的逻辑证明。

（3）拓展延伸。摩尔根早期的成功的确有一定的运气成分，因为他发现的果蝇性别决定机制不是取决于是否存在Y染色体，而是取决于X染色体数目。但现代遗传学研究表明：果蝇的Y染色体大于X染色体，其上也分布了一定的基因，在减数分裂过程中也有部分区段会发生联会，称之为同源区段，不能联会的区段称之为非同源区段（图3-43）。

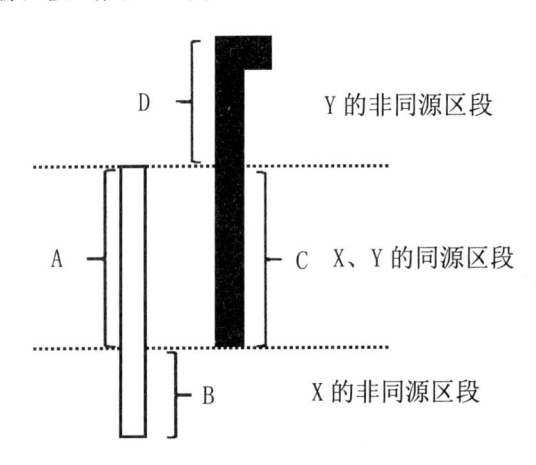

图3-43　果蝇的性染色体结构示意图

教师设疑：控制果蝇白眼的基因可以位于Y染色体上吗？学生提出两种假说，假说1：位于D段；假说2：位于C段。根据Y染色体的传递规律，学生很容易根据白眼果蝇在雌雄中都可以出现排除假说1，但是假说2按照上述实验路径同样可以解释包括测交在内的所有现象，因为Y染色体上不携带控制眼色的基因与携带隐性基因对个体的表型都没有影响。教师设疑：如何设计实验证明假说2和摩尔根假说的正确性？学生通过不断试错，选择白眼雌果蝇与纯合红眼雄果蝇杂交，如果子代所有雌果蝇都是红眼，雄果蝇都是白眼，则摩尔根的假说成立；如果不分雌雄，所有子代全是红眼果蝇则假说2成立（图3-44）。

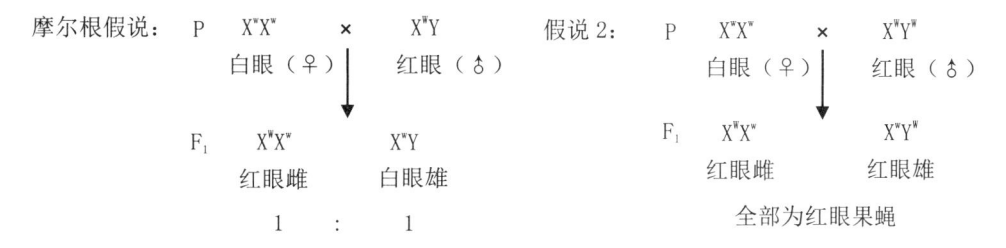

◎ 第三章　围绕核心概念发展生物学核心素养的实践

摩尔根假说：P　X^wX^w　×　X^WY　　　假说2：P　X^wX^w　×　X^WY^W
　　　　　　　白眼（♀）　红眼（♂）　　　　　　　　白眼（♀）　红眼（♂）
　　　　　　　　　↓　　　　　　　　　　　　　　　　　　　↓
　　　　F_1　X^WX^w　　X^wY　　　　　　　F_1　X^WX^w　　X^wY^W
　　　　　　红眼雌　　白眼雄　　　　　　　　　　　　红眼雌　　红眼雄
　　　　　　　　1　：　1　　　　　　　　　　　　　　　　全部为红眼果蝇

图3-44　判断基因位置的实验方案遗传图解

设计意图：通过果蝇的性染色体结构示意图制造新的认知冲突，运用遗传学相关知识设计杂交实验，归纳探究控制性状的基因位于X染色体上还是Y染色体上的方法，从中培养学生演绎与推理、批判性思维等科学思维以及实验设计能力和结果交流与讨论等能力。

4）内化概念，应用基因位于染色体上

资料4　果蝇的四对相对性状中红眼（E）对白眼（e）、灰身（B）对黑身（b）、长翅（V）对残翅（v）、细眼（R）对粗眼（r）为显性。如图3-45中的甲和乙是两只果蝇的基因在染色体上的分布示意图，丙和丁是它们的杂交子代。

教师设问：①请写出图3-45中甲、乙果蝇的基因型，并在丙和丁中染色体相应的位置标记出基因。②观察图3-45，分析同源染色体相应的位置分布什么样的基因？并思考人类含有46条染色体，人类基因组计划测序为什么只测定24条染色体上的基因序列？据此推测对果蝇基因组的测序应该测定几条染色体上的基因？③结合图3-38过程归纳孟德尔分离定律的现代解释。④非等位基因位于哪里？哪些非等位基因之间满足孟德尔自由组合定律，并分析原因，在此基础上总结自由组合定律的现代解释。⑤细胞中的基因都位于染色体上吗？为什么？孟德尔遗传定律适用的范围是什么？

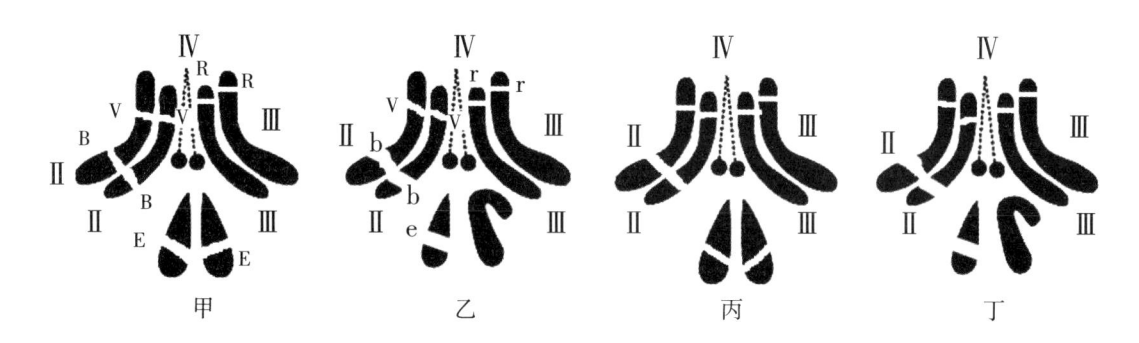

图3-45　果蝇染色体及部分基因位置关系示意图

第④问有一定的难度，教师展示摩尔根有关果蝇的灰身和黑身及长翅和残翅之间的杂交及对F_1测交（含正反交）的实验结果（见图3-46），基于减数分裂未发生非姐妹染色单体互换和发生互换两种情况分析，进一步理解当非等位基因位于一对同源染色体上时不可能发生自由组合，只有非同源染色体上的非等位基因才满足孟德尔自由组合定律。

设计意图：利用真实情境，建构果蝇相关基因与染色体位置的模型，借助问题串引导学生应用概念解释孟德尔遗传定律的本质，培养演绎与推理等科学思维，学生在运用所学知识讨论解释生命现象的过程中，提高社会责任意识。

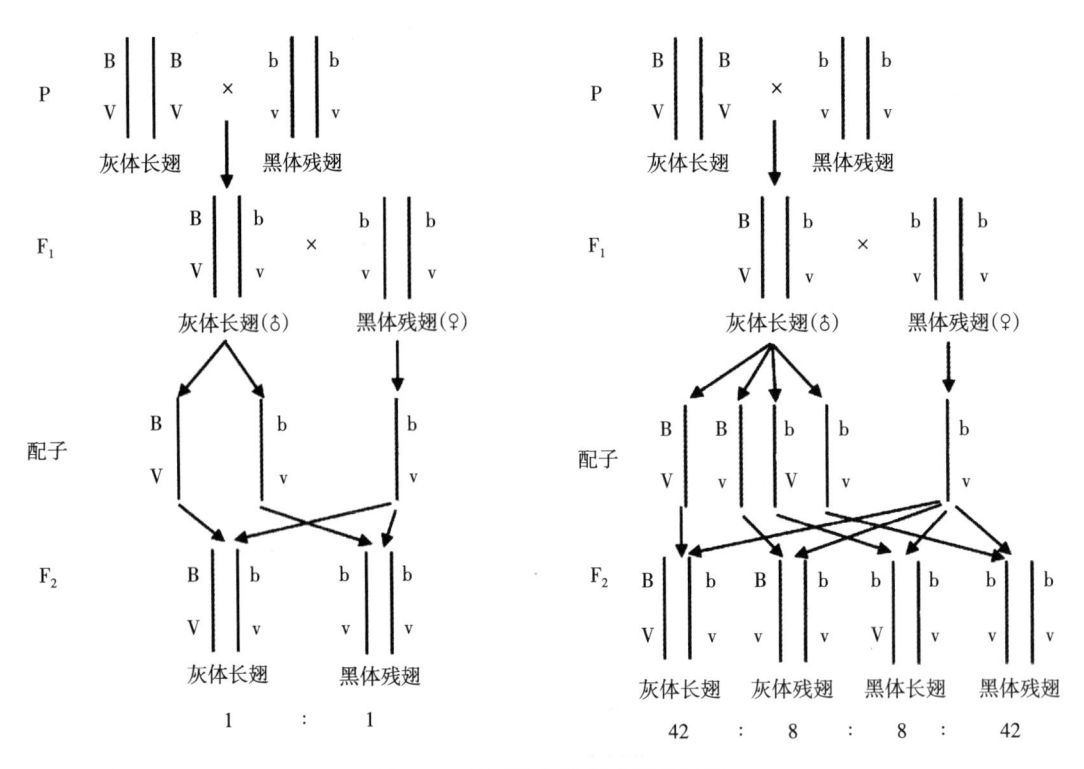

图3-46 果蝇体色和翅形遗传图解

4. 教学反思

在孟德尔的遗传定律被重新发现之后，科学家开始寻找基因在细胞中的位置，本节内容沿用了孟德尔研究遗传问题的思路，因此，在教学设计中同样采用了假说演绎的思想：循着萨顿的假说、摩尔根的实验证据，形成"基因在染色体上"的概念，并利用该概念解释孟德尔遗传定律的本质，有利于概念形成的同时培养学生的生物学核心素养。

本节第一个重难点是基因在染色体上的实验证据。学生已经掌握了假说演绎法的基础上，该部分知识就比较容易理解。为了拓展学生的思维边界，外延了基因位于X还是Y染色体上的探究过程，引导学生通过设计杂交方案，书写遗传图解，预期实验结果与结论，讨论交流，掌握基因位置判断的方法和技巧，同时培养学生的科学思维能力和科学探究能力。

本节另一个重点是孟德尔遗传定律的现代解释，实质是对基因在染色体上这一重要概念的应用。以果蝇相关性状为例，建构基因与染色体之间的关系模型，进一步结合减数分裂相关知识理解遗传定律的本质、分析满足基因自由组合规律的非等位基因位置以及解释人类基因组测序只测24条染色体上的遗传信息的原因。在学生运用所学知识解决实际问题的思维过程中，提升学生的科学思维能力和社会责任意识。

三、案例点评

1. 遵循概念建构逻辑，在真实情境中提升社会责任意识

案例以人类基因组计划和果蝇眼色遗传为情境，通过系列活动建构概念，最后利用概念解释人类基因组计划只测定24条染色体上的遗传信息的原因及遗传定律的本质。整体上采用"感知概念—建构概念—应用概念"的逻辑主线，学习过程前后衔接，知识体系逻辑性强，让学生在连续递进的思维中逐步形成概念并加以应用，有利于培养学生运用所学知识解决问题的能力，提升社会责任意识。

2.问题引领活动，在对话交流中发展科学思维

在课堂教学过程中设计了列表比较、资料分析、模型建构和书写遗传图解等活动，并在活动中嵌入了大量由浅入深、由点及面的问题串，引导学生基于科学事实和证据，运用不同的思维方法自主或合作学习，归纳概括最终形成概念，培养学生严谨求实的科学态度和大胆假设、富于想象的创新思维品质，有利于发展科学思维能力。

3.良构与劣构设计相结合，在探索中培养科学探究能力

基因位于染色体上的探索过程比较复杂，在萨顿的假说和摩尔根的果蝇杂交实验中遵循科学家原本的研究思路，采用良构设计方式符合学生的认知规律；而在进一步探索基因是否可能位于Y染色体上时采用劣构的方式，学生不断尝试设计杂交方案，预期实验结果和结论，在积极探索真相的过程中培养学生的科学探究能力。

案例2：遗传信息主要编码在DNA分子上

"新课程标准"指出，学生通过必修2模块的学习，要达成"遗传信息控制生物性状，并代代相传"这一大概念，此大概念的达成需要以遗传信息的分子基础、遗传的细胞学基础、可遗传变异等若干个重要概念作为支撑。"亲代传递给子代的遗传信息主要编码在DNA分子上"这一重要概念的达成需要有五个次位概念的支撑（见图3-47）。通过对"亲代传递给子代的遗传信息主要编码在DNA分子上"这一重要概念的学习，学生能够概述多数生物的遗传信息储存在DNA分子中，DNA通过复制传递遗传信息，并通过转录和翻译等过程表达遗传信息，发展结构与功能观等生命观念；学生通过搜集DNA分子结构模型建立过程的资料，制作DNA分子双螺旋结构的物理模型，阐释DNA分子的结构特点，提升科学思维能力；学生在分析证明DNA是遗传物质的经典实验和演绎推理DNA分子复制方式的过程中，提升科学探究能力；学生运用遗传信息主要编码在DNA分子上解释广泛存在的遗传变异现象，并能说出DNA指纹技术在刑侦破案、遇难者身份鉴定、亲子鉴定等方面的广泛应用，讨论重组DNA技术在疫苗研制和药物研发等方面的应用，提升社会责任感。

在"亲代传递给子代的遗传信息主要编码在DNA分子上"这一重要概念的教学过程中，可先将这部分内容按照核心素养目标进行合理分解，再采用相应的教学措施帮助学生达成核心素养目标。

一、核心素养目标的分解与实施建议

生物学核心素养包括生命观念、科学思维、科学探究和社会责任。生命观念是众多生物学概念的提炼和升华，因此需要先梳理出生命观念对应的概念和关键事实，为形成正确的生命观念奠定基础。同时还需从训练科学思维、培养科学探究能力、落实社会责任三个方面对本节内容的核心素养目标进行检索和分解，并寻找出切实可行的措施和路径去落实和完成。

1.梳理支撑"生命观念"的概念和事实

根据教材内容和《新课程标准》要求，要建立该概念体系相对应的生命观念，需以下列概念和事实作为支撑（见表3-35）。

```
                    ┌─────────────────────────┐
                    │  遗传信息控制生物性状并代代  │
                    └─────────────────────────┘
                              ↑ 支撑
         ┌────────────────────┼────────────────────┐
┌─────────────────┐  ┌─────────────────┐  ┌─────────────────┐
│ 有性生殖中基因的分离 │  │ 亲代传递给子代的遗传 │  │ 由基因突变、染色体  │
│ 和重组导致双亲后代的 │  │ 信息主要编码在DNA分子上│  │ 变异和基因重组引起  │
│ 基因组合有多种可能   │  │                 │  │ 的变异是可以遗传的  │
└─────────────────┘  └─────────────────┘  └─────────────────┘
                              ↑ 支撑
┌──────┐ ┌──────────┐ ┌──────┐ ┌──────────┐ ┌──────────┐
│多数生物的│ │DNA分子是由四种│ │DNA分│ │DNA分子上的遗传│ │存在某些基│
│基因是DNA │ │脱氧核苷酸构成,│ │子通过│ │信息通过RNA指导│ │因中碱基序│
│分子的功能│ │通常由两条碱基互│ │半保留│ │蛋白质的合成,细│ │列不变但表│
│片段,有些│ │补配对的反向平行│ │方式进│ │胞分化的本质是基│ │型改变的表│
│病毒的基因│ │长链形成双螺旋结│ │行复制│ │因选择性表达的结│ │观遗传现象│
│在RNA分子上│ │构,碱基的排列顺│ │      │ │果,生物的性状主│ │          │
│          │ │序编码了遗传信息│ │      │ │要通过蛋白质表现│ │          │
└──────┘ └──────────┘ └──────┘ └──────────┘ └──────────┘
```

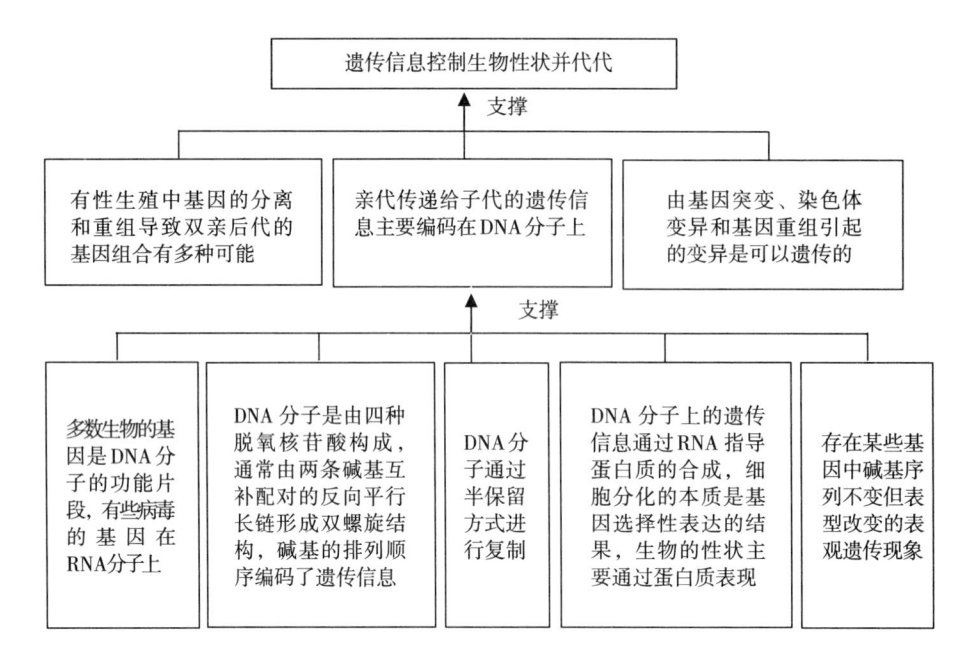

图3-47　概念的逻辑框架图

表3-35　重要生命观念对应的事实与相关概念

生命观念	相关概念	对应的事实
结构与功能观	遗传信息主要编码在DNA分子上	多数生物的基因是DNA分子的功能片段,有些病毒的基因在RNA分子上;DNA分子是由四种脱氧核苷酸构成的,其碱基的排列顺序编码了遗传信息;DNA中碱基对的数目成千上万,形成的碱基对的排列顺序也千变万化,特定种类的DNA分子具有特定的碱基排列顺序;DNA分子稳定的双螺旋结构使其不容易发生突变;基因中碱基的排列顺序改变会引起基因突变
进化与适应观	生物多样性的根本原因是基因的多样性	基因突变是普遍存在的,基因突变为生物进化提供原始材料;在自然选择的作用下,种群的基因频率会发生定向改变,导致生物朝着一定的方向不断进化

2.设计训练"科学思维"的路径和活动

在该部分内容的教学过程中,设计了训练科学思维的路径和活动建议(见表3-36),以发展学生的归纳与概括、模型与建模、演绎与推理、批判性思维等科学思维能力。

3.确定培养"科学探究"的路径和活动

在该部分内容的教学过程中,通过创设探究性学习情境,设计学生深度参与的探究任务或思维活动(见表3-37),让学生在有目的的自主学习过程中培养科学探究能力。

4.落实培养"社会责任"的思路和活动

在本节教学过程中,设置了相应的学生活动(见表3-38),引导学生利用所学知识解释真实情境中的生命现象,解决现实生活中的实际问题,以培养学生的社会责任意识。

表3-36 训练科学思维的路径与活动建议

科学思维	训练路径	活动建议
归纳与概括	归纳基因突变的特点；概括DNA分子具有多样性的原因	分析有关基因突变特点的相关资料，归纳基因突变的特点；利用数学上的排列组合公式，推算一定长度的DNA分子理论上的种类数，揭示DNA分子具有多样性的原因
模型与建模	建构DNA分子结构物理模型，阐释DNA分子精确复制的原因；建构基因指导蛋白质合成中遗传信息流动的概念模型，建立基因表达与遗传信息控制生物性状之间的逻辑关系	阅读有关DNA结构模型建构的科学史，利用常用物品制作DNA分子物理模型，从DNA分子结构特点的角度分析DNA能实现精确复制的原因；阅读教材，建构基因指导蛋白质合成中遗传信息流动的概念模型，结合蛋白质功能的相关知识，阐释遗传信息控制生物性状的途径，搭建基因表达与遗传信息控制生物性状之间的逻辑关联
演绎与推理	预测DNA分子按不同方式进行复制的实验结果，论证DNA分子通过半保留方式进行复制	分析教材中的事实和证据，利用假说—演绎法对DNA复制的方式进行演绎和推理，探讨和论证实验结果，正确阐释DNA分子以半保留方式进行复制
批判性思维	评价同学建构的物理模型和概念模型	对同学建构的DNA分子双螺旋结构物理模型及遗传信息流动的概念模型提出修改和完善的建议；对自己不理解的过程及结论作大胆质疑

表3-37 训练科学探究的路径与活动建议

科学探究	训练路径	活动建议
提问能力	分析并比较蛋白质和核酸的分子组成和特点，提出问题并解决	分析并比较蛋白质和核酸的分子组成、结构特点，梳理出二者都具备的储存遗传信息的结构特点，提出疑问：为什么核酸是遗传物质，而蛋白质不是遗传物质？搜集能够佐证核酸是遗传物质，蛋白质不是遗传物质的实验证据
结果交流与讨论能力	分析实验结果，并对结果进行交流与讨论；依据假说，演绎推理，预测实验结果	在学习证明DNA是遗传物质的系列实验过程中，分析并讨论实验结果；在探究DNA的复制方式时，依据假设，演绎推理，预测实验结果，并分析实验结果，论证实验结论

表3-38 落实社会责任的思路与活动建议

社会责任	基本思路	活动建议
分析判断社会议题	分析部分保健品的成分，辨别伪科学；了解抗原核酸检测原理，关注社会议题	分析核酸保健品的成分，阅读产品说明书，基于生物学知识，辨别其能否起到对应的保健作用；搜集资料了解核酸检测原理，能够在疫情爆发等实际情境下，采取正确的方式保护自己和家人，并向周围的人传播正确的预防和治疗知识
尝试解决实际问题	针对疫苗生产，提出合理的建议	阅读资料了解基因工程技术，结合基因表达的相关知识，从利用基因工程技术和微生物发酵工程的角度，提出大量制备病毒蛋白疫苗的方案，并探讨不同生物基因能够重组并能成功表达的原因
讨论解释生命现象	探讨基因突变对生物性状的影响	结合镰刀型细胞贫血症、囊性纤维病等实例，通过绘制简图全面阐释基因突变对生物性状的影响，以及分析不同类型基因突变对蛋白质结构的影响程度

二、教学案例：DNA的复制

1. 教学目标

基于"新课程标准"的内容要求、学业要求和学业质量标准，并围绕培养学生核心素养的要求，制订了如下的教学目标。

（1）模拟DNA分子复制的过程，结合资料分析，归纳DNA复制的条件、时期和特点。

（2）结合DNA分子的结构特点，分析DNA分子能够精确复制的原因。

（3）利用假说—演绎法对DNA复制的方式进行演绎和推理，探讨和论证实验结果，阐释DNA分子以半保留方式进行复制。

（4）探讨DNA分子体外复制的条件，关注生物技术在生活实践中的应用。

2. 教学设计思路

教学设计思路见图3-48。

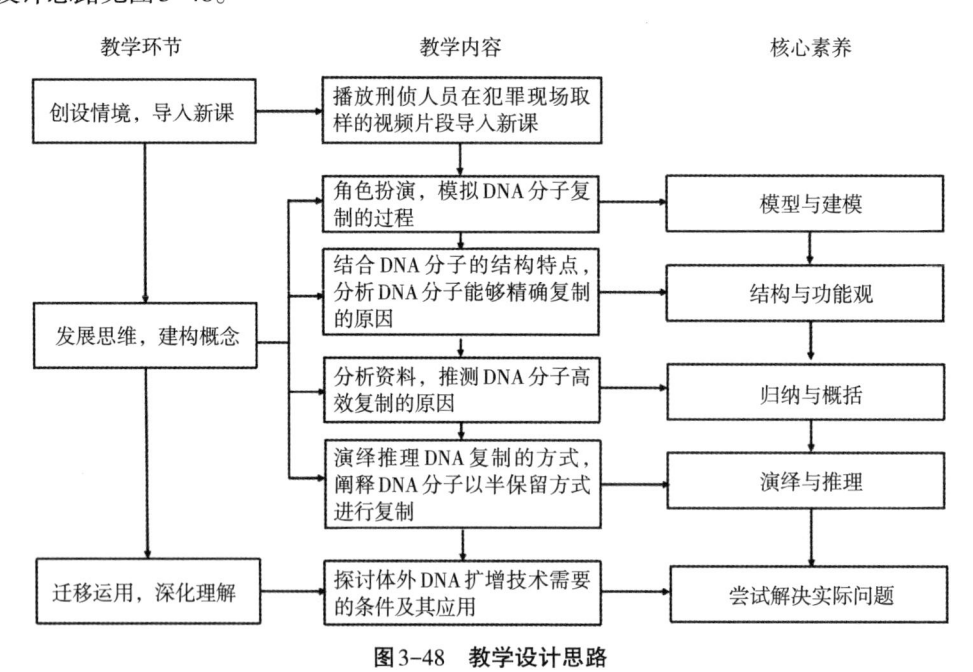

图3-48 教学设计思路

3. 教学过程

1）创设情境，导入新课

教师播放电影中刑侦调查人员在犯罪现场用棉签取样的视频片段，并提问：影片中的刑侦人员在搜集什么？哪种物质可作为破案的重要依据？学生回答：刑侦人员在犯罪现场搜集犯罪嫌疑人脱落的细胞，提取其中的DNA进行鉴定。教师继续启发：现场采集到的DNA样品量太少，通常需经过精确地复制达到一定的量后方可用于分析和鉴定。DNA到底是如何实现精确复制的？学生通过阅读教材内容，归纳总结DNA复制的概念、时间、场所、条件、过程、特点、意义，教师作补充和纠正。

设计意图：先通过真实具体的故事情境激发学生学习和探索DNA复制的兴趣，然后让学生带着问题阅读教材内容并填写总结表格（表略），提升学生归纳与概括的科学思维，厘清DNA复制的要素。

2）发展思维，建构概念

DNA分子的复制过程是微观复杂的，本节课尝试通过角色扮演使学生全部参与到DNA分子复制的宏观模拟中，让微观的过程直观化，再引导学生深入理解DNA复制需要的条件、遵循的原则、复制的过程等。在此基础上，引导学生从DNA分子结构的角度分析DNA分子精确高效复制的原因，最后通过演绎推理，带领学生重温科学家对DNA复制方式的探索，深化学生对DNA复制的理解，并在建构概念的同时发展学生的科学思维。

（1）角色扮演，模拟DNA分子复制的过程。教师在课前准备如下材料：A4大小的彩纸（背面可以粘在衣服上）若干，其中一张白色打印"解旋酶"字样，两张白色打印"DNA聚合酶"字样，红、黄、蓝、绿各十一张，分别打印大写字母A、G、C、T代表四种脱氧核苷酸（彩纸的数量依据班级人数来定，保证每位学生一张彩纸）。教师将提前准备好的彩纸随机发给全班所有学生，请学生将彩纸贴在自己的胸前，作好角色扮演的准备。具体活动流程如下。

①随机选取十名学生模拟脱氧核苷酸分子，请他们站在讲台上面向大家，让其他学生能清晰地看见他们胸前的字母，然后彼此手拉手形成一条脱氧核苷酸链。

②其他学生以最快的速度站在互补碱基的对面，站成一排，每个位置只能站一名学生，先到先站，后到的学生回到座位上。然后第二排的学生手拉手组成另外一条互补链。教师点拨：面对面配对的两名学生扮演碱基对，碱基对的排列顺序蕴含遗传信息。

③扮演解旋酶的学生登场，一边走一边介绍解旋酶在DNA复制中的作用，并从两条链中间走过，解旋酶走过的地方，配对的碱基各自后退两步，模拟两条母链解旋的过程。

④剩下的学生迅速找到与解开的母链中的碱基能配对的位置并站在其对面，模拟碱基之间的互补配对。

⑤扮演DNA聚合酶的学生登场，一边走一边介绍DNA聚合酶在DNA复制中的作用，两个DNA聚合酶分别让新上来的两排学生依次手拉手连接成两条互补子链，模拟脱氧核苷酸聚合形成互补子链的过程。

⑥剩下的四个没能配对的学生负责检查已完成复制的两个DNA分子中是否有配对错误的碱基，并告诉大家两条DNA分子碱基序列是否完全相同。

教师点拨：因为DNA能够精确复制，所以在犯罪现场采集的DNA样本经复制之后可以用于犯罪嫌疑人的鉴定。教师展示《普通高中教科书·生物学·必修2·遗传与进化》课本DNA指纹图，学生练习通过DNA指纹图判断犯罪嫌疑人。

设计意图：在学生完成对DNA复制相关知识阅读、归纳及总结的基础上，通过角色扮演来模拟DNA复制的过程，使微观抽象的过程直观生动化，使学生对DNA复制过程的理解更加深入，初步建构DNA复制的概念，并能在活动中提升学生模型与建模的科学思维。

（2）分析DNA分子能够精确复制的原因。教师通过PPT展示DNA复制的过程简图（图略）并提问：刚才我们一起模拟了DNA的复制过程，复制的结果是得到了两个碱基序列完全相同的DNA分子，现在请你从DNA分子结构特点的角度分析，DNA为什么能够精确复制？学生分析讨论后得出结论：DNA双螺旋结构为复制提供精确的模板；碱基互补配对原则保证复制准确进行。

设计意图：通过分析DNA分子能精确复制的原因，让学生理解DNA的结构与功能相适应，有利于学生进一步理解DNA复制的特点。

（3）归纳DNA分子高效复制的原因。教师提供有关DNA复制速度的资料，学生分析资料，总结DNA复制的特点。

资料1　女性子宫肌瘤细胞中最长的DNA分子长达36 000 μm，DNA复制速度约为4 μm/min，请计算该DNA复制所需的时间。

学生很快计算出需要150 h，立即有学生表示质疑，实际所需时间很可能少于150 h。教师对学生大胆质疑的行为给予充分肯定，与此同时出示资料2。

资料2　实际复制过程仅需40 min左右即可完成。请结合真核生物染色体上DNA分子复制过程示意图（见图3-49），探讨DNA分子实现高效复制的机制。

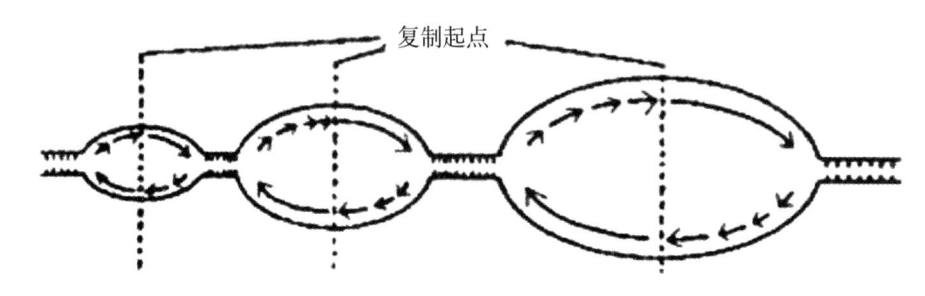

图3-49　真核生物染色体上DNA分子复制过程示意图

学生思考讨论后回答：一个DNA分子上有多个复制起点，可以同时进行复制，还可以边解旋边复制。教师在充分肯定学生的回答之后，进一步引导学生总结：真核生物核DNA复制因为具有边解旋边复制、多起点同时复制、双向复制等特点，所以复制过程非常高效。

设计意图：通过呈现有关DNA复制速度的资料，激发学生对DNA高效复制原因的探究欲望，再呈现真核生物染色体上DNA分子复制过程示意图，学生带着疑惑分析示意图，归纳概括真核生物核DNA高效复制的原因，培养学生归纳与概括的科学思维，也促进学生在理解DNA局部复制过程的基础上，整体理解真核生物核DNA分子高效复制的机制。

（4）DNA半保留复制的实验证据。

教师简述早期科学界对DNA复制方式的三种假设：全保留复制、半保留复制及弥散复制。结合PPT展示并讲解1958年梅塞尔森（M. Meselson）和斯塔尔（F. Stahl）探究DNA复制方式的实验原理和过程，学生在了解实验原理和过程的基础上，分别根据半保留复制和全保留复制的原理推测G_0、G_1、G_2代细胞中DNA分子的含氮情况，并预测经过密度梯度离心后可能出现的实验结果，将自己推导的结果填写在学案上（见表3-39）。

教师在教室内巡视，查看学生的完成情况，从而了解学生是否理解全保留和半保留复制的原理，并请学生分享自己的分析过程。学生分析道：如果DNA以半保留方式进行复制，G_0代DNA是 $^{15}N/^{15}N$-DNA，密度梯度离心后试管中出现一条重带；G_1代DNA是 $^{15}N/^{14}N$-DNA，密度梯度离心后试管中出现一条中带；G_2代DNA一半是 $^{15}N/^{14}N$-DNA，一半是 $^{14}N/^{14}N$-DNA，密度梯度离心后试管中出现等宽的一条中带和一条轻带。如果DNA以全保留方式进行复制，G_0代DNA是 $^{15}N/^{15}N$-DNA，密度梯度离心后试管中出现一条重带；G_1代DNA一半是 $^{15}N/^{15}N$-DNA，一半是 $^{14}N/^{14}N$-DNA，密度梯度离心后试管中出现等宽的一条重带和一条轻带；G_2代DNA 1/4是 $^{15}N/^{15}N$-DNA，3/4是 $^{14}N/^{14}N$-DNA，密度梯度离心后试管中出现一条重带和一条轻带，轻带宽度是重带宽度的三倍。教师展示科学家的实验结果，学生分析后可得出实验结论：DNA是以半保留的方式进行复制的。

表3-39 半保留复制与全保留复制的实验结果比较表

	半保留复制		全保留复制	
	DNA所含同位素氮	离心带位置	DNA所含同位素氮	离心带位置
将大肠杆菌放在 $^{15}NH_4Cl$ 培养液生长 提取离心 转移到 $^{14}NH_4Cl$ 培养杯中 分裂一次 提取离心 分裂两次 提取离心				
结果与结论				

设计意图：引导学生依据假说对实验结果进行预测和分析，培养学生演绎与推理的科学思维，同时深化学生对DNA复制方式的理解。

3）迁移应用，深化理解

教师提问：假设你现在提取到了案发现场脱落细胞中的DNA，欲在体外完成这些DNA分子的复制，需要满足哪些条件？学生结合DNA复制的条件及特点回答：需要提供4种游离的脱氧核苷酸作为原料、细胞提供能量、解旋酶及DNA聚合酶作催化剂。教师补充：体外完成DNA的复制除了同学们提到的三点外，还应结合酶的特性提供适宜的温度和pH值等条件。DNA体外扩增技术又叫PCR技术，目前已广泛应用于临床医学、法医学、考古学和环境保护等多个领域。请同学们利用课余时间查找资料了解PCR技术及其应用。

设计意图：回到导课的情境中探讨DNA分子体外复制的条件，使整节课做到首尾呼应，能较持久地维持学生的学习兴趣，培养学生积极运用生物学的知识和方法，解决现实生活中生物学问题的社会责任。布置课后了解PCR技术的拓展作业，使课堂延伸到课外，拓展学生的视野，增长学生的见识。

4.教学反思

（1）围绕"DNA的复制"，以DNA分子复制的过程为主要内容，将DNA分子的结构与功能、DNA分子的复制特点和意义，以及PCR技术的应用等学习内容有机地整合在一起，使学生在建构"DNA的复制"概念的基础上，更深入全面地理解亲子代之间遗传信息的传递。

（2）在学生已有的知识和能力基础上，通过运用归纳与概括、模型与建模、演绎与推理等科学思维方法，使学生在自主建构DNA复制这一概念的同时发展科学思维。

（3）通过分析概括DNA分子的结构特点，阐释DNA精确复制的原因，发展学生的结构与功能观。

三、案例点评

1. 创设真实的情境并首尾呼应

本节课以紧张刺激又富有悬念的破案视频导入新课，迅速吸引学生的注意力，激发学生学习兴趣。在最后的总结提升环节再次回到破案情境中，启发学生思考体外扩增DNA需要满足的条件，锻炼学生用已学知识解决现实生活中的生物学问题的能力。这样使学生整节课都沉浸在同一个情境中，就像是有一条无形的绳索牵引着学生一步步打开思维，并保持持久的兴趣和注意力。

2. 用层层深入的问题引导学生挖掘概念的内涵

教师及时、恰当地提出问题，能够帮助学生搭建思维桥梁，一步一步攀登思维高峰。本节课围绕DNA分子的复制，设置了三个子问题，让学生在理解DNA分子复制过程的基础上，逐步分析DNA精确而高效复制的原因，推理DNA复制的方式，引领学生逐步挖掘DNA复制的深层内涵。

3. 用形式多样的活动提升学生的生物学核心素养

本节课借助形式多样的活动，提升学生的生物学核心素养。通过学生对教材内容的梳理和归纳，对材料内容的理解和分析，提升学生归纳与概括的能力。通过对DNA分子复制过程的角色扮演，培养学生模型与建模的科学思维。通过对实验结果的预测，培养学生演绎与推理的科学思维。通过分析DNA分子精确高效复制的原因，让学生进一步形成结构与功能观。通过探讨DNA分子体外复制的条件，培养学生解决现实生活中生物学问题的社会责任。

案例3：染色体变异

"新课程标准"指出，学生在学习必修2模块时，最终要形成两个大概念，其中一个大概念是"遗传信息控制生物性状，并代代相传"。此大概念的达成需要三个重要概念的支撑，其中重要概念"由基因突变、染色体变异和基因重组引起的变异是可以遗传的"的达成需要"染色体结构和数量的变异都可能导致生物性状的改变甚至死亡"等六个次位概念的支撑（见图3-50）。学生通过对"由基因突变、染色体变异和基因重组引起的变异是可以遗传的"这一重要概念的学习，认识基因结构改变、染色体结构改变都可能导致性状改变，发展结构与功能观；归纳并比较基因突变、基因重组和染色体结构变异的类型，比较二倍体、多倍体与单倍体的概念，建构并运用物理模型表征可遗传变异的不同类型，提升科学思维能力；进行低温诱导植物细胞染色体数目变化的实验，提升科学探究能力；应用可遗传变异的知识解释各种遗传病的原因，设计选育植物新品种的方案，养成社会责任感。

进行"由基因突变、染色体变异和基因重组引起的变异是可以遗传的"这一重要概念的教学，首先将相关概念和事实按照核心素养目标进行合理分解，再选择合适的教学措施，设计合理的教学活动，帮助学生达成相关的核心素养。

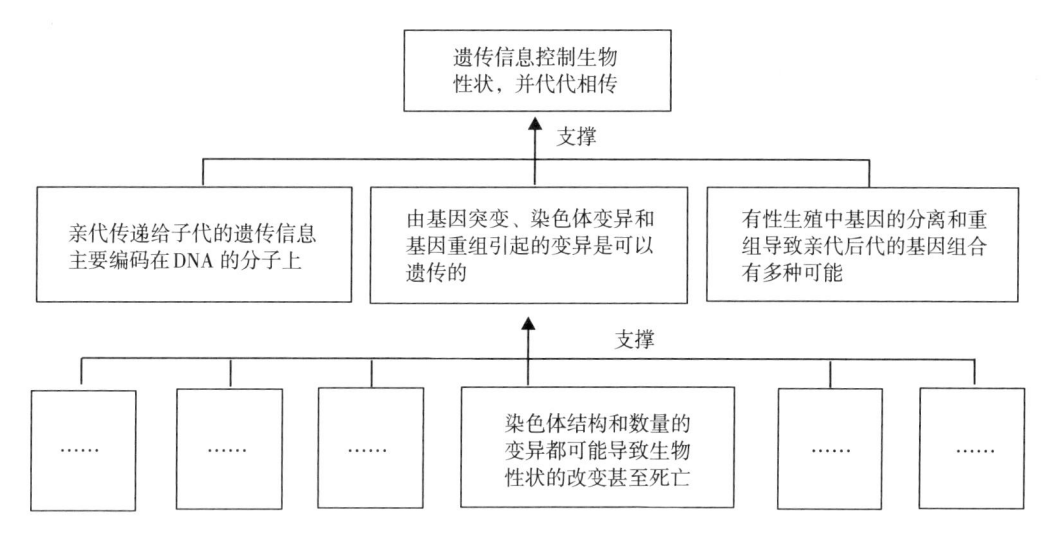

图3-50 概念的逻辑框架图

一、核心素养目标的分解与实施建议

教学目标是落实生物学核心素养的关键，教学设计需要从生命观念、科学思维、科学探究和社会责任四个方面整体设计。首先，梳理出本节重要概念和关键的生物学事实支撑培养的生命观念，然后结合本节教学内容，从训练科学思维、培养科学探究能力、落实社会责任等三个方面对核心素养目标进行检索和分解，寻找出切实可行的措施和路径。

1. 梳理支撑"生命观念"的概念和事实

根据"新课程标准"要求和教材内容，该次位概念的建立有助于发展学生的结构与功能观、进化与适应观等生命观念，对应的概念和事实见表3-40。

表3-40 重要生命观念对应的事实与相关概念

生命观念	相关概念	对应的事实
结构与功能观	基因结构和染色体结构的变异可能导致生物性状的改变甚至死亡	控制合成血红蛋白的基因发生特定碱基的替换可能导致镰刀型细胞贫血症；果蝇的染色体结构可能发生部分片段缺失、重复、倒位、易位等变异，其控制的性状也发生改变，出现缺刻翅、棒状眼等性状
进化与适应观	可遗传变异为生物进化提供原材料；在特定环境中，有些可遗传变异赋予个体更强的生存和繁殖能力，有些变异则不利于生物的生存	人们通过人工诱导基因突变、染色体变异选育具有优良性状的新品种，如含油量高的大豆、无子西瓜、多倍体草莓等；人类第5号染色体某片段的缺失导致了猫叫综合征，患者生长发育迟缓、智力水平低下

2. 设计训练"科学思维"的路径和活动

在该部分内容的教学过程中，设计了训练科学思维的路径和学生活动（见表3-41），以发展学生的归纳与概括、模型与建模、演绎与推理、批判性思维等科学思维能力。

3. 设计训练"科学探究"的路径和活动

在该部分内容的教学过程中，通过设计问题情境和相应的探究任务，让学生在讨论、交流和实践过程中培养实验设计、方案实施及结果交流与讨论能力等探究能力（见表3-42）。

表3-41 训练科学思维的路径与活动建议

科学思维	训练路径	活动建议
归纳与概括	分别归纳基因突变、基因重组与染色体变异的类型	分析教材中基因突变、基因重组和染色体变异的相关实例,归纳三种变异的类型、原因和对性状的影响;比较基因突变与染色体片段缺失的区别和染色体易位与交叉互换的区别;分析多种生物染色体组成的资料,概括二倍体、多倍体、单倍体的关系并比较其区别
模型与建模	制作基因突变、基因重组及染色体结构变异的物理模型,建构基因突变、基因重组、染色体变异的概念模型	分析教材中基因突变、基因重组及染色体变异的相关实例,建构三类变异的物理模型,阐明基因突变、基因重组及染色体变异分别通过影响基因结构、基因的组合方式及基因的数目和排列顺序影响生物的性状;分析基因突变、基因重组和染色体变异的关系,建构三类变异的概念模型,体会概念模型的建构过程和其对于生物学学习的重要作用
演绎与推理	根据基因突变、基因重组和染色体变异对基因的影响,预测三类变异分别对生物性状的影响	根据提供的材料推测生物性状变异的根本原因,例如,解释隐性突变可能的原因有基因突变或染色体片段缺失等;根据染色体组的基因组成解释染色体数目成倍增减的生物可能存活;根据多倍体生物基因的数目增加,推测多倍体性状可能出现"增强"的效应
批判性思维	评价他人建构的物理模型和概念模型	阐述同学建构的物理模型和概念模型存在的问题,并给出具体修改建议

表3-42 训练科学探究的路径与活动建议

科学探究	训练路径	活动建议
实验设计能力	设计人工培育三倍体无子西瓜的方案,设计调查人群中的遗传病的实验方案	设计人工培育三倍体无子西瓜的实验方案,阐述三倍体无子西瓜的育种原理和培育流程;撰写调查人群中的红绿色盲、白化病等遗传病的实验方案和实施细则
方案实施能力	调查人群中的遗传病,进行低温诱导植物细胞染色体数目变化的实验	调查人群中的红绿色盲、白化病等遗传病的发病率,科学记录调查数据,汇总全年级的调查数据;进行"低温诱导植物细胞染色体数目变化"的实验,撰写实验报告
结果交流与讨论能力	统计并分析实验数据,归纳实验结论,讨论实验误差	分析调查数据,判断所调查的遗传病的遗传方式,说明红绿色盲在男女中发病率不同的原因;评价同伴的实验设计思路,分析造成实验误差的可能原因

4.落实培养"社会责任"的思路和活动

在本节教学过程中,可以从三个方面培养学生的社会责任感:一是讨论解释真实情境中的生命现象;二是分析判断学生关注的社会议题;三是尝试解决现实生活中的实际问题。可以设置如下学生活动(见表3-43)。

以上是以"由基因突变、染色体变异和基因重组引起的变异是可以遗传的"这一重要概念为例,对核心素养目标进行分解与落实的尝试与思考。下面以本单元内容为例,具体展示在"染色体变异"一节的课堂教学中,如何发展学生的生物学核心素养。

表3-43 落实社会责任的思路与活动建议

社会责任	基本思路	活动建议
讨论解释生命现象	运用可遗传变异的知识讨论解释生产生活中的遗传变异现象	讨论大家已知的人类遗传病对人类健康的影响,解释镰刀型细胞贫血症、猫叫综合征、21三体综合征等遗传病的原因
分析判断社会议题	关注各类遗传病及癌症的成因,关注基因检测和基因治疗等技术的原理和现状	结合基因突变的原因,分析远离各种辐射、远离黄曲霉素等致癌物质的原因,说明吸烟的危害;收集基因检测和基因治疗的相关资料,分析基因检测和基因治疗的应用和面临的问题
尝试解决实际问题	针对农作物的育种、遗传病的检测和预防等实际问题,提出合理的解决方案或建议	应用染色体数目变异的知识提出获得无子西瓜的育种方案以及缩短育种年限的单倍体育种方案;说明备孕和待产妇女一般不进行CT等检查、不吸烟喝酒、远离二手烟等的原因

二、教学案例：染色体变异

1.教学目标

基于"新课程标准"的内容要求、学业要求和学业质量标准,着眼于提高学生生物学核心素养的要求,制订以下教学目标。

（1）利用物理模型理解染色体结构变异,阐明染色体结构变异对生物性状的影响,比较染色体结构变异与基因重组、基因突变的区别,建构染色体结构变异的概念图。

（2）利用物理模型理解个别染色体数目的增减,分析个别染色体数目增减的原因,建构其概念图。

（3）通过资料分析和模型建构,分析二倍体、多倍体与单倍体的关系,探讨染色体数目变异的细胞学基础,建构染色体数目变异的概念图。

（4）设计和进行诱导植物染色体变异的实验,解决生产实践中的具体问题。

2.教学设计思路

教学设计思路见图3-51。

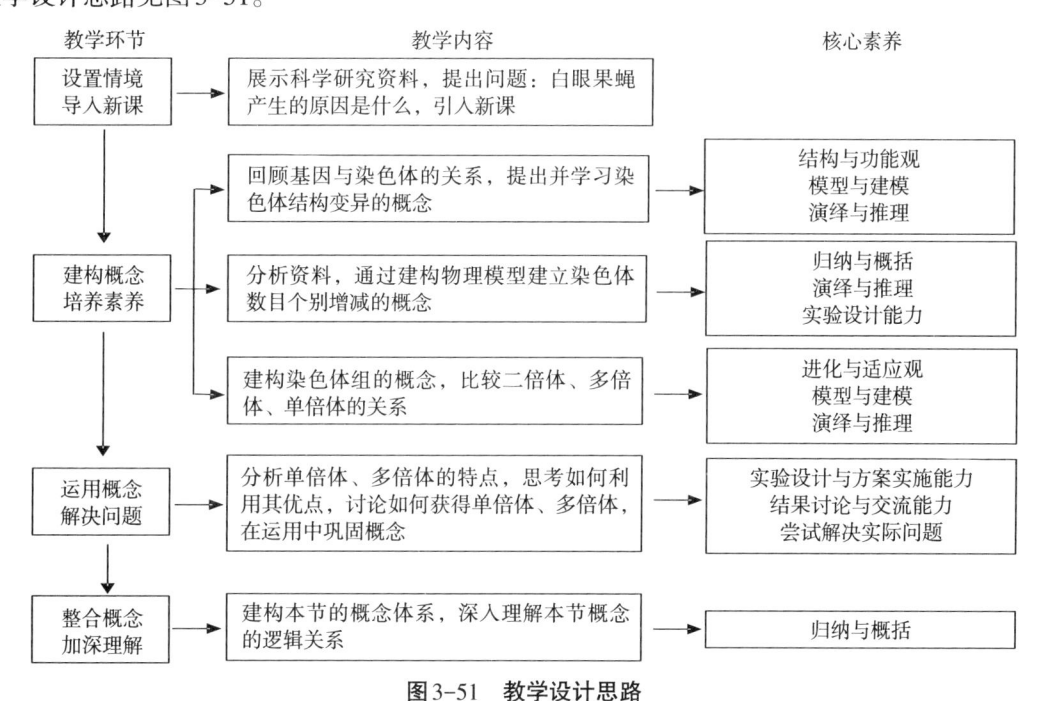

图3-51 教学设计思路

3.教学过程

1) 设置情境，导入新课

教师出示实验材料：这是遗传学家最喜欢的实验材料——果蝇，一瓶白眼雌果蝇和一瓶红眼雄果蝇，将两种果蝇杂交，子代表现型应该是怎样的？有研究人员进行该实验，实验结果请看资料1。

资料1 有研究人员在统计白眼雌果蝇（X^aX^a）和红眼雄果蝇（X^AY）交配的子代时发现：每2 000~3 000只雌果蝇中约有1只白眼雌果蝇，这种白眼雌果蝇产生的原因可能有哪些？请尝试用所学的可遗传变异的知识分析。

探讨学生首先提出的假设——基因突变，根据基因突变的低频性排除这种可能性。

教师设问：①基因位于染色体上，基因突变会改变生物性状，那染色体结构变异有没有可能导致性状改变呢？②什么叫染色体结构变异？③染色体结构可能发生哪些变异？

学生难于回答上述问题，于是，引导学生阅读教材中"染色体结构变异"的内容。

设计意图：通过果蝇激发学生的兴趣，再通过节选科学家的研究结果创设真实情境，引导学生用可遗传变异的知识解释变异果蝇产生的原因，导入新课。

2) 建构概念，培养素养

（1）"染色体结构变异"的概念建构。教师设问：①染色体结构可能发生哪些变异？②你能建构出这些变异的模型吗？③请总结染色体结构变异、缺失、重复、易位、倒位、基因数目、基因排列顺序、性状之间的关系，并用概念图表示。指导学生拿出活动1的染色体模型、剪刀和底板制作染色体结构变异的模型。用两张形状大小一样的纸制模型代表一对同源染色体，另外两张代表另外一对同源染色体，用这两对染色体模型模拟染色体结构变异的四种情况。

学生分小组进行模型建构活动，展示、探讨后形成物理模型（见图3-52），进一步归纳概括出概念图（见图3-53），掌握染色体结构变异的概念。

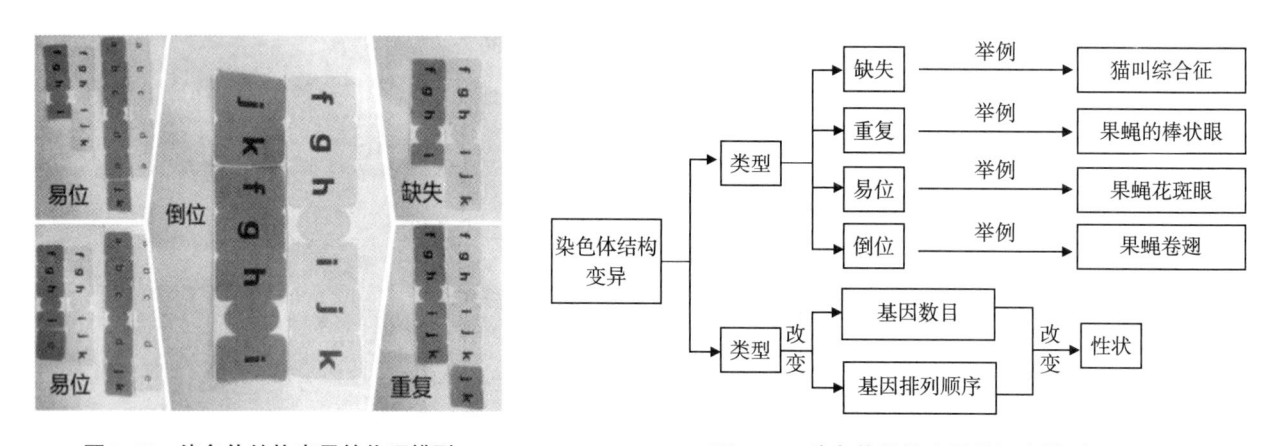

图3-52 染色体结构变异的物理模型　　　　图3-53 染色体结构变异的概念模型

教师设问：①经过以上分析，同学们能对"资料1"中的现象再提出一种假说吗？②哪个亲本在什么时候发生了这种变异导致的？引导学生用模型探讨变异子代产生的过程，最终形成物理模型（见图3-53），使学生深度理解染色体片段缺失导致白眼雌性子代产生的可能原因。

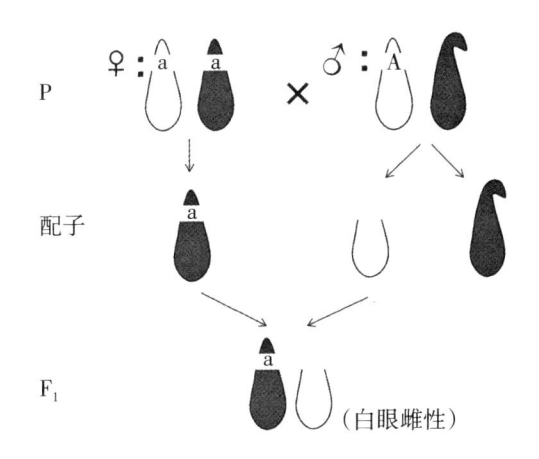

◎ 第三章 围绕核心概念发展生物学核心素养的实践

图3-54 染色体结构片段缺失产生白眼果蝇的模型

设计意图：通过建构物理模型、概念模型，形成染色体结构变异的概念，培养学生模型和建模的科学思维。通过基因和染色体的关系提出染色体结构变异产生白眼果蝇的假设，培养学生演绎与推理的科学思维，在这个过程中帮助学生建立结构和功能相适应的生命观念。

(2)"染色体数目个别增减"的概念建构。教师设问：如何验证"白眼雌果蝇是染色体片段缺失导致的"？引导学生设计实验，在探讨后获得用显微镜观察细胞中染色体的实验思路。

教师展示的实验结果见资料2。

资料2 取该白眼雌果蝇的唾液腺细胞制作临时装片，观察染色体，然后绘制其染色体组成，如图3-55所示。研究发现，雌性果蝇的性染色体组成确实有XX型和XXY型两种。

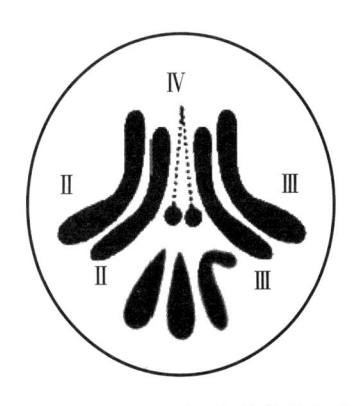

图3-55 XXY型果蝇染色体组成

教师设问：①XXY型果蝇发生了什么变异？②哪个亲本在什么时候发生了这种变异导致的？引导学生通过建构模型解释白眼果蝇产生的过程，通过讨论、修改形成物理模型（见图3-56）。

教师继续设问：①白眼雌果蝇产生的同时，产生过一种没有性染色体的配子，这种配子受精后，应该产生怎样的子代？②另外XX的卵细胞与X的精子结合还可能产生什么样的子代？教师出示资料3供学生阅读思考。

资料3 摩尔根等人通过对果蝇性染色体组成及性别表现做了大量的观察和统计，结果如表3-44所示。

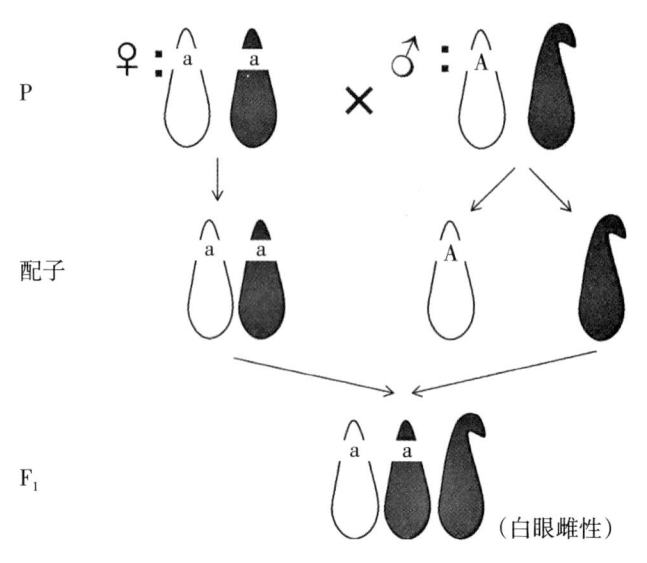

图3-56 染色体数目个别增加产生白眼果蝇的模型

表3-44 果蝇的性染色体组成及对应性状表现

性染色体	XXY	XXX	YO	XO
性别表现	可育雌性	死亡	死亡	不可育雄性

通过资料，学生明确了性染色体可能个别增减，教师追问：常染色体有没有可能增加或减少呢？展示21-三体综合征的资料，请学生分析产生的原因。最后，引导学生归纳总结，形成概念图（见图3-57）。

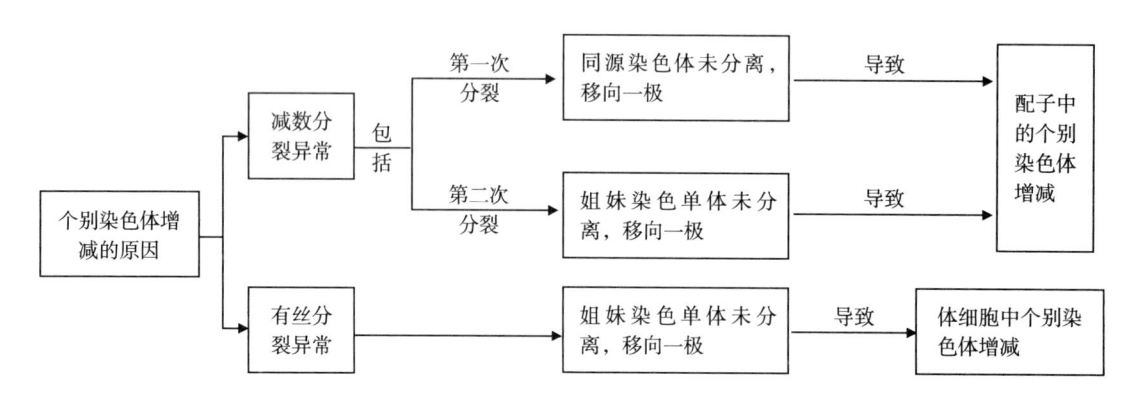

图3-57 染色体数目个别增减原因的概念图

设计意图：通过设计实验、预测实验结果及解释实验现象，认识染色体数目变异导致性状改变的事实，并根据事实演绎推理染色体数目变异导致白眼果蝇产生的原因，解释XO型果蝇、21-三体综合征等染色体数目变异的现象，完成概念"个别染色体数目的增减"的建构。着力培养学生归纳与概括、演绎与推理能力的同时，发展学生的实验设计能力。在这个过程中，学生学会正确解释21-三体综合征等遗传病的发生原因，并能正确对待遗传病病人，增强正确分析判断社会议题的社会责任意识。

◎ 第三章 围绕核心概念发展生物学核心素养的实践

（3）"染色体数目成倍增减"的概念建构。教师展示模型并设问：既然染色体可以增减一条，那每对染色体都可能增减，就像图3-58这样成倍地增减。如果是这样的话，生物能够生存下来吗？性状是否会发生改变呢？

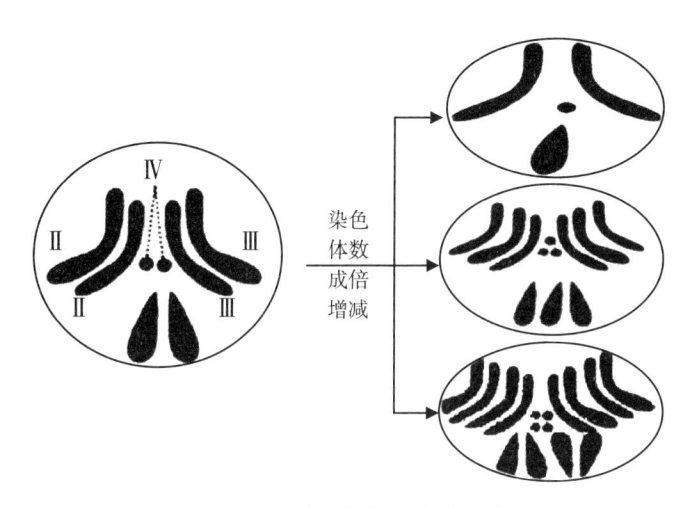

图3-58 染色体数目成倍增减

教师启发式讲解：以染色体数目减半为例，染色体数目减半的生物有没有存活的可能性？引导学生应用细胞全能性的知识，从每条染色体上的基因来分析：正常个体内的基因成对存在，但控制性状的往往只是显性基因，所以减半后的染色体依然拥有控制该生物全部性状的一整套基因。因此看来，每对同源染色体拿出一条构成的一个集合是有重要意义的，科学家称其为染色体组。请同学们据此总结染色体组的定义并思考讨论"一个染色体组对于生物的生存有什么重要意义"。

资料4 自然界中的雄蜂、雄蚁只有一个染色体组，香蕉有三个染色体组，马铃薯有四个染色体组，普通小麦、棉、烟草、苹果等都有多个染色体组。此外无子西瓜是科学家用两个染色体组的普通西瓜培育的有三个染色体组的变异品种，市场上果实硕大的草莓、番茄是有四个染色体组的变异品种。

学生阅读资料后，教师引导学生说出二倍体、三倍体、多倍体及单倍体的概念，并引导学生将这些概念概括成概念图（见图3-59）。在此基础上进一步归纳：相较于二倍体，单倍体、多倍体植株的特点和在生产实践中的作用。

设计意图：引导学生用模型从理论上分析染色体数目成倍增减的可能性，用资料从事实上感知变异的客观存在，用具体案例说明染色体变异可能产生优良性状而被人类用于培育新品种，最后建构"染色体数目成倍增减"的概念体系，帮助学生建立进化与适应观，培养学生的模型与建模能力，在理论、资料相结合的讨论分析中培养学生的演绎与推理能力。

3）运用概念，解决问题

教师设问：①根据单倍体的概念分析，如何获得染色体数目减半的植物呢？②根据有丝分裂过程分析，如何获得染色体数目成倍增加的植物呢？③如何确定处理后的生物染色体数目发生了变异？

学生提出一些人工诱导染色体数目变异的思考，教师逐步给出花药离体培养获得单倍体、低温或秋水仙素诱导获得多倍体等人工诱导染色体数目变异的方法。学生初步提出用光学显微镜观察染色体

· 157 ·

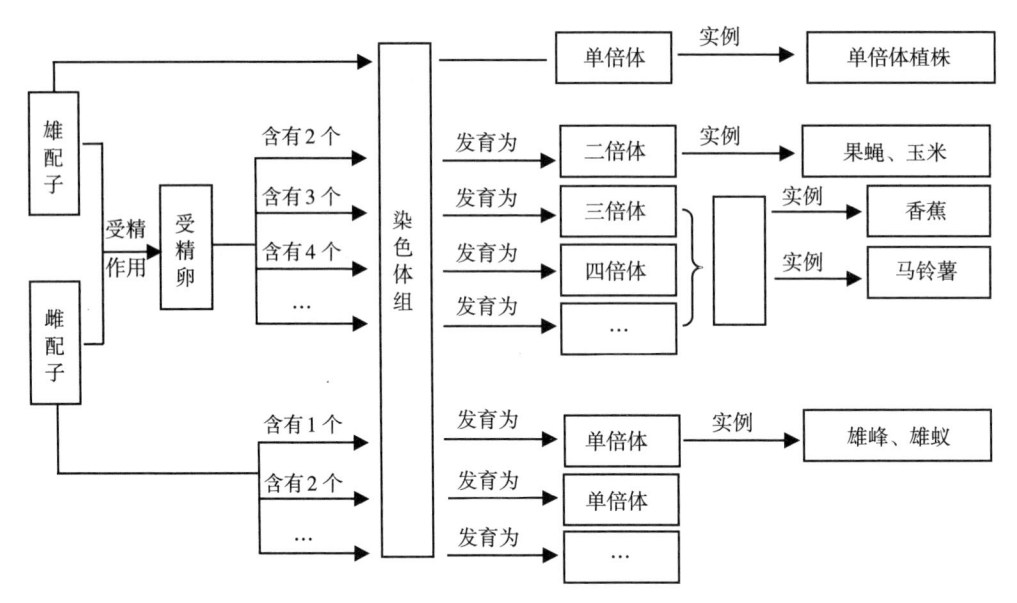

图 3-59　二倍体、多倍体和单倍体的关系

数目鉴定染色体数目变异结果的实验思路后，教师引导学生阅读教材，明确实验操作原理、过程及注意事项，并根据实际情况进行相关实验操作，论证学生的思考。

设计意图：通过实例引入多倍体育种、单倍体育种的学习，运用单倍体、多倍体的概念引导学生分析人工获得单倍体、多倍体的方法，培养学生尝试解决实际问题的社会责任意识，并在设计和进行观察染色体数目变化的实验中培养学生的实验设计与方案实施能力、结果讨论与交流能力。

4）整合概念，加深理解

课程最后引导学生在课后合作建构"染色体变异"的概念图。

设计意图：由本节知识引发学生课后思考，激发学生深度探讨的兴趣，再通过概念图总结本节课所学的知识，领悟概念之间的逻辑关系，形成"染色体变异"的概念体系，培养学生归纳与概括的科学思维。

4. 教学反思

为了更好地落实教学目标，本节课的教学格外注重了以下几个方面。

（1）精心设计课堂教学情境。本节教学设计充分挖掘了布里吉斯（Bridges）的研究成果，节选其中的"白眼雌果蝇和红眼雄果蝇杂交产生变异白眼雌果蝇"，引导学生应用基因突变、染色体结构变异、染色体数目变异分别解释该变异现象。该情境贯穿整个课堂，学生的学习过程主要就是解决情境中的问题，在解决问题的过程中实现相关概念的学习进阶。该情境下，本节课的教学不仅目标明确、教学逻辑性强，还有助于学生主动探究，经历多次"提出假说—推翻假说"的过程，最后获得正确的结论，体验科学研究成果往往是在经历无数次失败后收获的，培养学生对科学研究真实的情感，提升学生的科学探究素养。

（2）自制物理模型组织教学活动。本节课中使用到了染色体结构变异模型、染色体数目变异模型、染色体组模型等三种自制教具，将染色体结构变异的类型、染色体数目变异的原因等微观的知识形象化，让学生在动手、动脑、交流的活动过程中完成概念的建构。因此，本节课中，学生参与度高，合作学习充分，同时有效培养了学生的演绎与推理、模型与建模等科学思维能力。

（3）充分利用概念图促进概念建构。概念图是本节概念教学中一个重要的工具，本节课有三次概念图建构，一次比一次难度加大，第一次由学生填补一些留白，第二次自主建构部分概念图，第三次完全自主建构概念图，形成示范与操作相结合的设计思路，帮助学生自然而然地学习和应用概念图这种工具，将学习方法的指导自然而然地融入教学过程中。

教学实践发现，本节课对学生原有的知识和能力要求较高，面对遗传现象的分析本就力不从心的部分学生可能一开始就难以深入思考，这就要求学习小组的成员包含不同层次的学生，且给予学生充分的交流讨论时间，实现小组成员相互帮助的目的。另外，充分的预习也是保障本节课有效实施的策略，教师需要精心准备课前预习学案和课堂学历案，导航学习过程，同时让充分的学习活动产生的成果沉淀下来。

三、案例点评

1.聚焦学习生物学概念

本节课以解决真实的问题出发，通过模型建构、资料分析、实验探究等多种方式获取建构概念的生物学事实，而后引导学生自主建构概念，每完成一个概念的学习就建构一个概念图，逐步建构了染色体结构变异、个别染色体数目增减、染色体组等概念图，最终完成染色体变异概念图的建构，教学目标明确，逻辑清晰。

2.有效开展科学探究

本节课基于问题，引导学生提出了一个又一个的假设，并引导学生设计验证假设的方案，而后又通过讨论、资料分析等方式否定一些假设，最终得出科学结论。学生经历的是一次比较接近真实的科学研究过程，有助于培养学生的科学探究能力。

3.着力培养科学思维

变异类的遗传现象本身的思维强度就比较大，本节课在遗传分析的过程中，学生还要进行多次建模，例如染色体结构变异的物理模型、染色体数目变异的物理模型等；也要进行多次归纳概括，例如多次使用概念图对整个概念的归纳；还要进行多次演绎推理，例如基于每个假设进行的一系列推理分析。因此，整节课的教学是深度的思维过程，着力培养了学生的科学思维。

案例4：现存生物种类来自共同祖先

"新课程标准"指出，学生通过必修2"遗传与进化"模块的学习，要达成"生物的多样性和适应性是进化的结果"这一大概念，需要两个重要概念"地球上的现存物种丰富多样，它们来自共同祖先""适应是自然选择的结果"作为支撑（见图3-60）。通过对"地球上的现存物种丰富多样，它们来自共同祖先"这一重要概念的学习，学生能基于大量事实证据的分析，学会科学论证的方法，认可生物的进化现象，逐步形成进化与适应观；通过对大量生物学事实的归纳与概括，培养演绎与推理、批判性思维等能力；通过设计DNA分子杂交的探究性实验，探索不同生物之间的亲缘关系，提高实验设计、结果交流与讨论能力；通过对一系列生物进化证据的分析，能科学地解释生命进化的现象。

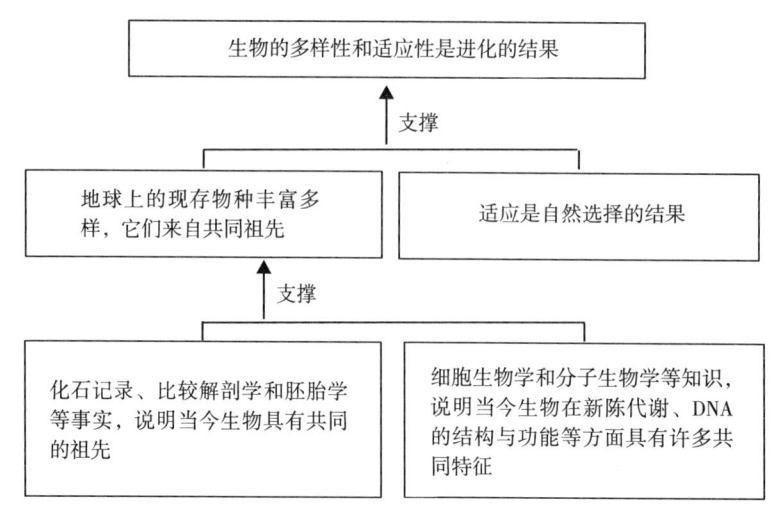

```
                  ┌─────────────────────────────┐
                  │ 生物的多样性和适应性是进化的结果 │
                  └─────────────────────────────┘
                                ▲
                              支撑
              ┌─────────────────┴─────────────────┐
    ┌──────────────────────┐          ┌──────────────────────┐
    │ 地球上的现存物种丰富多 │          │ 适应是自然选择的结果 │
    │ 样，它们来自共同祖先  │          │                      │
    └──────────────────────┘          └──────────────────────┘
              ▲
            支撑
    ┌─────────┴─────────┐
┌──────────────────┐  ┌──────────────────────┐
│ 化石记录、比较解剖│  │ 细胞生物学和分子生物学│
│ 学和胚胎学等事实，│  │ 等知识，说明当今生物在│
│ 说明当今生物具有共│  │ 新陈代谢、DNA 的结构 │
│ 同的祖先          │  │ 与功能等方面具有许多共│
│                  │  │ 同特征                │
└──────────────────┘  └──────────────────────┘
```

图3-60 概念的逻辑框架图

在重要概念"地球上的现存物种丰富多样，它们来自共同祖先"的教学中，对核心目标进行分解，从生物学核心素养的四个维度进行分析，通过一定的教学活动实现生物学核心素养的达成。

一、核心素养目标的分解与实施建议

生物学核心素养包括生命观念、科学思维、科学探究和社会责任。生命观念源于对众多生物学概念、原理、规律的提炼和升华，需要首先梳理出生命观念对应的概念、原理、规律及关键事实。同时还需要利用恰当的教学策略，训练科学思维、科学探究和社会责任三个方面的素养，基于此，对本节内容的核心素养目标进行分解，寻找切实可行的教学措施和路径。

1. 梳理支撑"生命观念"的概念和事实

生命观念是用于理解或解释生物学相关现象、分析和解决生物学实际问题的标准，应用生命观念不仅可以促进生物学概念教学目标的达成，还是帮助学生研究生命现象的思想和方法。在教学中，梳

表3-45 重要生命观念对应的事实与相关概念

生命观念	相关概念	对应的事实
进化与适应观	现存生物种类来自共同祖先	化石证据是生物进化与适应的直接证据；比较解剖、胚胎、细胞学与分子生物学等证据是生物进化与适应的间接证据

理与生命观念对应的相关概念和事实，能为形成正确的生命观念奠定基础（见表3-45）。

2. 设计训练"科学思维"的路径和活动

在该部分内容的教学过程中，设计了训练科学思维方法的路径和学生活动（见表3-46），以发展学生的归纳与概括、演绎与推理、批判性思维等科学思维能力。

3. 确定培养"科学探究"的路径和活动

在本部分内容的教学中，教师创设探究性学习情境，设计学生深度参与的探究任务或思维活动（见表3-47），有针对性地培养科学探究能力。

表3-46　训练科学思维方法的路径与活动建议

科学思维	训练路径	活动建议
归纳与概括	运用化石、比较解剖学、胚胎学、细胞学及分子生物学的证据链归纳、概括出生物的共同特征	分析过渡型生物化石的结构特征；比较蝙蝠的翼、鲸的鳍、猫的前肢和人的上肢解剖结构的共同特征；对比分析人与鱼等几种生物胚胎早期发育阶段的共同特征；比较古细菌与现今细菌在结构上的共同点，概括出生物的共同特征
演绎与推理	根据多角度材料的比较，对生物来自共同的原始祖先作出合理的推测	从比较解剖学的角度分析蝙蝠的翼、鲸的鳍、猫的前肢和人的上肢解剖结构，从胚胎学角度分析人与鱼等几种动物的胚胎发育过程中出现某些相似结构，从细胞角度分析古细菌与现今细胞在结构上的共同特征，从分子生物学角度分析细胞色素c在黑猩猩等10种生物中的共同特征，推测生物有共同原始祖先
批判性思维	对证据链表示认同或提出质疑；评价同学的实验设计方案，对方案进行修正与完善；针对现象提出自己的猜想或推论	反驳生物进化历程中资料缺乏的事实，提出其他补充证据，以小组形式展开论证；对DNA分子杂交实验提出自己的猜测或推论

表3-47　训练科学探究的路径与活动建议

科学探究	训练路径	活动建议
实验设计能力	小组合作，讨论DNA分子杂交实验的思路与方法	学生讨论，小组合作设计几种生物进行DNA分子杂交实验的思路
结果交流与讨论能力	同伴之间交流结果，讨论结果对应的结论	以小组互助合作的形式，对实验结果进行交流与讨论，达成共识

4. 落实培养"社会责任"的思路和活动

培养社会责任的关键是引导学生学以致用。在本节教学中，设计相应的学生活动（见表3-48），引导学生运用所学知识讨论解释生命现象，以促进学生社会责任意识的形成。

表3-48　落实社会责任的思路与活动建议

社会责任	基本思路	活动建议
讨论解释生命现象	运用事实证据，解释生物来源于共同祖先	分析直接证据与间接证据，认识到生物具有共同的原始祖先，生物是进化而来的，不是神创造而来的

以上是对"地球上的现存物种丰富多样，它们来自共同祖先"重要概念在核心素养目标的分解与落实的分析与思考。下面以"生物有共同祖先的证据"一节内容为例，具体展示在真实的课堂教学中，如何发展学生的生物学核心素养。

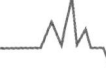

二、教学案例：生物有共同祖先的证据

1.教学目标

（1）展示相关事实与证据，运用归纳与概括、演绎与推理、批判性思维等方法，认可生物的进化现象，形成进化与适应观。

（2）学习使用科学论证的方法，以事实为证据，提出合理推理，论证生物有共同祖先的主张。

（3）小组合作，设计DNA分子杂交实验，论证生物种类之间的亲缘关系，提高实验设计能力和对结果进行交流讨论的能力。

（4）通过对生物进化一系列证据的分析，能科学地讨论解释生命进化的现象，认可现存生物种类来自共同祖先。

2.教学设计思路

教学设计思路见图3-61。

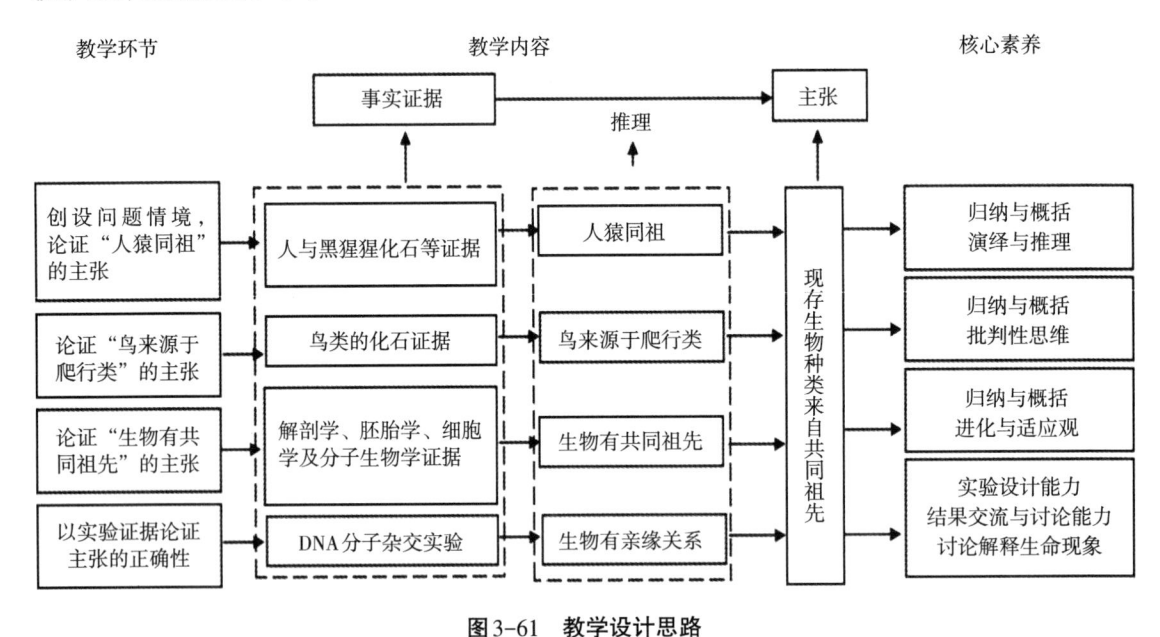

图3-61 教学设计思路

3.教学过程

（1）创设问题情境，论证"人猿同祖"的主张，激发学习兴趣。教师展示教科书"问题探讨"及资料1的内容。

资料1　达尔文的《人类的由来及性选择》节选：人类是按照其他哺乳动物同样的一般形式或模型构成的。人类骨骼中的一切骨可以同猴的对应骨相比拟，人类的肌肉、神经、血管以及内脏亦如此。

教师提问：分析上述两则资料，你能提出什么证据来支持达尔文的"共同由来学说"？

学生分析资料，推测出"人与猿（或猴）在身体结构上具有共同性"，形成"人猿同祖"的主张。教师继续引导学生阅读课本，从课本中寻找更多证明"人猿同祖"的证据，抑或是反对"人猿同祖"的证据（见图3-62），引出化石的概念。化石是指通过自然作用保存在地层中的古代生物的遗体、遗物或生活痕迹等。在此过程中师生共同认识化石的形成过程、化石与地层年龄之间的关系。

第三章 围绕核心概念发展生物学核心素养的实践

```
                              【反驳1】：人与猿（或猴）属于两
                              个分支，骨骼接近
                                      ↓
 事实证据 ─────────────────────────────→ 主张：人猿同祖
    ↑                    ↑               ↑
课本"问题探讨"；【资料1】《人    【推理1】：人与猿（或猴）   补充：少女露西骨架化
类的由来及性选择》：人类骨骼中的   在身体结构上具有共同性      石记录
一切骨可以同猴的对应骨相比
拟，人类的肌肉、神经、血管以及内脏亦如此
```

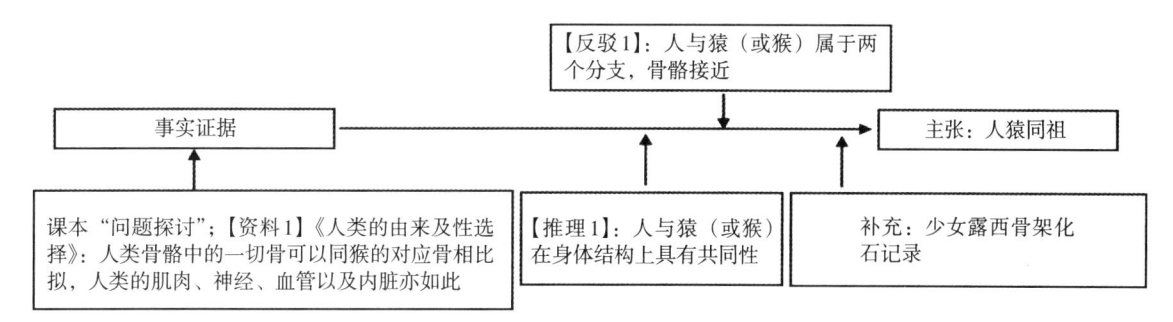

图3-62 "人猿同祖"论证图

学生阅读教材和课本"思考·讨论"中"少女露西的骨骼化石记录"，寻找"人猿同祖"的补充证据。学生根据上述资料，推理论证，得到主张"人猿同祖"。教师引导思考，其他生物之间是否也能推理出共同祖先的主张？

设计意图：该环节以达尔文的《物种起源》《人类的由来及性选择》资料为证据，引导学生以论证的方式思考问题。首先，提出相应的资料，作为论证的事实，通过归纳与概括人与猴在身体结构等方面具有的相似性，推理出"人与猿在身体结构上具有共同性"，此时，某些学生基于证据少，缺乏中间过渡状态的化石资料提出反驳意见，然后，教师在引导学生阅读课本的基础上，将少女露西化石资料作为补充证据，用更确凿、典型的具体事例来证明观点，形成"人猿同祖"的主张。通过该部分内容的演绎与推理过程，让学生开始体会到化石记录能直观地阐释生物有共同祖先的主张。

（2）基于化石记录，论证"鸟类来源于爬行类"的主张。

资料2 始祖鸟的大小及形状与喜鹊相似，它有着阔圆的翅膀及长的尾巴，它的羽毛与现代鸟类相似。但是始祖鸟还有一些特征不像现代鸟类，例如，它有细小的牙齿，可以用来捕获昆虫及其他细小的无脊椎动物。它有骨质的尾巴，它的脚有三趾长爪，始祖鸟的化石记录见图3-63。

资料3 孔子鸟体型大小与鸡相近，上下颌已经没有牙齿，有清晰的羽毛印迹。孔子鸟身体结构既有和爬行类动物相似之处，又有和鸟类相同之处，孔子鸟是目前已知的最早拥有角质喙且无齿的鸟类。根据出土地点的地质形成史推断，孔子鸟生活在距今约1.25亿年到1.1亿年间（见图3-64）。

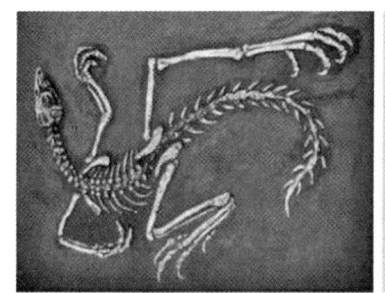

图3-63 始祖鸟化石与复原图　　　　　图3-64 孔子鸟化石与复原图

教师提问：请分析始祖鸟的化石记录，推理与现存生物之间的关系，提出相应的主张。

学生分析上述两则资料，发现始祖鸟化石中骨骼结构接近现在的爬行类，但是由于证据太过单一，学生会提出反驳意见，认为这只是爬行类装饰了羽毛。此时教师需要及时提供更多的接近鸟的中间物种的化石证据，因此补充孔子鸟形态结构的证据，形成"鸟类来源于爬行类"的主张（见图3-65）。

163

```
                              【反驳2】：始祖鸟是爬行类装饰了羽毛
                                          ↓
    事实证据（化石记录） ←─────────────────────────→ 主张2：鸟类来源于爬行类
         ↑                    ↑                    ↑
【资料2】：始祖鸟的大小及形状与喜鹊   【推理2】：鸟类   补充【资料3】：孔子鸟体型大小与鸡相
相似，它有着阔和圆的翅膀及长的尾      来自爬行类      近，上下颌已经没有牙齿，有清晰的羽
巴，它的羽毛与现代鸟类相似。但是                    毛印迹。孔子鸟身体结构既有和爬行类
始祖鸟还有一些特征不像现代鸟类，                    动物相似之处，又有和鸟类相同之处，
例如，它有细小的牙齿，可以用来捕                    孔子鸟是目前已知的最早拥有角质喙且
获昆虫及其他细小的无脊椎动物。它                    无齿的鸟类
有骨质的尾巴，它的脚有三趾长爪
```

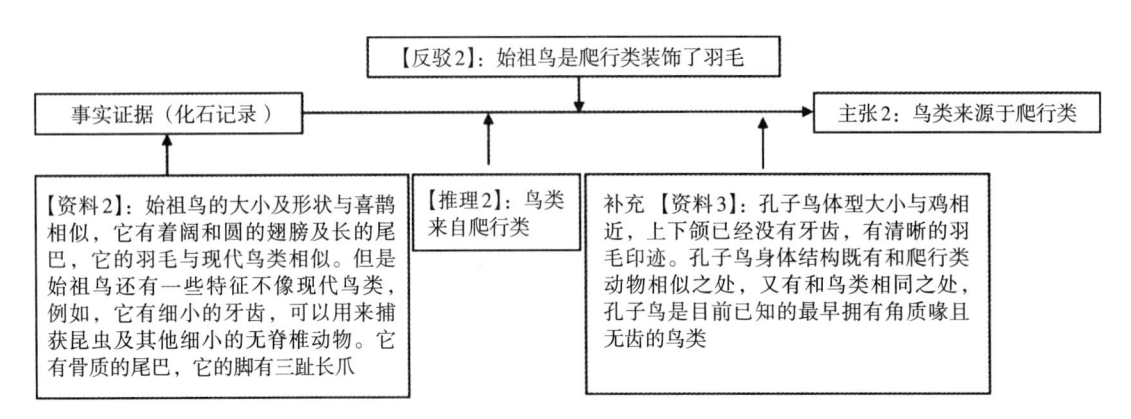

图 3-65　论证 "鸟类来源于爬行类" 的主张

设计意图：该环节使用论证的方法，以"鸟类来源于爬行类"为主线，逐步深入，层层递进。首先，教师提供始祖鸟的化石资料介绍，从形态结构的分析、归纳与概括，发现始祖鸟与现今存在的爬行类在身体结构上具有相似的地方，因此推测鸟类与爬行类存在某种关系，让学生体会证据→推理→反驳的论证过程，在反驳的过程中培养学生的批判性思维；在此基础上，学生又根据教师提供的孔子鸟化石资料介绍，进一步体验反驳→主张的论证过程，进而形成正确的主张。

（3）基于比较解剖学、胚胎学及分子生物学证据，论证"生物有共同祖先"的主张。

资料4　四种动物前肢或者上肢骨骼示意图；四种动物胚胎发育比较图；古细菌与现今细胞结构比较。

资料5　细胞色素c是细胞中普遍含有的一种蛋白质，约有104个氨基酸，据测算，它的氨基酸序列每2 000万年才发生1%的改变。不同生物与人的细胞色素c氨基酸序列的差异如表3-49。

表3-49　不同生物与人的细胞色素c氨基酸序列差异

生物名称	猕猴	狗	鸡	响尾蛇	金枪鱼	果蝇	天蚕蛾	链孢霉	酵母菌
氨基酸差异/个	1	11	13	14	21	27	31	43	44

教师提问：分析教师提供的补充资料，推理多种生物祖先之间的关系。

学生分析上述资料，发现蝙蝠的翼、鲸的鳍、猫的前肢及人的上肢，其肱骨、桡骨、尺骨、腕骨、掌骨和指骨的排列与数量均相同，但是形态有差异，说明生物之间有关系，也有适应环境的现象；学生继续分析补充胚胎学证据，发现鱼、龟、鸟及人，胚胎早期发育过程中均会出现鳃裂与尾巴，推理这些生物早期都生活在水中，这些脊椎动物有共同祖先；同时，学生会提出反驳意见，这时教师提供更多的细胞学、分子生物学的证据，论证"生物有共同祖先"的主张（见图3-66）。

设计意图：通过分析两则资料"脊椎动物前肢或者上肢的结构比较""四种动物早期胚胎发育过程"，归纳概括出这些前肢或者上肢在结构上具有相同点，但在功能上具有差异性，以及四种动物胚胎发育早期具有鳃裂和尾部的现象，作为证据推理出不同动物前肢或上肢的功能不同是因为适应不同的生存环境和生活方式，联想到上述四种是水生动物，总结得到脊椎动物拥有共同的祖先的概念。增加

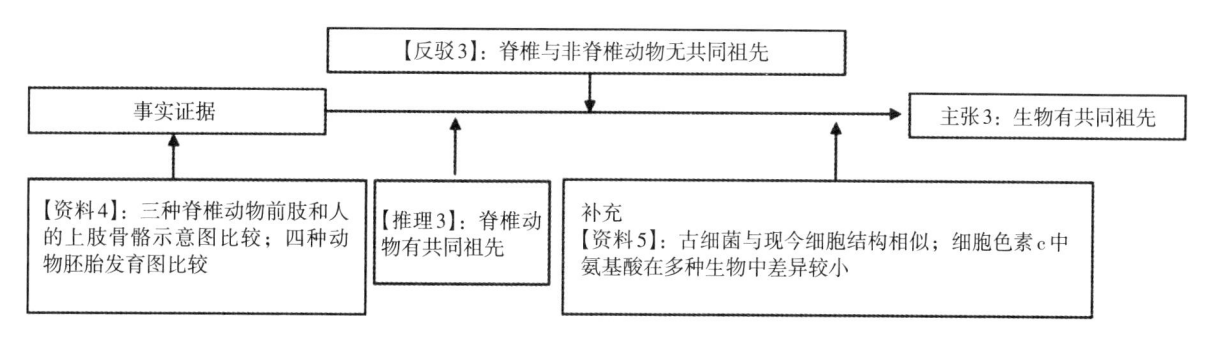

◎ 第三章 围绕核心概念发展生物学核心素养的实践

```
                    ┌──────────────────────────────┐
                    │【反驳3】：脊椎与非脊椎动物无共同祖先│
                    └──────────────┬───────────────┘
                                   │
┌─────────────┐                    │                    ┌──────────────────┐
│  事实证据    │──────────────────────────────────────▶│ 主张3：生物有共同祖先│
└──────┬──────┘          ▲                              └──────────────────┘
       │                 │                 补充
       ▲          ┌──────┴──────┐          ▲
┌──────┴────────┐ │【推理3】：脊椎│ ┌─────────┴──────────┐
│【资料4】：三种│ │ 椎动物有共同 │ │【资料5】：古细菌与现今细胞结构│
│脊椎动物前肢和人│ │   祖先      │ │相似；细胞色素c中氨基酸在多种生物│
│的上肢骨骼示意图│ └─────────────┘ │中差异较小                    │
│比较；四种动物胚│                  └─────────────────────────────┘
│胎发育图比较    │
└───────────────┘
```

图3-66 论证"生物有共同祖先"的主张

"古细菌与现今细胞图像对比""细胞色素c在多种生物中差异情况"的证据，对脊椎与非脊椎动物之间的关系进一步补充证明材料，印证两类生物之间的亲缘关系，建构"当今生物有共同祖先"的概念，同时该过程也渗透进化与适应观。

（4）基于生物学实验证据，论证生物之间具有亲缘关系。

资料6 人与猩猩和长臂猿的某段同源DNA的差异分别为2.4%、5.3%；DNA分子杂交技术可以用来比较不同种生物DNA分子的差异。

教师提问：教师提供人、长臂猿、猩猩三种生物的某同源区段DNA分子，学生设计实验证明三种生物之间的亲缘关系。

学生分析上述资料，小组内交流讨论实验原理是利用DNA分子杂交技术（见图3-67），即当两种生物的DNA单链有互补的碱基序列时，互补的碱基序列就会结合在一起，形成杂合双链区；在没有互补碱基序列的部位，仍然是两条游离的单链。实验思路：将三种生物的DNA分子分别加热至形成DNA单链，再混合后冷却，观察是否形成杂交DNA分子及DNA分子之间杂交的程度。

设计意图：前面已经通过多则资料，论证"生物有共同祖先"的主张。进入该教学阶段后，通过设计DNA分子杂交实验的策略，考查学生实验设计及对实验结果进行交流与讨论的能力；同时，利用DNA分子杂交实验，能解释人、长臂猿、猩猩三种生物之间的亲缘关系，进而发展学生讨论解释生命现象的社会责任，建构"当今生物在DNA的结构与功能等方面具有许多共同特征"的概念。

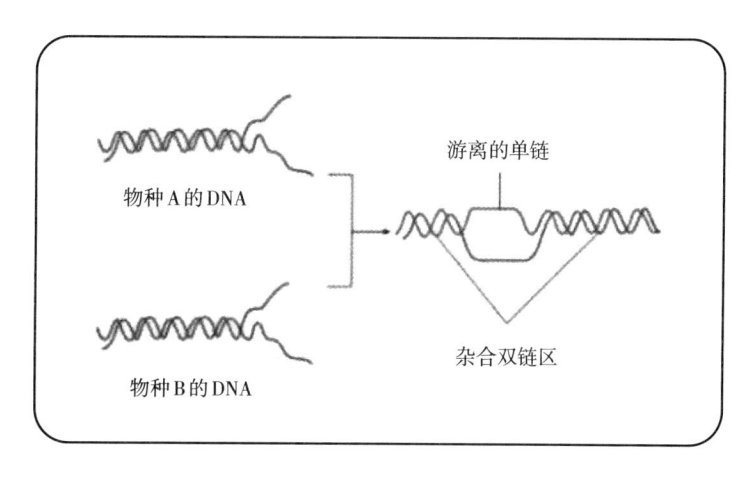

图3-67 DNA分子杂交图

4.教学反思

（1）采用论证式教学策略。根据资料提出推理→学生提出质疑和反驳意见→教师或学生补充证据→师生共同得到主张。通过师生共同体验科学论证法，基于证据得出主张的过程，有利于培养学生主动思考，提升其运用比较、分析、归纳、概括及批判性思维的能力。

（2）运用多侧面多途径证据求"同"。首先，从直接的化石证据证明"人猿同祖""鸟类来源于爬行类"；其次，基于过渡性化石证据寻找比较困难的现状，提供现代生物的一些特征作为补充证据，补充了比较解剖学、胚胎学、细胞学及分子生物学的间接证据，以一系列的证据链，证明脊椎动物之间、脊椎与非脊椎动物之间具有共同祖先。

（3）以生物之间具有共同祖先论证为主线。课堂教学从"人猿共祖"→"鸟类来源于爬行类"→"生物具有共同祖先"为主线贯穿始终，从个别生物之间的共祖现象，逐渐拓展到所有生物具有共同祖先的认识上，由简单到复杂，思维训练由低阶到高阶递进，逐步形成进化与适应观、批判性思维等。同时，学生通过DNA分子杂交探究实验，发展了实验设计、结果交流与讨论及运用生物学概念解释生命现象的能力。

三、案例点评

1.巧用情境，激发学习兴趣

本节教学设计利用达尔文的《物种起源》《人类的由来及性选择》资料片段入手，该情境对于学生并不陌生，他们在初中阶段已经学习过达尔文的进化学说，对相关概念已经有一定的认识，但是，学生并不清楚人类来源的具体证据。因此，本节教学首先设计利用这两则资料，快速吸引学生的注意力，引起学生对人类由来的思考，激发学生学习的兴趣及主动学习的热情。

2.论证式教学，培养批判性思维

本节教学设计分为四个阶段进行论证：第一阶段，论证"人猿同祖"的主张，该阶段主要是教师提供资料作为最初的证据，后续学生利用教材中"思考•讨论"部分的资料作为补充证据，推理"人猿同祖"的主张；第二阶段，论证"鸟类来源于爬行类"的主张，该阶段教师提供始祖鸟和孔子鸟两则化石记录作为论证的证据，与学生一起推理"鸟类与爬行类的关系"，通过层层递进的资料，论证"鸟类来源于爬行类"的主张；第三阶段，论证"生物有共同祖先"的主张，该阶段教师利用四种动物前肢或者上肢的骨骼解剖学结构、四种动物的胚胎发育早期均存在鳃裂与尾部的事实及细胞学、细胞色素c的分子生物学原理等，推理脊椎动物之间、脊椎动物与非脊椎动物之间具有亲缘关系，论证"生物有共同祖先"的主张。

3.探究实验，提升科学探究能力

在教学设计的第四个阶段，安排实验设计环节，也是本节教学设计的升华。学生已经从前面三个阶段的论证过程中，逐渐认识到现存生物具有共同祖先的事实，但是，还缺少一些实验证据。本节教学设计在原有论证教学的基础上加上实验（第四阶段），通过不同生物DNA分子之间的杂交关系，论证生物之间具有亲缘关系，最后，学生对实验结果进行讨论与分析，并能运用实验结果解释生命中的某些现象，提升其科学探究能力和社会责任感。

第三节 《稳态与调节》模块的教学案例

案例1：血糖平衡的调节

"新课程标准"指出，学生通过选择性必修1模块的学习，要达成"生命个体的结构与功能相适应，各结构协调统一共同完成复杂的生命活动，并通过一定的调节机制保持稳态"这一大概念。此大概念的达成需要内环境、内环境稳态的维持等若干个重要概念作为支撑，内环境稳态的维持这一重要概念的达成需要两个次位概念的支撑。这两个次位概念的达成又需要血糖平衡调节、体温调节和水盐平衡调节等概念作为支撑（图3-68）。学生通过对内环境稳态的维持这一重要概念的学习，能说明激素通过反馈调节维持机体稳态的机制，发展稳态与平衡观；通过分析案例，建构血糖来源与去向、血糖平衡调节、体温调节、水盐平衡调节的概念模型，提升科学思维能力；设计实验探究胰岛素、胰高血糖素等激素的作用和激素之间的关系，并评价同伴的实验设计思路，发展科学探究能力；运用血糖平衡调节有关的知识解释正常人的血糖在一定范围内波动的原因和糖尿病人出现"三多一少"症状的原因，并为糖尿病人提出合理的饮食建议，提升社会责任感。

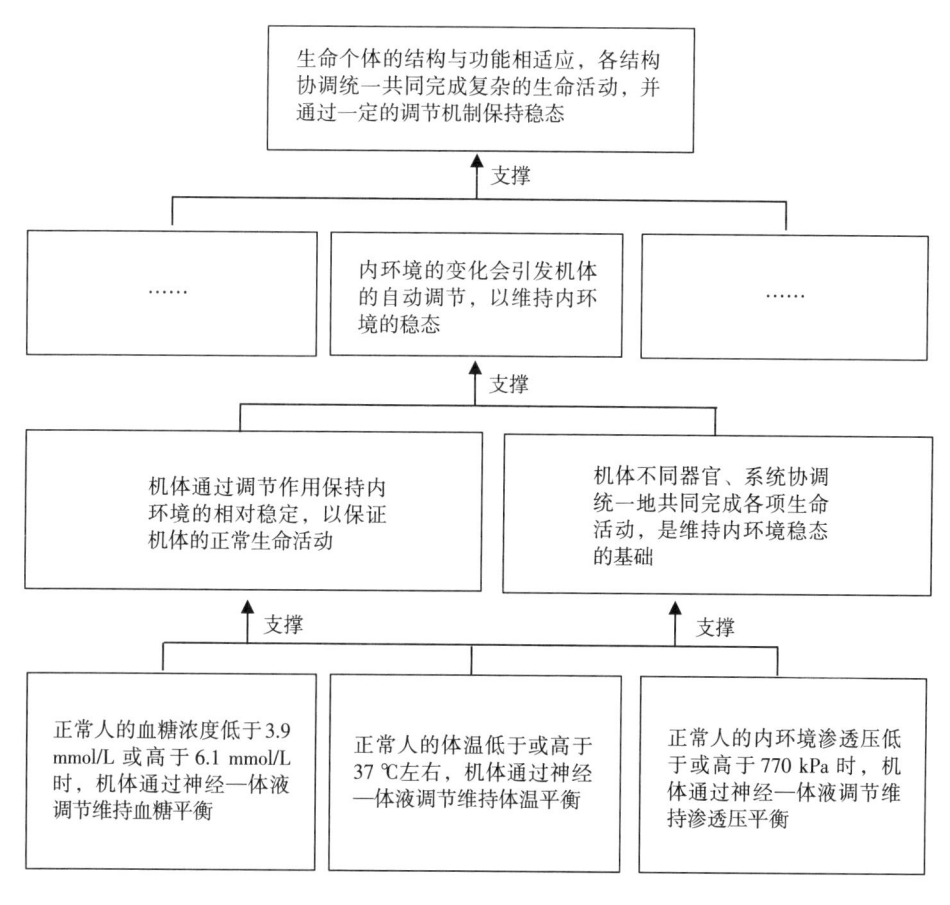

图3-68 概念的逻辑框架图

在内环境稳态的维持这一概念的教学过程中，可先将这部分内容按照核心素养目标进行合理分解，再采用相应的教学措施帮助学生达成核心素养目标。

一、核心素养目标的分解与实施建议

根据教材内容和"新课程标准"要求，从生命观念、科学思维、科学探究和社会责任四个方面对建立本概念体系的核心素养目标进行检索和分解，并寻找出切实可行的措施和路径去落实和完成。

1. 梳理支撑"生命观念"的概念和事实

根据教材内容和"新课程标准"要求，要建立该概念体系相对应的生命观念，需以下列概念和事实作为支撑（见表3-50）。

表3-50 重要生命观念对应的事实与相关概念

生命观念	相关概念	对应的事实
物质与能量观	内环境稳态的维持过程中，能量形式的转换往往伴随相应的物质变化	肝糖原、肌糖原、甘油、脂肪酸和葡萄糖中都含有化学能；血糖可氧化分解供能
结构与功能观	生物体的很多结构与其功能是相适应的	内分泌系统分泌的激素可参与内环境稳态的调节；肾脏中的肾小管、集合管对水和无机盐有重吸收作用，肾小球有滤过作用；皮肤有温度感受器，可感受温度变化，皮肤有血管、汗腺，与散热有关；下丘脑是血糖、体温、水盐的调节中枢
稳态与平衡观	生命系统内部的物质和能量变化处于相对稳定状态	正常人的血糖、体温、pH值、渗透压维持相对稳定。血糖升高，胰岛素分泌增加，使血糖恢复正常；血糖降低，胰高血糖素分泌增加，使血糖恢复正常。体温升高，通过神经调节使其恢复正常；体温降低，通过神经-体液调节使其恢复正常。渗透压升高，通过神经-体液调节使其恢复正常；反之亦然。血糖失衡、水盐失衡、体温失调可引发多种疾病
进化与适应观	适应性是生物进化的结果	内环境稳态的调节是一种适应性

2. 设计训练"科学思维"的路径和活动

在该部分内容的教学过程中，设计了训练科学思维的路径和学生活动（表3-51），以发展学生归纳与概括、模型与建模、演绎与推理等科学思维能力。

3. 确定培养"科学探究"的路径和活动

在该部分内容的教学过程中，通过创设探究性学习情境，设计学生深度参与的探究任务或思维活动（见表3-52），让学生在实验设计、方案实施、结果交流与讨论的过程中提升科学探究能力。

4. 落实培养"社会责任"的思路和活动

在本节教学过程中，设置如表3-53中的活动，引导学生利用所学知识讨论解释真实情境中的生命现象，尝试解决实际问题，以发展其社会责任。

第三章 围绕核心概念发展生物学核心素养的实践

表 3-51 训练科学思维的路径与活动建议

科学思维	训练路径	活动建议
归纳与概括	归纳血糖的来源与去向、产热与散热的途径、人体内水的来源和排出途径;比较神经调节与体液调节的区别;总结神经调节与体液调节的关系、下丘脑在维持机体稳态中的作用、动物生命活动调节的类型	分析资料并结合教材内容,归纳血糖的来源与去向、产热与散热的途径、人体内水的来源和排出途径;分析神经调节与体液调节相关的实例,比较神经调节与体液调节的区别;分析维持人体稳态相关的生理过程,总结神经调节与体液调节的关系和下丘脑在维持机体稳态中的作用;列举神经调节与体液调节的不同方式,总结动物生命活动调节的类型
模型与建模	建构血糖平衡调节、水和无机盐平衡调节、体温调节的概念模型,阐明机体通过调节作用保持内环境的相对稳定;建构饭后血糖变化的数学模型;将酸碱对不同实验材料pH值变化的影响实验数据转化为数学模型;讨论数学模型中某些关键点的生理意义	分析相关资料,建构血糖平衡调节、水和无机盐平衡调节、体温调节的概念模型;分小组检测正常人体一天中血糖变化的情况,建构饭后血糖变化的数学模型;完成酸碱对不同实验材料pH值变化的影响实验,并将实验结果转化成数学模型;讨论数学模型中某些关键点的生理意义
演绎与推理	阐明血糖、体温、pH值和渗透压维持相对稳定对机体进行正常生命活动的意义	分析人体稳态维持相关的生理过程,阐明血糖、体温、pH值和渗透压维持相对稳定对机体进行正常生命活动的意义
批判性思维	对同学建构的概念模型和数学模型及实验方案提出修改建议;对自己不理解的过程及结论大胆质疑	对同学建构的血糖平衡调节、水和无机盐平衡调节、体温调节的概念模型和饭后血糖变化的数学模型及实验方案提出修改建议;对自己不理解的过程及结论大胆质疑

表 3-52 训练科学探究的路径与建议活动

科学探究	训练路径	活动建议
实验设计能力	设计实验探究激素的功能和激素间的关系	根据不同激素的作用机理,设计实验探究胰岛素和胰高血糖素之间的关系、探究动物激素的功能
方案实施能力	根据实验步骤,完成实验	根据教材中的实验步骤,完成模拟生物体维持pH值稳定的实验操作
结果交流与讨论能力	交流和讨论实验结果	完成模拟生物体维持pH值稳定的实验后,分析和讨论实验结果,阐明生物体pH值维持相对稳定的原理

表 3-53 落实社会责任的思路与活动建议

社会责任	基本思路	活动建议
讨论解释生命现象	运用稳态的相关知识解释身边的生命现象	解释正常人的血糖、体温、pH值、渗透压在一定范围内波动的原因、糖尿病人出现"三多一少"症状的原因、发热后采用各种措施退烧的原理、严重腹泻后补充生理盐水的原理
尝试解决实际问题	针对生活生产中的实际问题,提出合理的解决方案	建议糖尿病人日常生活中应注意养成哪些饮食习惯、青少年在日常生活中应养成哪些正确的饮食习惯;人剧烈运动、在高温条件下工作或患某些疾病(剧烈呕吐、严重腹泻)后,应该采取哪些措施防止脱水

以上是以"内环境稳态"中血糖、体温、pH值、渗透压的调节为例,对核心素养目标的分解与落实的尝试与思考。下面以"血糖平衡的调节"一节内容为例,具体展示在真实的课堂教学中,如何发展生物学核心素养。

二、教学案例:血糖平衡的调节

1.教学目标

基于"新课程标准"的内容要求、学业要求和学业质量标准,着眼于提高学生生物学核心素养的要求,制订以下教学目标。

(1)通过分析资料,归纳血糖的来源与去向,并解释正常人口服葡萄糖后血糖变化的原因。

(2)通过对胰岛素和胰高血糖素作用机理和血糖平衡调节过程的分析,运用建模的思维方法建构血糖平衡调节过程的概念模型。

(3)运用血糖平衡调节的概念模型,解释糖尿病的发病原因及出现相关症状的原因,并为其提出科学的生活建议,感悟以科学知识指导健康生活的重要性,并养成积极的生活态度和健康的生活习惯。

2.教学设计思路

教学设计思路见图3-69。

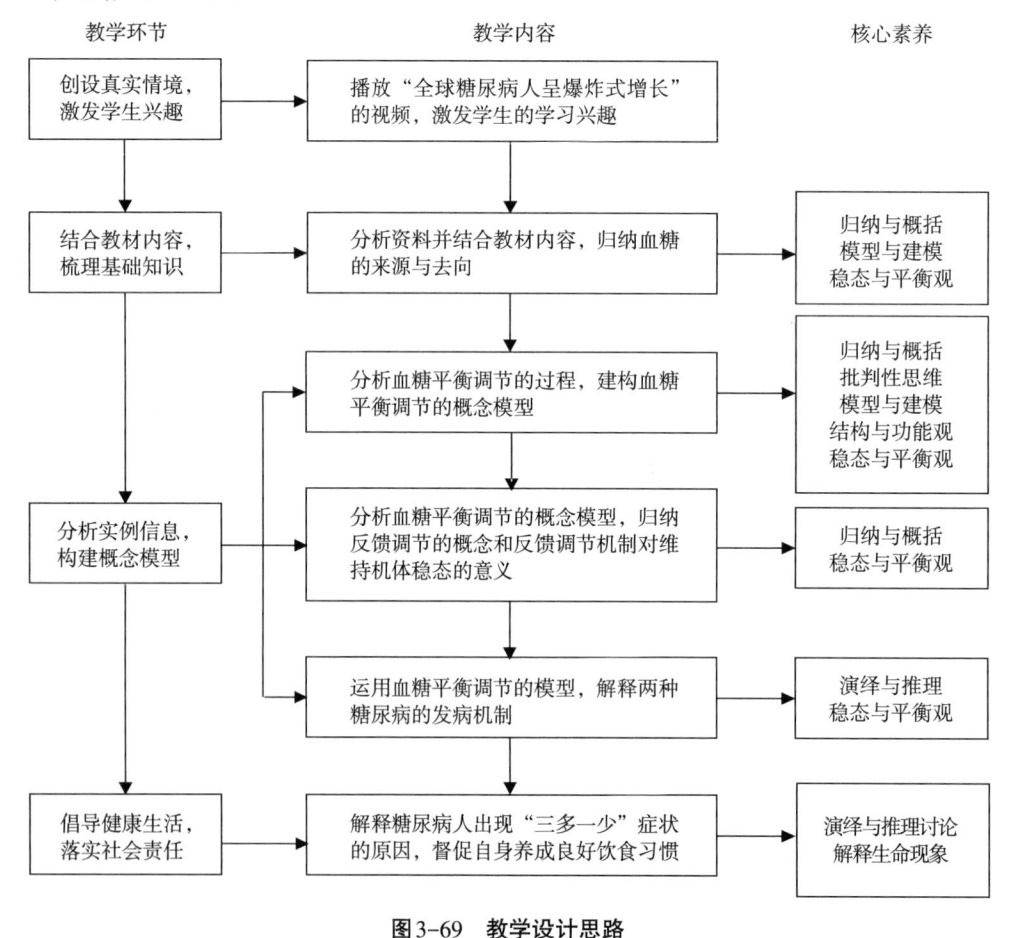

教学环节	教学内容	核心素养
创设真实情境,激发学生兴趣	播放"全球糖尿病人呈爆炸式增长"的视频,激发学生的学习兴趣	
结合教材内容,梳理基础知识	分析资料并结合教材内容,归纳血糖的来源与去向	归纳与概括 模型与建模 稳态与平衡观
分析实例信息,构建概念模型	分析血糖平衡调节的过程,建构血糖平衡调节的概念模型	归纳与概括 批判性思维 模型与建模 结构与功能观 稳态与平衡观
	分析血糖平衡调节的概念模型,归纳反馈调节的概念和反馈调节机制对维持机体稳态的意义	归纳与概括 稳态与平衡观
	运用血糖平衡调节的模型,解释两种糖尿病的发病机制	演绎与推理 稳态与平衡观
倡导健康生活,落实社会责任	解释糖尿病人出现"三多一少"症状的原因,督促自身养成良好饮食习惯	演绎与推理讨论 解释生命现象

图3-69 教学设计思路

3.教学过程

1）创设真实情境，激发学生兴趣

教师播放"全球糖尿病人呈爆炸式增长"的视频，引导学生关注糖尿病这一社会问题，对血糖平衡的重要性引起重视，激发学生的兴趣，并指出：葡萄糖虽是细胞生命活动的主要能源物质，但血液中的葡萄糖过高或者过低都会对健康造成不良影响，机体如何维持血糖的相对稳定？

设计意图：以糖尿病这一社会问题为情境引入新课，激发学生的学习兴趣，渗透关注社会问题的情感教育，引入本课。

2）结合教材内容，梳理基础知识

教师向学生展示论文《HK和GOD法检测口服葡萄糖耐量试验结果的差异研究》中的测量结果数据（见表3-54、图3-70），并提出问题：健康人口服葡萄糖后血糖虽然会升高，但也会下降，升高的血糖来自哪里？下降的血糖又去了哪里？请结合教材内容完善血糖来源与去向的概念模型，如图3-71所示。

表3-54 正常人口服75g葡萄糖耐量实验动态测量结果

时间/min	空腹	30	60	120	180
静脉血糖/mmol·L^{-1}	3.9—6.1	7.12	8.57	5.18	4.59

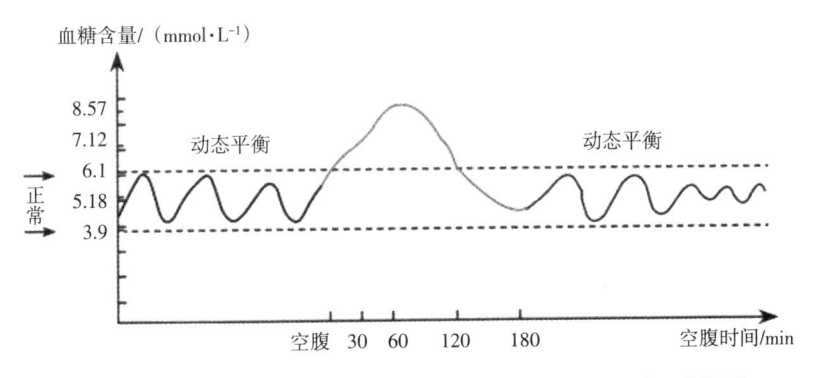

图3-70 正常人口服75 g葡萄糖耐量实验动态测量结果曲线图

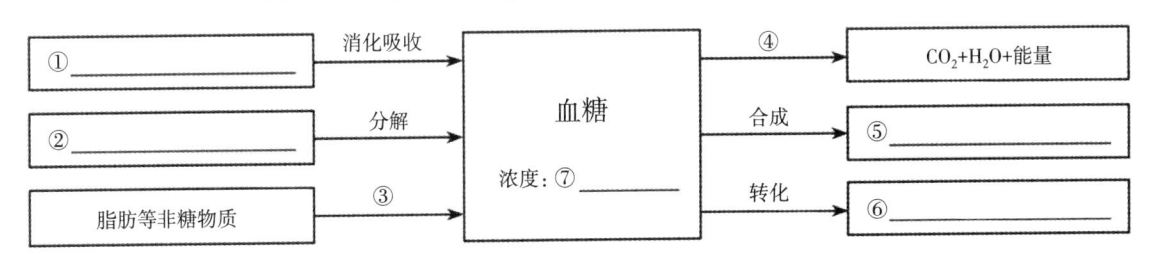

图3-71 血糖来源与去向的概念模型

学生分析案例，体会健康人口服葡萄糖后血糖浓度变化，并结合教材内容，建构出血糖来源与去向的概念模型。

设计意图：通过分析案例，并结合教材，对血糖的来源与去向进行区别与联系，培养学生的归纳与概括能力、模型与建模能力，同时渗透稳态与平衡观。

3）分析实例信息，建构概念模型

（1）分析过程，建构模型。再次分析葡萄糖耐量实验动态测量曲线，引导学生理解人体内血糖的变化是非常迅速的过程，需借助某些调节物质来参与传递信息，从而引入胰岛素和胰高血糖素。结合教材信息，展示胰腺中的胰岛，介绍胰岛 A 细胞、胰岛 B 细胞及它们所分泌的相关激素。紧接着展示胰岛素作用机理的模式图（图 3-72）和资料 1，并提出问题：胰岛素和胰高血糖素的作用机理分别是什么？

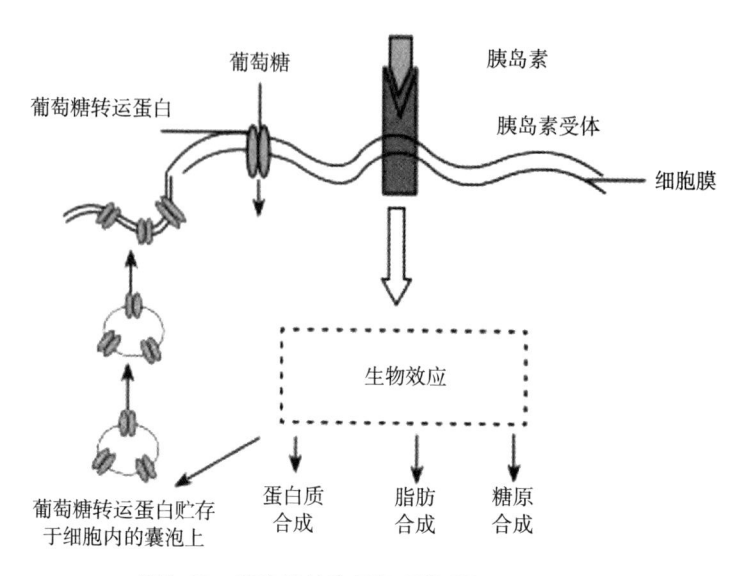

图 3-72 胰岛素的作用机理模式图

资料 1 胰高血糖素是一种促进分解代谢的激素。胰高血糖素具有很强的促进糖原分解的作用，1 mol/L 的胰高血糖素可使 $3×10^6$ mol/L 的葡萄糖迅速从糖原中分解出来，还可激活脂肪酶，促进脂肪分解。切除肝或阻断肝血流，这些作用便消失。

学生根据教材内容，知道胰岛 A 细胞和胰岛 B 细胞分别分泌胰高血糖素和胰岛素；再分析模式图，说出胰岛素能促进蛋白质、脂肪和糖原的合成，能增加细胞膜上葡萄糖转运蛋白的数量，以促进组织细胞加速摄取葡萄糖，从而降低血糖；最后分析资料，了解胰高血糖素可促进肝糖原的分解与非糖物质转化成葡萄糖，从而升高血糖。

教师展示资料 2，让学生认识到血糖平衡的调节除了有激素调节以外，还有神经调节。

资料 2 血糖浓度降低时，下丘脑某个区域兴奋，通过交感神经使胰岛 A 细胞分泌胰高血糖素，使血糖含量上升。另外，神经系统还通过控制肾上腺的分泌来调节血糖含量。

教师将事先准备好的、写有部分血糖平衡调节过程的卡片分发给学生，学生以两人为一个小组，用箭头和卡片建构血糖平衡调节模型。随后教师用手机或展台展示学生建构的概念模型，让其他小组的同学指出模型的可取之处和不足之处并提出修改建议，教师根据学生建构的模型进行纠正或补充，最终建构出完整的概念模型，如图 3-73 所示。

设计意图：先让学生分析资料，归纳胰岛素和胰高血糖素的作用机理，培养学生的归纳与概括能力并渗透结构与功能观；再借助资料帮助学生认识到血糖平衡的调节有体液调节与神经调节，培养学生的批判性思维；最后学生分小组构建血糖平衡调节的模型，培养学生模型与建模能力的同时渗透稳态与平衡观。在此过程中，学生自主建构"血糖平衡调节"的概念模型，加深对概念的理解。

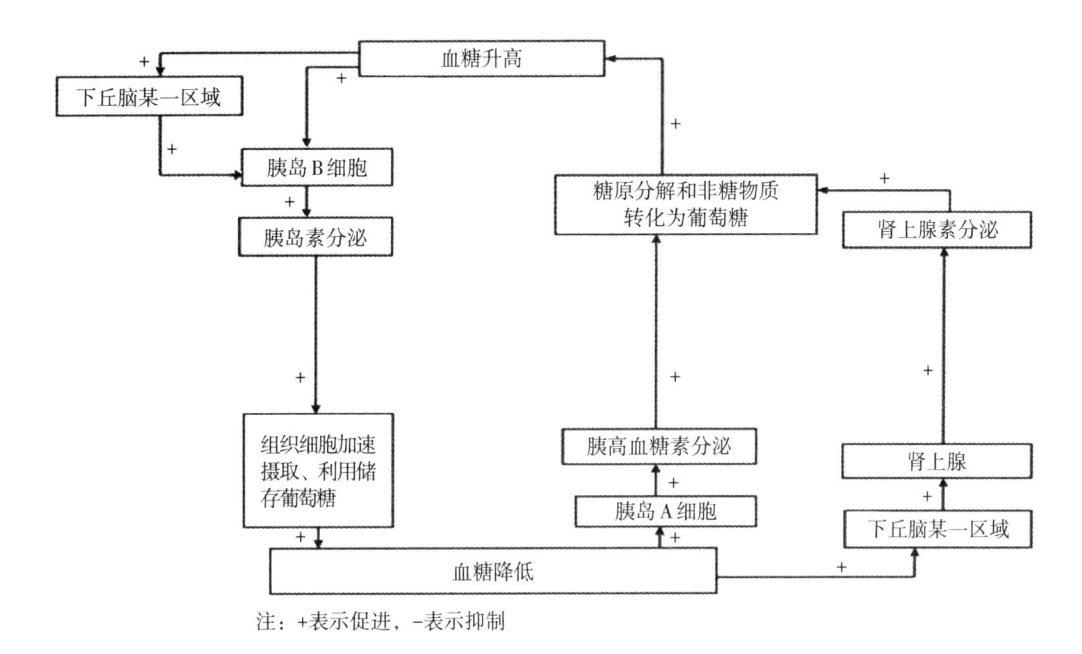

◎ 第三章　围绕核心概念发展生物学核心素养的实践

注：+表示促进，-表示抑制

图3-73　血糖平衡调节的概念模型

（2）分析模型，归纳提升。教师提问：胰岛A细胞、胰岛B细胞的工作分别是什么？工作的效果如何？血糖下降会对胰岛B细胞的工作起什么作用呢？血糖上升后会不会使胰岛A细胞继续工作呢？胰岛A细胞的效果会反过来影响该系统的工作吗？请说出图3-70中各段曲线变化的原因。

学生结合模型总结胰岛素和胰高血糖素的功能，归纳反馈调节的概念和反馈调节机制对维持机体稳态的意义。

设计意图：通过连续追问和层层剖析，让学生归纳反馈调节的概念和反馈调节机制对维持机体稳态的意义，培养学生的归纳与概括能力，进一步渗透稳态与平衡观。

（3）运用模型，解决问题。血糖浓度长期超过正常范围，可能患了糖尿病。教师展示资料3，并提出以下问题：①图中的结构b表示什么？②Ⅰ型、Ⅱ型两种糖尿病的发病原因分别是什么？③针对两种糖尿病可提出哪些科学的治疗方法？

资料3　糖尿病是一种严重危害健康的常见病，主要表现为高血糖和尿糖，可导致多种器官功能受损。人类的糖尿病分为Ⅰ、Ⅱ两种类型，下图是Ⅰ型、Ⅱ型两种糖尿病部分发病机理示意图（图3-74）。

学生观察并分析图片，运用血糖平衡调节的模型，解释两种糖尿病的发病机制，并提出合理的治疗方法。

设计意图：通过分析Ⅰ型、Ⅱ型糖尿病的部分发病机理示意图，运用血糖平衡调节的模型，解释两种糖尿病的发病机制，并提出合理的治疗方法，培养学生的演绎与推理能力，使学生进一步意识到内环境稳态对机体的重要性，形成稳态与平衡观。

（4）倡导健康生活，落实社会责任。糖尿病，古代将其称之为消渴症，清朝的《症因脉治》明确记载了糖尿病的3大主要症状：其症，随饮而随渴，随食而随饥，随溺而随便，即糖尿病患者具有"三多一少"的典型特征。教师提出问题：①糖尿病人出现"三多一少"症状的原因是什么？②糖尿病人

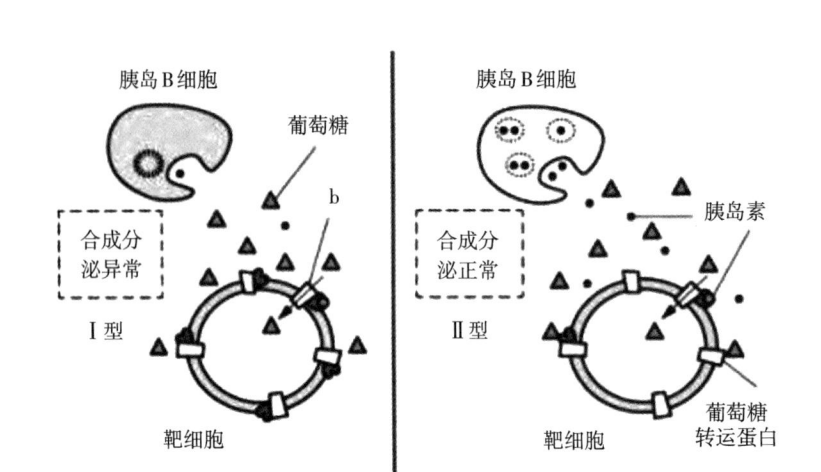

图 3-74 Ⅰ型、Ⅱ型两种糖尿病部分发病机理示意图

日常生活中应注意养成哪些饮食习惯?

学生运用所学知识解释糖尿病人出现"三多一少"症状的原因,并提出一些糖尿病人在日常生活中应注意养成的饮食习惯,从而督促自己养成良好的饮食习惯。

设计意图:紧扣糖尿病这一情境,运用所学知识解释糖尿病人出现"三多一少"症状的原因,提升学生的演绎与推理能力。通过讨论糖尿病人日常生活中应注意养成的饮食习惯,倡导学生健康生活,督促自身养成良好饮食习惯,落实社会责任。

4. 教学反思

本节课围绕"血糖平衡的调节"这一概念,以糖尿病为主线情境,将血糖的来源与去向、参与血糖平衡调节的激素、血糖平衡调节的过程等内容有机地结合在一起,引导学生逐步建构"血糖平衡的调节"这一概念,并阐明机体能通过反馈调节维持机体的稳态。课堂上学生通过分析、归纳概括资料、自主探究,建构血糖的来源与去向、血糖平衡调节过程的概念模型,阐述反馈调节的概念及其对机体稳态的意义,逐步落实稳态与平衡观。学生运用已有知识分析两种糖尿病的发病机制,解释糖尿病人出现"三多一少"症状的原因,提升其运用生物学知识解决实际问题的能力,并关注稳态失调与健康的关系,认同健康文明的生活方式,进而督促自身养成良好的饮食习惯。

三、案例点评

1. 以真实的情境贯穿课堂教学的全过程

本节课以糖尿病为情境,先归纳血糖的来源和去向,再概括血糖平衡的调节过程,最后提出糖尿病人应该养成的饮食习惯,将情境层层递进,推进课堂教学。

2. 促进学生主动学习,发展学科核心素养

本节课开展了资料分析、情境探究等活动,引导学生深入思考。利用论文《HK和GOD法检测口服葡萄糖耐量试验结果的差异研究》中的测量数据,引发学生思考血糖的可能来源,建构血糖的来源与去向的模型;利用胰岛素作用机理的模式图和胰高血糖素的相关资料,引出胰岛素、胰高血糖素的作用;通过探究活动建构血糖平衡调节的模型,发展模型与建模能力,渗透稳态与平衡观。

3.注重概念的应用

本节课的最后，教师借助糖尿病人的症状这一真实的问题情境，引导学生利用本节课所学的知识解释这些症状出现的原因，并为糖尿病人的饮食提出合理化建议，强化概念的迁移应用，促进学生关注现实问题。

案例2：免疫调节

"新课程标准"指出，学生通过选择性必修1模块的学习，要达成"生命个体的结构与功能相适应，各结构协调统一共同完成复杂的生命活动，并通过一定的调节机制保持稳态"这一大概念。此大概念的达成需要以内环境、内环境稳态、神经调节、激素调节、免疫调节等若干个重要概念作为支撑，"免疫调节"这一重要概念的达成需要有三个次位概念的支撑（图3-65）。通过对"免疫调节"这一重要概念的学习，学生能理解免疫器官、免疫细胞、免疫活性物质是实现免疫调节的结构基础，阐明免疫调节在机体稳态中的重要作用，形成"结构与功能观"和"稳态与平衡观"；学生运用比较、分析与综合等方法建立特异性免疫过程的概念模型，发展科学思维和科学探究能力；运用免疫学知识解释过敏反应、自身免疫病等的发病原因，基于事实和证据，论证生物学社会议题，辨别伪科学，宣扬健康生活。

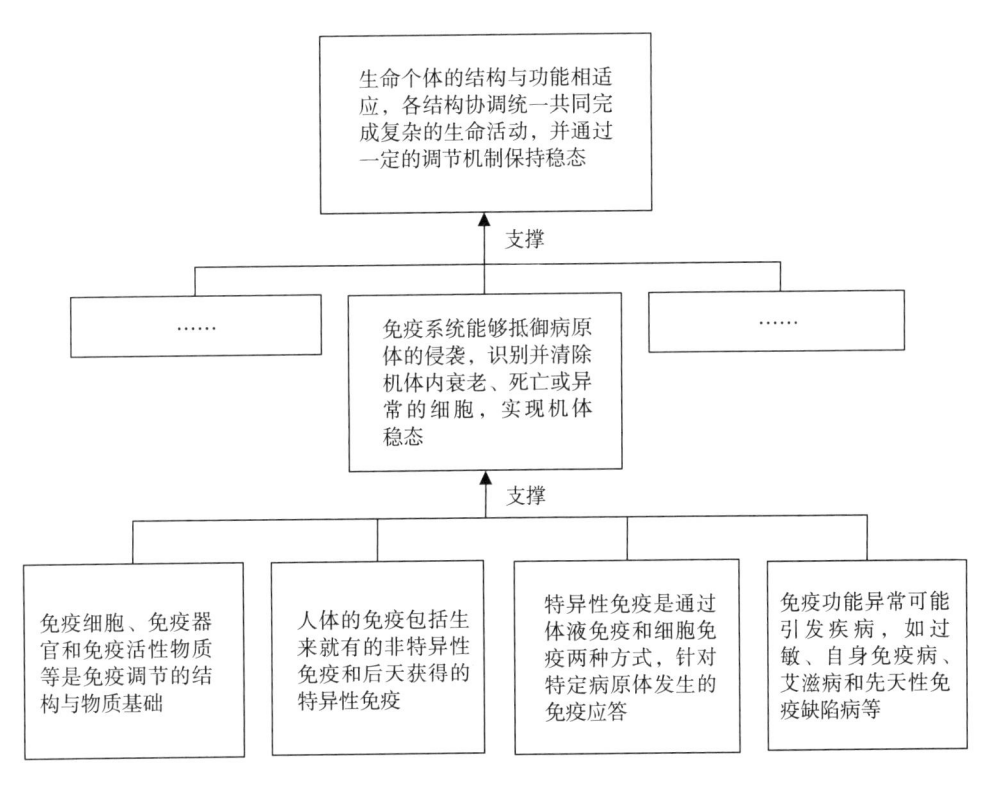

图3-75 概念的逻辑框架图

在"免疫调节"这一重要概念的教学过程中，可先将这部分内容按照核心素养目标进行合理分解，再采用相应的教学措施帮助学生达成核心素养目标。

一、核心素养目标的分解与实施建议

根据教材内容和"新课程标准"要求，从生命观念、科学思维、科学探究和社会责任四个方面对建立本概念体系的核心素养目标进行检索和分解，并寻找出切实可行的措施和路径去落实和完成。

1. 梳理支撑"生命观念"的概念和事实

根据教材内容和"新课程标准"要求，要建立该概念体系相对应的生命观念，需以下列概念和事实作为支撑（表3-55）。

表3-55　重要生命观念对应的事实与相关概念

生命观念	相关概念	对应的事实
结构与功能观	免疫系统的结构与其功能是相适应的	免疫系统由免疫器官、免疫细胞、免疫活性物质等组成；免疫系统能抵抗引起疾病的病原体，清除衰老、损伤、异常细胞；抗原的直接刺激和辅助性T细胞分泌的细胞因子共同作用能促进B细胞的分裂、分化；抗体与抗原、免疫细胞表面受体与抗原的结合具有特异性；人类免疫缺陷病毒能攻击人体免疫系统的辅助性T细胞，最终患者死于由免疫功能丧失引起的严重感染或恶性肿瘤等疾病
稳态与平衡观	健康人体内环境中的组成成分和理化性质都处于动态平衡中	免疫系统能抵御病原体侵袭，清除衰老、损伤、异常细胞；神经系统、内分泌系统、免疫系统之间通过信息分子相互作用共同实现机体稳态的调节；神经递质、激素、细胞因子等信号分子发挥作用后会被灭活；免疫防御功能过强或过弱会引起免疫失调，引发多种疾病；当相同过敏原再次进入机体，会与吸附在细胞表面的相应抗体结合，使这些细胞释放组织胺等物质，导致血管壁通透性增强，引起组织水肿
进化与适应观	生物都能适应环境；适应性是生物进化的结果	人体的非特异性免疫生来就有，是机体在长期进化过程中遗传下来的，不针对某一类特定的病原体，而是对多种病原体都有防御作用；特异性免疫是机体在个体发育过程中与病原体接触后获得的，主要针对特定病原体起作用，具有特异性

2. 设计训练"科学思维"的路径和活动

在该部分内容的教学过程中，设计了训练科学思维的路径和学生活动（表3-56），以发展学生的归纳与概括、模型与建模、演绎与推理等科学思维能力。

3. 确定培养"科学探究"的路径和活动

在该部分内容的教学过程中，通过创设探究性学习情境，设计学生深度参与的探究任务或思维活动（见表3-57），让学生在有目的的自主学习过程中培养科学探究能力。

4. 落实培养"社会责任"的思路和活动

在本节教学过程中，设置了表3-58中的学生活动，引导学生利用所学知识解释真实情境中的生命现象，解决现实生活中的实际问题，以发展学生的社会责任。

表3-56 训练科学思维的路径与活动建议

科学思维	训练路径	活动建议
归纳与概括	归纳免疫系统的组成;比较不同免疫类型的异同;归纳免疫失调病的病因	绘制表格或概念图,归纳免疫系统的组成,免疫细胞的种类、来源和功能;列表比较特异性免疫与非特异性免疫的区别、细胞免疫与体液免疫的区别;结合免疫失调病的实例分析,归纳总结致病机理
模型与建模	建构细胞免疫和体液免疫过程的概念模型	分析相关资料并阅读教材,小组合作建构细胞免疫和体液免疫过程的概念模型,阐明各结构和物质间的作用关系,科学表征免疫调节的作用机理
演绎与推理	根据免疫学知识推理免疫失调病的防治措施;利用二次免疫的数学模型,推理抗体浓度和患病程度的关系及疫苗的作用原理	分析初次免疫和二次免疫的曲线图,推理分析抗体浓度和患病程度的相关性;分析免疫失调病的致病机理,推理演绎防治措施的实施效果;分析艾滋病相关资料和图像,推理艾滋病死因和免疫系统受损的关联性;运用免疫学知识,推理疫苗的作用原理、器官移植成败的原因及解决手段
批判性思维	评价同学建构的免疫过程模型,对模型进行修正	对同学建构的细胞免疫和体液免疫过程的概念模型提出修改建议;对自己不理解的过程及结论大胆质疑

表3-57 训练科学探究的路径与活动建议

科学探究	训练路径	活动建议
观察能力	通过观察、观看,准确描述过程或客观事物的特点	观看相关视频,简述病原体入侵人体的过程;观察同伴建构的模型找出不足并完善
结果交流与讨论能力	合作探究免疫调节的过程;交流和讨论结果	小组合作建构细胞免疫和体液免疫过程的概念模型,积极分享并解释各自成果;小组成员在建构过程中互帮互学,评价同伴的设计思路,正确建构模型并解释其内涵

表3-58 落实社会责任的思路与活动建议

社会责任	基本思路	活动建议
讨论解释生命现象	运用免疫学知识解释身边的生命现象	解释艾滋病患者的死因;解释接种流感疫苗仍有可能患流感的原因;解释在扁桃体反复发炎的情况下,医生建议切除扁桃体是否合理;解释器官移植后出现免疫排斥的原因和应用免疫抑制剂的意义
分析判断社会议题	关注癌症免疫疗法等技术,并判断其可行性	关注癌症免疫疗法,判断相关疗法的可行性,提出自己的理解和看法
尝试解决实际问题	针对免疫失调病的防治提出合理建议和解决方案	运用免疫学知识,分析患免疫缺陷病的儿童能否接种疫苗,尤其是减毒疫苗;提出预防过敏反应、缓解自身免疫病的措施,对艾滋病的预防提出建议

以上是以"免疫调节"这一重要概念为例，对核心素养目标的分解与落实的尝试与思考。下面在"特异性免疫是通过体液免疫和细胞免疫两种方式，针对特定病原体发生的免疫应答"这一次位概念的课堂教学中，具体展示如何发展生物学核心素养。

二、教学案例：特异性免疫

1.教学目标

基于"新课程标准"的内容要求、学业要求和学业质量标准，着眼于提高学生生物学核心素养的要求，制订以下教学目标。

（1）通过观看视频了解病原体的入侵过程，认识免疫系统的组成和防卫功能，解释免疫细胞的识别机制，认同免疫调节对维持内环境稳态的重要作用。

（2）基于相关资料和模型，运用归纳、推理、概括等方法，比较细胞免疫和体液免疫的异同，阐释各免疫细胞的特点和功能。

（3）通过问题引导建构体液免疫和细胞免疫的概念模型、二次免疫的数学模型，说出体液免疫和细胞免疫的过程。

（4）运用免疫学知识，审视社会议题，尝试提出可能对流感病毒有效的治疗方案，形成积极健康的生活态度和意识。

2.教学设计思路

教学设计思路见图3-76。

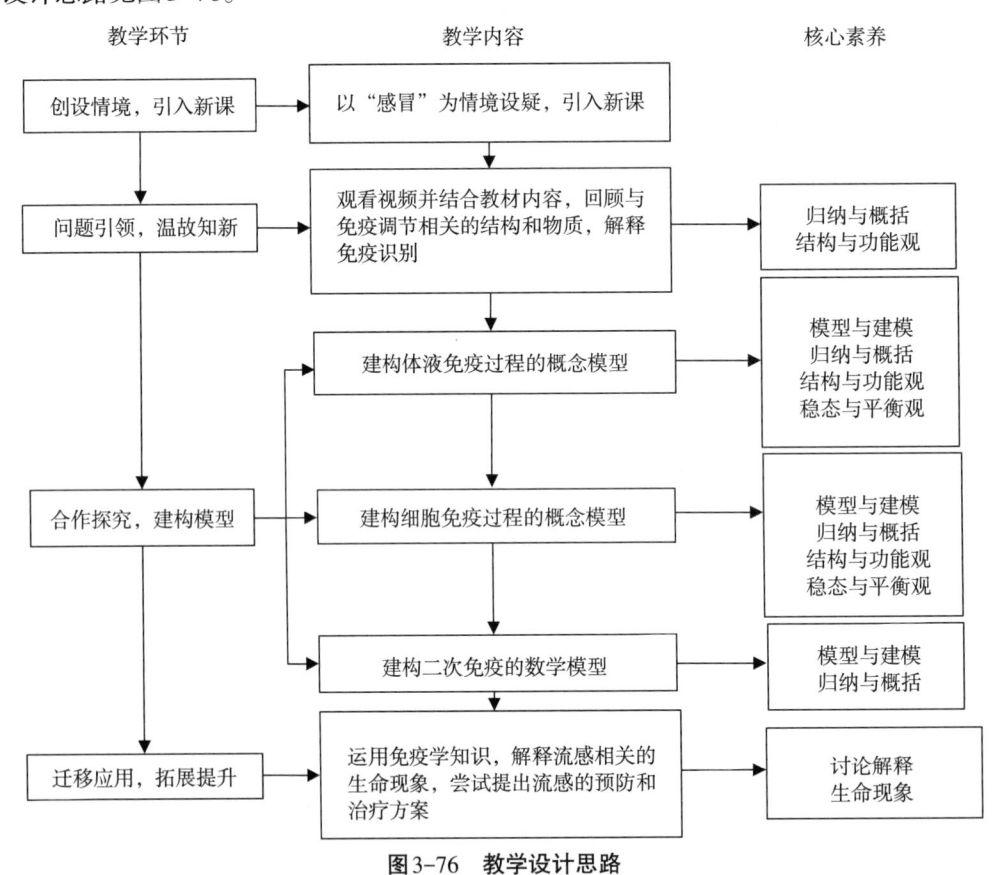

图3-76 教学设计思路

第三章 围绕核心概念发展生物学核心素养的实践

3.教学过程

1) 创设情境，引入新课

天气突然降温，某同学不停打喷嚏，初步判断是感冒，身边的好朋友都劝她赶紧去医院，但她坚持不去，说："反正我去不去医院、吃不吃药都得一周左右才能好。"讨论：①这位同学说的有没有道理？②你认为感冒时都要去医院就诊吗？说出你的理由。

设计意图：对感冒这一情境设疑，引入本课，通过讨论各抒己见制造认知冲突，激发求知欲，同时渗透关爱身体健康的责任教育。

2) 问题引领，温故知新

资料1 流行性感冒简称流感，是一种由流感病毒引起的急性呼吸道传染病，由于其传播和变异速度快，且致病力和致死率高，严重威胁人类的健康和生命。

如果这位同学患的不是普通感冒而是流感，面对流感病毒的入侵如果坚持不去医院也不吃药，那么机体免疫系统是如何应对的呢？

教师引导学生观看"流感病毒侵入人体的过程"视频并结合教材内容，思考问题：①流感病毒进入人体的过程中会遭到哪些阻击？②当流感病毒突破了机体的前两道防线，就会激活第三道防线特异性免疫，特异性免疫会产生什么物质对抗流感病毒？③特异性免疫中，巨噬细胞等免疫细胞能吞噬病毒，但为什么却不攻击自身组织细胞呢？学生根据视频，知道流感病毒进入人体要突破皮肤、黏膜等组成的第一道防线和巨噬细胞等第二道防线，引发第三道防线特异性免疫；能够答出特异性免疫可以产生抗体对抗病毒；再根据教材内容，说出免疫细胞能依靠细胞表面的受体特异性识别流感病毒或细菌表面的分子标签。

设计意图：通过问题引导学生归纳概括特异性免疫的相关基础知识，使学生初步感知体液免疫是依靠体液中的抗体发挥作用，渗透结构与功能观，形成"免疫细胞、免疫器官和免疫活性物质等是免疫调节的结构与物质基础"和"人体的免疫包括生来就有的非特异性免疫和后天获得的特异性免疫"这两个概念。

3) 合作探究，建构模型

（1）建构体液免疫过程的概念模型。请结合"流感病毒侵入人体的过程"视频并阅读教材内容，思考问题：①体液免疫依靠抗体作战，那么抗体的产生与哪些细胞有关呢？②它们之间是如何协调发挥作用的呢？小组讨论合作运用教具建构流感病毒进入人体后体液免疫作用过程的概念模型。如图3-77所示。

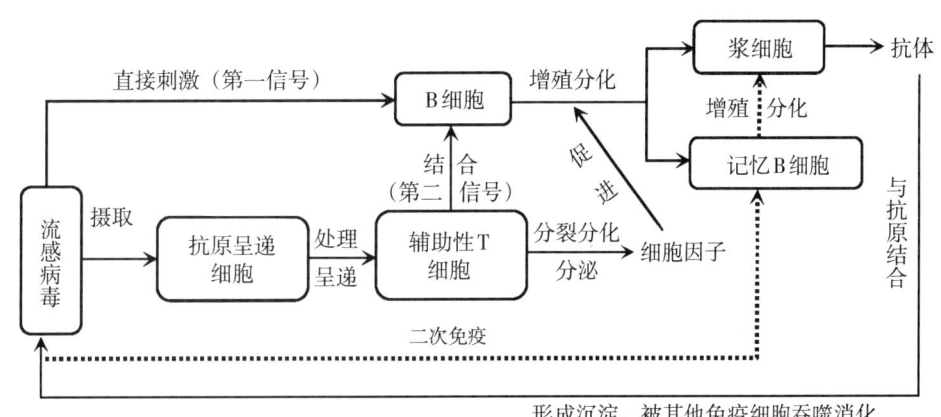

图3-77 体液免疫过程的概念模型

学生通过小组合作利用教具建构概念模型，小组代表展示模型，阐释建构思路及各组分的关系，并让其他学生指出模型的可取之处和不足之处，提出修改建议，教师根据学生建构的模型进行纠正或补充，强调B细胞活化的两个条件，二次免疫的路径，最终建构出完整的概念模型。

设计意图：通过观看视频，并结合教材，归纳概括与抗体形成有关的细胞及其作用，建构体液免疫过程的概念模型，在这个过程中让学生认识到，当内环境的稳态遭到破坏时，免疫系统会发挥作用以维持内环境的稳态，渗透结构与功能观、稳态与平衡观。同时建构"特异性免疫通过体液免疫对特定病原体发生免疫应答"的概念，加深学生对特异性免疫的理解。

(2) 建构细胞免疫过程的概念模型。教师提问引导学生继续思考：部分进入细胞的流感病毒机体又该如何应对呢？学生说出通过细胞免疫。学生在教师的引导下结合教材内容，小组合作运用教具摆出细胞免疫过程的概念模型，如图3-78所示。

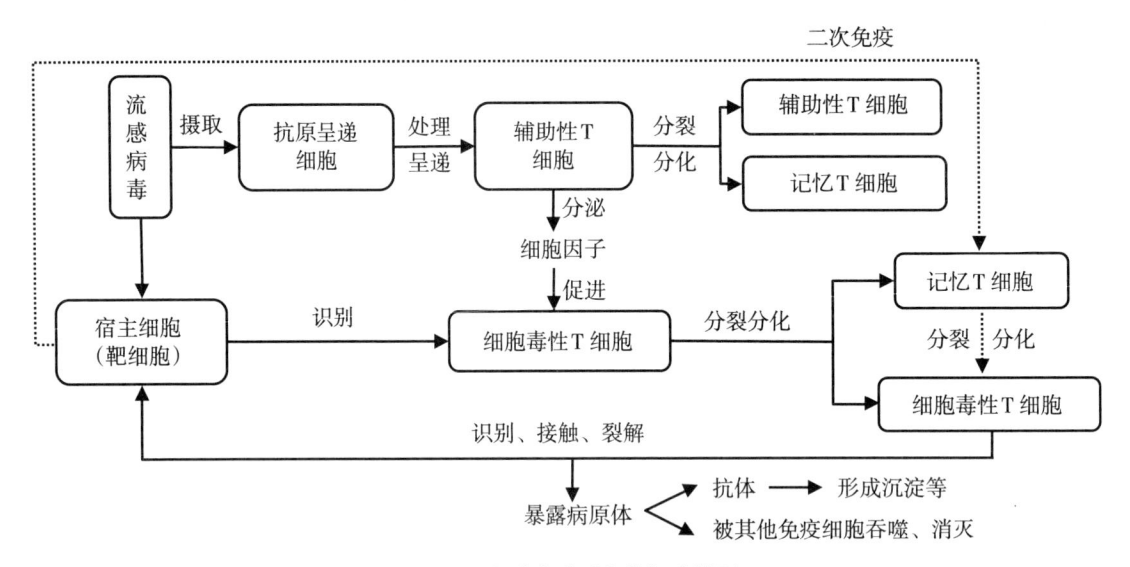

图3-78 细胞免疫过程的概念模型

小组讨论后推荐一名组员对各自的成果进行分享和解释。教师引导学生观察并思考，组内与组间进行补充与评价，使学生能够准确提取关键信息，正确建构与解释模型内涵。

教师引导学生归纳总结，对比体液免疫和细胞免疫，进一步思考：参与体液免疫和细胞免疫的免疫细胞有哪些？各细胞有何作用？体液免疫和细胞免疫中能识别抗原的细胞有哪些？能特异性识别抗原的细胞有哪些？高度分化的细胞是哪些？仍然具有分裂能力的细胞是哪些？

设计意图：学生结合教材，通过建构细胞免疫过程的概念模型，训练他们的归纳与概括能力、模型与建模能力，同时让学生认识到免疫细胞、免疫器官和免疫活性物质是免疫调节的结构与物质基础，渗透结构与功能观、稳态与平衡观。在这个过程中，学生比较体液免疫和细胞免疫，归纳各免疫细胞的作用，形成"特异性免疫通过体液免疫和细胞免疫针对特定病原体发生免疫应答"的概念，加深对特异性免疫的理解。

(3) 建构"二次免疫"的数学模型。从体液免疫过程可以看出，当流感病毒侵入机体时，人体可以通过抗体对付它、消灭它，从而维持机体稳态，但流感传染性强，症状明显，仅靠自身免疫远远不够。教师引导学生认识到还应做好相应预防措施。如打疫苗、戴口罩、勤洗手、少聚集等，同时展示资料2。

资料2　我国首款全年龄组统一剂——新型流感病毒裂解疫苗于2022年11月22日获批上市，其原理是：将流感病毒培养扩增后加以灭活，通过裂解去除病毒核酸和大分子蛋白质，保留纯化的有效抗原成分制成，然后把灭活抗原成分注入人体，诱导人体产生免疫反应。接种针数：每年注射1~2针。

要求学生在阅读材料后，回答问题：为什么接种流感疫苗是一种有效的预防措施？疫苗为什么要每年注射1~2针？请根据体液免疫的过程建构抗体相对浓度、患病程度与注射时间关系的数学模型。

学生能根据所学说出疫苗可以诱导免疫系统产生记忆细胞和抗体，并解释每年注射1~2针是为了产生更多抗体和记忆细胞保护我们的机体。同时建构抗体浓度、患病程度与注射时间关系的数学模型（如图3-79），通过小组讨论修正模型，关注二次免疫斜率和峰值的位置，归纳出二次免疫具有更快、更强的特点。

设计意图：结合资料和已有知识解释流感疫苗的作用原理及多次接种疫苗的原因等实际问题，培养学生归纳与概括、运用已有知识解决实际问题的能力。同时通过小组讨论学生最终建构完整的二次免疫数学模型，学生通过分析归纳总结二次免疫的特点。

4）迁移应用，拓展提升

教师展示资料3及问题。①为何有些人感染了流感病毒却不会表现出病症？②注射了流感疫苗的健康人也可能再次感染流感病毒而致病，其免疫学原因可能是什么？③请结合免疫学知识，尝试提出流感可能的预防和治疗方案。

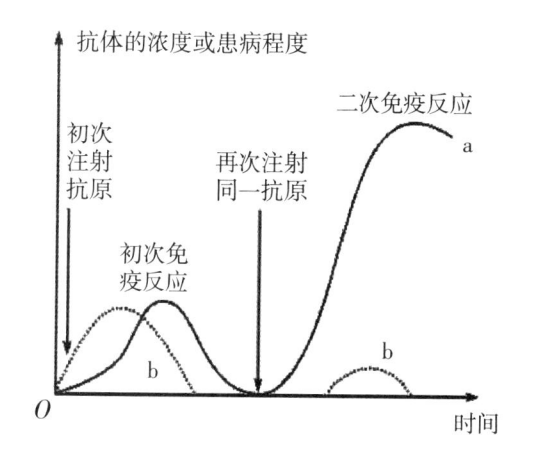

图3-79　抗体浓度或患病程度与注射时间的关系图

资料3　流感病毒是一种具有高度传染性的病毒，基因组为单股负链分节段的RNA。当前，根据其核蛋白和基质蛋白的抗原特性不同可分为：甲型流感病毒、乙型流感病毒、丙型流感病毒和丁型流感病毒。其中甲、乙、丙型流感病毒均能感染人，而最新发现的丁型流感病毒主要感染牛、猪等家畜；甲型流感病毒的宿主范围大、最容易发生变异、传染性很强。

学生小组合作思考并讨论以上问题，联系生活实际，作出科学的分析和解释，能答出：无症状感染者出现的原因可能是病毒量小、免疫力强、注射过疫苗等，而注射疫苗再次感染的原因可能是疫苗失效、流感病毒种类较多、流感病毒是RNA病毒容易发生变异等。接下来学生各抒己见，查阅资料，了解流感的预防和治疗方法、特效药等，尝试提出可能的治疗方案。

设计意图：紧扣流行性感冒这一话题，运用所学知识解释无症状患者出现的原因、注射疫苗也可能会感染病毒的原因，引导学生运用生物学知识讨论解释相关生命现象。通过讨论尝试提出流感的预防及治疗方案，鼓励学生关注科学前沿，关爱自身健康，落实社会责任。

4.教学反思

（1）本节课以"流行性感冒"情境为主线，以建构"免疫调节"这一重要概念和培养学生核心素养为目标，根据次位概念设计任务情境，引导学生整理并提取核心信息，深度思考、分析并展开辩论，使学生能够主动理解、建构免疫调节相关概念体系，进而灵活运用相关概念，解决实际问题。逐步深化学生对概念的理解，突破重难点。

（2）运用模型教学，指导学生以图示、概念图等形式建构免疫调节过程图解，运用比较与分类、归纳与概括等科学思维方法解释免疫调节的相关机理的能力，突破教学重难点，培养了学生的分析推理能力。

（3）通过组织学生运用免疫学知识对社会议题开展讨论，不仅获得积极的学习体验，也提升了学生对社会问题及身体健康的关注。

三、案例点评

1.以真实情境贯穿课堂教学全过程

本节课依托"流行性感冒"这一生命现象、借助真实情境下的问题解决，将教学内容系统化、结构化、生动化，先引导学生分析机体免疫系统如何对抗入侵的流感病毒，建构体液免疫和细胞免疫过程的概念模型，再有意识地指导学生充分利用情境、问题与活动，开展探究式合作学习。整个过程中引导学生利用建构的模型来解释与流感相关联的现象，在真实情境中将免疫相关概念的本质进行反复推敲与提炼，从而使概念教学更加形象化、具体化、思维化。同时，加强了学生对知识的批判性吸收，培养了学生归纳与概括的能力，养成建模的思维习惯，真正落实学科核心素养的培育。

2.通过不同形式的模型建构活动帮助学生理解特异性免疫的过程

课中教师引导学生结合视频和教材内容就"流感病毒入侵人体"这一条情境线层层深入，小组合作逐步建构体液免疫、细胞免疫、二次免疫的模型。借助建构的模型引导学生梳理概念间的相互关系，认识免疫系统的结构与功能，认同免疫调节在机体维持内环境稳态中的重要作用，从系统及信息的视角阐释生命现象的本质。建模活动中，学生先有个人的独立思考，后有小组内的合作探讨，还有小组间的评价修正，既是正确生命观念的形成过程，也是科学思维的完善过程，经过不断修正的思维体验对概念的形成更有意义。

3.注重概念的应用

本节课的最后，教师借助社会热点问题引导学生将所学的知识用于讨论，提出可能的流感病毒预防和治疗方案；解释无症状患者感染流感病毒不表现出病症、注射了流感病毒疫苗的健康人也可能再次感染流感病毒而致病的原因，强化概念的迁移应用。引导学生基于事实和证据，审视生物学社会议题，辨别伪科学，提出自己的见解并加以评论，真正实现学以致用，加深对科学、技术、社会相互关系的认识，使学生的社会责任在教学中得以培育。

案例3：植物激素的调节

"新课程标准"指出，学生通过选择性必修1"稳态与调节"模块的学习，要达成"生命个体的结构与功能相适应，各结构协调统一共同完成复杂的生命活动，并通过一定的调节机制保持稳态"这一大概念，此大概念的达成需要以内环境的稳态、神经调节、体液调节、免疫调节、植物生命活动的调节等重要概念作为支撑，植物生命活动调节这一重要概念的达成需要有四个次位概念的支撑（图3-80）。植物生命活动的调节受到多种因素的调节，其中最重要的是植物激素的调节。通过对植物激素的调节这一重要概念的学习，学生能理解植物激素可通过协同、拮抗等方式共同实现对生命活动的调节，发展了稳态与平衡观；学生从图文资料中归纳概括出各种植物激素的作用，并以建构概念模型的方式阐明植物激素之间的相互作用关系，提升科学思维能力；学生在学习生长素（IAA）的发现过程和探索生长素类调节剂促进插条生根的最适浓度相关实验中，提升科学探究能力；学生通过运用所学判断催熟水果的乙烯利会使儿童性早熟的真伪，解释植物向光性的原因，尝试对当地农林业生产中使用生长素类调节剂的情况提出合理建议，提升了社会责任感。

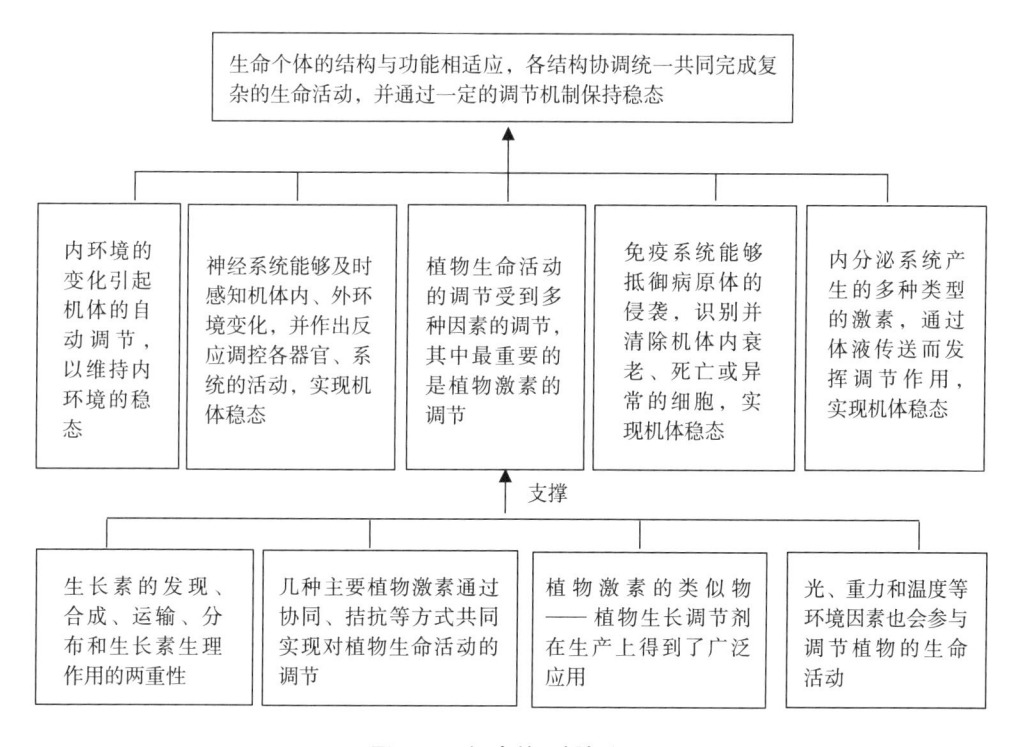

图3-80 概念的逻辑框架图

在"植物激素的调节"这一重要概念的教学过程中，可先将这部分内容按照核心素养目标进行合理分解，再采用相应的教学措施帮助学生达成核心素养目标。

一、核心素养目标的分解与实施建议

生物学核心素养包括生命观念、科学思维、科学探究和社会责任。生命观念是众多生物学概念的提炼和升华，因此需要先梳理出生命观念对应的概念和关键事实，为形成正确的生命观念奠定基础，然后从训练科学思维、培养科学探究能力、落实社会责任三个方面对本节内容的核心素养目标进行检索和分解，并寻找出切实可行的措施和路径去落实和完成。

1.梳理支撑"生命观念"的概念和事实

根据教材内容和"新课程标准"要求，要建立该概念体系相对应的生命观念，需要梳理相关的概念和事实作为支撑（见表3-59）。

表 3-59 重要生命观念对应的事实与相关概念

生命观念	相关概念	对应的事实
稳态与平衡观	植物的生命活动与多种植物激素的相对含量有关，这些激素可通过协同、拮抗等方式共同实现对生命活动的调节	生长素的生理作用具有两重性；猕猴桃果实的发育过程中，细胞分裂素、生长素、赤霉素、脱落酸等激素的含量会像接力一样按照次序出现高峰，调节着果实的发育和成熟；赤霉素和生长素在果实生长方面表现为协同作用，赤霉素和脱落酸在种子休眠方面表现为拮抗作用
进化与适应观	不同环境中植物激素的含量会发生变化	光照使植物茎的背光侧生长素含量高于向光侧，从而表现出茎的向光性；重力使植物根的近地侧生长素含量高于远地侧，从而表现出根的向地性

2. 设计训练"科学思维"的路径和活动

在本部分内容的教学过程中，设计了训练科学思维的路径和学生活动，以发展学生的归纳与概括、模型与建模、批判性思维等科学思维能力（见表3-60）。

表 3-60 训练科学思维的路径与活动建议

科学思维	训练路径	活动建议
归纳与概括	概括赤霉素的生理作用；归纳各种植物激素的作用和它们之间的相互作用关系	分析资料，概括出赤霉素的生理作用；结合论文资料，归纳出不同植物激素之间的相互作用关系；结合教材内容，以表格形式整理各种激素的合成部位和生理作用
模型与建模	建立各种植物激素之间协同和拮抗的关系图；建立生长素促进插条生根的浓度关系图	以概念图填空的形式，帮助学生梳理各种植物激素在调节植物生命活动方面的作用；事先组织一部分学生进行"探索生长素类调节剂促进插条生根的最适浓度"的实验，利用实验照片和数据记录，引导学生建构数学模型
批判性思维	评价同学建构的概念模型	对同学建构的激素之间相互作用关系的概念模型进行评价；对自己不理解的过程及结论大胆质疑

3. 确定培养"科学探究"的路径和活动

在本部分内容的教学过程中，通过创设探究性学习情境，设计学生深度参与的探究任务或思维活动，让学生在有目的的自主学习过程中培养科学探究能力（见表3-61）。

4. 落实培养"社会责任"的思路和活动

在教学过程中创设了不同的现实情境，引导学生利用所学知识去分析判断社会议题、解释真实情境中的生命现象、解决生活中的实际问题，以培养学生的社会责任意识（见表3-62）。

以上是以"植物激素的调节"这一重要概念为例，对核心素养目标的分解与落实的尝试与思考。下面具体展示在"几种主要植物激素通过协同、拮抗等方式共同实现对植物生命活动的调节"这一次位概念的课堂教学中如何发展生物学学科核心素养。

第三章 围绕核心概念发展生物学核心素养的实践

表3-61 训练科学探究的路径与活动建议

科学探究	训练路径	活动建议
观察能力	观察生活中的现象并提出问题进行解决	引导学生关注植物向光性、树的年轮等生活中常见的现象,从而提出植物为什么会向光生长、树为什么会出现年轮等问题,针对问题去学习光照、温度等环境因素对植物生长发育的影响这部分知识,从而作出合理的解答
实验设计能力	设计生长素类调节剂促进插条生根的最适浓度和利用乙烯利催熟水果的实验方案	小组合作,设计出"探索生长素类调节剂促进插条生根的最适浓度"和"利用乙烯利催熟水果"两个实验的方案;教师注意引导学生思考预实验的意义,关注选材、浓度梯度的设计,确定易观察、易记录的因变量
方案实施能力	按照实验方案进行实验,并记录探究结果	学生按照实验方案进行实验,注意控制实验的无关变量,如:研究不同浓度药物的影响时,处理时间长短应该一致,同一组实验中所用到的植物材料也应尽可能保持条件相同,最后规范记录实验结果和数据
结果讨论与交流能力	学生根据小组的实验结果,写出实验报告,与其他小组进行讨论交流后补充完善实验报告	根据小组实验获得的数据,以生长素类调节剂的浓度为横坐标,以根的数目为纵坐标,绘制曲线图;联系已学过的数学知识,小组内讨论如何根据实验数据和曲线图确定最适浓度范围;根据研究结果写出实验报告并与其他小组交流结果和结论,分享小组的实验体会,认真听取其他小组的汇报以补充完善自己小组的研究报告

表3-62 落实社会责任的思路与活动建议

社会责任	基本思路	活动建议
分析判断社会议题	分析能催熟水果的乙烯利会不会使儿童性早熟	通过阅读教材使学生明晰植物激素发挥作用的机理,了解动物细胞没有识别植物激素的受体,因此乙烯利不会使儿童性早熟,培养学生辨别迷信和伪科学的能力,最后倡导学生不信谣不传谣
讨论解释生命现象	解释植物的向光性	通过探索生长素的发现过程,揭秘植物向光性的原因
尝试解决实际问题	应用植物激素相关研究成果对农林业中的增产问题提出建议	基于所学知识,提出通过调整植物生长调节剂的种类、含量和施用时间从而实现葡萄高产的方案;探索植物生长调节剂的应用相关实验开展后,根据小组的研究结果,尝试对当地农林业生产中使用生长素类调节剂的情况提出一些合理建议

二、教学案例:其他植物激素

1. 教学目标

基于"新课程标准"的内容要求、学业要求和学业质量标准,着眼于提高学生生物学核心素养的要求,特制订以下教学目标。

(1)通过分析情境中的图文资料,结合教材内容,运用归纳、概括等思维方法,说出赤霉素、细胞分裂素、乙烯、脱落酸的作用。

(2)举例说明植物激素可以通过拮抗、协同等方式共同实现对植物生命活动的调节,进一步深化稳态与平衡观。

(3) 通过建构各种植物激素之间的关系图，运用建模思维说明各种植物激素之间存在复杂的相互作用关系。

(4) 应用植物激素的相互作用关系的相关研究成果，尝试解决实际问题。

2. 教学设计思路

教育设计思路见图 3-81。

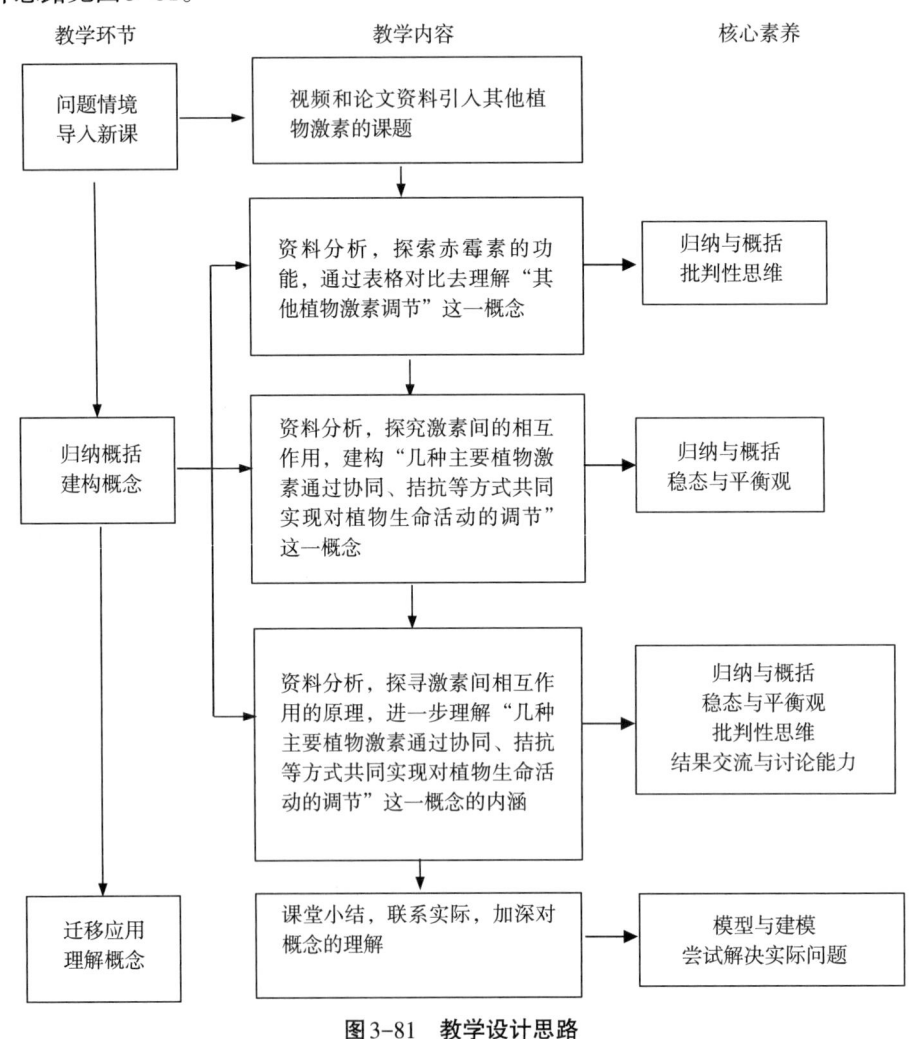

图 3-81 教学设计思路

3. 教学过程

1) 问题情境，导入新课

视频展示"四川高山葡萄酒——陡峭"的简介。教师提问：视频中介绍了酒好不好，葡萄很重要。高海拔地区日照时间长、昼夜温差大等外界环境因素可以提高葡萄的光合作用强度，降低呼吸作用强度，从而积累更多的糖类等有机物。通过上节课的学习，同学们思考一下，葡萄的品质仅受环境因素的影响吗？学生很容易答出：不是。教师继续追问：那还受什么影响呢？学生思考的同时教师展示资料 1（图 3-82）并提问：这篇论文资料刚好提到了红葡萄酒之王的赤霞珠葡萄，回答了葡萄的品质不仅受环境因素影响，还与内源植物激素息息相关。摘要部分提到：内源激素含量的变化与果实生长和成熟有关。这些激素的生理作用、激素之间相互作用的关系便是本节课要学习的内容。

设计意图：以视频和问题引入，慢慢创设探究植物激素的情境，以论文为依托，增强问题的说服力，逐步引导学生进入新课的学习。

> **资料1 论文名称**：赤霞珠葡萄生长发育过程中内源激素的变化及其与果实成熟的关系
> **论文正文摘抄**：据研究，葡萄的成熟过程不仅被环境因子调控，还被内源植物激素所调控
> **论文摘要摘抄**：内源激素脱落酸（ABA）、赤霉素（GA$_3$）、茉莉酸（JA）含量与赤霞珠果实成熟有关，内源激素生长素（IAA）、赤霉素、水杨酸（SA）、茉莉酸含量与赤霞珠果实生长有关

图3-82 论文资料核心部分

2）归纳概括，建构概念

（1）资料分析，探索赤霉素的功能。

资料2 1926年，科学家观察到，当水稻感染了赤霉菌后会疯长（恶苗病），极大地降低了结实率。研究者将赤霉菌培养基的滤液喷施到水稻幼苗上，也出现了恶苗病症状。1935年，科学家从培养基滤液中分离出致使水稻恶苗病的物质，称之为赤霉素。

资料3 1958年，英国科学家Jake MacMillan从红花菜豆的未成熟种子中纯化了赤霉素。后来又陆续发现了植物体内有多种赤霉素。

学生阅读资料2后能总结出：导致水稻患恶苗病的不是赤霉菌菌体，而是赤霉菌产生的某种化学物质。教师引导学生得出资料中的赤霉素不是植物激素，原因是植物激素是植物产生的，这里的赤霉素由赤霉菌产生。通过资料3学生能回答出：植物体内可以合成赤霉素，并且不止一种，赤霉素属于植物激素。结合资料2、资料3，学生能推测出赤霉素的作用是促进植物茎的伸长，未成熟的种子中能合成赤霉素。为了探究赤霉素的其他生理作用，教师呈现以下资料。

资料4 论文中提到，赤霞珠葡萄果肉、种子、果皮在生长发育过程中GA$_3$的含量有所变化（图3-83），果肉和种子中的GA$_3$含量变化有两个峰值。2013年，果肉和种子中GA$_3$含量的第1个峰值分别出现在花后58 d、46 d，第2个峰值几乎同时出现在花后97 d。2014年，果肉和种子中GA$_3$含量的第1个峰值都在花后38 d，第2个峰值分别在花后82 d、74 d。两个峰值分别出现的时期为快速生长期和转色期。

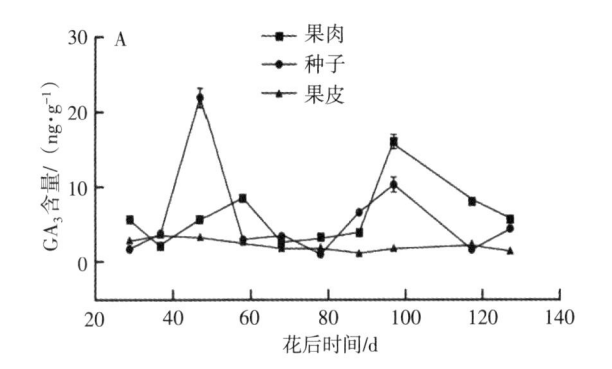

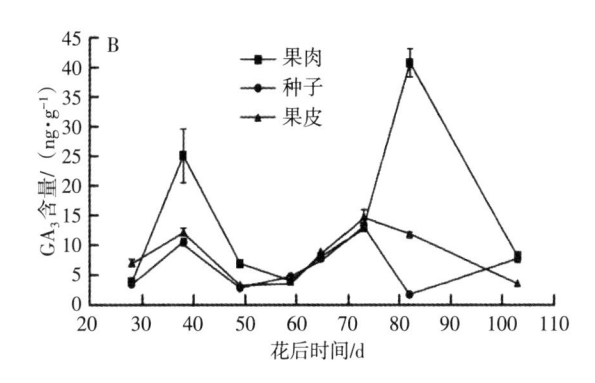

图3-83 2013年（A）和2014年（B）赤霞珠葡萄果肉、种子、果皮中GA$_3$含量的变化趋势

教师提问：由资料中峰值出现时间推测赤霉素在果实发育中的作用是什么？

学生分析回答：赤霉素还能促进种子形成和果实发育。教师总结：基于以上资料的分析，我们可

以总结出赤霉素的合成部位和生理作用，其他植物激素的发现过程也是这样一步步探索出来的，引导学生结合教材97页图5-9相关内容，完成表格（见表3-63）。

表3-63 其他植物激素的合成部位和主要作用

激素种类	合成部位	生理作用
赤霉素		
细胞分裂素		
脱落酸		
乙烯		
油菜素内酯	主要在花粉、种子、茎和叶	

设计意图：通过一系列资料的展示和问题的追问，启发学生去分析资料所陈述的观点，并归纳、概括出赤霉素这一植物激素的合成部位和生理作用，以此类推其他植物激素的发现过程，最后以表格的形式归纳各种植物激素的合成部位和生理作用，形成"其他植物激素"这一概念。在探讨赤霉素是否为植物激素时，学生通过回顾植物激素的定义，对赤霉素都是植物激素这一观点进行辨析，培养学生的批判性思维能力。

2）资料分析，探究激素间的相互作用。

①生长素与赤霉素的相互作用。

资料5 论文中提到赤霉素和生长素的含量在葡萄果实发育过程中均出现了峰值，且第1个峰值出现的时期重合，这个时期是果实快速生长期（图3-83B、图3-84）。

学生分析资料得出：赤霉素和生长素都能促进果实生长，从而得出赤霉素和生长素在促进果实生

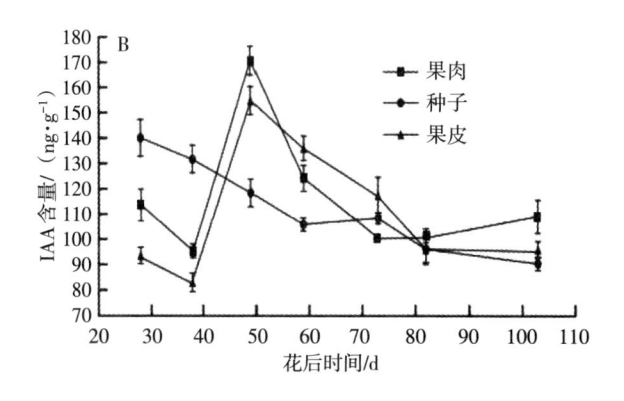

图3-84 2014年赤霞珠葡萄果肉、种子、果皮中生长素含量的变化趋势

长方面表现为协同作用。

设计意图：以资料分析的形式引导学生归纳概括出赤霉素与生长素之间的协同作用，建构"两种植物激素可以通过协同方式实现对植物生命活动的调节"这一概念，初步形成稳态与平衡观。

②生长素与细胞分裂素的相互作用。

资料6 生长素与受体结合才能发挥其作用。ABP1是生长素的受体蛋白，在生长素足量的情况下，ABP1的过量表达，可使生长素的作用增强。在ABP1过量表达的烟草叶片中，处于G_2期的细胞核比率是野生型的2倍。在实验条件下，离体的植物细胞在只有生长素，没有细胞分裂素的条件下，会形成大量多核细胞。在存在细胞分裂素的条件下，生长素才能促进细胞分裂。生长素可使植物形成顶端优势现象，若施加细胞分裂素，则可促进侧芽发育，形成侧枝，打破顶端优势。

教师要求学生从拮抗作用和协同作用角度分析生长素和细胞分裂素的相互作用，学生根据所学知识和资料内容，能够分析出：生长素促进细胞核分裂，细胞分裂素促进细胞质分裂，二者在细胞分裂上表现为协同作用；在影响顶端优势方面，具有拮抗作用。

设计意图：在资料分析的基础上，引导学生归纳概括出生长素和细胞分裂素之间的协同和拮抗关系，理解"两种植物激素还可以通过拮抗的方式实现对植物生命活动的调节"这一概念，形成稳态与平衡观。

③赤霉素与脱落酸的相互作用。

资料7 赤霉素可促进种子、块茎等休眠体的萌发。脱落酸(ABA)合成缺陷型突变体的胎萌（胎萌是指种子在未脱离母体植株前就开始萌发的现象）现象可用外源ABA处理加以抑制。

资料8 拟南芥GA缺陷型突变体的种子GA含量极低，在缺乏外源GA的培养基上是不能发芽的。将这些种子进行诱变处理，筛选能发芽的突变株。发现能发芽的植株不是能合成GA的突变株，而是ABA缺陷型突变体。检测发现这种双突变株种子内的ABA／GA的比例与野生型种子相同，而两种激素的绝对水平都比野生型更低。

教师引导学生分析资料7得出以下结论：赤霉素可打破休眠，脱落酸可促进并保持休眠，二者作用效果相反，为拮抗作用。通过资料8学生分析得出赤霉素和脱落酸在调节种子萌发时的特点是：种子的休眠与萌发并非取决于两种激素的绝对量，而是由二者比例决定，脱落酸／赤霉素比值较高促进休眠，反之促进萌发。

教师总结：植物的生命活动往往是多种激素共同调节的，决定器官生长发育的，往往不是某种激素的绝对含量，而是不同激素的相对含量。例如，教材第98页提到的"黄瓜茎端的脱落酸与赤霉素的比值较高，有利于分化形成雌花，比值较低则有利于分化形成雄花"也表明了这样一个观点。

设计意图：通过对上面几则资料的分析，引导学生归纳概括出"植物的生命活动往往是多种激素共同调节的，决定器官生长发育的，往往不是某种激素的绝对含量，而是不同激素的相对含量"这一观点，加深学生对概念的理解，帮助学生形成"几种主要植物激素通过协同、拮抗等方式共同实现对植物生命活动的调节"这一概念，同时渗透稳态与平衡观。

（3）资料分析，探寻激素间相互作用的原理。教师展示图片资料并提问：如图3-85、图3-86分别为生长素与乙烯、赤霉素与生长素之间的相互作用，ACC为合成乙烯的前体物质。据图分析，我们可以得出怎样的结论？

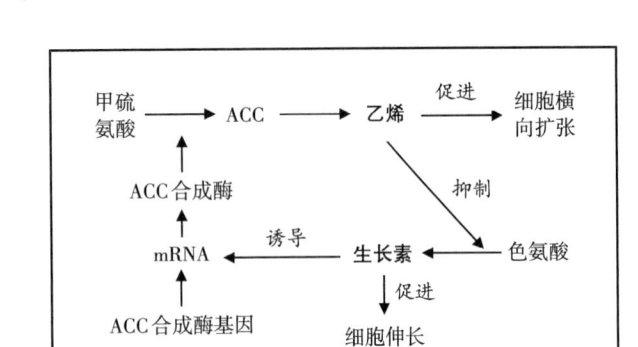

图3-85 生长素与乙烯的相互作用

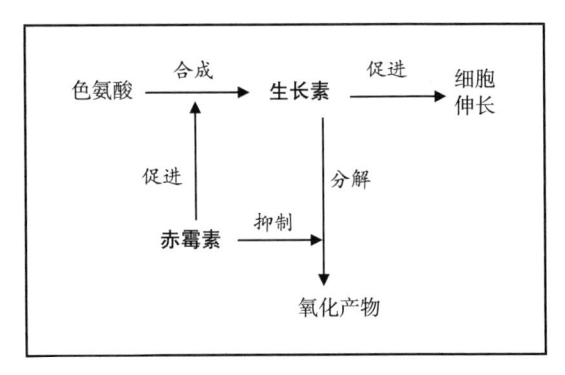

图3-86 赤霉素与生长素的相互作用

学生小组讨论，得出结论：①生长素水平高抑制茎伸长的原理是生长素可导致多个ACC合成酶基因的转录水平提高，乙烯产量升高。乙烯可促进细胞横向扩张、抑制生长素合成。②赤霉素促进生长素合成的同时抑制生长素分解，从而通过增加生长素的含量来促进细胞伸长。教师引导班上同学对小组讨论的结果进行互评，一起补充和完善结论。

资料9 论文中有这样几组图形，分别是2014年赤霞珠葡萄果肉、种子、果皮中GA_3、IAA、茉莉酸（JA）、水杨酸（SA）和ABA的含量（见图3-83B、图3-84、图3-87至图3-89）。文中提到赤霞珠葡萄果皮和果肉中IAA、GA_3、SA和JA含量从第1个快速生长期开始上升，并在转色期前开始下降，说明这些激素能促进赤霞珠葡萄浆果的生长。ABA、GA_3和JA在转色期开始时上升，并在转色中期缓慢下降，这说明这些激素与赤霞珠葡萄浆果的转色及成熟有关。

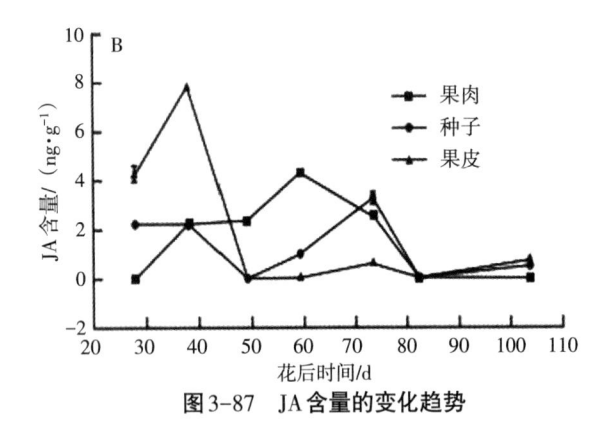

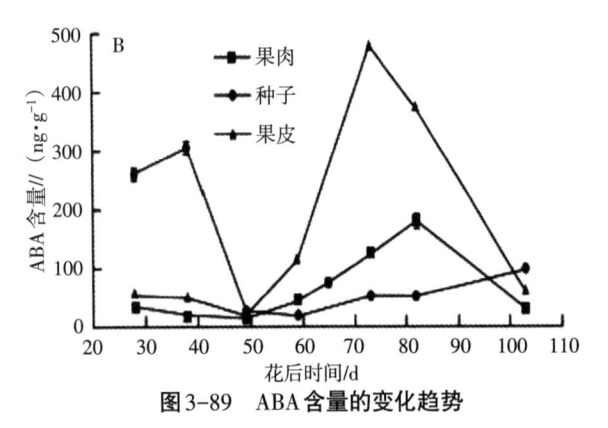

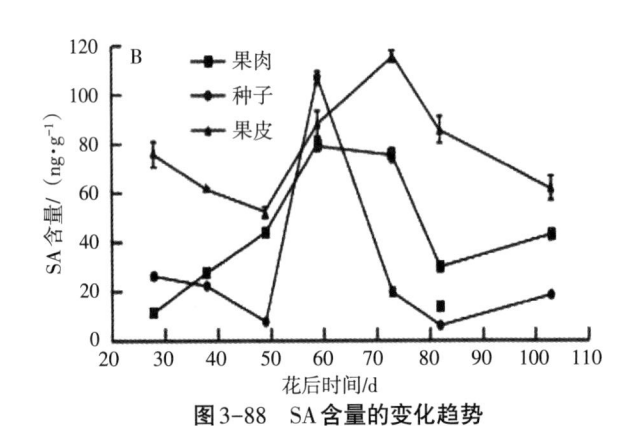

图3-87 JA含量的变化趋势

图3-88 SA含量的变化趋势

图3-89 ABA含量的变化趋势

分析资料和图示，教师引导学生思考得出以下结论：每种激素的含量会发生变化；不同激素的调节表现出一定的顺序性。教材中猕猴桃果实成熟过程中植物激素的变化，也体现了以上观点。总之，植物的生长发育是由多种激素相互作用形成的调节网络调控的。

设计意图：重回论文资料，紧扣论文线索，一步步推进教学，让学生有一个整体情境代入感；再一次回归教材，加深了学生对"每种激素的含量会发生变化；不同激素的调节表现出一定的顺序性；植物的生长发育是由多种激素相互作用形成的调节网络调控的"这些概念的理解。通过图文对比分析、小组讨论等方式，进一步发展学生归纳与概括的科学思维，渗透稳态与平衡观；同时，通过学生互评去补充和完善结论，训练学生的批判性思维和对结果的交流与讨论能力。

3）迁移应用，理解概念

教师展示本节课的重难点内容，引导学生用"促进""抑制""协同"和"拮抗"四个术语进行填空，从而建构各种植物激素之间相互作用关系的概念图（见图3-90），再次加深学生对所学知识的巩固。

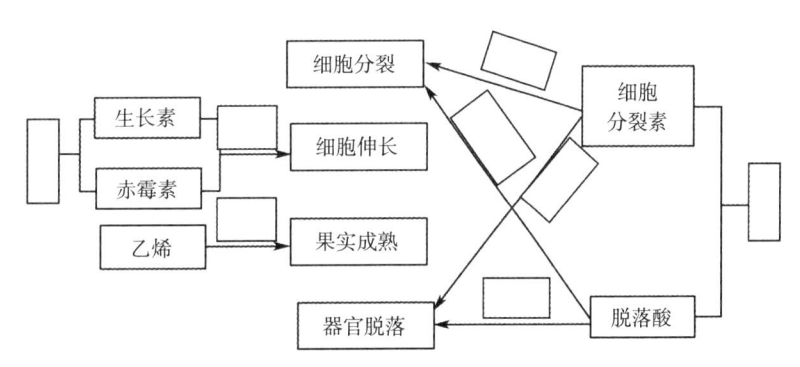

图3-90　各种植物激素之间的相互作用关系

教师PPT呈现答案，学生修正并完善上述概念图。教师陈述：新闻报道介绍，陡峭葡萄酒的原产地葡萄产量还有待提高，为了让高山葡萄酒——陡峭有更高的知名度，能走出四川，走向全国乃至世界，促进葡萄果实的发育和成熟值得更深入的研究。基于所学知识，你能否就"如何促进葡萄果实的发育和成熟"提出小小的建议，为家乡的产业贡献你的智慧。

设计意图：以建构概念模型的形式，帮助学生梳理各种植物激素在调节植物生命活动方面的作用，帮助学生建构"几种主要植物激素通过协同、拮抗等方式共同实现对植物生命活动的调节"的概念，发展模型与建模能力；本课首尾呼应，情境贯穿始终，在总结知识的基础上联系实际，提升学生运用生物学知识解决实际问题的能力，落实社会责任。

4. 教学反思

（1）问题激发助教学。本节课情境贯穿始终，采用问题来激发互动，立足资料分析，通过合理的问题设置来帮助学生建构概念，让学生从问题出发，在解决问题的过程中又生成新的问题，从而展开相关概念的学习，在此过程中教师引导学生主动思考、自主探究，培养学生分析和解决问题的能力。

（2）图文转换促发展。将文字信息转换为表格内容进行比较，注重文字资料与曲线图、流程图等图解的结合，这些都能帮助学生直观理解所学内容，符合认知规律；通过对不同生长发育阶段、不同激素含量变化的分析来提升学生获取信息和分析、处理数据的能力；资料递进呈现，能帮助学生理解激素之间虽然作用不同，但为了使植物个体能更好地生长发育并适应环境，它们并不是各自独立起作用，而是通过协同、拮抗等方式实现对植物生命活动的共同调节，由此发展了稳态与平衡观；让学生参与讨论葡萄增产的话题，了解自己家乡的特产，可激发学生的民族自豪感，在潜移默化中培养学生的家国情怀。

（3）学术论文增兴趣。借助高中生对学术论文的好奇心，采用自主学习、小组合作交流等方式进行教学，不仅突显学生在课堂上的主体性，也有助于学生通过自主分析去理解和掌握知识。

三、案例点评

1. 设计"一境贯穿"的教学情境，有效发展了生物学核心素养

本节课创设了具有现实意义的真实情境并贯穿始终，是一种课程资源的优化与整合，有助于激发或强化学生对生物学科的学习兴趣，教学脉络清晰明了，课堂紧凑合理。通过对情境的深挖，有助于拓宽学生的思维深度和广度，从而提升学生解决实际问题的能力，提升学生的认知能力、高阶思维能力和创造能力等，有效发展了生物学核心素养。

2. 以资料为线索，关注概念形成的逻辑，注重生命观念和科学思维的培养

针对教学的重难点，本节课结合相关学术论文，并以此为线索，设置科学的问题串来提高学生获取信息和处理信息的能力。教师运用资料分析的教学方式促进学生建构生物学概念，有利于学生逐步完善对概念的理解，在此基础上，引导学生关注概念形成过程中概念之间的逻辑关系，促进概念的系统化，实现对"几种主要植物激素通过协同、拮抗等方式共同实现对植物生命活动的调节"这一概念的学习进阶，渗透稳态与平衡观。

3. 设置开放性问题，培养学生的社会责任感

开放性问题的设置可以拉近生物学科学习与现实生活实际的距离，能激发学生的深度思考，将所学知识和生活紧密相连，让学生学以致用，尝试去解决实际问题，培养学生的社会责任感。

第四节 《生物与环境》模块的教学案例

案例1：种群

"新课程标准"指出，学生通过选择性必修2模块的学习，要达成"生态系统中的各种成分相互影响，共同实现系统的物质循环、能量流动和信息传递，生态系统通过自我调节保持相对稳定的状态"这一大概念，此大概念的达成需要以种群、群落、生态系统等生命系统结构层次中的若干个重要概念作为支撑，种群这一重要概念的达成需要有三个次位概念的支撑（图3-91）。学生通过对种群这一重要概念的学习，阐明种群数量在有限条件下通过种内调节维持相对稳定的机制，发展稳态与平衡观；建立和运用数学模型来表征、解释和预测种群数量的变化，并运用统计思维来调查种群密度，提升科学

思维能力；在调查草地中某种双子叶植物的种群密度和探究培养液中酵母菌种群数量变化的活动中，提升实验设计和方案实施能力；运用种群数量变化的相关知识，对濒危物种的保护、野生生物资源的合理利用与保护、有害生物的防治等问题提出合理的建议，发展社会责任感。

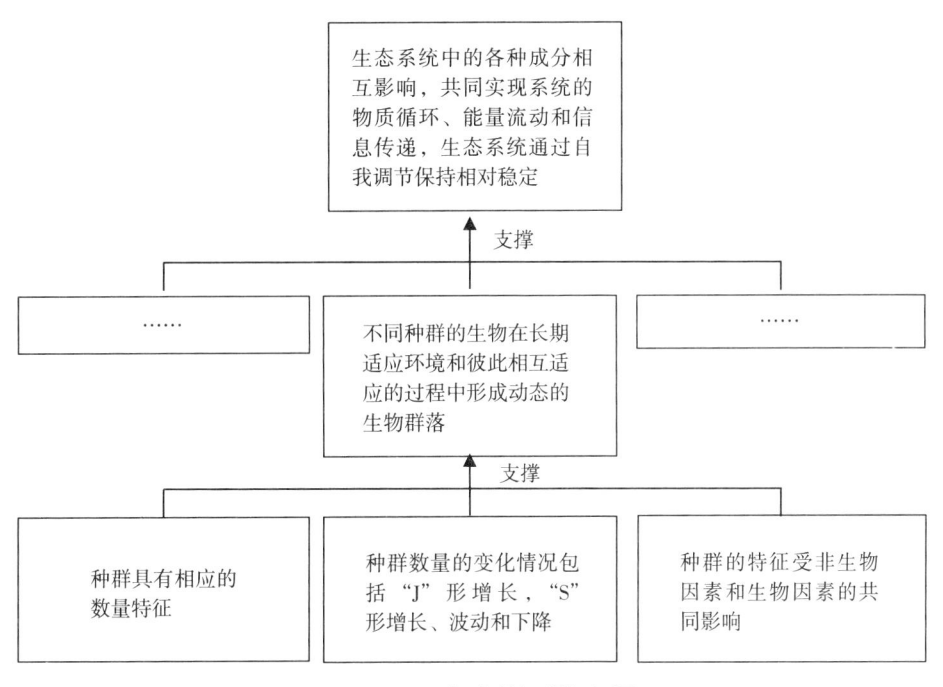

图3-91 概念的逻辑框架图

在"种群"这一重要概念的教学过程中，可先将这部分内容按照核心素养目标进行合理分解，再采用相应的教学措施帮助学生达成核心素养目标。

一、核心素养目标的分解与实施建议

生物学核心素养包括生命观念、科学思维、科学探究和社会责任。生命观念是众多生物学概念的提炼和升华，因此需要先梳理出生命观念对应的概念和关键事实，为形成正确的生命观念奠定基础，然后需从训练科学思维、培养科学探究能力、落实社会责任三个方面对本节内容的核心素养目标进行检索和分解，并寻找出切实可行的措施和路径去落实和完成。

1. 梳理支撑"生命观念"的概念和事实

根据教材内容和"新课程标准"要求，要建立该概念体系相对应的生命观念，需以相关概念和事实作为支撑，如表3-64所示。

2. 设计训练"科学思维"的路径和活动

在该部分内容的教学过程中，设计了训练科学思维的路径和学生活动（表3-65），以发展学生的归纳与概括、模型与建模、演绎与推理等科学思维能力。

3. 确定培养"科学探究"的路径和活动

在该部分内容的教学过程中，通过创设探究性学习情境，设计学生深度参与的训练路径和思维活动（表3-66），让学生在有目的的自主学习过程中培养科学探究能力。

表3-64 重要生命观念对应的事实与相关概念

生命观念	相关概念	对应的事实
结构与功能观	种群的结构与其功能是相适应的	种群具有数量特征和空间特征,是生物繁殖和进化的基本单位
稳态与平衡观	种群内部的物质和能量变化处于相对稳定状态	用性引诱剂诱杀某种害虫的雄性个体,改变害虫种群正常的性别比例,害虫的种群密度会明显降低;种群数量在有限条件下通过种内调节维持相对稳定
进化与适应观	生物都能适应环境;适应性是生物进化的结果	为适应不同的环境,不同种群数量特征都有所不同

表3-65 训练科学思维的路径与活动建议

科学思维	训练路径	活动建议
归纳与概括	归纳影响种群密度、种群数量的因素	比较"个体"与"种群"的区别;分析影响种群密度的相关资料,归纳影响种群密度的因素;分析影响种群数量的资料,归纳影响种群数量的生物因素与非生物因素
模型与建模	用种群数量变化的概念模型,表达种群数量特征之间的逻辑关系;建构种群增长的数学模型,抽象出建立数学模型的一般步骤	分析影响种群密度的相关资料,建构种群数量变化的概念模型,阐明种群数量特征之间的逻辑关系,论证种群数量的规律性变化;分析种群数量增长的资料,建构种群增长的数学模型,抽象出建立数学模型的一般步骤,并探讨影响种群数量变化的各种因素;建构培养液中酵母菌种群数量变化的数学模型,运用数学模型解释种群数量变化的原因,理解种群数量变化的规律
演绎与推理	根据种群数量变化情况,预测种群数量的变化趋势,阐明影响数量变化的因素	分析我国人口的年龄组成,预测我国人口数量的变化趋势;分析雪兔和猞猁种群数量变化的曲线图,阐明两种动物种群数量变化的循环因果关系
批判性思维	评价同学建构的概念模型及设计的调查种群密度的实验方案	对同学建构的种群数量变化的概念模型及设计调查种群密度的实验方案提出修改建议;对自己不理解的过程及结论大胆质疑

表3-66 训练科学探究的路径与活动建议

科学探究	训练路径	活动建议
实验设计能力	设计调查种群密度、探究培养液中酵母菌种群数量的实验方案	根据标记重捕法的实验原理,设计调查某鸟类种群密度的实验思路;设计实验探究培养液中酵母菌种群数量的变化情况
方案实施能力	根据设计的实验方案调查种群密度	调查校园中某双子叶植物的种群密度,撰写实验报告并阐明样方法的原理
结果交流与讨论能力	交流和讨论实验结果	调查了某鸟类的种群密度后,分析实验结果出现误差的原因,阐明标记重捕法的原理;运用数学模型解释酵母菌种群数量变化的原因,理解种群数量变化的规律

4.落实培养"社会责任"的思路和活动

在本节教学过程中，设置如表3-67中的学生活动，引导学生利用所学知识分析判断社会议题，尝试解决实际问题，以发展学生的社会责任。

表3-67 落实社会责任的思路与活动建议

社会责任	基本思路	活动建议
分析判断社会议题	分析生物受威胁等级改变的依据；关注人口问题	判断世界自然保护联盟将大熊猫"降级"是否合理；收集全球和我国人口普查数据，对全球或我国的人口增长趋势进行分析，关注人口问题；结合年龄组成的三种类型，分析国家生育政策从"一孩"到"三孩"改变的原因
尝试解决实际问题	针对濒危物种的保护、野生生物资源的合理利用与保护、有害生物的防治等问题，提出合理的建议	运用种群特征和种群数量变化的知识，提出保护大熊猫、东北豹、普氏原羚等濒危动物的方案；说出防止水葫芦等外来物种入侵的方法与措施；对蝗虫、老鼠等有害生物的防治提出建议；说明我国法律禁止"非医学需要的胎儿性别鉴定"和"非医学需要的性别选择性人工流产"的意义

以上是以"种群"这一重要概念为例，对核心素养目标的分解与落实的尝试与思考。下面在"种群具有相应的数量特征和空间特征"这一次位概念的课堂教学中，具体展示如何发展生物学核心素养。

二、教学案例：种群的特征

1.教学目标

基于"新课程标准"的内容要求、学业要求和学业质量标准，着眼于提高学生生物学核心素养的要求，制订以下教学目标。

（1）列举种群的基本特征，阐明"种群"概念的内涵，区别"个体"与"种群"在生命系统结构层次的本质差异。

（2）基于相关实证材料，运用归纳、推理、概括等思维方法，阐释种群的数量特征影响种群数量变化的规律性。

（3）通过建构种群数量变化的知识结构图，运用建模的思维方法得出种群数量特征之间的逻辑关系，论证种群数量的规律性变化，探讨影响种群数量变化的各种因素。

（4）基于对种群数量变化的认识，在生物与环境的层面形成"稳态与平衡观"，产生生态与环保意识。

2.教学设计思路

教学设计思路见图3-92。

教学环节	教学内容	核心素养
创设情境，导入新课	分析大熊猫降级的资料，引入新课	
归纳概括，建构概念	回顾种群概念，探索种群特征	归纳与概括 结构与功能观
	分析资料，探索种群数量变化因素，构建种群数量特征概念	归纳与概括 稳态与平衡观
	构建种群数量特征的结构图，领悟种群概念内涵	归纳与概括 模型与建模 稳态与平衡观
迁移运用，理解概念	分析数据，预测种群数量变化趋势，判断大熊猫降级是否合理	演绎与推理 批判性思维 尝试解决实际问题

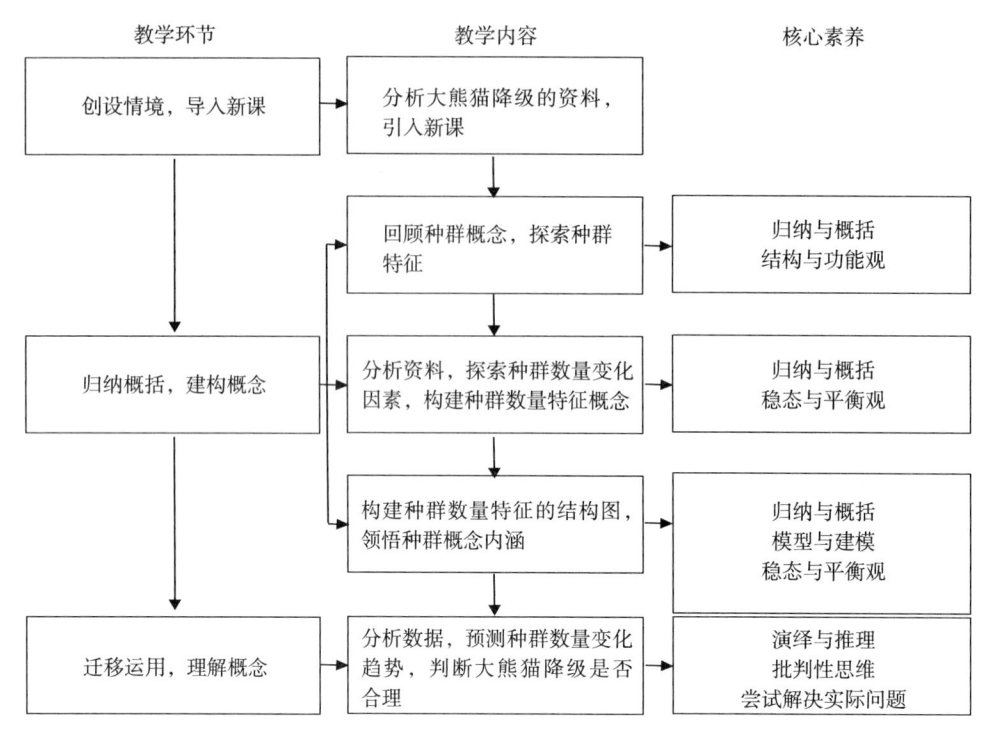

图 3-92 教学设计思路

3. 教学过程

1）创设问题情境，引入学习课题

资料 1　呆萌、可爱的大熊猫是中国特有的动物物种，已在地球上生存了至少 800 万年，被誉为"活化石"和"中国国宝"，是世界自然基金会的形象大使，是世界生物多样性保护的旗舰物种。其主要栖息地是四川、陕西和甘肃的山区，因为数量稀少，被世界和我国列为濒危物种。经过我国数十年的努力，大熊猫的数量逐渐增加，据调查，在 2013 年底全国野生大熊猫种群数量达到 1 864 只，圈养大熊猫种群数量在 2019 年达到 600 只。因此，在 2016 年，世界自然保护联盟将大熊猫的受威胁等级从"濒危"下降至"易危"。

要求学生在阅读材料后，回答问题：降低大熊猫受威胁等级的依据是什么？学生回答：大熊猫的数量。教师提出课题：研究大熊猫等珍稀动植物资源的保护，需要从群体角度，探索其数量及其变化。本节课的学习内容即为种群及种群特征。

设计意图：以我国四川省特有的大熊猫作为情境引入新课，激发学生的学习兴趣，渗透热爱祖国的情感教育，引入本课。

2）归纳概括，建构概念

（1）学习种群概念，探索种群特征。教师提问：种群的定义是什么？学生根据已有知识，能够回答出：生活在一定区域内同种生物的全部个体，并说明种群是生物繁殖和进化的基本单位。

教师提问：个体与种群在生命系统的结构层次上，有何联系与区别？提示学生从生命的基本特征的角度分析个体与种群的区别。学生分析、讨论得出：个体是生命的基本单位，具有繁殖、生长、遗传等特征；种群是由个体组成的群体，具有一定的数量，有繁殖率和基因库。教师引导学生进一步分析，得出：个体是自然界能够独立存在的基本的生命单位，种群是物种在自然界存在的基本单位。种群不是个体的简单相加，而是通过种内关系组成的有机统一体，从个体到种群，其特征发生了质的变化，种群所具有的特征是个体所不具备的。如，个体有生、死，而种群有出生率和死亡率。因此，自然种群有三个基本特征：空间特征——种群具有一定的分布区域；数量特征——每单位面积（或空间）上的个体数量是变动的；遗传特征——种群具有一定的基因组成。研究种群的核心问题是研究种群大小或数量在时间上和空间上的变动规律。

设计意图：通过由浅入深的追问和层层剖析，对"个体"与"种群"两个概念进行区别和寻找联系，发展学生的归纳与概括能力，同时渗透结构与功能观。在这个过程中，使学生自主建构"种群"概念，理解种群是生命系统的结构单位。

（2）探索种群数量变化因素，建构种群数量特征概念。

①确立种群数量的量标，了解统计种群数量的方法。教师组织学生讨论：如何计量种群的数量？部分学生依据资料1和我国第七次人口普查的数据，认为统计的是准确数目。有学生根据经验认为，如苍蝇、蚊子之类的动物，数量多、移动快，很难统计其准确的数目。教师由此提出"种群密度"的概念，并出示材料。

资料2 2017年，我国科学家完成了"基于无人机遥感的玛多县大型野生食草动物种群数量调查"，成功调查了藏野驴、藏原羚、岩羊等生物的种群数量。执教者（老师）作为志愿者协助科学家采集王朗自然保护区的大熊猫粪便，科学家通过分析其中的DNA分子，查明在2003—2004年，这一地区大熊猫的种群数量为66只。

指导学生通过资料分析、阅读教材等，学习种群密度的统计方法：一是采用航拍等方法计量全部动物的数量；二是取样调查法，包括样方法和标记重捕法；三是粪堆法、捕捉法等估算法。不同的生物种群，统计种群密度的方法有差异。同时，进一步引导学生以熟悉的生物为例，分析得出生物种群密度的特点：不同的生物，如草原上昆虫类、田鼠和狼等，在同一空间内的数量级可能有较大差异；同一生物种群，如苍蝇、蚊子等昆虫，在不同的时间范畴（如不同季节），数量也有较大差异。

设计意图：先让学生根据生活经验进行猜测，再出示相关资料并结合教材内容进行验证，发展学生的归纳与概括能力。在此过程中，学生自主建构"种群密度"的概念，加深对概念的理解。

②分析人口调查材料，探寻数量变化内因。教师指出：种群密度反映出特定时间范畴的数量，而种群数量研究除了"有多少（数量或密度）"外，还需要研究"怎么变动（数量变动）、为什么这样变动（种群数量的调节机制）、哪里多、哪里少（分布和空间结构）"。现代人口调查就是最完善的种群数量统计。

资料3 国家统计局在2021年5月11日公布了第七次全国人口普查主要数据结果。

a.人口总量增长，增速有所放缓：全国人口共141 178万人，与2010年相比，增长5.38%，年平均增长率为0.53%。最新预测表明，人口总量将在2025年到2030年间达到峰值。

b.人口城镇化水平加速提升，人口流动更趋活跃：2020年流动人口近3.8亿人，10年间增长了将近70%。从流向上看，人口持续向沿江、沿海地区和内地城区集聚，长三角等主要城市群的人口增长迅速，集聚度加大。

c.出生人口性别比稳步下降，性别结构得到改善：男性人口为72 334万人，占51.24%；女性人口为68 844万人，占48.76%。总人口性别比为105.07，出生人口性别比为111.3。

d.少儿人口比重回升，老龄化进一步加剧：0~14岁人口为25 338万人，占17.95%；15~59岁人口为89 438万人，占63.35%；60岁及以上人口为26 402万人，占18.70%（其中，65岁及以上人口为19 064万人，占13.50%）。与2010年相比，它们分别上升1.35个百分点、下降6.79个百分点、上升5.44个百分点，老年人口增长速度将明显加快。

教师提出问题：我国人口调查量标除人口数量外，还有哪些内容？有何生态学意义？学生依据材料能够直接回答出：调查内容有人口增长率、性别比例、年龄段比例、人口迁移状况等，不能回答出相关量标的概念、生态学意义。教师引导学生深入分析资料，依据a.得出：增长率取决于出生率与死亡率的差值，出生率和死亡率直接影响种群数量变化，是影响种群密度最重要的因素。

教师依据b.并补充蜜蜂的"自然分蜂"现象，帮助学生建立"迁入、迁出"的概念：迁入（出）率是指从其他区域迁入（出）到这个种群的个体数占整个种群的数量比。进而分析、推理得出：迁入率与迁出率也直接决定种群数量，在城市人口的研究中占有重要地位。出生和迁入是使种群数量增加的因素，死亡和迁出是使种群数量减少的因素。

依据c.得出性别比例的概念，引导学生分析性别比例对出生率的影响。依据d.得出：不同年龄组在种群中所占的比例代表种群的年龄组成，能决定种群现在的出生率和死亡率，也能影响种群数量未来的变化。教师补充：种群年龄组成包括衰退型、增长型、稳定型三种类型，通过年龄组成可以预测种群密度的变化趋势。学生由此分析我国人口年龄组成得出：我国即将进入老龄化社会。

完成数量特征学习后，教师要求学生阅读教材，自学种群的空间特征，了解种群空间分布的类型。

设计意图：通过对"第七次全国人口普查数据"的分析，帮助学生建构"种群特征"的概念，发展学生的归纳与概括能力。通过蜜蜂"自然分蜂"的真实情境及对资料的进一步分析，帮助学生深刻理解"种群特征"的概念，并渗透稳态与平衡观。

（3）构建种群数量特征的知识结构图，深刻领悟种群概念内涵。教师要求学生围绕"种群概念"，建立以种群特征为中心的知识结构图（图3-93）。学生自主构建知识结构图出现的问题有：只体现种群的数量特征；无法准确呈现数量特征之间的关系。教师通过例证进一步说明"种群"的概念，帮助学生从生态学的角度认识"种群"概念的内涵：种群是占有一定空间和时间的同一物种个体的集合体，由不同年龄和不同性别的个体组成，彼此可以互配进行繁殖；是物种存在的单位，也是繁殖和进化的单位。种群包括三个特征，其中数量特征是主要研究内容。最终，师生共同构建如下知识结构图。

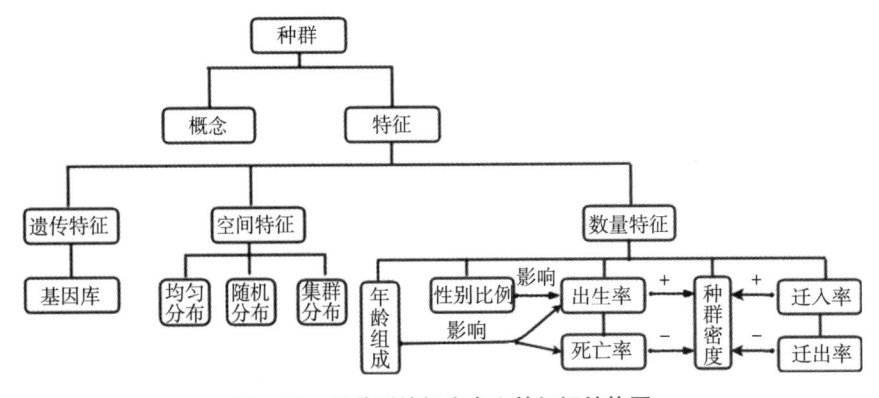

图3-93 以种群特征为中心的知识结构图

设计意图：通过建构知识结构图及教师的进一步引导，建立"种群特征"之间的逻辑关系，以真正理解种群概念的生态学内涵，培养学生的归纳与概括能力、模型与建模能力，同时渗透稳态与平衡观。

3）理论联系实际，加深概念理解

教师出示材料4。

材料4 对四川马边大风顶自然保护区内的大熊猫进行调查发现，该种群大熊猫的年龄组成如表3-68。请据此预测该保护区大熊猫种群数量的变化趋势，并说明原因。

表3-68 大风顶保护区大熊猫的年龄组成

年龄	数量	百分比
青、幼年组	17只	47.22%
成年组	17只	47.22%
老年组	2只	5.56%

学生分析得出的结论不同：①年龄组成为增长型，种群数量增加；②短期增长，长期稳定；③不确定，因为大熊猫的繁殖率低；④由于受到气候、食物、天敌、人类活动等方面的影响，有可能降低。

教师强调：影响种群密度的因素不仅是种群的数量特征，还有外界因素，它们综合作用于种群，影响着种群数量变化；并组织学生讨论：世界自然保护联盟将大熊猫"降级"是否合理？大家一致认为：目前，大熊猫种群数量仍然很少，繁殖率降低，其生存受到众多外界条件的影响，保护之路依然艰难，不易降级。进而总结得出：研究种群密度，有利于人类了解种群与环境的关系，有利于更好地保护生物多样性，更合理地利用自然界的资源，如进行濒危动物的保护、有害生物防治、渔业上确定合理捕获量等。

设计意图：在贯穿式的真实情境的基础上，通过分析数据预测大熊猫的种群数量变化趋势，培养演绎与推理能力，同时提升运用生物学知识解决实际问题的能力。通过问题引发学生思考影响种群数量变化的因素有种群的数量特征和外界因素，培养学生的批判性思维。通过讨论大熊猫"降级"的合理性，引起学生关注研究种群密度的意义，并引导学生理解种群作为生命系统的结构单位，在研究生物与环境之间关系的价值，落实社会责任。

4. 教学反思

（1）围绕"种群"概念，以种群数量特征为主线，将种群的数量特征、空间特征、遗传特征等学习内容有机地整合在一起，使学生能够在已有"种群"概念的基础上，全面理解种群的概念与特征，领悟种群在整个生命系统中的地位。

（2）在学生已有知识的基础上，通过资料分析、模型建构等方式实现知识的同化与顺应，促进学生自主建构生物学概念。

（3）以教师自身的科研经历为素材融入课堂，激起了学生很大的兴趣，使书本知识变得更为亲切，增强学生在学习中的积极体验。

三、案例点评

1. 以真实的情境贯穿课堂教学的全过程

本节课以野生大熊猫的保护为情境，先介绍大熊猫种群数量密度的调查方法，再分析大熊猫种群数量变化的影响因素，最后落脚到大熊猫的保护措施。通过讲述保护大熊猫的完整故事，将情境层层递进，推进课堂教学。

2. 遵循概念形成的逻辑

本节课将种群的特征，包括种群密度、年龄组成、性别比例、出生率、死亡率、迁入率、迁出率等几个概念，都置于真实的问题中。从事实出发，提出有思考性的问题，引导学生理解概念之间的内涵，自主建构概念。如资料1呈现了大熊猫的调查结果，教师引导学生从资料中抽象出了"一定自然区域""同种生物""全部个体"等关键特征，从而形成种群的概念。

3. 通过建构概念图，理清概念之间的逻辑关系

在学完了几个概念之后，教师设置了小组活动，让学生通过绘制概念图表示出种群密度、年龄组成、性别比例、出生率、死亡率、迁入率、迁出率等几个概念之间的逻辑关系。在概念图的建构过程当中，学生的思维不断进行碰撞，教师让学生分组呈现概念图的同时，有意识地引导学生进行了互评、修正，一步步地引导学生厘清概念之间的逻辑关系，进行思维训练。

4. 注重概念的应用

本节课的最后，教师借助真实的问题情境引导学生将所学的知识运用到讨论大熊猫的保护措施中，强化概念的迁移应用，促进学生关注现实问题，体现社会责任，真正实现学以致用，使生物学科核心素养在真实情境的土壤中生根发芽。

案例2：群落

"新课程标准"指出，学生通过选择性必修2模块的学习，要达成"生态系统中的各种成分相互影响，共同实现系统的物质循环、能量流动和信息传递，生态系统通过自我调节保持相对稳定的状态"这一大概念。此大概念的达成需要种群、群落和生态系统等生命系统结构层次中的若干个重要概念作为支撑，群落这一重要概念的达成需要三个次位概念的支撑（图3-94）。通过对"群落及其演替"这一次位概念的学习，阐明群落的结构特征，发展结构与功能观；探究土壤小动物类群的丰富度，解释其结构对环境的适应性优势，提升实验设计能力；分析群落演替的环境因素和种群内部因素，归纳演替的影响因素，发展进化与适应观并提升演绎推理和归纳概括的科学思维能力；同时，在稳态与平衡观念下关注并解释人为因素对群落演替的影响，从人类活动的破坏和维持两方面表达担当社会责任的态度。

在"群落及其演替"这一重要概念的教学过程中，可先将这部分内容按照核心素养目标进行合理分解，再采用相应的教学措施帮助学生达成核心素养目标。

一、核心素养目标的分解与实施建议

生物学核心素养包括生命观念、科学思维、科学探究和社会责任。生命观念是众多生物学概念的提炼和升华，因此需要先梳理出生命观念对应的概念和关键事实，为形成正确的生命观念奠定基础。同时还需从训练科学思维、培养科学探究能力、落实社会责任三个方面对本节内容的核心素养目标进行检索和分解，并寻找出切实可行的措施和路径去落实和完成。

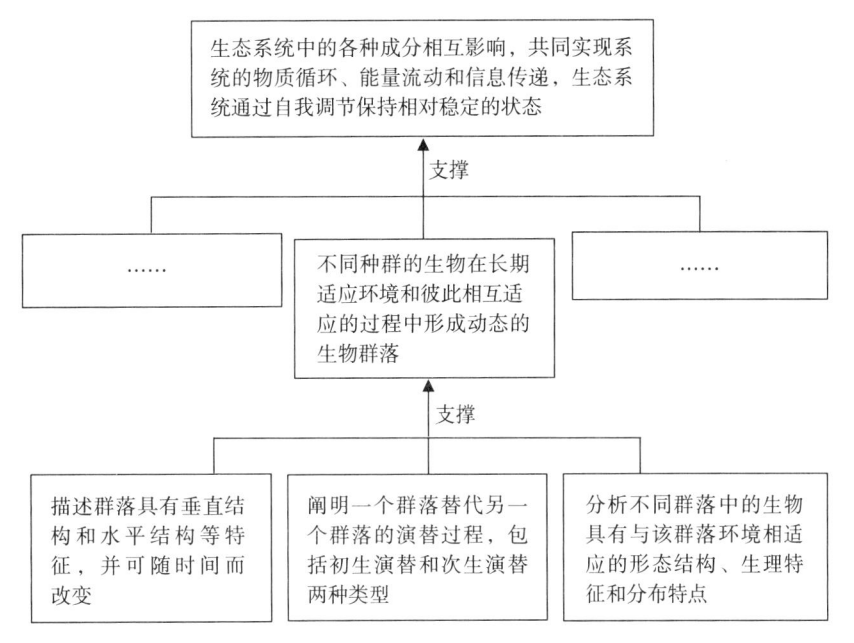

◎ 第三章　围绕核心概念发展生物学核心素养的实践

图3-94　概念的逻辑框架图

1.梳理支撑"生命观念"的概念和事实

根据教材内容和"新课程标准"要求，要建立该概念体系相对应的生命观念，需以下列概念和事实作为支撑（见表3-69）。

表3-69　重要生命观念对应的事实与相关概念

生命观念	相关概念	对应的事实
进化与适应观	群落中的生物与生物,生物与环境相适应,协同进化	光裸的岩地上地衣最先适应环境定居下来,地衣分泌有机酸将岩石转变为土壤,为苔藓等植物的发展提供条件;乔木比灌木具有更强的获得阳光的能力,因而最终占据了优势,成为树林,树林的形成进一步改善了生物生存的环境
结构与功能观	群落具有垂直结构和水平结构,群落的结构决定了其功能	植物的垂直分层为鸟类活动创造了多种多样的空间和资源条件,例如林冠层栖息着鹰;中层栖息着山雀;林下层则生活着画眉等
结构与功能观	生活在某一地区的物种能够形成群落,是因为其结构利于其适应所处的非生物环境	荒漠群落中的仙人掌具有肥厚肉质茎、针状叶,这些结构利于其在缺乏水分的环境生活
稳态与平衡观	群落中不同种群之间通过复杂的种间关系,相互依存相互制约,形成有机整体,从而维持种群间的协调和平衡;群落的演替最终将达到一个相对稳定的状态	森林中的乔木、灌木与草本植物之间,虽然对土壤、空间、阳光的利用存在一定程度的竞争,但可以因生态位的不同而使得光能得到更充分的利用,和谐共存;初生演替经历了裸岩→地衣→苔藓→草本→灌木→乔木阶段,其间群落内部种群相互关系发生变化,最终发展到与环境因素相平衡的相对稳定的乔木阶段

2.设计训练"科学思维"的路径和活动

在该部分内容的教学过程中，笔者设计了训练科学思维的路径和学生活动（表3-70），以发展学生的归纳与概括、演绎与推理等科学思维能力。

表3-70 训练科学思维的路径与活动建议

科学思维	训练路径	活动建议
归纳与概括	归纳初生演替和次生演替的共同影响因素	分析资料,从内部因素(种群)和外部因素(气候、土壤条件和湿度等)两个角度整理初生演替和次生演替受到的共同影响
模型与建模	建构捕食者与被捕食者个体数量随时间变化的数学模型	分析捕食关系相关资料,建立捕食者与被捕食者个体数量随时间变化的数学模型,阐明捕食者与被捕食者间数量变化的规律
演绎与推理	根据某生物的食性和结构特点推理其在自然环境中的生态位	从绿翅鸭的觅食生境、种间关系等多个方面综合描述其在崇明岛东滩区域的生态位
	根据某区域自然条件和人为影响推测未来该区域群落演替的方向和速度	推测长江中游某湖泊进行大规模围湖造田后群落演替的方向和速度,阐明人类活动对群落演替的影响
批判性思维	认识人类活动对群落影响的两面性	评价放牧程度对草原群落的影响
	评价同学建构的数学模型及设计的调查土壤小动物类群丰富度的实验方案	对同学建构的数学模型及设计的调查土壤小动物类群丰富度的实验方案提出修改意见;对自己不理解的过程及结论大胆质疑

3.确定培养"科学探究"的路径和活动

在该部分内容的教学过程中,笔者创设探究性学习情境,设计学生深度参与的探究任务或思维活动(见表3-71),让学生在有目的的自主学习过程中培养科学探究能力。

表3-71 训练科学探究能力的路径与活动建议

科学探究	训练路径	活动建议
方案实施能力	实验工具准备和制作能力,实验结果记录计算能力	研究土壤中动物类群的丰富度,动手制作取样器并对土样进行取样分析,在表格中记录小动物的种类和数量
结果交流与讨论能力	在同伴间积极交流自己的成果	实验小组的建立与分工;小组成员在实验过程中互帮互学,积极评价同伴;不同小组间积极分享探究成果

4.落实培养"社会责任"的思路和活动

在本节教学过程中,笔者设置如表3-72中的学生活动,引导学生利用所学知识分析判断社会议题,以发展学生的社会责任。

表3-72 落实社会责任的思路与活动建议

社会责任	基本思路	活动建议
分析判断社会议题	利用群落的特征评价人为因素对某群落的影响情况	收集本土生态改造的案例,观察本土生态问题,在课堂上作出分享和评价
尝试解决实际问题	利用群落分层的原理设计立体农业	借鉴教材资料,为身边农村或城郊设计立体绿化方案

以上是以"群落及其演替"中群落的结构、类型和演替为例,对核心素养目标的分解与落实的尝试与思考。下面以"群落的演替"一节内容为例,具体展示在真实的课堂教学中,如何发展生物学核心素养。

二、教学案例:群落的演替

1.教学目标

基于"新课程标准"的内容要求、学业要求和学业质量标准,着眼于提高学生生物学核心素养的要求,制订以下教学目标。

(1)应用群落的概念预测海螺沟冰川退行后群落中种群的演化情况,并根据资料修正预测结果。

(2)深入分析初生演替的基本过程,阐明初生演替中物种间的关系、物种与环境间是相互适应,协同进化的。

(3)比较初生演替的过程,阐明初生演替与次生演替的异同以及影响因素,归纳出最终演替将达到一个稳定的状态。

(4)根据学习情境中人为参与的经历分析判断人为因素对海螺沟景区的建设和维护产生的影响。

2.教学设计思路

教学设计思路见图3-94。

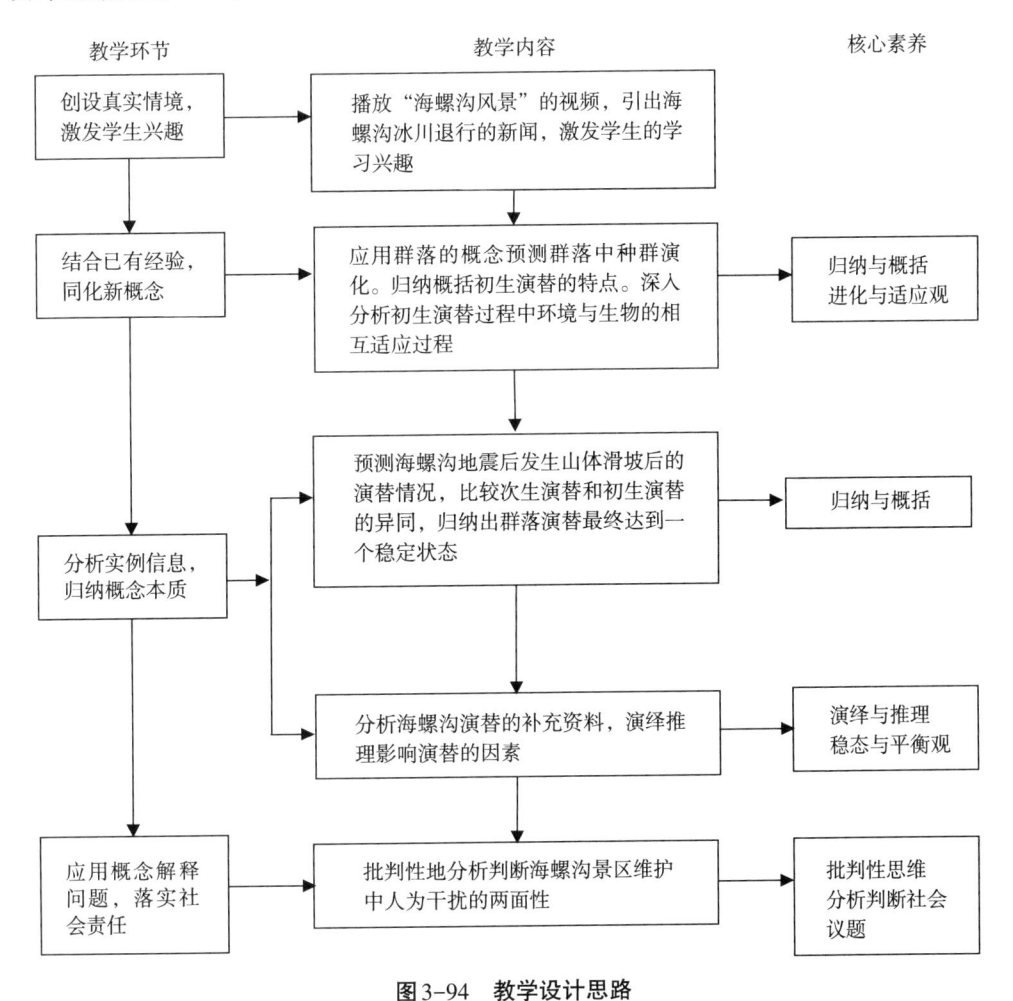

教学环节	教学内容	核心素养
创设真实情境,激发学生兴趣	播放"海螺沟风景"的视频,引出海螺沟冰川退行的新闻,激发学生的学习兴趣	
结合已有经验,同化新概念	应用群落的概念预测群落中种群演化。归纳概括初生演替的特点。深入分析初生演替过程中环境与生物的相互适应过程	归纳与概括 进化与适应观
分析实例信息,归纳概念本质	预测海螺沟地震后发生山体滑坡后的演替情况,比较次生演替和初生演替的异同,归纳出群落演替最终达到一个稳定状态	归纳与概括
	分析海螺沟演替的补充资料,演绎推理影响演替的因素	演绎与推理 稳态与平衡观
应用概念解释问题,落实社会责任	批判性地分析判断海螺沟景区维护中人为干扰的两面性	批判性思维 分析判断社会议题

图3-94 教学设计思路

3.教学过程

1）创设真实情境，激发学生兴趣

教师展示海螺沟的风貌介绍视频，激发学生的兴趣。数据显示，海螺沟冰川自20世纪60年代至今，由于全球气候变暖，冰川已经消融了近3 km，并且消融速度在不断加快。冰川消融的地区露出了没有草木生长的光裸岩地。学生思考问题：海螺沟景区发生冰川退行后风貌会有怎样的变化？

设计意图：以海螺沟这一本土景区为情境引入新课，激发学生的学习兴趣，启发学生思考与群落演替有关的问题，为接下来的学习建立感性认识。

2）结合已有经验，同化新概念

学生复习群落的概念：在相同时间聚集在一定地域中各种生物种群的集合叫作生物群落，简称群落。应用群落的概念，让学生预测海螺沟冰川退行区域的群落变化过程。学生可能会笼统地指出群落的物种组成会越来越多，也可能会回答出一种具体的植被或动物的名称，体现学生简单地认为群落的演替就是一种种群的替代或者是不同种群的叠加，但尚未理解"演替"是一种优势取代的过程。若学生认为冰川退行后的区域物种灭绝，则可能是未体会到冰川退行原因是气候变暖，反而更适合现有生物的生存。

教师展示海螺沟冰川退行后种群的逐年分布变化表（表3-73），表中展示了海螺沟冰川退行后的群落演替过程，发现在过去157年内，退行区域形成了一个从裸地过渡到顶级群落的完整演替过程。让学生描述真实演替中植被演变的特点，并把演替归纳成几个阶段，以此修正自述的演替变化过程。

学生根据表格首先可以发现，在一个阶段的演替过程中某物种并不是要么存在要么灭绝的情况，可能会长期地存在，但是每个时期这一物种的重要程度会有所不同，在特定的时期数量会较多，对群落的影响较大，以此理解种群的演变不是单一的有或无的关系，而是有优势期的存在，如0~6年主要是稀疏的苔藓，而6~27苔藓数量占比开始减少；47~53年主要是冬瓜杨，27~47年冬瓜杨也有但是相对含量不高。最后学生可根据主要植被的种类来归纳和描述演替过程的几个阶段，但学生的归纳可能并不完整，下一教学环节再展示教材中的完整阶段以供再度自行修正。

表3-73 海螺沟冰川退行样地主要植被变化情况

演替时间/年	主要植被（按照植被重要程度从左往右排序）
0~6	地衣 稀疏的苔藓
6~27	稀疏的沙棘 柳树树苗 苔藓
27~37	柳树 冬瓜杨幼苗 少量沙棘 杜鹃
37~47	冬瓜杨 柳树中树 杜鹃 冷杉幼苗
47~53	冬瓜杨大树 冷杉中树 桦树 荚蒾
53~87	冬瓜杨大树 冷杉大树 槭树
87~127	云杉 冷杉
127~157	云杉 冷杉

教师展示教材"初生演替的过程",再次让学生修正自己归纳的各个阶段,整合初生演替的阶段为"地衣阶段→苔藓阶段→草本植物阶段→灌木阶段→乔木阶段",再根据教材文本深入思考以下问题。①初生演替的最终结果是什么?②群落的演替中是不是原有的种群灭绝后新种群才重新建立?③演替时可以是乔木阶段先出现,灌木阶段再出现吗?通过这三个问题让学生总结演替是种群的优势取代,其次不同物种的出现对后续物种适应环境做了准备,最后群落的演替会达到稳定的顶级群落状态。

教师进一步提出问题引出下一部分的学习:那么是不是所有的演替都必须由裸岩阶段开始?

设计意图:学生用已学习过的群落的概念帮助建构群落演替的概念,能说出一个群落替代另一个群落的演替过程;抓住对"优势取代"的理解,总结出群落演替的特点是优势取代,提升其归纳与概括能力。学生根据问题对初生演替的过程进行深入的推理,体会演替是种群在相互作用下适应环境,不断建立新的平衡的过程,是不可逆的,从而形成进化与适应观。

3)分析实例信息,归纳概念本质

(1)分析海螺沟地震造成山体滑坡后群落变化,比较初生演替和次生演替。

资料1　2022年9月海螺沟发生6.8级地震。俯瞰海螺沟震后现场,大量的流体滑落到山下,郁郁葱葱的美丽景象不复当年。四川省人民政府随即对地震区域开展灾后恢复重建工作,2023年年底前海螺沟景区部分恢复原貌对外开放,2024年年底前海螺沟景区全面恢复原貌,全部开放地震前后变化(见图3-95)。

教师提出问题:请参照初生演替的过程预测山体滑坡后该区域的群落演替情况。学生在回答这个问题时若没有仔细分析信息,则会直接套用初生演替的概念对现象进行描述。这时应该给学生指出来,灾后恢复原有风貌只用了1~2年,说明此次山体滑坡后的演替速度比冰川退行迅速。它与初生演替存在着差异。进而让学生阅读教材文本,尝试回答问题:为什么山体滑坡后的演替发展得迅速。教材文本中能够找到答案,即土壤中保留了原有的植物根茎、种子,土壤的有机质仍然非常丰富,这为演替提供了物质基础。由此学生归纳出次生演替的概念,并阐明次生演替与初生演替的区别。

图3-95　海螺沟山体滑坡前后演替情况

迁移应用：一个湖泊经历了一系列演替阶段以后，可以演变为一片森林。演替过程大体经历从湖泊到沼泽、到草原，最后到森林这几个阶段。请学生描述从湖泊演替到森林的大致过程。

教师进一步提出问题引出下一部分的学习：通过学习我们知道了海螺沟次生演替的起点与初生演替的起点不同，那么次生演替的终点一定与过去的初生演替相同吗？会演替到怎样的状态？

设计意图：借用海螺沟山体滑坡的新闻让学生归纳次生演替和初生演替的根本区别，对比归纳两种群落演替的概念，体会群落演替情况的多样。

（2）根据冰川退行演替的补充资料总结演替的影响因素。教师进一步补充资料。

资料2 海螺沟区域的年均气温逐年上升，同时冰川退行现象逐年明显。且其他的研究员还发现，处于不同纬度和环境的冰川退行演替的过程和结果明显不同。

羽扇豆属植物急剧地影响着群落演替的速率和生态系统发育。羽扇豆属植物具有固氮作用，不仅为植物自身提供了必要的氮素，还促进了土壤中氮的累积，从而改善了生境质量，为其他物种的入侵和定居创造了有利条件。对于裸岩，地衣苔藓阶段的演替时间最为漫长，因为地衣分泌的有机酸逐步将岩石风化形成土壤。

资料3 海螺沟冰川退行演替过程中，起初土质主要是冰碛物，质地普遍疏松、粗糙，砂砾等新生体含量高，黏粒含量低，硅铝和硅铝铁率较高，土壤发育较为年轻。随着演替进行，土壤中营养元素增加，土壤逐渐向山地暗棕壤发展。海岸沙丘演替中的水位变化是植被演替的决定因素，复杂的环境梯度和沙丘的移动是植被定居的主要限制因子。

学生阅读补充资料，归纳总结影响演替过程和结果的因素。根据资料，学生可以总结出影响演替格局的因素有生物因素和非生物因素（气候、自然环境及土壤条件等）。例如，沙丘和冰川最终的演化结果不同，是因为不同的生物对土壤有机质和未来种群适应性品质的影响不同。植物的种类不同也可能决定演替的方向。例如，羽扇豆属的残骸及其固氮的作用就对入侵的生物进行了选择。正是由于这些影响因素的限制，不同的演替过程达到的顶级群落类型就不同。

教师进一步提问：请再次思考前面的问题，次生演替的终点一定与过去的初生演替相同吗？会演替到怎样的状态？

学生根据前面所学进行演绎，发现：演替的终点不一定相同，我们也无法凭空猜测。但若非生物因素和生物因素发生变化，则会影响群落演替的结果；不论是演替到怎样的状态，都会受到这些因素的限制，达到相对稳定。

设计意图：分析羽扇豆属和地衣的作用相关资料，学生总结出影响演替的因素有生物因素。分析冰川土壤结构的相关资料，总结出影响演替的非生物因素。这些因素不同则会让演替的发展方向不同，建构"不同群落中的生物具有与该群落环境相适应的形态结构、生理特性和分布特点"的概念。学生回答关于次生演替和初生演替的终点是否一定相同的问题，发展演绎与推理的思维能力，推测出尽管群落受不同影响因素的限制，但最终都会达到某个相对稳定的状态，建立新的平衡，形成稳态与平衡观。

4）应用概念解释社会问题，落实社会责任。教师提出问题：根据前面的学习，请总结人类在海螺沟内建设景区对其有怎样的影响？为了保护海螺沟的生态，我们自己应该做出怎样的努力？学生经过讨论，大致回答如下：从冰川退行可以看出，人类活动引起的全球变暖在间接地干扰着海螺沟的地区风貌；从山体滑坡的现象来看，人类的干预也可以加速海螺沟群落状态的恢复，人类活动对于自然生态的影响可以是积极的也可以是消极的。我们自己可以多宣传环境保护和低碳生活的信息，去这样的景区旅游时应小心呵护那里的自然环境，不肆意破坏，用生物学的眼光去欣赏祖国的大好河山。

设计意图：回溯课堂中遇到的情境和资料，应用演替的知识判断人为干扰对景区维护建设这一社会问题的两面性，发展批判性思维。学生分析海螺沟建设中存在的人为影响，并且尝试提出方案去维护景区生态，提高人们的环保意识，表达对社会事务时积极态度和对自然的热爱，发展社会责任。

4.教学反思

（1）从学生观点出发，以学生体验为主体。本节课首先从学生对演替的设想出发，通过展示资料，提出问题串，不断引导学生整合改进对演替的认知，建构群落演替的概念。海螺沟这一情境能够激发学生对群落的美好憧憬，促进学生学习。本节课最后开放式地让学生评价人类活动对群落演替的影响，尊重学生的个性，促成批判性思维的发展。

（2）以真实情境促进概念的应用和深化，发展生命观念。围绕"群落及其演替"这一概念，以海螺沟的地貌形成和改变为主线情境，让学生去解决"冰川退行"和"山体滑坡"演变的关键问题，先建构"初生演替"概念，再应用其建构"次生演替"的概念。在概念建构过程中点出群落演替是种群不断适应环境的一种改变过程，发展进化与适应观；最后通过两种演替的对比让学生意识到群落演变的结果是趋于稳定，发展稳态与平衡观。

三、案例点评

1.严格遵循概念建构的基本规律

本节课引导学生利用群落的概念总结出群落演替的关键特点，进一步深入归纳两种群落演替的特点，再对概念进行应用，遵循概念教学同化顺应的规律。最后让学生利用概念对社会现实问题进行预测和评价，在概念的迁移中整合生命观念，发展社会责任，完成概念学习到素养培养的转化过程。

2.通过感知、内化和外显的学习体验发展社会责任

在概念教学过程中，从三个层面发展了学生的社会责任。第一个层面是引出真实情境，激发学生对社会现实的关注，增强学习的趣味性和体验性。第二个层面是让学生对海螺沟的自然演变进行深度演绎和分析，解决现实问题，体会生物学在现实情境中的应用价值。第三个层面是回归到学生个人的意愿和感受，让学生对海螺沟演变中的人为影响进行多角度评价，使得内化的责任意识外显。三个层面逐步由浅入深地完成了学生社会责任的感知、内化和外显过程。

案例3：生态系统

"新课程标准"指出，学生通过对选择性必修2模块的学习，要达成"生态系统中各种成分相互影响，共同实现系统的物质循环、能量流动和信息传递，生态系统通过自我调节保持相对稳定的状态"这一大概念，需要以种群、群落、生态系统等生命系统结构层次中的若干个重要概念作为支撑。生态系统这一重要概念的达成需要4个次位概念的支撑（图3-96）。通过自主建构能量流动的概念模型，并运用该模型分析碳循环过程，认同物质是能量的载体，能量是物质循环的动力，渗透物质与能量观；

分析入侵种对入侵地生态系统的影响，阐明生态系统在有限条件下是通过自我调节维持平衡和稳定，发展稳态与平衡观；写出某池塘生态系统的食物链（网），阐明该生态系统各成分之间的关系，建构生态系统结构的概念模型，提升模型与建模的能力；课后开展探究土壤微生物的分解作用，设计提高生态系统稳定性的方案，制作生态缸观察其稳定性等探究实践活动，提升科学探究的能力；讨论解释生物富集现象的原因，关注全球性生态环境问题，并尝试提出解决相关问题的具体措施，提升自我生态文明意识，树立绿水青山就是金山银山的理念。

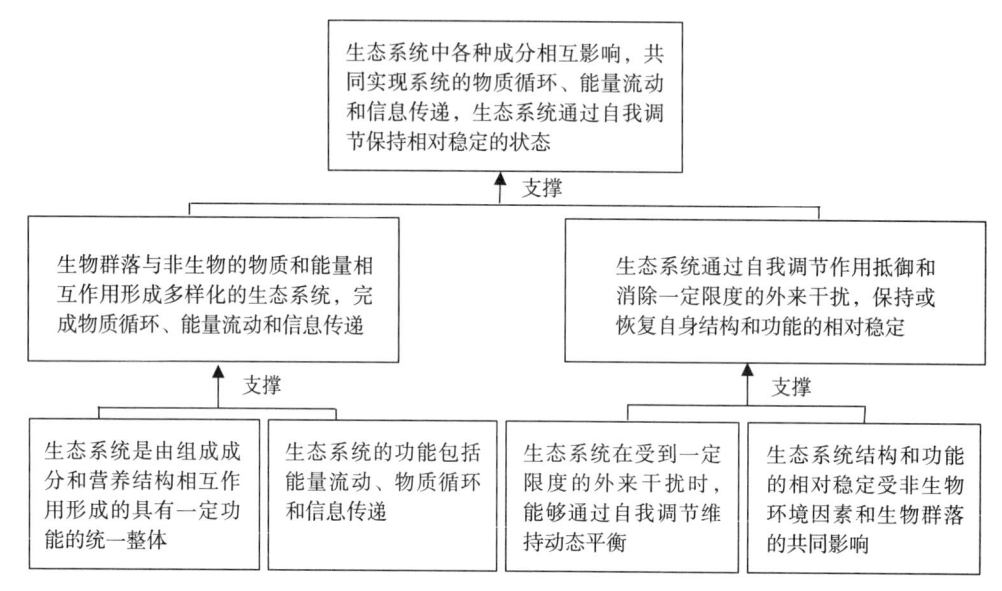

图3-96　概念的逻辑框架图

在生态系统这一重要概念的教学过程中，可先将这部分内容按照核心素养目标进行合理分解，再采用相应的教学措施帮助学生达成核心素养目标。

一、核心素养目标的分解与实施建议

根据教材内容和"新课程标准"要求，从生命观念、科学思维、科学探究和社会责任四个方面对建立本概念体系的核心素养目标进行检索和分解，并寻找出切实可行的措施和路径去落实和完成。

1. 梳理支撑"生命观念"的概念和事实

根据教材内容和"新课程标准"要求，要建立该概念体系相对应的生命观念，需以下列概念和事实作为支撑（见表3-74）。

2. 设计训练"科学思维"的路径和活动

在该部分内容的教学过程中，设计了训练科学思维的路径和学生活动（表3-75），以发展学生的归纳与概括、模型与建模、演绎与推理等科学思维能力。

3. 确定培养"科学探究"的路径和活动

基于本节内容聚焦的次位概念，在教材中安排了多个探究、实践活动，通过创设探究性学习情境，设计学生深度参与的探究任务或思维活动（表3-76），让学生在有目的的自主学习过程中培养科学探究能力。

表3-74 重要生命观念对应的事实与相关概念

生命观念	相关概念	对应的事实
物质与能量观	生态系统中能量的固定、储存、转移和释放离不开物质的合成和分解	地球上几乎所有的生态系统所需的能量都来自太阳,通过生产者的同化作用转化为化学能固定在制造的有机物中且有机物如糖类等可氧化分解供能
	物质是能量的载体,能量是物质循环的动力	生物体内有机物中的化学能一部分会通过呼吸作用以热能形式散失,碳元素在生物群落和无机环境中循环需要能量的驱动
结构与功能观	生态系统由生产者、消费者和分解者等生物因素以及各种非生物因素组成,各组分紧密联系形成一定的结构,是生态系统实现能量流动、物质循环、信息传递的基础	绿色植物通过光合作用,把太阳能转化为有机物中的化学能进而沿着食物链(网)单向流动;消费者和分解者通过自身新陈代谢,将有机物变成无机物,无机物又被生产者重新利用,加快了生态系统的物质循环;森林中,狼可以根据兔留下的气味去捕猎后者,兔同样可以根据狼的气味和行为躲避猎捕
稳态与平衡观	生态系统能在一定程度的干扰下通过自我调节维持结构和功能的相对稳定,也能在受到外界干扰因素的破坏后恢复原状	河流与土壤被有毒物质轻微污染,通过自身的净化作用,可以很快恢复到接近原来的状态;狼会因兔的增多而增多,进而捕食更多兔,一段时间兔又恢复或接近原来水平;森林中因植被大量生长制约林下树苗生长,落叶积累增加火灾风险,火灾后因光照充足,无机养料丰富,森林面貌又逐渐丰富

表3-75 训练科学思维的路径与活动建议

科学思维	训练路径	活动建议
归纳与概括	归纳生态系统组成成分的功能和相互关系	分析比较不同生态系统的资料,归纳生态系统的组分,总结不同组分之间的联系
	归纳能量流动的特点和概括食物链各营养级生态系统能量流动的过程	分析食物链中各营养级的能量流动情况和赛达伯格湖的能量流动规律,归纳生态系统能量流动的过程和特点
	归纳研究生态系统能量流动的意义	分析比较不同的农业生态系统,归纳研究生态系统能量流动的意义
	归纳物质循环和能量流动的关系	分析建构的碳循环概念模型,讨论归纳物质循环和能量流动的关系
	归纳生态系统中信息的种类和信息传递在生态系统中的作用	阅读教材,结合身边生态系统归纳生态系统中信息的种类;分析不同类型的信息传递资料,概括信息传递在生态系统中的作用
模型与建模	建构生态系统结构的概念模型,表征生态系统组成成分和结构之间的逻辑关系	分析教材某池塘和沙漠生态系统的资料,建构生态系统结构的概念模型,阐明组成成分和结构之间的逻辑关系,论证生态系统结构和功能的对应关系
	建构能量流动的概念模型,概述能量流动的特点	分析某条食物链中生产者和消费者的能量输入、输出和转化过程,建构生态系统中能量流动的概念模型,阐明能量流动的特点是单向流动、逐级递减
	建构碳循环的概念模型,阐明能量流动和物质循环的关系	分析教材中碳循环的模式图,建构碳循环概念模型,理解物质是能量的载体,能量是物质循环的动力

续表

科学思维	训练路径	活动建议
演绎与推理	根据食物链中的食物关系,推测生态系统中营养级之间的数量变化对其他成分的影响	分析教材中的池塘或沙漠生态系统,写出包含的食物关系后推测某营养级数量变化对其他营养级的影响,阐明数量变化规律
	根据生态系统的复杂程度,预测外界干扰对生态系统稳定性的影响	分析比较北极苔原生态系统和热带雨林生态系统,预测生产者数量变化对生态系统结构和功能的影响,阐明生态系统的复杂程度与生态系统稳定性之间的关系
批判性思维	评价同学建构的生态系统结构、能量流动、碳循环的概念模型及探究实践活动的实验报告	对同学建构的生态系统结构、能量流动、碳循环的概念模型提出修改建议;对自己不理解的过程及结论大胆质疑

表3-76 训练科学探究的路径与活动建议

科学探究	训练路径	活动建议
实验设计能力	设计调查某生态系统能量流动情况的调查方案	学生自主选择身边某人工生态系统,根据调查目的,设计调查方案,调查该生态系统的组成成分、能量流动并提出使太阳能更多地流向人类有益部分的措施
	设计探究土壤微生物的分解作用的实验方案	观察不同季节校园落叶厚度的差异,并提出探究性问题,设计实验方案,探究土壤微生物对落叶的分解作用
	设计制作生态缸并观察其稳定性的实验方案	依据生态系统原理,对生态系统基本成分进行分析,设计制作生态缸,观察其稳定性的实验方案,记录缸内生物种类和数量的变化并提出提高人工生态系统稳定性的措施
方案实施能力	根据方案准备材料,进行实验(调查),观察记录,收集数据,撰写报告	根据农田生态系统能量流动情况的调查方案开展调查,观察该系统中的组成成分、养殖动物的饲料来源、秸秆处理方式、提高光能利用率的方式等,画出该生态系统的营养结构,撰写调查分析报告
		根据探究土壤微生物对落叶的分解作用的实验方案,准备带有落叶的土壤为实验材料,进行对照实验,观察实验组和对照组落叶的腐烂情况,记录实验结果,撰写实验报告;根据制作生态缸并观察稳定性的实验方案,设计观察记录表,准备相关材料用具和生物,制作生态缸并每周观察记录缸中生物数量及种类变化,撰写实验报告
结果交流与讨论能力	交流实验(调查)目的、过程、结果,讨论实验(调查)过程中发现的问题,对实验(调查)进行评价和反思,对报告进行修改	交流农田生态系统能量流动的调查结果,讨论能量利用效率不高的原因,向农民伯伯提出提高能量利用率的措施,并恳请农民伯伯验证措施的可行性和有效性;班级内小组交流探究土壤微生物分解作用的实验过程和结果,讨论本组的实验结果是否支持所作的假设,听取其他小组的质疑,对本组实验结果进行解释说明;小组交流生态缸制作并观察稳定性的实验过程,讨论所制作的生态缸稳定性短暂的原因,查阅资料,完善实验报告并回答当达到稳定状态后缸内的生物数量是否变化以及最后存活的生物在生态缸中的作用

4.落实培养"社会责任"的思路和活动

在本节教学过程中，设置如表3-77中的学生活动，引导学生利用所学知识分析判断社会议题，解释真实情境中的生命现象，解决现实生活中的实际问题，以发展学生的社会责任。

表3-77 落实社会责任的思路与活动建议

社会责任	基本思路	活动建议
分析判断社会议题	分析人类活动对生态系统的影响，关注全球性生态环境问题	关注全球气候变暖、生物多样性丧失等现象，分析上述问题形成的原因，阐明人类活动对生态环境的影响
讨论解释生命现象	讨论生物富集现象，解释其形成的原因	说出铅、DDT等物质循环的过程并分析与碳、氧等元素循环过程不同的原因，讨论解释重金属、人工合成有机化合物等有害物质会随食物链不断富集的原因
尝试解决实际问题	针对有害动物的控制、全球性生态环境问题提出合理的解决方案	运用信息传递在生态系统中的作用，提出农业生产中防治病虫害、鼠害、鸟害的方法与措施；根据生态系统的功能和生态平衡的原理，说明我国倡导"生态文明建设，绿水青山就是金山银山"的意义

以上是以"生态系统"这一重要概念为例，对核心素养目标的分解与落实的尝试与思考。下面具体展示在"分析生态系统中的能量在生物群落中单向流动并逐级递减的规律"这一次位概念的课堂教学中，如何发展生物学核心素养。

二、教学案例：生态系统的能量流动

1.教学目标

基于"新课程标准"的内容要求、学业要求和学业质量标准，着眼于提高学生生物学核心素养的要求，制订以下教学目标。

（1）分析资料，书写食物链，依托食物链建构能量流动的概念模型，运用建模的方法归纳能量沿食物链流动的规律，理解食物链（网）是能量流动的渠道。

（2）基于教材实例，运用推理、归纳、概括等思维方法，修正完善各营养级能量流动的概念模型，阐明食物链各营养级之间能量流动的逻辑关系。

（3）依托建构的能量流动概念模型，概括生态系统能量流动的特点。

（4）运用能量流动的特点，分析传统农业和现代农业生态系统能量流动的差异，归纳研究能量流动的实践意义，为科学规划人工生态系统提出合理建议，形成人与自然和谐发展以及可持续发展的观念。

2.教学设计思路

教学设计思路见图3-97。

```
教学环节                教学内容                            核心素养

┌──────────┐    ┌────────────────────────────┐
│ 资料分析  │───▶│ 分析传统农业生态系统模式图，写出食物│
│ 引入新课  │    │ 链，探究人通过哪条食物链可以得到更多│
└──────────┘    │ 能量，引入新课                      │
                └────────────────────────────┘
                         │
                         ▼
                ┌────────────────────────────┐    ┌──────────────┐
                │ 基于食物链，分析种群能量的来源和去路，│───▶│ 模型与建模   │
                │ 结合教材初步建构第一、第二营养级能量│    │ 物质与能量观 │
                │ 流动的概念模型                     │    │ 结果交流与讨论能力│
                └────────────────────────────┘    └──────────────┘
                         │
                         ▼
┌──────────┐    ┌────────────────────────────┐    ┌──────────────┐
│ 合作探究  │───▶│ 重点讲解让学生困惑的概念，理解同化量、│───▶│ 模型与建模   │
│ 建构模型  │    │ 粪便量等，细化修正能量流动的概念模型│    │ 归纳与概括   │
└──────────┘    └────────────────────────────┘    │ 物质与能量观 │
                         │                        └──────────────┘
                         ▼
                ┌────────────────────────────┐    ┌──────────────┐
                │ 依托赛达伯格湖能量流动的定量分析，设│───▶│ 模型与建模   │
                │ 计问题串，归纳任一营养级能量流动去向│    │ 归纳与概括   │
                │ ，完善模型                         │    │ 物质与能量观 │
                └────────────────────────────┘    └──────────────┘
                         │
                         ▼
                ┌────────────────────────────┐    ┌──────────────┐
                │ 回答新课引入时的问题，阐明通过较短食│───▶│ 归纳与概括   │
                │ 物链人获得能量更多的原因，归纳能量流│    └──────────────┘
                │ 动特点                             │
                └────────────────────────────┘
                         │
                         ▼
┌──────────┐    ┌────────────────────────────┐    ┌──────────────┐
│ 迁移运用  │───▶│ 评价分析传统农业和现代农业生态系统的│───▶│ 归纳与概括   │
│ 理解规律  │    │ 能量流动情况，归纳研究能量流动的实践│    │ 尝试解决实际问题│
└──────────┘    │ 意义，提出指导生产实践的具体措施   │    └──────────────┘
                └────────────────────────────┘
```

图3-97 教学设计思路

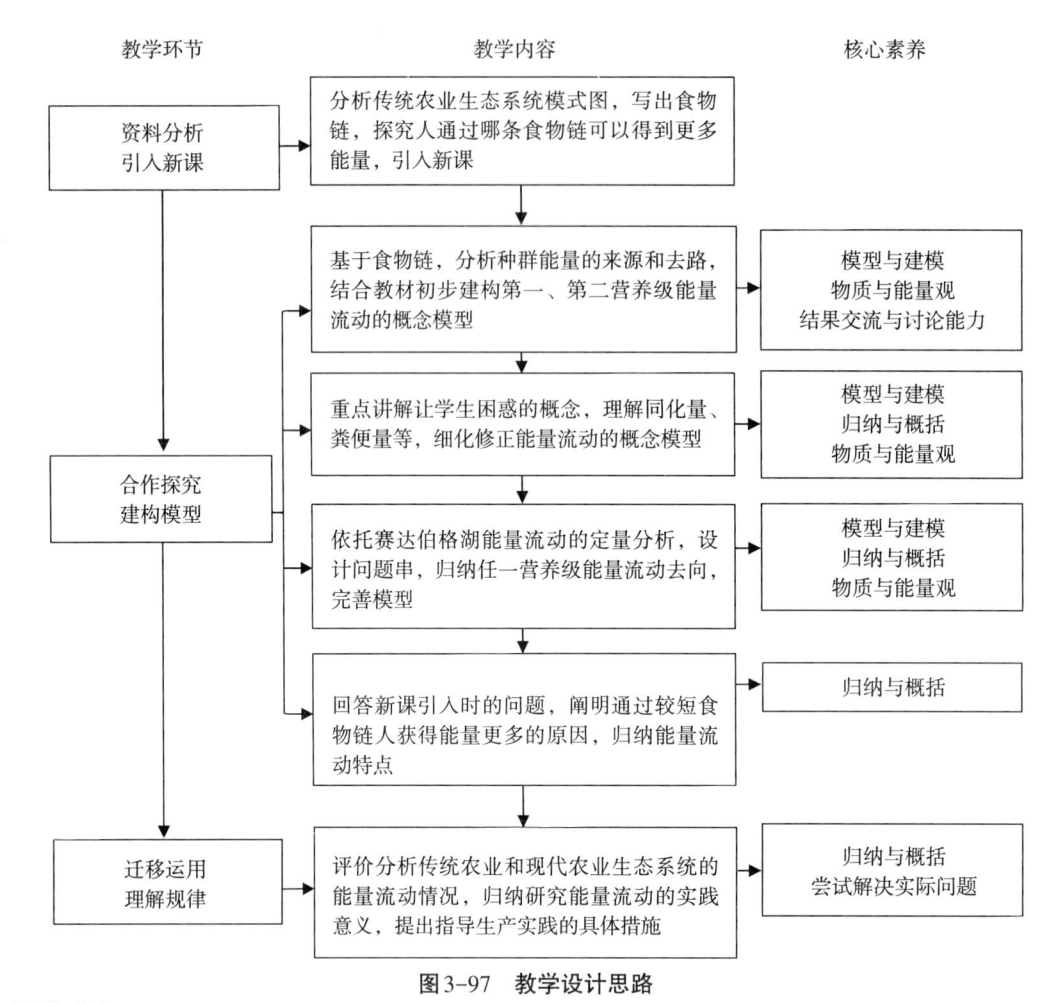

3.教学过程

1) 分析资料，引入新课

教师提供资料：传统农业生态系统模式图（见图3-98），要求学生分析模式图，根据图3-98相关成分，写出包含的食物链。学生基于前知识找到不同生物间所形成的食物关系并正确书写出其包含的两条食物链——食物链1：农作物→家畜家禽→人，食物链2：农作物→人。

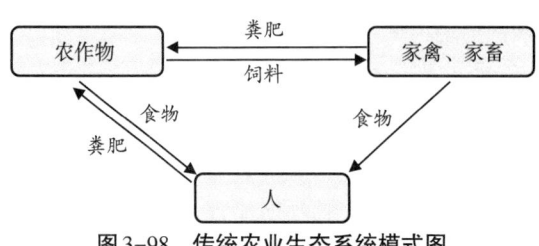

图3-98 传统农业生态系统模式图

教师针对学生书写的食物链，提问：如果家禽家畜和人获得的农作物比例相同，哪条食物链人获益更大呢？学生积极讨论，想法不同。教师指出，不同生物通过食物关系形成的食物链不仅体现了营养物质的流动，且由于能量储存在有机物中，也体现能量是通过食物链流动的。那么能量到底是如何沿着食物链流动的？回答了此问题就知道哪条食物链人类获益更多。教师通过创设悬念，引导学生思考，激发学习兴趣。

◎ 第三章　围绕核心概念发展生物学核心素养的实践

设计意图：以农业生态系统模式图为资料，创设学习情景，通过提问，创设悬念，激发学生的学习兴趣，导入新课。

2）合作探究能量流动过程，建构能量流动的概念模型

（1）基于食物链，初步建构能量流动的概念模型。教师提问：农作物作为生态系统的第一营养级，能量来源和去路是什么？学生根据已学知识回答出：农作物将吸收的光能通过光合作用转化为有机物中的化学能，这是来源；同时依靠呼吸作用氧化分解有机物，释放的能量完成自身各种生命活动，这是去路。教师继续引导学生思考：农作物光合作用生成的有机物中能量只是被呼吸作用消耗吗？农作物不生长、发育？学生得出：光合作用制造的有机物中能量一部分被细胞呼吸作用分解散失，另一部分被储存在自身体内，用于生长、发育、繁殖。

教师提问：农作物所代表的这个种群的能量来源和去路是什么？我们能否通过一些文字和箭头进行描述，学生分析后，得到图3-99。

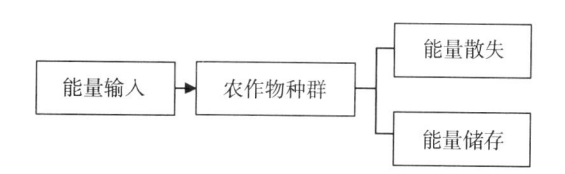

图3-99　能量流经农作物种群的情况示意图

教师提问：家禽家畜、人所代表的种群的能量来源和去路又是怎样的？学生分析讨论后可以得出，以上生物种群的能量来源和去路也符合图3-99。教师继续提问：农作物、家禽家畜、人通过捕食关系形成一条食物链，它们彼此之间的能量来源和去路如何联系起来？学生通过阅读教材55页的图3-5和本页的相关文字后，以小组为单位讨论分析农作物和家禽家畜这两者之间能量流动的关系，并绘制概念模型在班级进行展示。

小组派代表进行班级展示，讲解概念图，不同小组成员相互评价补充，教师根据学生讲解的过程可以发现学生存在的主要问题有：对教材中的摄入量、同化量存在困惑。

设计意图：引导学生阅读教材进行小组交流，合作讨论，自主建构、讲解能量流动的概念模型，提升模型与建模的科学思维，培养结果交流与讨论的能力，在该过程中，学生逐步理解物质是能量的载体，能量是物质循环的动力，发展物质与能量观。同时学生自主建构食物链中第一和第二营养级能量流动过程的概念模型，理解研究生态系统的能量流动一般在群体水平进行，即将一个营养级中的所有种群作为整体。

2）解释困惑概念，自主细化修正能量流动的概念模型。教师阐述困惑概念同化量，指出同化量是生物同化作用生产的全部有机物或总能量，植物同化量是通过光合作用合成的全部有机物或者说固定的太阳能；动物同化量是摄取食物后，通过消化并吸收到体内的全部有机物或者全部能量。学生据此分析得出：同化量＝呼吸消耗的能量+用于生长、发育和繁殖的能量。教师讲解困惑概念"摄入量"，指出摄入量是动物吃进去（进入消化道）的食物中有机物所包含的能量。并引导学生找出：摄入量=同化量+粪便中的能量（粪便量），每个营养级排出的粪便中的能量属于上一营养级的能量。学生基于教师讲解，进一步补充完善建构的能量流动概念图，如图3-100。

· 213 ·

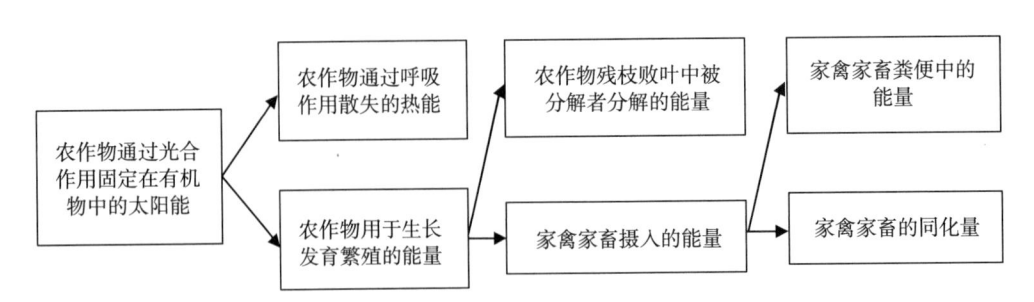

图3-100 能量在农作物、家禽家畜体内的能量流动

教师引导学生通过小组活动，详细画出第二营养级家禽家畜的能量流动概念模型，并组织学生将农作物残枝败叶及家禽家畜动物排出的粪便中的能量合并，完善建构的能量流动概念图，得到基于图3-100变式图3-101。

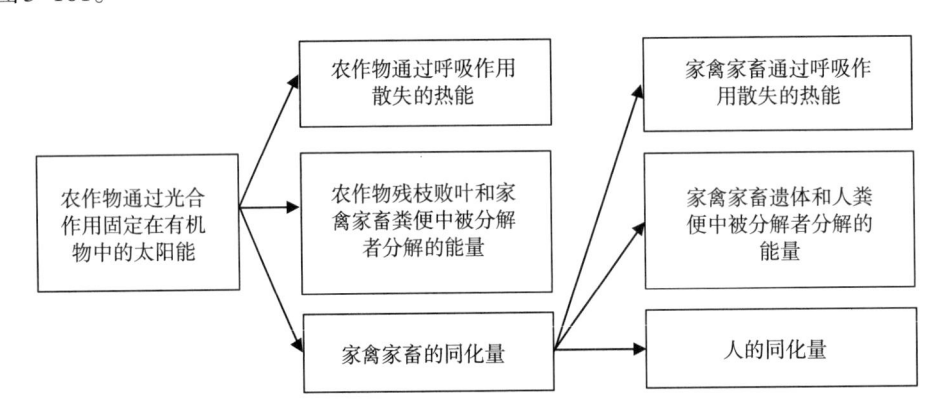

图3-101 基于图3-100的能量在农作物、家禽家畜体内的能量流动变式图

基于能量流动在农作物、家禽家畜体内概念模型的建构，教师引导学生理解教材54页"能量流动"的概念即生态系统中，能量的输入、传递、转化和散失的过程，称为生态系统的能量流动。并让学生归纳概括——能量输入：生产者通过光合作用固定太阳能；传递渠道：食物链（网）；能量转化：太阳能→化学能→热能；能量散失：呼吸作用以热能形式散失（含分解者分解作用）。

设计意图：让学生在教师解释困惑概念后，深入合作探究，细化建构的生态系统能量流动概念模型，提升学生模型与建模能力的同时理解生态系统的能量流动过程，发展物质与能量观。进一步引导学生结合建构的概念模型归纳能量流动的概念，总结能量的输入、传递、转化和散失的具体内容，发展归纳与概括的科学思维。

（3）分析教材实例，完善能量流动的概念模型。结合教材，教师引导学生研究教材56页思考和讨论中林德曼对赛达伯格湖能量流动的定量分析，并分析思考如下问题：①输入该生态系统的总能量是多少？②生产者的能量去向有几个？③植食性动物同化的能量是多少？其能量去向有几个？④肉食性动物同化的能量是多少？能量去向有几个？⑤第一营养级到第二营养级的能量传递效率是多少？学生带着问题自主思考后，独立完成表3-78并展示结果。

教师要求学生结合表格在图3-100的基础上画出基于图3-101的变式图3-102，归纳得出能量在每个营养级的流动去向，即任何一个营养级（除最高营养级外），同化的能量都有4个去向：①呼吸作用消耗以热能形式散失；②下一营养级同化（除最高营养级外）；③被分解者分解；④未利用的能量。

表3-78 赛达伯格湖能量流动的定量分析

能量分析	生产者	植食性动物	肉食性动物
输入能量			
流入下一营养级			
呼吸散失			
流向分解者			
未利用的能量			
传递效率			

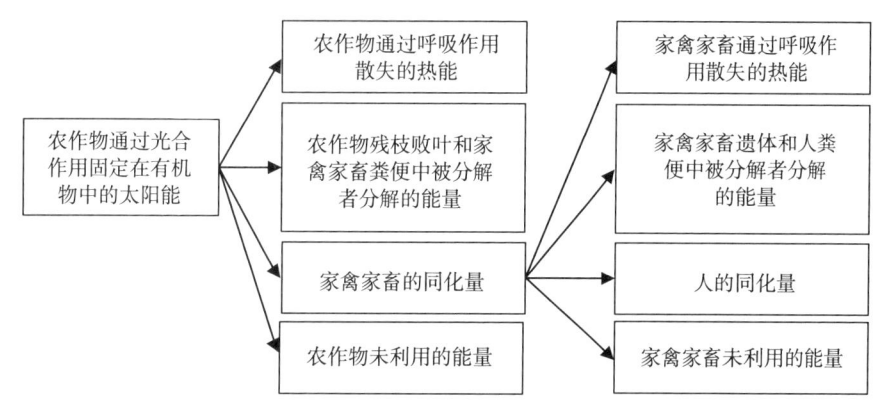

图3-102 基于图3-101的能量在农作物、家禽家畜体内的能量流动变式图

教师提问：能量在人体内的流动和在农作物和家畜家禽体内是一样吗？学生快速得出，人作为食物链的最高营养级，人的能量不能再流入下一营养级。

设计意图：教师引导学生通过数学方法分析赛达伯格湖的能量流动图解，归纳食物链任一营养级的能量去向，培养学生归纳与概括的科学思维并发展物质与能量观，同时进一步修正完善概念模型，提升学生的模型与建模能力，进一步理解能量流动在不同营养级的去路差异，感悟能量流动的规律。

（4）应用模型，归纳能量流动规律，总结特点。

思考新课引入时提出的问题——"如果家禽家畜和人获得的农作物比例相同，哪条食物链人获益更大？"学生经过模型的建构和分析能够做出正确回答：食物链2，因为能量沿着食物链从农作物往下单向传递，且在传递过程逐级减少，从而归纳得出能量流动的规律特点：单向流动，逐级递减。

设计意图：回扣课堂导入，分析回答食物链2人类可以得到更多能量的原因，进而归纳能量流动的特点，提升学生的归纳与概括能力。基于问题的解决，成功建构"生态系统中的能量单向流动并逐级递减"这一概念。

3）基于现代农业生态系统，评价分析研究能量流动规律的实践意义

教师提供资料，展示现代农业生态系统模式图3-103（B），引导学生分析比较模式图3-103（A）和图3-103（B），回答问题：若图3-103（A）中农作物为人类提供的食物量、为家禽和家畜提供的饲料都与图3-91-B相同，哪个生态系统的能量能够更多地被人类利用？为什么？

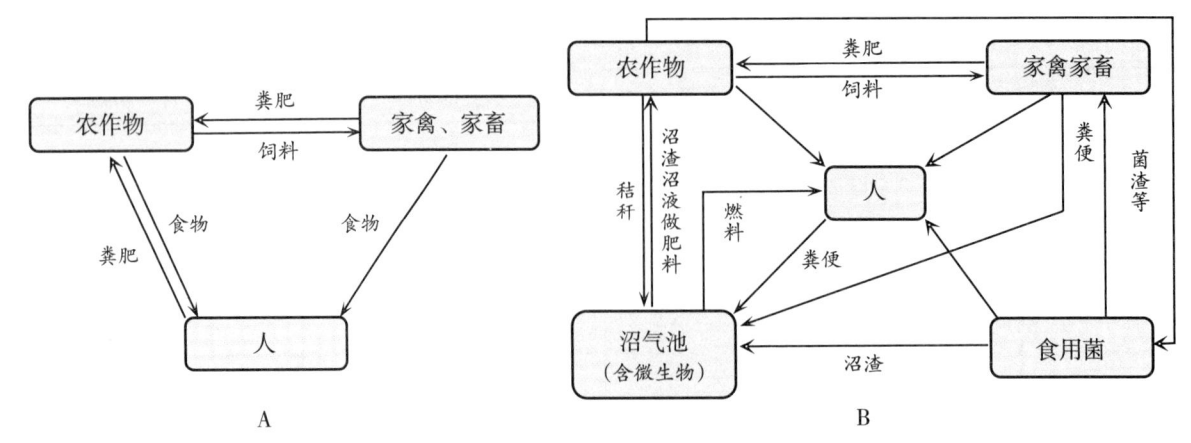

图 3-103 传统农业和现代农业生态系统模式图

结合建构的能量流动概念图，学生可以正确回答问题：如图3-103（B）中的能量更多地被人类利用，因为流向分解者的能量中一部分通过生活能源或食物中化学能的形式被人类再度利用，使能量利用更充分。教师引导学生研读教材58页的相关内容，归纳研究能量流动的实践意义，提出基于实践意义的科学规划和设计人工生态系统，优化生产实践的具体措施。学生自主研读文本得出：可以通过农田间种套作、蔬菜大棚多层育苗、开发立体农业、家禽家畜粪便发酵产沼气供能、沼渣还田等措施实现能量的多级利用，提高能量利用率；合理放牧、除草除虫等措施可合理调整能量流动关系，使能量持续高效地流向对人类最有益的部分。

设计意图：习得能量流动规律相关概念的基础上，运用概念，归纳能量流动的实践意义，提升学生归纳与概括及运用生物学知识解决实际问题的能力，建构"利用能量流动规律，人们能够更加科学、有效地利用生态系统中的资源"这一概念，形成人与自然和谐发展及可持续发展的观念，提高学生的环境保护意识。

4.教学反思

（1）围绕"生态系统的能量流动规律"这一次位概念，以建构传统农业生态系统中能量流动的概念模型为主线，将生态系统中能量的流动过程、能量流动特点、研究能量流动的实践意义等学习内容有机地整合在一起，使学生在习得生态系统结构知识的基础上，体会能量流动在生态系统功能中的重要作用，发展物质与能量观。

（2）以学生为主体，依托自己书写的食物链，通过小组资料分析、合作探究、模型建构等方式实现概念的习得和运用，提升学生模型与建模的科学思维能力。

（3）对比分析传统农业和现代农业生态系统中的能量流动差异，引导学生利用研究生态系统能量流动的实践意义对科学规划和设计人工生态系统提出合理的建议，帮助学生树立人与自然和谐共生的生态文明思想。

三、案例点评

1.以真实情境为主线引导学生建构"生态系统能量流动规律"的概念

本节课以教师提供的传统农业生态系统的情境资料出发，引导学生依托食物链建构各营养级能量流动的概念模型，归纳能量流动的规律特点，建构"生态系统中的能量单向流动并逐级递减"的概念。再通过对比传统农业和现代农业生态系统的能量利用差异，归纳研究能量流动的实践意义，逐层推进，有效达成课堂要求学生习得和运用概念的教学目标。

2. 注重模型建构过程中的修正与完善，强调模型的实际应用

教学过程中，教师注重引导学生思考能量在每个营养级的来源与去路，以能量去路的不同呈现方式作为主线，不断修正完善能量流动的概念模型，落实学生模型与建模能力的培养；同时要求学生根据模型为科学规划和设计人工生态系统提出建议，注重模型的实际应用，促进学生形成人与自然和谐发展、可持续发展的观念。

第五节 《生物技术与工程》模块的教学案例

案例1：发酵工程

"新课程标准"指出，学生通过选择性必修3模块的学习，要达成"发酵工程利用微生物的特定功能规模化生产对人类有用的产品"这一大概念，此大概念的达成需要以"获得纯净的微生物培养物是发酵工程的基础"和"发酵工程为人类提供多样的生物产品"两个重要概念作为支撑。"获得纯净的微生物培养物是发酵工程的基础"这一重要概念的达成需要五个次位概念的支撑，"发酵工程为人类提供多样的生物产品"这一重要概念的达成需要三个次位概念的支撑（见图3-104）。在发酵工程这一大概念的建构过程中，学生通过观察分析发酵过程中原料、产物和能量的变化，体验培养基的制备，发展物质与能量观；通过比较传统发酵技术和发酵工程的区别，阐明无菌技术是获得纯净微生物培养物的关键，另外还需控制发酵条件，发展稳态与平衡观；学生亲身体验从自然界中获取微生物，通过调整培养基的配方分离特定的微生物，渗透进化与适应观；通过归纳无菌技术、微生物分离和计数的方法，分析发酵过程中微生物的数量变化和代谢产物的含量变化的数学模型，概括并比较发酵、传统发酵技术、发酵工程的概念，提升科学思维能力；通过设计选择培养基的配方、检测某食品或生活环境中微生物数量的实验方案、工业生产乙醇汽油的实验流程等，提升科学探究和实践能力；运用发酵原理，分析、评价生活中的发酵产品，对发酵工程的结果和原料的消耗情况进行评估，结合发酵工程在许多领域的广泛运用，提出有利于提高人类生活品质、改善自然环境的建议，提升社会责任感。

在发酵工程这一大概念的教学过程中，可先将这部分内容按照核心素养目标进行合理分解，再采用相应的教学措施帮助学生达成核心素养目标。

一、核心素养目标的分解与实施建议

生物学核心素养包括生命观念、科学思维、科学探究和社会责任。生命观念是众多生物学概念的提炼和升华，因此需要先梳理出生命观念对应的概念和关键事实，为形成正确的生命观念奠定基础，然后还需从训练科学思维、培养科学探究能力、落实社会责任三个方面对本节内容的核心素养目标进行检索和分解，并寻找出切实可行的措施和路径去落实和完成（见图3-104）。

1. 梳理支撑"生命观念"的概念和事实

根据教材内容和"新课程标准"要求，要建立与该概念体系相对应的生命观念，需以下列概念和事实作为支撑（见表3-79）。

```
                    ┌─────────────────────────────┐
                    │ 发酵工程利用微生物的特定功能 │
                    │ 规模化生产对人类有用的产品  │
                    └─────────────────────────────┘
                                 ↑ 支撑
              ┌──────────────────┴──────────────────┐
    ┌──────────────────┐                  ┌──────────────────┐
    │ 获得纯净的微生物培养 │                  │ 发酵工程为人类提供 │
    │ 物是发酵工程的基础  │                  │  多样的生物产品   │
    └──────────────────┘                  └──────────────────┘
              ↑ 支撑                                  ↑ 支撑
```

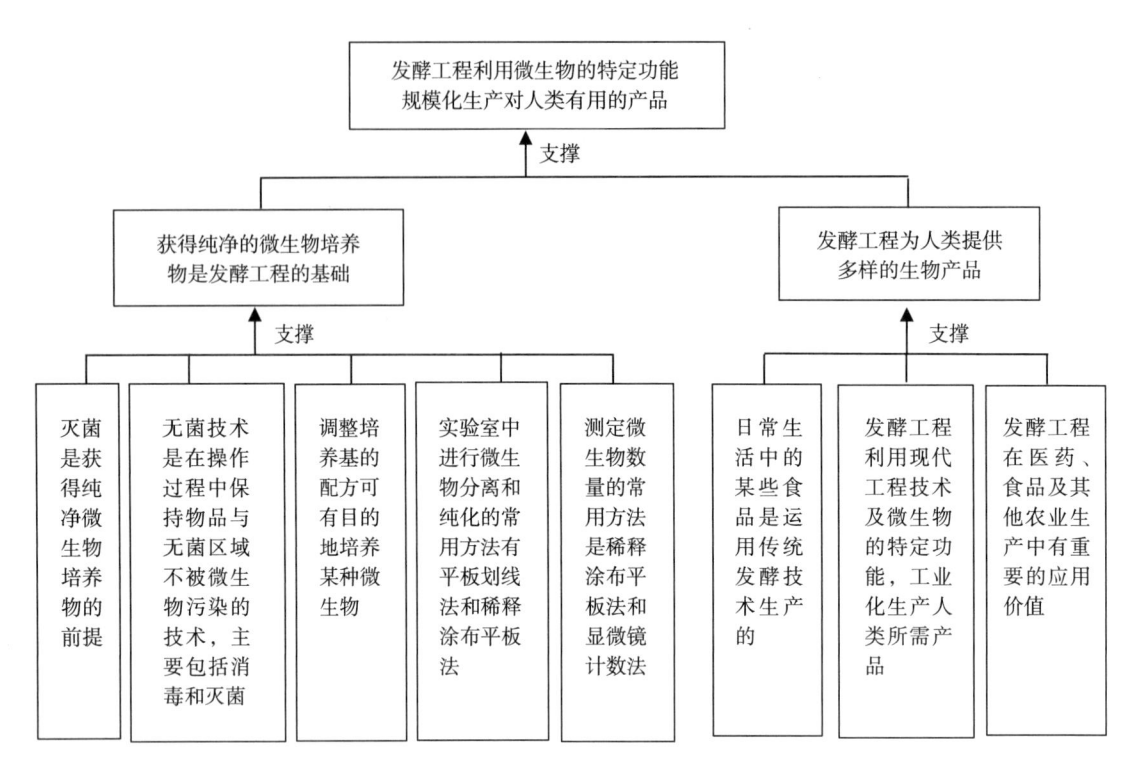

图3-104 概念的逻辑框架图

表3-79 重要生命观念对应的事实与相关概念

生命观念	相关概念	对应的事实
物质与能量观	发酵过程贯穿着物质和能量的变化	乳酸菌在无氧条件下将葡萄糖分解成乳酸,并释放能量;酵母菌在无氧条件下进行发酵产生酒精和CO_2,并释放能量;醋酸菌在O_2充足、糖源不足时,将乙醇转化为乙酸,同时产生能量
	微生物的生长繁殖需要消耗物质和能量	微生物的培养基中一般都含有水、碳源、氮源和无机盐等营养物质;青霉菌的发酵过程有物质和能量的消耗
结构与功能观	微生物细胞内酶的结构与功能是相适应的	乳酸菌、酵母菌、醋酸菌细胞内的酶具有不同的结构,催化不同的化学反应;只有能合成脲酶的微生物才能分解尿素
稳态与平衡观	发酵工程中微生物的生长繁殖和代谢处于相对平衡状态	发酵过程需严格控制温度、pH值和溶解氧等发酵条件,同时及时添加必需的营养组分
进化与适应观	微生物的生存与环境相适应	具有独特气候、水质、地势的环境,会孕育独特的微生物种群,这也是筛选特殊菌种的依据
	调整培养基的配方或发酵条件可有目的地培养某种微生物	利用以尿素为唯一氮源的培养基能分离出土壤中的尿素分解菌;果酒发酵将温度控制在18~30℃,果醋发酵将温度控制在30~35℃;发酵工程生产青霉素将pH值控制在6.5~7.2

2.设计训练"科学思维"的路径和活动

在该部分内容的教学过程中,设计了训练科学思维的路径和学生活动(表3-80),以发展学生的归纳与概括、演绎与推理、模型与建模、批判性思维等科学思维能力。

表3-80 训练科学思维的路径与活动建议

科学思维	训练路径	活动建议
归纳与概括	归纳发酵、传统发酵技术和发酵工程的概念	通过分析与发酵有关的历史资料,归纳发酵的概念;结合传统发酵食品腐乳、醋、泡菜等的制作资料,归纳传统发酵技术的概念;通过分析青霉素工业发酵流程,归纳发酵工程的概念
	归纳无菌技术、微生物接种和数量测定的方法,概括纯培养的关键操作	借助视频播放消毒和灭菌所使用的仪器设备和操作过程,总结消毒和灭菌的常用方法,从原理、效果等方面列表比较二者的不同;体验平板划线法和稀释涂布平板法的操作过程,完成马铃薯培养基的制备和酵母菌的纯培养,在酵母菌的培养过程中定期统计菌落的颜色、形状、大小和数量等,归纳微生物接种和数量测定的方法;分析培养过程中的异常现象,概括纯培养的关键操作是无菌技术
模型与建模	分析发酵过程中微生物的数量变化和代谢产物的含量变化,建构相应的数学模型	定时检测并记录不同转速下酵母菌培养过程中微生物的数量变化和酒精的含量变化,将表格中的数据转化成曲线图,分析曲线走势和不同曲线的差异,归纳影响微生物生长繁殖的重要因素
	建构发酵工程一般流程的概念模型	利用视频播放青霉素的工业生产流程或利用发酵工厂3D虚拟现实学习仿真软件体会该流程,结合教材中发酵工程的基本环节,建构发酵工程一般流程的概念模型
批判性思维	分析、评价生产生活中的发酵产品	联系生活中"酵素"的实例,运用发酵相关知识对"酵素能美容、减肥、促进消化和提高免疫力"的论点进行分析和评价;结合"乙醇汽油"的生产实例,分析生产乙醇汽油是否会增加粮食短缺的风险
	评价同学设计的实验方案	对同学设计的食品或环境中某些微生物的数量测定方案、工业生产乙醇汽油的流程图进行评价,对有疑问的部分提出质疑,对不足之处进行补充

3.确定培养"科学探究"的路径和活动

在该部分内容的教学过程中,通过创设探究式学习情境,设计学生深度参与的探究任务或思维活动(表3-81),让学生在有目的的探究学习过程中培养科学探究和实践能力。

4.落实培养"社会责任"的思路和活动

在本节教学过程中,设置如表3-82中的活动,引导学生利用所学知识参与现象的分析和讨论,作出理性的解释和判断,尝试解决实际问题,发展学生的社会责任。

表 3-81 训练科学探究的路径与活动建议

科学探究	训练路径	活动建议
观察能力	观察并分析果酒、果醋、泡菜制作过程中的现象	亲自动手制作果酒、果醋,用不同浓度的盐水进行泡菜的制作,观察记录发酵过程中的实验现象和获得的产品,结合发酵原理对实验现象进行原因分析,对获得的结果进行品鉴评价
	观察并记录微生物生长繁殖过程中的菌落特征和数量	设计分离土壤中尿素分解菌的选择培养基配方,制备培养基后进行尿素分解菌的分离和计数,记录实验过程中菌落的颜色、形状、大小等菌落特征和数量的变化,结合对照组,分析筛选结果,估算土壤中尿素分解菌的数量
	观察工业发酵的生产流程,建构发酵工程的基本流程图	观看青霉素的工业生产流程视频或利用发酵工厂 3D 虚拟现实学习仿真软件体验青霉素工业生产过程,建构发酵工程获得产品的流程图
实验设计能力	设计"土壤中尿素分解菌分离与计数"的实验方案	根据选择培养基制备、微生物选择培养和微生物计数的原理,设计"土壤中尿素分解菌分离与计数"的实验方案,结合教材资料对方案进行修订,设计实验记录表格,小组分工合作,定时观察并记录数据,收集、整理实验过程中出现的问题并尝试分析原因,进一步完善实验方案
	设计工业生产发酵产品的流程图	结合发酵工程的概念和发酵工程的基本环节,用文字和箭头的形式设计工业生产乙醇汽油的流程图,将发酵工程利用的原料和菌种、涉及的发酵环节、发酵的产物及产物的加工和检测有机结合
结果交流与讨论能力	相互讨论、评价制作的泡菜、果酒、果醋等传统发酵产品	展示泡菜、果酒、果醋等传统发酵产品制作过程中的实验现象和获得的产品,对实验现象进行原因分析,对产品进行客观评价,改进发酵装置,改良制作方法
	对"土壤中尿素分解菌分离与计数"的实验方案和实验结果进行交流与讨论	分小组展示实验报告并汇报实验工作的开展情况,小组同学间运用科学术语进行表达、交流,根据"实验汇报评价表"对汇报小组进行评价;指出实验中存在的问题并提出改进建议,完善实验设计方案
	相互讨论、评价工业生产发酵产品的基本流程图	小组讨论建构发酵工程的基本流程图,在分享过程中,同学相互评价、补充,完善基本流程图

表 3-82 落实社会责任的思路与活动建议

社会责任	基本思路	活动建议
分析判断社会议题	用发酵知识分析判断发酵产品的真伪,评价发酵结果的收益	针对"酵素"这类网红发酵产品,运用发酵相关知识对"酵素能美容、减肥、促进消化和提高免疫力"的论点进行分析和判断;分析"乙醇汽油""工业大麻"的生产实例,评估发酵工程带来的粮食短缺和产品控制的风险
讨论解释生命现象	解释传统发酵过程中出现的一些特殊现象	运用发酵的原理解释传统发酵产品制作过程中出现的一些特殊现象,如:泡菜制作过程中有气泡冒出且气泡数量随发酵时间的增加先增加后减少,部分同学制作的泡菜咸而不酸,不同时间制作果酒的成功率不同且果酒的品质也有差异等
尝试解决实际问题	提出提高发酵成功率的方法	分析发酵失败的原因,选择适宜的原料,改进发酵装置,完善发酵过程,更加精确地控制发酵条件
	针对如何提高食品多样性、降低养殖成本、改善自然环境等问题提出合理的建议	运用选择培养微生物的原理和发酵工程在多领域的应用,利用微生物的特定功能设计含有丰富营养且能随身携带的"食品药丸",开发"微生物蛋白"等养殖原料,降低养殖成本,筛选"石油降解菌""纤维素分解菌""重金属吸收菌"等微生物,进行改造后可用于石油污染、秸秆分解缓慢、重金属污染等问题的改善

以上是以"发酵工程"这一大概念为例,对核心素养目标的分解与落实的尝试与思考。下面具体展示在"发酵工程为人类提供多样的生物产品"这一重要概念的课堂教学中,如何发展生物学核心素养。

二、教学案例:发酵工程及其应用

1. 教学目标

基于"新课程标准"的内容要求、学业要求和学业质量标准,着眼于提高学生生物学核心素养的要求,结合教材内容和学生的实际情况,确定了本节的教学目标。

(1)通过观察工业发酵生产青霉素的流程,分析发酵工程的基本环节,建构发酵工程的基本流程图,概括发酵工程的概念。

(2)基于发酵工程的基本流程设计发酵生产乙醇汽油的实验方案,进一步提升对发酵工程基本环节的理解及应用。

(3)通过建构发酵工程应用的思维导图,开展调查发酵产品的社会实践活动,认同发酵工程在多领域的重要价值,关注发酵工程在提高人类生活品质、改善自然环境中的作用。

2. 教学设计思路

教学设计思路见图3-105。

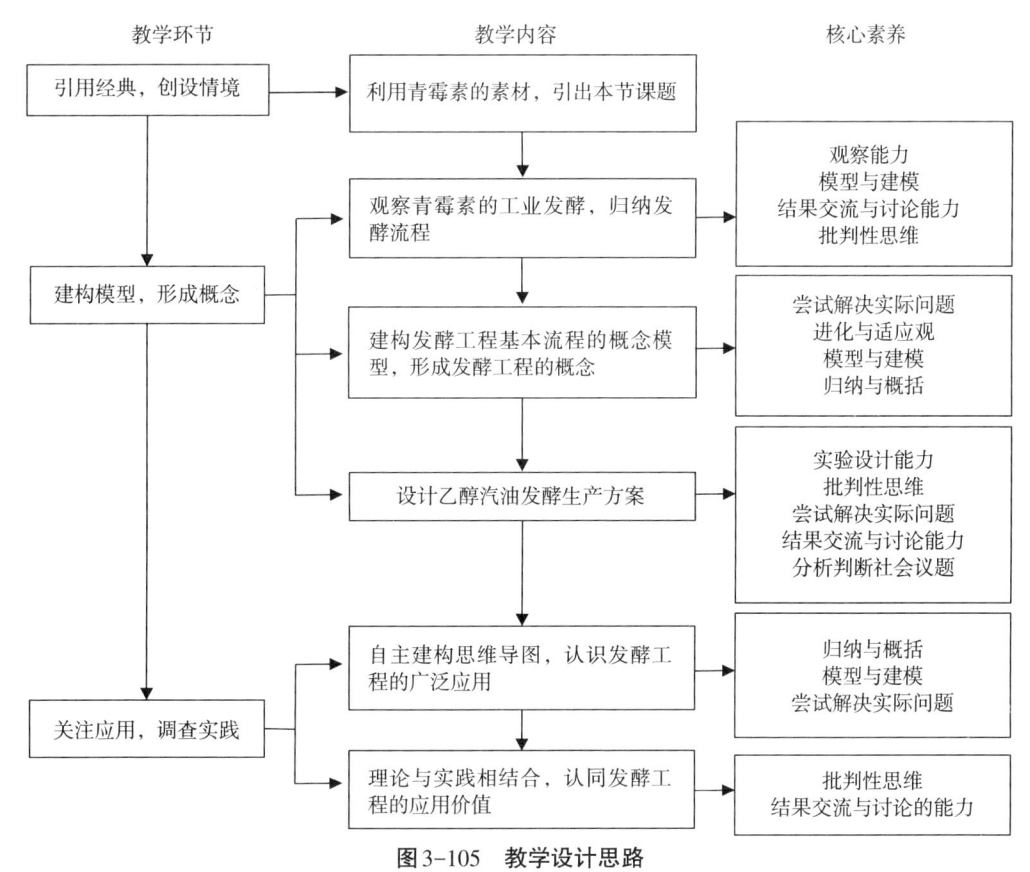

图3-105 教学设计思路

3. 教学过程

1)介绍经典史实,设置问题情境

青霉素是世界上第一个应用于临床的抗生素,它来源于微生物也作用于微生物,它拯救过无数人的生命。教师指导学生阅读教材中关于青霉素生产的素材,引导学生回答问题:青霉素的生产成本和价格大幅降低的原因是什么？结合教材内容可回答：高产菌种的选育，发酵技术的发展，产业化生产等。教师总结并引出本节课题：发酵工程的应用使得青霉素的价格明显下降，工业上青霉素是怎样生产的？本节课将以"青霉素的工业生产"为例共同探讨发酵工程的基本流程和应用。

设计意图：基于教材提供的经典史实——青霉素的生产，使学生感知事实，提出本节的探究课题，并为本节的深入探究营造氛围，激发学生探索发酵工程的兴趣。在分析事实的过程中可发展学生提出问题、解决问题的能力，为发酵工程核心概念的建构做铺垫。

2）建构发酵工程的概念模型，概括发酵工程的概念

（1）观察青霉素的工业发酵，归纳工业生产的基本流程。播放青霉素的现代工业生产流程视频或运用发酵工厂3D虚拟现实学习仿真软件观察青霉素工业生产流程，教师要求学生结合观察内容用文字和箭头自主建构青霉素发酵生产的流程图。学生自主建构的流程图中出现的问题有：流程不完整；条理不清晰；概括性较低，整个流程图显得较繁琐。学生通过相互评价对流程图进行修正、补充、精炼，最后形成相对简洁又完整的流程图（见图3-106）。

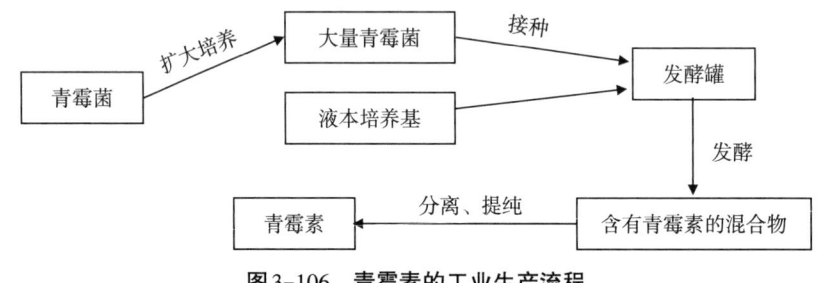

图3-106 青霉素的工业生产流程

设计意图：运用视频或仿真软件介绍青霉素的工业发酵，有利于学生观察清晰、连贯的生产过程；基于青霉素的工业发酵生产流程介绍，建构青霉素工业生产流程的概念模型，在此过程中提升学生的观察能力，发展其模型与建模能力；通过小组合作建立合作意识，提高交流与讨论能力，在分享评价的过程中训练学生观察和提问的能力，发展批判性思维。此环节为归纳发酵工程的基本环节做铺垫，进而建构发酵工程的概念。

（2）分析发酵工程基本环节，建构发酵工程基本流程图。基于工业生产与经济效益的关系，引导学生回答问题：如何进一步提高青霉素的产量，缩短生产时间？指导学生阅读教材中发酵工程的基本环节和发酵罐示意图进行小组思考讨论，提示学生从菌种的选育、发酵条件的控制等角度分析提高青霉素生产效率的方法。学生结合青霉素的发酵生产过程分析、讨论后得出：运用高产青霉菌进行发酵生产可以提高青霉素的产量；发酵过程将发酵罐中的温度、pH值控制在适宜青霉菌发酵的状态，充入无菌空气，及时添加由于发酵消耗的必要营养组分，及时放出产物浓度较高的发酵液等也能提高产量、缩短生产时间。

针对菌种的选育教师进一步追问：如何获得高产青霉菌？说出具体的操作方法。学生运用分离微生物的原理回答：从青霉素含量高的环境中筛选高产青霉菌；结合诱变育种的原理回答：对青霉菌进行X射线的照射，诱导青霉菌发生基因突变，再利用含有青霉素的选择培养基分离出高产青霉菌；运用基因工程育种获得。教师补充：通过基因工程育种获得高产青霉菌的具体方法是将控制青霉素合成的基因导入繁殖、代谢能力强的其他微生物细胞中，再利用含有青霉素的选择培养基检测是否导入成功，从而获得高产青霉菌。

针对发酵条件的控制教师进一步追问：结合教材发酵罐示意图分析如何控制发酵罐中的温度、pH值和溶解氧？学生回答：通过温度传感器和控制装置检测发酵罐内的温度，利用冷却夹层进行降温；通过pH计检测发酵罐内的pH值，利用物质加入口加入pH调节剂进行调节，搅拌叶轮使调节剂混合均匀；通过空气入口持续通入无菌空气，搅拌叶轮增加了氧气和微生物的接触面积。教师提示：注意冷却水进出口的位置，冷却夹层还能增加冷却水和发酵液的接触面积，快速降温，注意空气入口和排气管的位置。

教师提示学生针对发酵产生的、除了发酵产品以外的物质进行思考，提出问题：在进行青霉素发酵生产时，排出的气体和废弃培养液能直接排放到外界环境中吗？为什么？学生基于环保意识利用科学知识进行解答：不能，在进行发酵生产时，青霉菌及其代谢物都有可能危害环境，为了减少或避免污染物的产生和排放，实现清洁生产，应该对排出的气体和废弃培养液进行二次清洁或灭菌处理。

教师对此环节进行简要补充并提出相应的学习任务：通过发酵获得的是富含青霉素的混合物，无法直接使用，还需要经过较复杂的分离和提纯及质量检查，合格后才能成为正式产品被人们使用。教师要求学生将发酵工程的基本环节有机整合在一起，用文字和箭头形成发酵工程的基本流程图并概括发酵工程的概念。

学生结合教材内容和青霉素的工业生产可将教材中的模型进行改进，如图3-107。

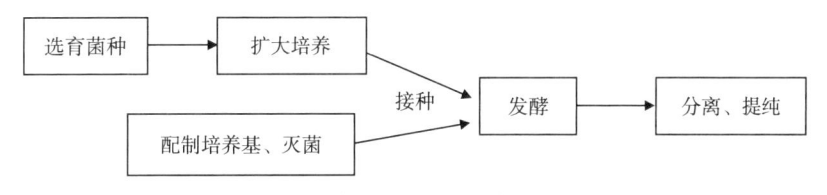

图3-107 青霉素工业生产模型的改进

教师引导学生基于模型对发酵工程的关键环节进行提炼，尝试概括发酵工程的概念，学生围绕发酵工程的对象、过程、结果进行分析，概括出发酵工程的概念——利用微生物的特定功能，通过现代化技术，规模化生产对人类有用的产品。

设计意图：运用实际生产中的关键问题——经济效益作为出发点，分析发酵过程中遇到的问题并提出相应的解决方案，让探究学习与现实世界紧密联系，增强学生的参与感和体验感，提升学生尝试解决实际问题的社会责任；通过分析获得高产青霉菌的途径，培养进化与适应观，对发酵产生的废气废液处理进行评价，增强环保意识；通过建构概念模型将"行"转化为"知"，发展学生的模型与建模能力，有效建构发酵工程的概念，渗透归纳与概括的科学思维。

（3）设计乙醇汽油发酵生产流程，加深概念理解。

资料1 调查显示，乙醇汽油和普通汽油相比，其使用后排放到空气中的NO_2、CO等均有不同程度的下降。乙醇汽油是通过微生物发酵，将粮食（如玉米、小麦等）及各种植物纤维加工成燃料乙醇，再将燃料乙醇和普通汽油按一定比例混合形成的。

教师要求学生结合发酵工程的概念和基本环节设计工业发酵生产乙醇汽油的流程图，学生运用酵母菌酒精发酵的原理进行方案设计，小组交流、讨论后进行分享，同学评价、补充后得到如下流程图（见图3-108）。

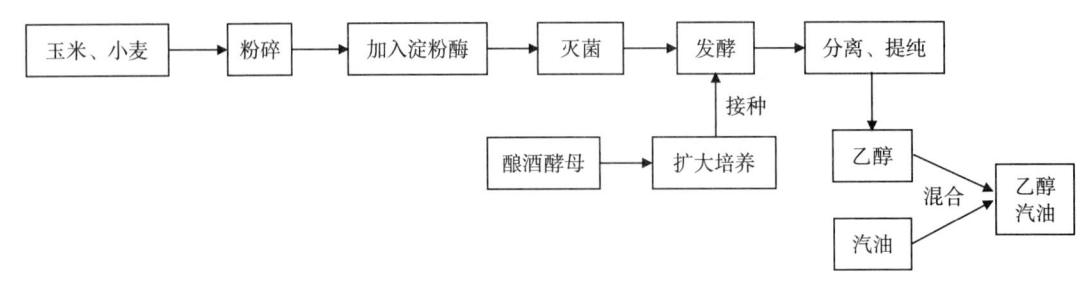

图3-108 乙醇汽油发酵生产流程

引导学生对生产原料进行思考：有人认为，生产乙醇汽油需要消耗大量粮食，会增加粮食短缺的风险，运用所学知识评估这一风险，如何规避该风险？学生联系实际回答：使用之前囤积的粮食或秸秆等非粮食材料作为发酵原料，可避免粮食短缺现象的出现。

设计意图：基于真实案例将发酵工程的概念模型应用于解决实际问题，将"知"转化为"行"，理论与实践相结合，提高尝试解决实际问题的能力；指导学生基于发酵工程的基本环节完成实验方案的设计，提高实验设计能力，通过小组合作、相互评价提升结果交流与讨论能力，进一步发展批判性思维，基于实际情况，通过对发酵原料的来源进行全方位分析，正确评估发酵工程带来的风险，学会分析判断社会议题。

3）建构发酵工程应用的思维导图，认同发酵工程的应用价值

（1）自主建构思维导图，认识发酵工程的广泛应用。发酵工程除了可以生产青霉素和乙醇汽油之外，在许多领域都有广泛的应用。教师指导学生阅读教材，自主建构发酵工程应用的思维导图，思维导图包含发酵工程在食品工业、医药工业、农牧业和其他方面的应用及相关实例。学生展示自主构建的思维导图，在相互评价中补充完善，最终呈现较完整的思维导图（图3-109）。

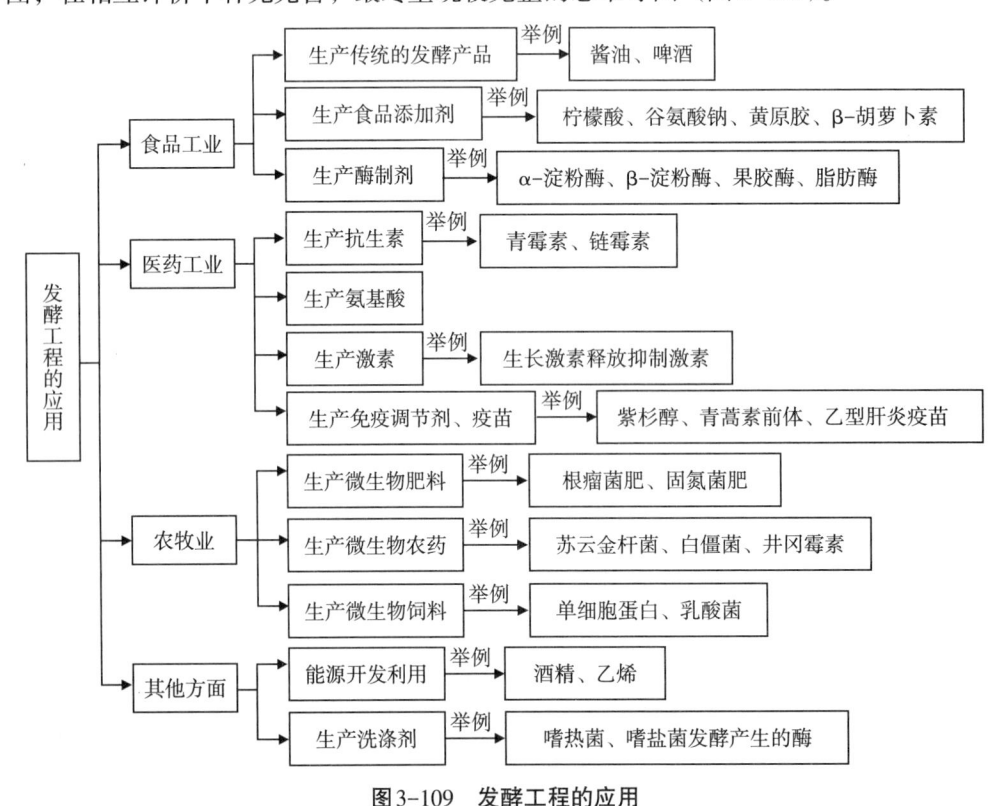

图3-109 发酵工程的应用

设计意图：运用思维导图对教材内容进行知识梳理，从应用领域到具体实例总结归纳发酵工程的广泛应用，有利于学生建构"发酵工程为人类提供多样的生物产品"这一大概念，提升阅读能力，发展归纳与概括、模型与建模的科学思维能力；在此基础上更容易进行思维的发散，引发学生结合当下人们的需求思考"如何通过发酵工程提高人们的生活品质"，进一步提高解决实际问题的能力。

（2）联系生活进行再实践，关注发酵工程的应用价值。教师指出：发酵工程以其生产条件温和、原料来源丰富且价格低廉、产物专一、废弃物对环境的污染小和容易处理等特点，在诸多领域均有广泛应用，有效提高人们的生活品质、改善自然环境。教师指导学生以小组为单位选择某个感兴趣的工业发酵产品，通过实地参观、文献查询、采访调查等途径进行社会实践活动，以手抄报的形式展示该发酵产品的介绍、产品的生产流程、带来的经济效益、行业前景、产品创意等内容。学生选择调查对象，组内进行任务分配，开展实践活动，制作手抄报，然后进行分享交流，小组间相互评价，教师为前三名的小组颁奖。

设计意图：将发酵工程的应用与生活生产实践相联系，从科学、技术、社会等多维度体会发酵工程的应用价值，通过"工业发酵产品调查"社会实践活动，认同发酵工程为人类提供多样的生物产品，感悟科技的创新源于生活，也终将服务于生活；此环节对学生形成的探究学习成果给予翔实的评价和全方位的展示，充分进行小组讨论交流，实现实践活动效果的最优化，促进学生在探究活动中不断优化、完善探究成果，提高学生的结果交流与讨论能力，发展批判性思维，全面提升生物学核心素养。

4.教学反思

（1）以生活生产实践中的典型发酵产品青霉素为例，针对如何提高青霉素的生产效率对发酵过程的基本环节进行深入分析，理解各环节存在的意义和环节间的逻辑关系。理论联系实际，将发酵工程的基本流程应用于解决具体的生产实践问题，增强学生的知识迁移能力。在深度理解发酵工程基本环节的基础上举例说明发酵工程的应用，使学生能充分认同发酵工程为人类提供多样产品，具有重要价值。

（2）在微生物培养技术的基础上，通过阅读教材、分析资料、模型建构、方案设计等方式实现本节知识体系的建构和知识的迁移应用。

（3）将发酵工程与个人、社会、生活相联系，激发学生的探索愿望，通过小组合作、评价，发展学生的批判性思维，提升其对结果的交流与讨论能力，建立学生之间的信任。

三、案例点评

1.把课堂教学融入生产生活的大情境中

鉴于大多数学生对发酵工程非常陌生的状况，教师依托教材的经典阅读材料，利用3D虚拟现实软件设计了青霉素生产的仿真情景，引导学生参观青霉素工业生产流程，归纳发酵工程的工艺流程，从而对发酵工程的基本环节、传统发酵技术和现代发酵工程的异同等有了全面直观的了解；最后让学生设计工业生产汽车新型燃料乙醇汽油的方案，引导学生思考发酵工程在各个方面的应用，使发酵工程的探索学习活动全方位深度融合在生产生活的情境中，让学生深刻领悟生物科学、生物技术与生产生活实践的关系。

2.以任务导向的活动设计驱动概念建构

本堂课中教师设计的每一个教学活动都指向明确，例如：阅读活动要发现问题、观看3D虚拟现实视频要探讨问题、小组讨论要构建发酵工程基本环节流程图、设计乙醇汽油的实验方案、列举发酵工程的应用等，这些任务导向的活动设计，层层递进，以多种方式激活学生的思维，促进发酵工程这一概念的有效建构。

3.在突出科学探究能力的培养中，发展创造性思维

本堂课利用多种形式的学生活动：利用3D虚拟现实视频参观发酵企业、绘制发酵工艺流程图、设计生产乙醇汽油的方案、小组合作调查及分享生活中的发酵产品等，充分培养学生的观察、提问、实验设计、交流与讨论等科学探究能力，其中乙醇汽油生产方案设计及流程图的绘制，使学生的创造性思维也得到了显著提升。

案例2：胚胎工程

"新课程标准"指出，学生通过选择性必修3模块的学习，要达成"细胞工程通过细胞水平上的操作，获得有用的生物体或其产品"这一大概念，此大概念的达成需要植物细胞工程、动物细胞工程和胚胎工程的重要概念作为支撑，胚胎工程这一重要概念的达成需要两个次位概念的支撑（见图3-110）。通过对胚胎工程这一重要概念的学习，学生能基于相关材料，进行归纳、概括、建模、推理等，阐释受精过程和胚胎早期发育的基本过程，探讨体外受精、胚胎移植的基本原理、操作步骤和应用价值，发展科学思维能力；通过对重要示意图进行观察后分析总结、结合理论知识尝试提出有关体外受精技术的相关问题，并且小组讨论建构概念图，提高观察、提问、结果交流与讨论的科学探究能力；通过分析精子与卵细胞的结构特征和物质组成、解释受精过程中的生理反应，渗透结构与功能观；通过分析胚胎生存环境，阐述胚胎移植的条件，渗透稳态与平衡观；从进化的角度理解胚胎发育的适应性和多样性特征，渗透进化与适应观；能运用生物学基本概念和原理，对日常生活中与干细胞、克隆动物和胚胎分割等有关的议题进行科学分析和判断，提升社会责任。

在胚胎工程这一重要概念的教学过程中，可先将这部分内容按照核心素养目标进行合理分解，再采用相应的教学措施帮助学生达成核心素养目标。

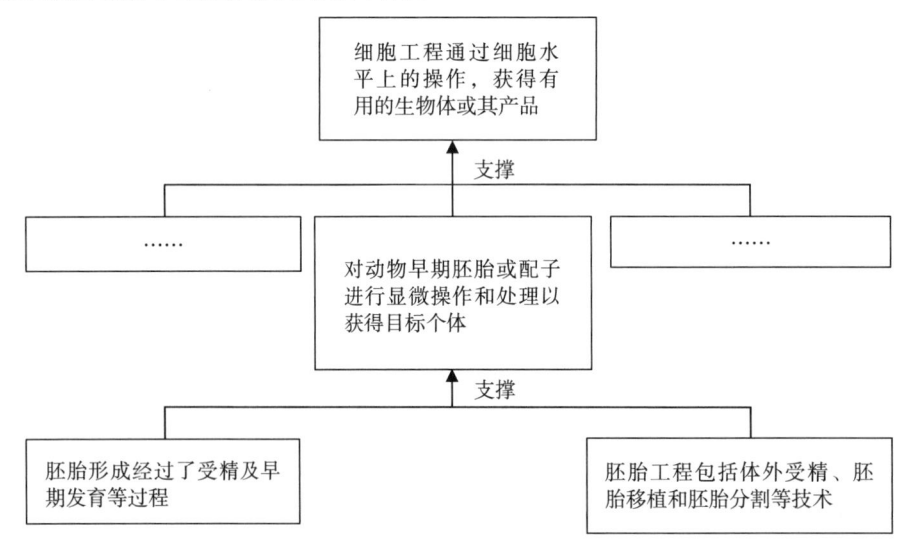

图3-110 概念的逻辑框架图

一、核心素养目标的分解与实施建议

生物学核心素养包括生命观念、科学思维、科学探究和社会责任。生命观念是众多生物学概念的提炼和升华，因此需要先梳理出生命观念对应的概念和关键事实，为形成正确的生命观念奠定基础。此外，还需从训练科学思维、培养科学探究能力、落实社会责任三个方面对本节内容的核心素养目标进行检索和分解，并寻找出切实可行的措施和路径去落实和完成。

1. 梳理支撑"生命观念"的概念和事实

根据教材内容和"新课程标准"要求，要建立该概念体系相对应的生命观念，需以下列概念和事实作为支撑（见表3-83）。

表3-83 重要生命观念对应的事实与相关概念

生命观念	相关概念	对应的事实
结构与功能观	细胞的结构与其功能相适应	精子的尾部有线粒体，可为精子的生存和运动供能；卵细胞膜表面的透明带会发生生理反应阻止后来精子的进入；精子和卵细胞膜具有流动性，有利于精卵细胞融合
稳态与平衡观	细胞在内外环境相对稳定的状态下才能表现出正常的生理功能	精子在有类似生殖道稳定环境的人工配制液中可获得受精能力；精子和卵子置于适当的培养液中培养，且卵子能正常受精；胚胎只有在供体、受体生理环境条件高度一致并相对稳定的条件下，移入受体才能被接受，并继续发育
物质与能量观	任何生命活动都有一定的物质基础，并需要能量	精子中的细胞质基质和线粒体通过细胞呼吸产生ATP，释放能量，供给精子运动；精子顶体表面的糖蛋白被生殖道分泌物中的淀粉酶降解的同时精子获得能量
进化与适应观	适应性是生物进化的结果；生物的进化程度不同，表现出的适应性特征不同	由于长期进化差异，不同种类的哺乳动物，精子获能的部位不同，获能所需的时间不同；不同动物的成熟精子在结构上有差异；不同动物排出的卵子成熟程度不同；不同动物进入子宫时受精卵的发育时间和发育阶段不同

2. 设计训练"科学思维"的路径和活动

在该部分内容的教学过程中，设计了训练科学思维的路径和学生活动（见表3-84），以发展学生的归纳与概括、模型与建模、演绎与推理、批判性思维等科学思维能力。

3. 确定培养"科学探究"的路径和活动

在该部分内容的教学过程中，通过创设探究性学习情境，设计学生深度参与的探究任务或思维活动（见表3-85），让学生在有目标的自主学习过程中培养科学探究能力。

4. 落实培养"社会责任"的思路和活动

在本节教学过程中，设置如表3-86中的活动，引导学生利用所学知识分析判断社会议题，解决现实生活中的实际问题，以发展学生的社会责任。

以上是以"细胞工程"这一重要概念为例，对核心素养目标的分解与落实的尝试与思考。下面具体展示在"胚胎工程"这一次位概念的课堂教学中，如何发展生物学核心素养。

表3-84 训练科学思维的路径与活动建议

科学思维	训练路径	活动建议
归纳与概括	归纳精子的结构组成;概括哺乳动物受精过程;归纳早期胚胎发育特点	观察成熟精子和几种家畜的精子示意图,归纳不同家畜精子的共同结构;观看视频,阅读教材,总结归纳出哺乳动物的受精过程;列表比较并归纳概括出胚胎早期不同发育时期的特点
模型与建模	绘制胚胎工程快速繁殖某生物的概念模型图	分析北方白犀牛的情境,补充建构通过胚胎工程快速繁殖北方白犀牛的概念模型
演绎与推理	从胚胎的早期发育过程,推测胚胎移植的最佳时期,以及胚胎移植前后的相关问题和处理	分析教材中的"不同动物受精卵发育及其进入子宫的时间差异"表格,阐明胚胎移植中不同动物受精卵发育及其植入子宫的发育阶段有差异;提供牛胚胎移植示意图,依据胚胎自然发育的过程,推理胚胎移植前的处理工作、移植后是否发生免疫排斥反应及发育后的遗传特性
批判性思维	评价同学建构的概念模型;判断并评价胚胎分割技术是否有利无害	对同学建构的概念模型提出修改建议,对自己不理解的过程及结论大胆质疑;阅读教材,说出通过胚胎分割技术繁殖的子代在性状表现、存活率等方面的问题

表3-85 训练科学探究的路径与活动建议

科学探究	训练路径	活动建议
观察能力	观察家畜的多种精子示意图,归纳精子结构组成;观察不同哺乳动物受精过程示意图,说出精子与卵子的生理变化;观察哺乳动物胚胎的早期发育示意图,明确发育阶段	观察成熟精子和几种主要家畜的精子示意图,对比分析,找出共同结构特征,归纳精子的结构组成;观察不同哺乳动物受精过程示意图,结合教材,交流讨论哺乳动物受精过程中精子与卵子的生理变化;观察哺乳动物胚胎的早期发育示意图,结合教材,列表分析哺乳动物早期发育的几个阶段
提问能力	根据哺乳动物体外受精过程示意图,尝试提出体外受精的相关问题	结合哺乳动物受精过程的理论知识,尝试提出问题:体外受精技术主要包括哪几个步骤?体外受精前需对精子和卵子作何处理?受精阶段在体外如何实现?
结果交流与讨论能力	讨论建构的概念图	小组成员在建构概念图过程中互帮互学,积极评价同伴的作品;不同小组间积极分享探究成果

表3-86 落实社会责任的思路与活动建议

社会责任	基本思路	活动建议
分析判断社会议题	分析涉及胚胎工程的生产、环保及健康的热点实例,判断其科学性	收集胚胎分割应用的热点实例,对胚胎工程技术应用的优点和问题进行分析,关注胚胎移植成活率和子代健康问题,判断胚胎分割技术应用于生产、环保及健康等热点议题的科学性和合理性
尝试解决实际问题	运用胚胎工程的相关知识,尝试解决濒危动物保护等问题	运用胚胎工程理论和技术应用的知识,提出保护北方白犀牛等濒危动物的方案;说出快速繁殖杜泊羊的方法与措施;提出促进优良动物品种繁殖,获得相同优良遗传性状的方法

二、教学案例：胚胎工程

1. 教学目标

基于"新课程标准"的内容要求、学业要求和学业质量标准，着眼于提高学生生物学核心素养的要求，制订以下教学目标。

（1）阅读教材示意图和文字，归纳受精和胚胎早期发育的基本过程。

（2）阅读相关材料，列表归纳并简述体外受精、胚胎移植等的基本原理、操作步骤和应用价值等。

（3）分析资料，了解并归纳胚胎分割的一般流程，体会最新科学技术在解决优质胚胎数量问题中的应用。

（4）基于对胚胎工程基本原理的认识，在理论与实践的层面关注、判断、参与讨论生产生活中的相关问题。

2. 教学设计思路

教学设计思路见图3-111。

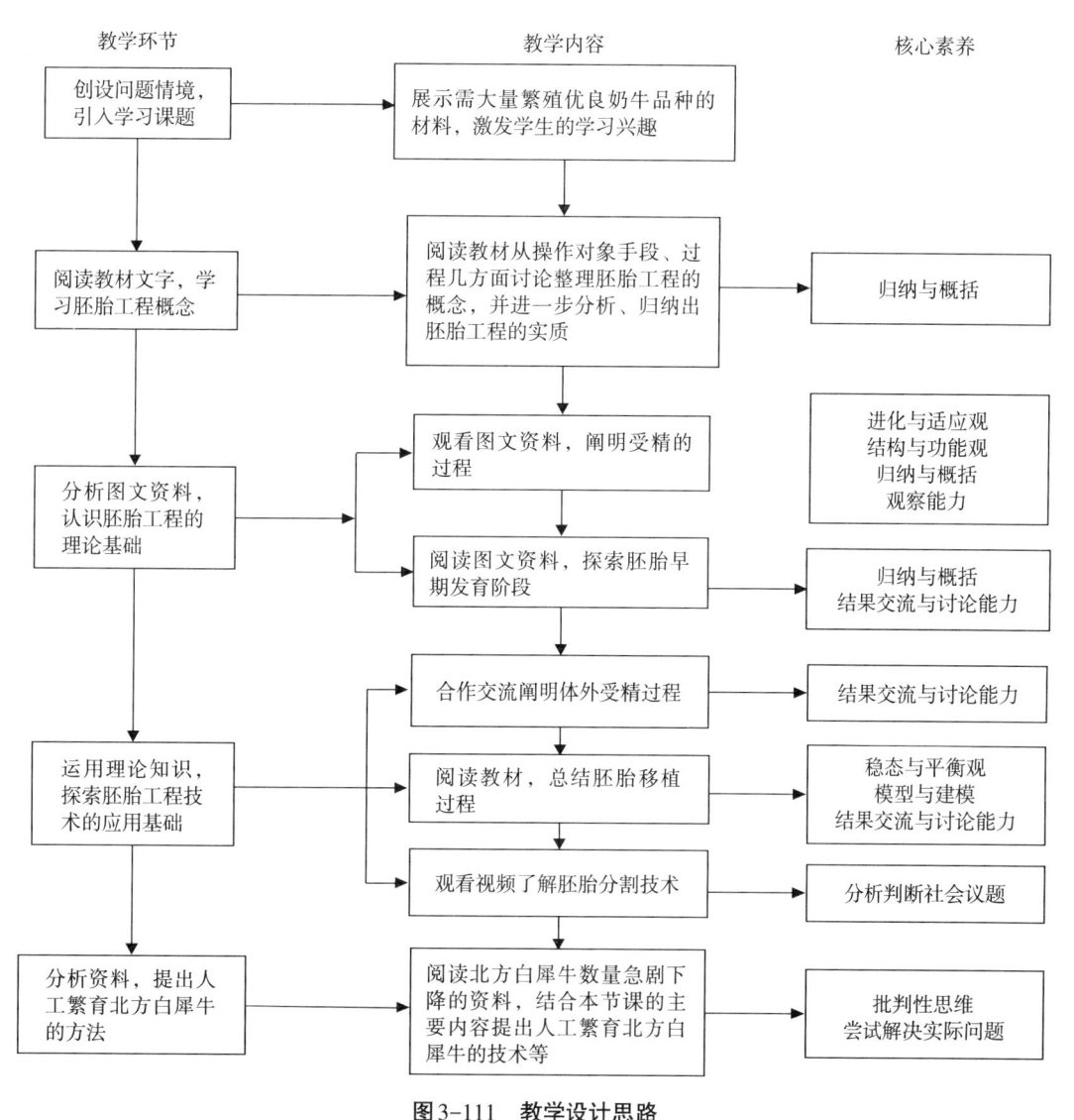

图3-111 教学设计思路

3.教学过程

1）创设问题情境，引入学习课题

资料1 我国对乳制品的总需求量很大，但我国奶牛的单产水平与奶业发达的国家还存在一定差距。引进一头成年奶牛往往需要数万元，高昂的价格使得靠大量引进优良品种的方法来提高产量不太可行。能不能让引进的良种奶牛快速、大量繁殖呢？遗憾的是，牛的生育率很低，一头母牛一胎一般只产一头犊牛，一生生育四五次。

要求学生阅读材料并思考：如何在胚胎工程迅猛发展的时代，快速大量繁殖优良奶牛品种？学生交流讨论：可以通过体外受精、胚胎分割等技术获得多个良种奶牛的胚胎，然后移植给代孕母牛生下后代。教师提出课题：优良品种的大量繁殖需从理论和应用角度进行探究。本节课的学习内容即为胚胎工程的理论基础和胚胎工程技术及其应用。

设计意图：以日常生活中的实际问题作为情境引入新课，激发学生学习兴趣和探究欲望，增强学生尝试解决日常生产实践问题的责任意识。

2）阅读教材文字，学习胚胎工程概念

教师要求学生阅读教材56页，从操作对象、手段、过程几方面进行分析讨论、归纳整理胚胎工程的概念。学生通过分析能够回答出胚胎工程的操作对象是生殖细胞、受精卵或早期胚胎细胞；操作手段是显微操作；操作过程是将获得的胚胎移植到雌性动物体内。教师引导学生进一步分析、归纳出胚胎工程的实质是：在体外条件下，对动物自然受精和早期胚胎发育条件进行的模拟操作；并提出胚胎工程技术包括了体外受精、胚胎移植和胚胎分割等。

设计意图：通过阅读教材，对胚胎工程的概念进行解读，分析出胚胎工程的操作对象、操作手段、操作过程，培养学生的归纳与概括能力。在这个过程中，使学生深入理解胚胎工程的概念。

3）分析图文资料，认识胚胎工程的理论基础

（1）观看图文资料，阐明受精作用过程。教师展示成熟精子和几种主要家畜的精子示意图，引导学生观察图片，找出共同点，并讨论分析问题：精子是由哪些部分组成的？学生根据图片，分析归纳出精子的结构组成：成熟精子的外形似蝌蚪，分头、颈和尾三大部分。教师提示学生：不同动物的精子有一定差异，这是生物进化与适应的结果。

教师陈述事实：精子细胞变成精子的过程当中，细胞中很多结构会消失，但是细胞核和线粒体都保留下来，对这一现象怎样理解？为什么精子中的线粒体集中在尾的基部？教师引导学生回忆细胞核的作用及线粒体的功能，不难得出细胞核和线粒体都保留下来的原因：细胞核是精子遗传物质储存和复制的场所，也是参与精卵结合和后代遗传特性与细胞代谢活动的控制中心，而线粒体则是精子进行细胞呼吸产生能量的场所。精子中的线粒体集中在尾的基部，形成线粒体鞘，是精子维持生存和能量的"动力工厂"或"发动机"。

资料2 自然条件下，哺乳动物的受精是在输卵管内完成的。科学家研究发现：刚刚排出的精子不能立即与卵子结合，只有交配后精液进入雌性动物的生殖道，生殖道分泌产生一些物质解除了对精子获能的抑制，精子才能获得受精能力。

教师提问：在体外受精操作时，需要对精子如何处理？让学生阅读教材56页相关信息栏目，找出精子获能的方式有哪些。

学生阅读教材，说出精子获能的方式有直接利用雌性动物的生殖道获能、在人工配制的获能液中获能，教师点拨并拓展：不同种类的哺乳动物，精子获能部位、获能所需要时间均不同。学生体会到，这也是生物进化与适应的结果。教师顺势类比追问：受精前精子需要获能，而卵子需要满足什么条件才能受精呢？

资料3 胎儿期由卵原细胞经过复制形成初级卵母细胞，包裹在卵巢的卵泡中，初情期后，卵细胞从卵泡中排出，进入输卵管，这一过程称为排卵。不同动物的卵细胞成熟度不同，有的可能是初级卵母细胞，如马、犬等；有的可能是次级卵母细胞，如猪、羊等，但它们都要在输卵管内进一步成熟，直到减数分裂Ⅱ中期（MⅡ期）才具备受精能力。

学生阅读材料，找出关键信息，进行回答：卵细胞培养到减数第二次分裂的中期时才具备受精的能力。教师对学生的回答给予肯定，并追问：不同动物排出的卵细胞成熟程度不同，这说明了什么？学生基于前面的学习，能回答出：生物的进化程度不同，表现出的生殖适应性特征也不同。

教师组织学生观看哺乳动物受精过程的视频，再结合教材57页文字和图2-20，通过小组讨论完成以下任务：①简述精子和卵细胞受精过程中依次发生哪些变化？②讨论受精阶段有哪些机制可以防止多精入卵？

各小组代表发表观点，其余小组同学适当补充。教师对防止多精入卵机制进行拓展，除了透明带反应和卵细胞膜反应外，生殖道对精子有初步筛选作用，使少数活动力强的精子才能到达受精部位；精子和卵细胞识别后会发生一些反应，使卵细胞表面的精子识别受体很快发生分子修饰，使后来的精子表面的卵细胞结合蛋白不能识别。

设计意图：通过分析图文资料，获取关键信息，总结归纳出精子的结构特点，明确精子的尾部有线粒体，可为精子的生存和运动供能，渗透结构与功能观；阅读教材，归纳精子获能的方式，发展学生归纳与概括的能力，体会不同动物精子的获能部位、时间有差异，渗透进化与适应观。通过分析资料，并与精子受精前的状况比较，明确卵细胞也需要受精前的准备，培养学生的对比与分析能力；同时阐明不同动物排出的卵细胞成熟程度不同的原因，渗透进化与适应观。通过观看受精作用视频，把学生带入探索生命现象的微观世界中，培养学生的观察能力；通过问题引导学生阅读教材，组织学生小组讨论，发展学生的归纳与概括能力，培养学生的合作探究精神。在这个过程中形成"胚胎形成经过受精过程"的概念。

（2）阅读图文资料，探索胚胎早期发育阶段。教师要求学生阅读教材58页，结合图2-21哺乳动物胚胎的早期发育示意图，小组合作，列表比较胚胎发育不同时期具有的特点。学生通过小组讨论，结合教材，能得出表3-87，教师进行适当点评与归纳。

设计意图：用表格通过小组合作进行归纳与概括，使学生对知识的理解不断深化，增强学生的合作意识，建构"胚胎形成要经过早期发育等过程"的概念。

4）运用理论知识，探索胚胎工程技术的应用

在学习了胚胎工程的理论基础之后，教师以熟悉的试管牛事件引发学生思考：如何将所学理论应用于日常生活中，实现良种奶牛的快速、大量繁殖？让学生在生产生活的实践中应用知识，发展科学思维。

表 3-87 比较胚胎发育不同时期的特点

时期	特点
卵裂期	细胞数量不断增加
桑葚胚	形成致密的细胞团,形似桑葚
囊胚	进一步发育,细胞逐渐分化
原肠胚	有外、内、中三个胚层,逐渐分化形成各种组织、器官

（1）合作交流，阐明体外受精过程。让学生阅读教材60页文字和图2-22后，根据下图提示，结合受精过程的理论知识，尝试用简明扼要的语言，在小组内讨论体外受精主要步骤和具体操作。

学生能据图描述体外受精的主要步骤，即A卵细胞的采集、B精子的获取和C受精作用（见图3-112）。教师提示：获取精子前需对精液进行离心处理，并引导学生继续讨论，接下来需对收集到的卵母细胞和精子作何处理？学生能据图说出：需将卵母细胞培养至MⅡ期，对精子进行获能处理，最后将获能的精子和培养成熟的卵细胞置于适当的培养液中共同培养一段时间，促使它们完成受精。教师适时对学生的发言进行评价和补充，并强调体外受精技术对提高动物繁殖能力的重要意义，突出我国在此方面的一些研究成就。

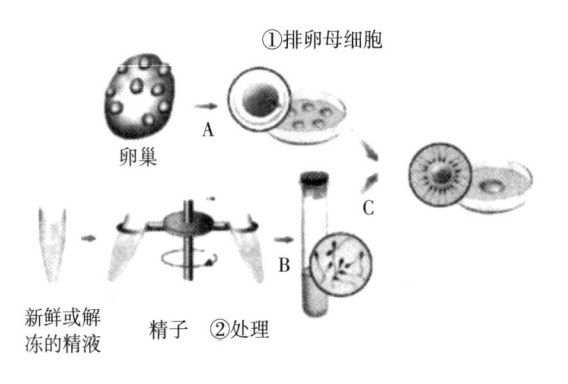

图3-112 哺乳动物体外受精过程示意图

设计意图：通过让学生阅读教材，回答关键问题，理解哺乳动物体外受精的技术过程，培养学生的实验探究能力。同时，让学生在小组讨论中提高结果交流与讨论能力并培养团队协作的精神。用我国先进的体外受精技术增强民族自豪感，形成"胚胎工程包括体外受精技术"的概念。

（2）阅读教材，总结胚胎移植过程。教师设问：体外受精获得的受精卵可以在试管的培养液中直接发育成个体吗？学生根据生活经验，可能做出否定回答，教师进而引出胚胎移植。接着让学生阅读教材61页，从胚胎来源、供体、受体和受体条件几个方面列表归纳胚胎移植的概念。

学生结合教材能准确填写表3-88，教师对学生的成果进行评价与修正后，引导学生一起总结胚胎移植的概念：通过体外受精及其他方式得到的胚胎，移植到同种的、生理状态相同的雌性动物体内，使之继续发育为新个体的技术；并让学生明确：只有供体、受体生理条件高度一致并相对稳定，移入受体的胚胎才能被接受，并继续发育。

◎ 第三章 围绕核心概念发展生物学核心素养的实践

表3-88 胚胎移植的概念解读

项目	内容
胚胎来源	体外受精及其他方式
供体	提供胚胎的个体
受体	接受胚胎的个体
受体的条件	与供体同种,且生理状态相同的雌性

接着,让学生结合教材61页文字和图2-23,小组合作探讨,绘制胚胎移植的基本程序流程简图。小组合作交流后,小组代表展示以下流程简图(图3-113)、发表观点。教师通过学生绘制的胚胎移植的基本流程图,引导学生明确胚胎移植的优势是可充分发挥雌性优良个体的繁殖能力,同时引导学生从免疫的角度思考胚胎移植可能出现的排斥问题。

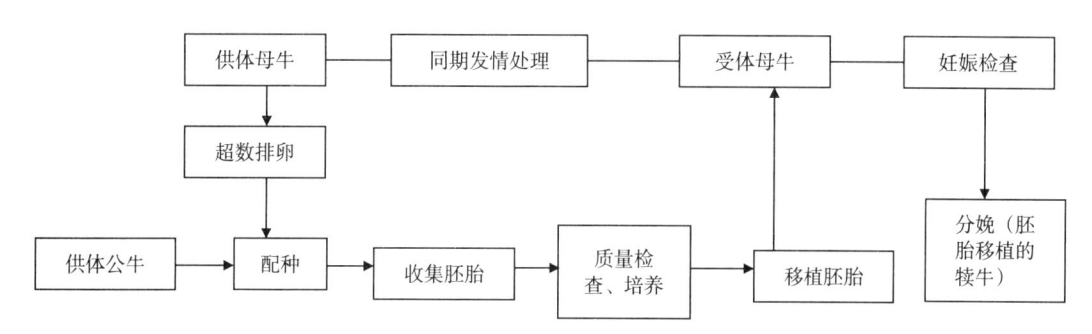

图3-113 胚胎移植的基本流程简图

设计意图:通过列表帮助学生分析胚胎移植的关键要点,加深对"胚胎移植"概念的理解,同时通过绘制胚胎移植流程图,提高学生模型与建模能力,并形成"胚胎工程包括胚胎移植技术"的概念。

(3)观看视频,了解胚胎分割技术。通过胚胎移植可以充分发挥雌性优良个体的繁殖潜力,增加优良性状后代的个体数量,引导学生思考:是否还有其他方法进一步挖掘动物的繁殖潜力?教师提供事实:早期胚胎细胞具有很强的分裂能力,并保持着细胞全能性。学生可能大胆提出:将一个胚胎分割出几份,从而提高胚胎的利用率,然后教师点拨,理解胚胎分割的概念:采用机械方法将早期胚胎切割成2等份、4等份或8等份等,经移植获得同卵双胎或多胎的技术。

教师引发学生思考:如何将胚胎进行分割呢?接着,播放我国胚胎分割技术的视频。学生通过观看视频后能明确:首先,进行胚胎分割前应该选择分裂能力强、发育较良好,已形成正常的桑葚胚和囊胚的胚胎;其次,进行胚胎分割时应注意将内细胞团均等分割。教师结合学生的答案,给予总结评价,让学生明确胚胎技术在人工控制动物性别、动物繁育健康后代等方面的重要意义,以及我国在胚胎分割技术上的突破,同时引导学生辩证看待现代技术。

设计意图:学生观看视频,深入理解早期胚胎分裂能力强,分割移植更容易成功,培养结构与功能观;通过辩证看待现代技术,学会分析判断社会议题;在"胚胎工程包括胚胎分割技术"的概念建构中,了解我国胚胎技术取得的成就,增强民族自信心。

5）分析资料，提出人工繁育北方白犀牛的方法

教师组织学生反思总结本节课的主要内容，展示材料4并提出课后拓展问题。

资料4 北方白犀牛曾经广泛分布于非洲中部等地，但由于猖獗的盗猎和自然栖息地的丧失，它们的数量不断减少。2018年3月，世界上最后一头雄性北方白犀牛死亡，该物种仅剩下两头雌性。在此之前，研究人员设法保存了北方白犀牛的精子。

课后拓展问题：①可以使用哪些现代生物技术来人工繁育北方白犀牛？运用这些技术一定能繁育成功吗？请说出你的理由。②如果繁育成功，这样人工繁育的种群与野生种群相比，有什么区别？③如果繁育不成功，这一物种将永远从地球上消失，从中我们能得到怎样的教训？

设计意图： 在回顾本节课主要内容的基础上，给学生提供课后练习，以便检测学生的学习效果。同时，真实问题情境可在一定程度上发展学生的批判性思维，增强关注社会热点、尝试解决实际问题的社会责任感。

4. 教学反思

（1）围绕"胚胎工程"概念，以胚胎工程为主线，将胚胎工程的理论基础和技术应用等学习内容有机地整合在一起，使学生能够在已有"受精作用"概念的基础上，全面理解胚胎工程的理论基础，领悟胚胎工程技术在日常生产生活实践中的重要的地位。

（2）在已有知识的基础上，学生通过观看视频、资料分析等方式实现知识的同化与顺应，促进其自主建构生物学概念。

（3）将日常生活中的情境融入课堂，激发学生的学习兴趣，使书本知识变得更为亲切，增强了学生在学习中的积极体验。

三、案例点评

1. 用好教材资源，创设直观情境

学生很难亲身体验体外受精、胚胎移植和胚胎分割等技术的操作，若教学内容拓展过深过难，不仅学生不易掌握，还容易出现课时紧张的情况。教材中的过程示意图直观形象，降低了学习难度，"思考·讨论"栏目中的问题指向技术的本质，教师充分利用了这些资源，将它们有机融入教学中，既把握了教学内容的深度，又让教学全面覆盖了知识要点。

2. 大任务层层分解，驱动概念建构

本节课的教学紧紧围绕解决核心问题"怎样快速、大量繁殖优良奶牛？"的大任务展开。首先，教师引导学生回顾旧知，初步讨论提出运用体外受精技术解决问题的基本思路，从而引出体外受精相关基础知识的学习；接着教师引导学生探讨体外受精技术获得的受精卵是否可以在培养液中直接发育成犊牛，从而引出胚胎移植技术；教师继续引导学生思考挖掘良种奶牛繁殖潜力的其他方法，从而引出胚胎分割技术。教师通过层层设问将核心问题拆分成递进的几个小问题，把大任务分解为多个递进的小任务，教学环节环环相扣，让学生在解决情境问题的活动中逐步建构体外受精、胚胎移植和胚胎分割技术的概念。

3. 注重概念应用，关注现实问题

完成本节课的概念建构以后，教师借助真实情境继续引导学生思考：最后两头雌性北方白犀牛怎

样扩大种群数量？并讨论北方白犀牛的保护措施，强化概念的迁移应用，引导学生关注现实问题，体现社会责任，真正实现学以致用，使生物核心素养的培养在真实情境的土壤中生根发芽。

案例3：基因工程

"新课程标准"指出，学生通过选择性必修3模块的学习，要达成"基因工程赋予生物新的遗传特性"这一大概念，此大概念的达成需要以"基因工程是一种重组DNA技术""蛋白质工程是基因工程的延伸"两个重要概念作为主要支撑（见图3-114）。通过"基因工程赋予生物新的遗传性状"这一大概念的学习，学生能阐明基因工程是通过人工操作让重组后的遗传信息在DNA分子水平上进行传递，蛋白质工程是通过改造或合成基因来实现对蛋白质的改造，发展物质与能量观；学生建构概念图阐明基因工程的基本操作程序，并运用其设计获得某一转基因产品的方案，提升科学思维能力；在进行"DNA的粗提取与鉴定"实验中，提升科学探究和实践能力；学生关注基因工程和蛋白质工程在农牧、食品、医药、工业等行业的应用，理性地看待基因工程和蛋白质工程给我们生产和生活带来的正面影响，科学宣传转基因技术的相关知识，提升社会责任感。

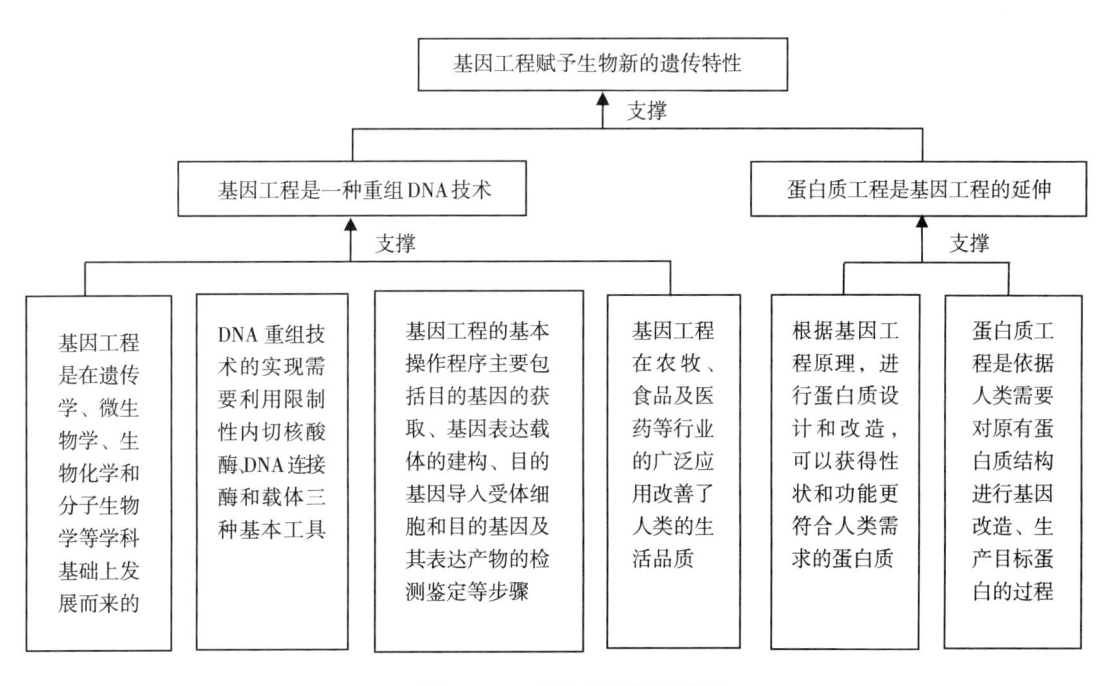

图3-114 概念的逻辑框架图

在"基因工程赋予生物新的遗传特性"这一大概念的教学过程中，可先将这部分内容按照核心素养目标进行合理分解，再采用相应的教学措施帮助学生达成核心素养目标。

一、核心素养目标的分解与实施建议

生物学核心素养包括生命观念、科学思维、科学探究和社会责任。生命观念是众多生物学概念的提炼和升华，因此需要先梳理出生命观念对应的概念和关键事实，为形成正确的生命观念奠定基础。此外，还需从训练科学思维、培养科学探究能力、落实社会责任三个方面对本节内容的核心素养目标进行检索和分解，并寻找出切实可行的措施和路径去落实和完成。

1. 梳理支撑"生命观念"的概念和事实

根据教材内容和"新课程标准"要求，要建立该概念体系相对应的生命观念，需以下列概念和事实作为支撑（见表3-89）。

表3-89 重要生命观念对应的事实与相关概念

生命观念	相关概念	对应的事实
物质与能量观	DNA复制和基因的表达需要消耗能量	DNA复制在胞内需要消耗能量，在胞外可以通过加热提供能量；目的基因的表达需要受体细胞提供能量
结构与功能观	蛋白质的功能依赖于正确的结构	限制酶、DNA连接酶具有不同的结构，能够识别DNA分子的特定核苷酸序列
		蛋白质的结构经过人工改造后，功能会发生改变
进化与适应观	适应性是生物进化的结果	大肠杆菌等原核生物在长期的进化过程中形成了一套防御机制，从而避免外源DNA的影响；棉铃虫的进化，逐渐产生对抗虫棉的适应性
		生物长期进化过程中形成的天然蛋白质，在结构和功能上符合特定物种生存的需要

2. 设计训练"科学思维"的路径和活动

在该部分内容的教学过程中，设计了科学思维的训练路径和活动建议（见表3-90），以发展学生的比较与归纳、演绎与推理、模型与建模、批判性思维等科学思维能力。

3. 确定培养"科学探究"的路径和活动

在该部分内容的教学过程中，创设探究性学习情境，设计学生深度参与的探究任务或思维活动（见表3-91），让学生在有目标、有任务的自主学习过程中培养科学探究能力。

4. 落实培养"社会责任"的思路和活动

在本节教学过程中，设置如表3-92中的学生活动，引导学生利用所学知识分析判断社会议题、尝试解决实际问题，以发展学生的社会责任。

二、教学案例：基因工程的基本操作程序

1. 教学目标

基于"新课程标准"的内容要求、学业要求和学业质量标准，着眼于提高学生生物学核心素养的要求，制订以下教学目标。

（1）通过对PCR反应过程与DNA复制过程的比较，解释PCR产物数量与循环数的数学关系。

（2）建构目的基因检测与鉴定的关系图，阐明目的基因检测与鉴定的原理。

（3）通过设计获得转基因抗虫棉的操作方案，运用建模的思维方法建构基因工程的基本工具与基本操作程序的概念图，阐明基因工程是通过人工操作让遗传信息在DNA分子水平上进行传递的技术，发展物质与能量观。

（4）分析资料，探讨延缓害虫抗性产生和发展的措施，感悟以科学知识指导生产的重要性。

表3-90 训练科学思维的路径与活动建议

科学思维	训练路径	活动建议
归纳与概括	比较DNA的PCR扩增与胞内复制的差异,归纳两者的联系	比较DNA胞内复制与PCR反应在解旋方式、场所、酶、温度条件、合成对象上的差异,归纳两者的联系
	比较目的基因导入受体细胞的不同方法,归纳操作步骤	阅读教材中的花粉管通道法和农杆菌转化法,分析教师提供的显微注射技术和Ca^{2+}处理法的资料,比较目的基因导入受体细胞的四种方法,归纳出四种方法的操作步骤
演绎与推理	应用农杆菌转化法演绎推理基因导入某植物细胞的操作流程	应用已经归纳出的目的基因导入受体细胞的方法及操作步骤,演绎推理将一个抗干旱基因导入小麦细胞的最佳方法及具体操作流程
	应用氨基酸与密码子的对应关系演绎推理一段多肽链所对应的脱氧核苷酸序列	根据提供的某多肽链的氨基酸序列,应用氨基酸密码子表,演绎推理出所对应的mRNA序列,再根据碱基互补配对原则推理出该mRNA对应的脱氧核苷酸序列
模型与建模	建构PCR反应的物理模型	观看并分析PCR特异性快速扩增目的基因的视频,结合教材中的示意图,建构出PCR反应过程的物理模型
	建构基因工程基本工具与基本操作程序关系的概念模型	分析基因工程基本工具的作用及特性,探讨将基本工具应用到四个操作程序中,建构两者关系的概念模型,理解基因工程操作程序的技术与方法
批判性思维	评价同学建构的概念模型	对同学建构表达基因工程基本工具与基本操作程序关系的概念模型提出建议,对自己不理解的过程大胆质疑

表3-91 训练科学探究的路径与活动建议

科学探究	训练路径	活动建议
观察能力	观察用不同实验材料进行DNA粗提取和鉴定实验的现象	用不同实验材料进行DNA粗提取和鉴定实验,观察并记录实验中DNA的颜色和形态,以及鉴定后的现象
实验设计能力	设计利用不同实验材料进行DNA粗提取和鉴定的实验方案	根据教师提供的资料,比较动植物实验材料的处理差异,设计DNA粗提取和鉴定的不同方案,提升方案设计能力
结果交流与讨论能力	评价不同设计方案的实验结果并进行交流与讨论	交流不同实验设计方案实施后的DNA鉴定结果,讨论提取的DNA还可能存在的杂质,如何进行鉴定;讨论在实验过程中提高DNA纯度的方法

表3-92 落实社会责任的思路与活动建议

社会责任	基本思路	活动建议
分析判断社会议题	分析转基因话题涉及的依据,关注转基因对生产、生活的影响	查阅资料搜集有关转基因的热点话题,如"转基因农作物能否商业化种植""转基因食品的安全性讨论""转基因生物可能引起的基因漂移问题"等,利用基因工程相关知识理性地参与生活中关于转基因的相关话题讨论,解释和判断有关转基因的争论,科学地宣传转基因技术的相关知识
尝试解决实际问题	针对棉铃虫对Bt抗虫蛋白产生抗性的问题,提出合理的解决措施。	运用基因工程的知识,从导入抗虫基因的数量和类型角度,提出延缓害虫抗性产生和发展的措施:将两种或以上的Bt抗虫基因同时转入棉花细胞,建构组织特异性表达的启动子,提高杀虫基因的表达量

2. 教学设计思路

教学设计思路见图3-115。

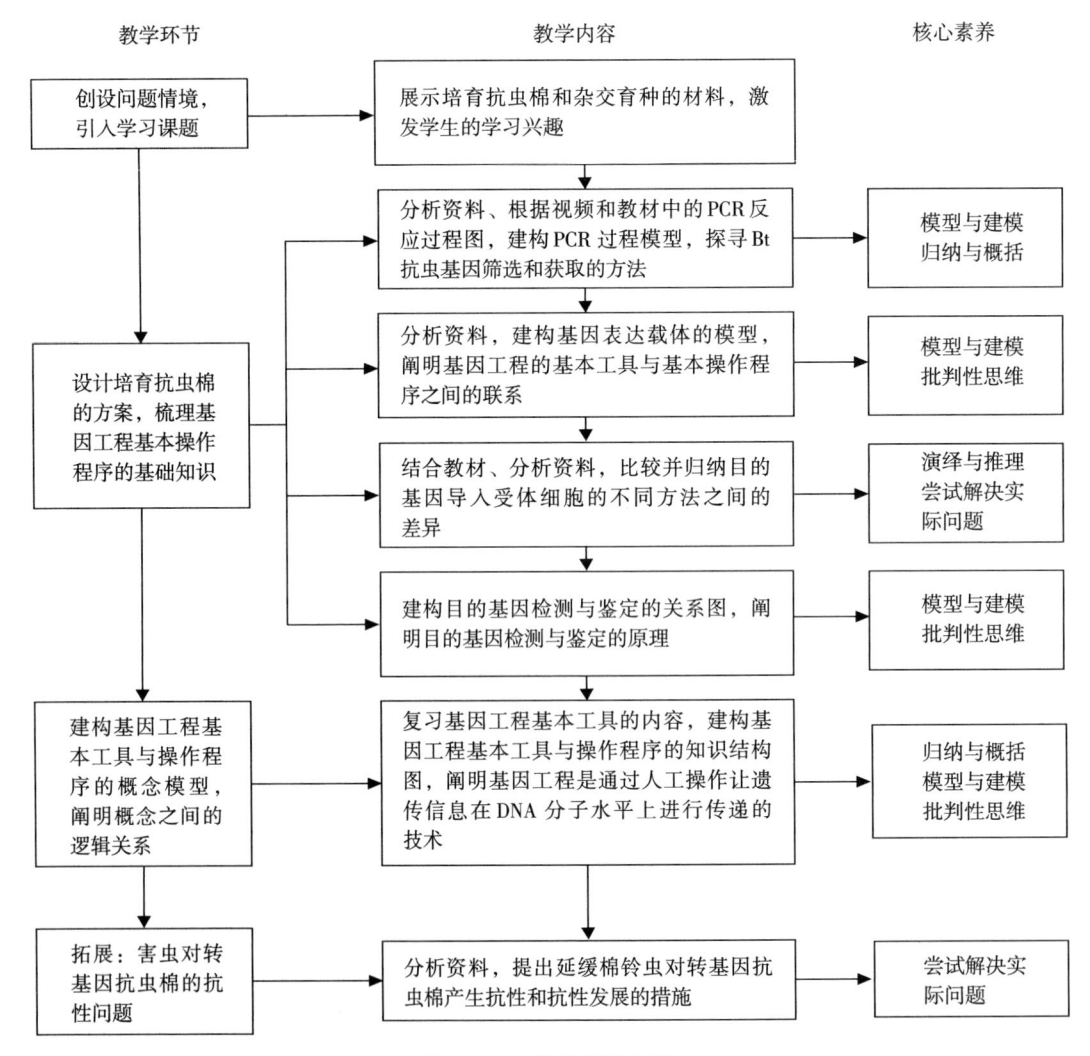

图3-115 教学设计思路

3.教学过程

1）创设问题情境，引入学习课题

资料1 20世纪90年代初，我国棉铃虫大爆发，导致棉花大幅减产，纺织业受到严重影响，我国迅速启动了棉花抗虫育种。研究人员发现棉花细胞自身含有的抗虫基因较少，且表达的产物抗虫效果不明显，杂交育种难以成功。经过多年研究，发现在苏云金杆菌中有一种伴孢晶体蛋白，能够通过破坏鳞翅目昆虫的消化系统来杀死棉铃虫，而且效果显著，这一发现使得育种工作有了新的突破。

要求学生阅读完资料后，思考抗虫棉育种工作的新突破是什么？学生思考后回答：新突破可能是将苏云金杆菌中的抗虫基因转入棉花细胞中，培育出转基因抗虫棉。

教师补充并提出课题：转基因抗虫棉的获得极大程度地减少了农药的使用，增收节支高达450亿元，通过基因工程培育抗虫棉需要经过一系列复杂的步骤，本节课的学习内容主要为基因工程的基本操作程序。

设计意图：以我国培育抗虫棉为材料，创设问题情境，激发学生的学习兴趣，渗透关注社会问题的情感教育，引入本课。

2）设计培育抗虫棉的方案，梳理基因工程基本操作程序的基础知识

（1）分析资料、建构模型，探寻Bt抗虫基因筛选和获取的方法。学生阅读教材76页第一段，明确基因工程基本操作程序的四个步骤后，教师提出问题：如何从"基因海洋"中筛选出抗棉铃虫的基因？学生根据已有的知识以及结合阅读教材，能够回答出：从已经表现出抗棉铃虫的生物中去筛选抗性基因，如从苏云金杆菌中筛选Bt抗虫蛋白基因。教师进一步补充，筛选目的基因要从表现出相应蛋白或者性状的个体中去筛选，如培育产人胰岛素的工程菌所需的目的基因，需在人体细胞中筛选。

教师进一步提问：如何将苏云金杆菌DNA上的Bt目的基因切割下来？启发学生联系上节所学的基因工程工具——限制性内切酶，学生能够回答：可以使用特定的限制性内切酶将Bt抗虫基因从苏云金杆菌的DNA分子上切割下来。教师进一步讲解：限制性内切酶能够识别DNA分子中特定的核苷酸序列，并且使每一条链中特定部位的两个核苷酸之间的磷酸二酯键断开，切割Bt抗虫基因时，需要选择特定的限制性内切酶，切割后要形成黏性末端。除了上述方法以外，还可以用其他方法获取Bt抗虫基因，教师展示材料。

资料2 20世纪80年代中期，科学家将酶切修饰后的Bt杀虫基因导入棉花等植物后，抗虫蛋白的表达量低，抗虫效果差。为了使原核Bt抗虫基因能在真核植物体内有效地表达，在不改变Bt杀虫蛋白氨基酸序列的前提下，完全人工合成了Bt.*Crl A*杀虫基因。

学生阅读资料后容易总结出：还可以通过人工合成的方法获得Bt抗虫基因。

教师进一步讲解：通过上述两种方法获得的Bt抗虫基因含量都较少，可以通过PCR反应对目的基因进行大量复制来扩增。教师视频展示PCR特异性快速扩增目的基因的过程，主要包括：变性、复性、延伸。

学生根据视频内容和教材中PCR反应过程示意图，建构PCR过程模型，用文字和箭头的形式呈现（如图3-116），并阐明过程。

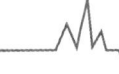

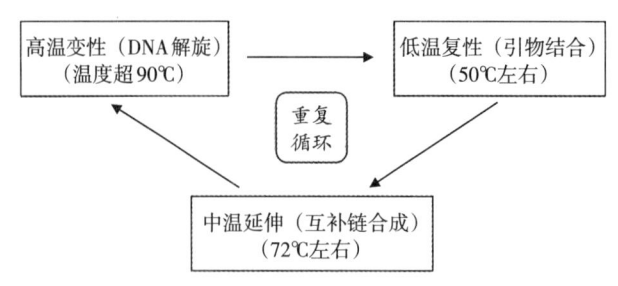

```
高温变性（DNA解旋）         低温复性（引物结合）
  （温度超90℃）    →         （50℃左右）
                    重复
                    循环
              ↑              ↓
          中温延伸（互补链合成）
              （72℃左右）
```

图3-116 PCR反复过程模型

学生应用PCR过程示意图，联系DNA复制次数与数量之间的关系，阐释PCR产物数量 X 与循环数 n 之间的关系：$X=2^n$，再通过表3-93比较DNA的PCR扩增与胞内复制的差异，归纳两者的联系。

表3-93 DNA胞内复制与PCR扩增的差异

项目		DNA胞内复制	PCR措施
区别	解旋方式		
	场所		
	酶		
	温度条件		
	合成对象		
联系			

设计意图：通过阅读教材并分析资料，对比并总结筛选与获取Bt抗虫基因的方法，让学生理解基因工程的操作需获取目的基因。通过建构PCR过程模型，阐释PCR产物数量与循环数之间的关系，发展学生模型与建模的能力。通过比较PCR扩增与DNA的胞内复制过程，发展学生归纳与概括能力，加深对概念的理解。

（2）建构基因表达载体的模型。

资料3 有人采用总DNA注射法进行遗传转化，将一个生物的总DNA提取出来，通过注射或花粉管通道法导入受体植物，没有进行基因表达载体的建构。这种方法针对性差，完全靠运气，也无法确定哪些基因导入了受体植物。

学生分析资料、阅读教材80页内容，能够得出：要让Bt抗虫基因在受体细胞中稳定存在，并遗传给下一代，需要建构基因表达载体。教师提问：基因表达载体有哪些组成部分？学生阅读教材结合图3-6能够回答：除目的基因、标记基因外，还必须有启动子、终止子。教师启发学生从化学本质的角度思考：目的基因、标记基因、启动子、终止子的本质是什么？学生思考后回答：都是DNA片段。教师引导学生进一步阐明：都是双螺旋结构，所以目的基因、标记基因、启动子、终止子能够拼接在一起，建构的基因表达载体实质上是重组DNA分子。

教师给出学习任务：用上述的这些"DNA片段"建构出基因表达载体的模式图，以文字和绘图的形式呈现。学生分组讨论，阅读教材，完成基因表达载体模式图的建构（图3-117）。

学生分组阐释建构的基因表达载体模式图：①选择载体，如质粒，上面含有标记基因，比如某种抗性基因；②用同种或能够产生相同黏性末端的限制性内切酶切割目的基因和质粒；③用DNA连接酶

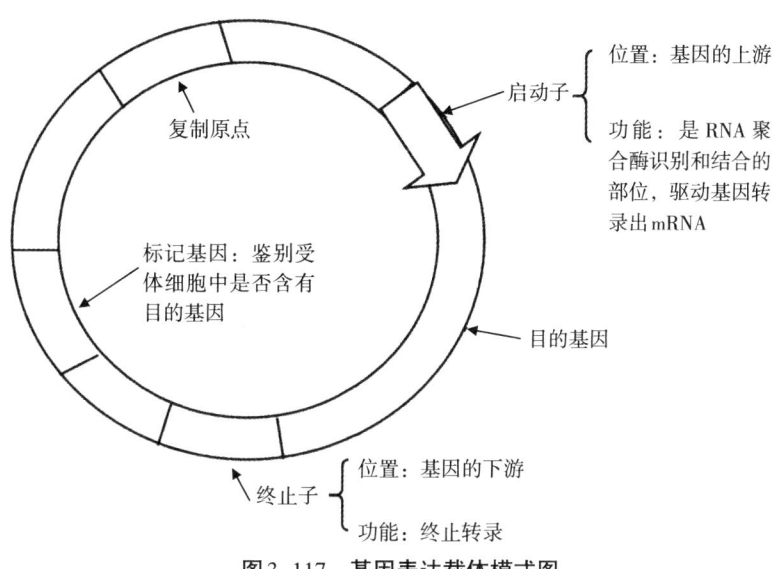

第三章 围绕核心概念发展生物学核心素养的实践

图3-117 基因表达载体模式图

将目的基因的片段拼接到质粒的缺口处，在目的基因的上游要有启动子，下游要有终止子来调控转录的起始。小组之间展开交流与评价，完善基因表达载体的模型。

设计意图：通过建构基因表达载体的模型，阐明基因工程的基本工具与基本操作程序之间的联系，发展学生的模型与建模能力；通过小组合作、交流、评价，发展学生的批判性思维，加深学生对基因工程是一种重组DNA技术这一概念的理解，同时帮助学生建构"基因工程的操作需构建基因表达载体"的概念。

（3）比较并归纳目的基因导入受体细胞的不同方法之间的差异。教师给出任务：成功建构好Bt抗虫基因表达载体后，需要通过一定的方式才能导入受体细胞进行表达，我国科学家采用了一种独创的方法：花粉管通道法，除此之外还有其他方法。通过阅读教材80~81页的"花粉管通道法"及"农杆菌转化法"，分析资料4，梳理出目的基因导入受体细胞四种方法的操作步骤，按要求完成表格（表3-94）。

资料4 显微注射技术是将含有目的基因的表达载体提纯后，通过显微注射到受精卵中，经过胚胎的早期培养后再移植到雌性动物的输卵管或者子宫中；Ca^{2+}处理法常常用于原核细胞作为受体细胞时，如大肠杆菌，研究人员一般先用Ca^{2+}处理大肠杆菌细胞，使细胞处于一种能吸收环境中DNA的感受态状态，然后再将基因表达载体与大肠杆菌在适宜温度下混合，促进其导入。

表3-94 四种目的基因导入受体细胞的方法

受体细胞类型	方法	操作步骤
植物细胞	农杆菌转化法	
	花粉管通道法	
动物细胞	显微注射技术	
微生物细胞	Ca^{2+}处理法	

学生完成表格后，组织学生进行交流展示，指导学生完善和修正表格内容。教师提出问题：若将一个抗干旱基因导入小麦细胞中，应该选择哪种方法，说出操作步骤。

学生根据表3-94的方法，回答：可以选择农杆菌转化法或者花粉管通道法。引导学生说出选用农杆菌转化法的操作步骤：将抗干旱基因插入农杆菌Ti质粒的T-DNA上→转入农杆菌→用农杆菌侵染小麦细胞→将抗干旱基因整合到小麦细胞的染色体DNA上→抗干旱基因表达。教师指出小麦是单子叶植物，不是所有的农杆菌菌株都可以侵染单子叶植物，引导学生思考出如果用农杆菌转化法，则要选择合适的农杆菌菌株。教师进一步拓展讲解：还需要加入一些趋化和诱导的物质，一般为乙酰丁香酮等，使农杆菌向植物组织的受伤部位靠拢（趋化性）和激活农杆菌的诱导基因，使T-DNA转移并插入小麦的染色体DNA上。

设计意图：结合教材阅读和资料分析，比较目的基因导入受体细胞的不同方法，探讨不同受体细胞选择特定导入方法的原因，发展学生的演绎与推理能力。通过回答如何将一个抗干旱基因导入小麦细胞中的真实问题，推理抗干旱基因导入小麦细胞的操作流程，落实解决实际问题的社会责任，让学生形成"基因工程的操作需将目的基因导入受体细胞"的概念。

（4）建构目的基因检测与鉴定的关系图，阐明目的基因检测与鉴定的原理。教师提出问题：只有一部分Bt抗虫基因能成功导入棉花细胞并表达Bt抗虫蛋白，这需要检测和鉴定才知道，如何进行检测和鉴定呢？

引导学生从基因表达过程、抗原—抗体特异性结合的角度进行思考，并结合阅读教材82页的内容，能够回答：可以检测是否转录出了Bt基因的mRNA或者提取转基因棉花中的蛋白质，用相应的抗体进行抗原—抗体杂交，检测是否合成抗虫蛋白。学生回顾并应用基因表达的知识，在教师的引导下共同完成从DNA、RNA、蛋白质和个体水平四个方面建构目的基因检测与鉴定的关系图，并绘制出来（图3-118）。

鼓励学生阐释关系图，同学之间进行质疑指正。

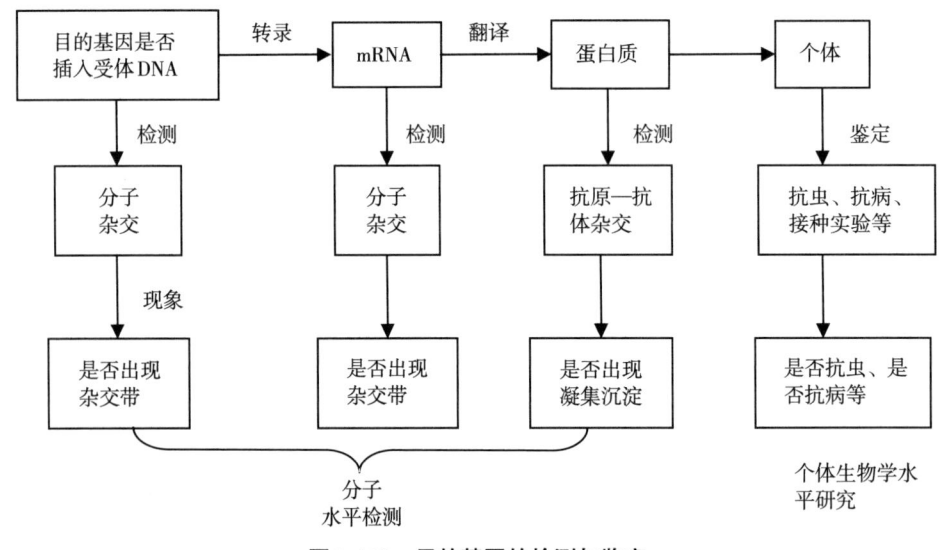

图3-118 目的基因的检测与鉴定

◎ 第三章 围绕核心概念发展生物学核心素养的实践

设计意图：结合体内基因表达的过程，让学生自主学习从不同水平检测和鉴定目的基因，师生共同建构目的基因检测与鉴定的关系图，阐明目的基因检测与鉴定的原理，发展学生的模型与建模能力，学生阐释过程图，促进学生之间的大胆质疑，培养学生的批判性思维，帮助学生建构"基因工程的操作需检测目的基因是否导入受体细胞"的概念。

3）建构基因工程基本工具与操作程序的概念模型，阐明概念间的逻辑关系

教师给出任务：复习重组DNA技术的基本工具，围绕"DNA重组技术的实现需要利用限制性内切酶、DNA连接酶和载体三种基本工具"和"基因工程的基本操作程序主要包括目的基因的获取、基因表达载体的建构、目的基因导入受体细胞和目的基因及其表达产物的检测鉴定等步骤"两个概念，结合本节所学的基因工程操作程序，建构两个概念之间的知识结构图，阐明两个概念之间的逻辑关系（图3-119）。

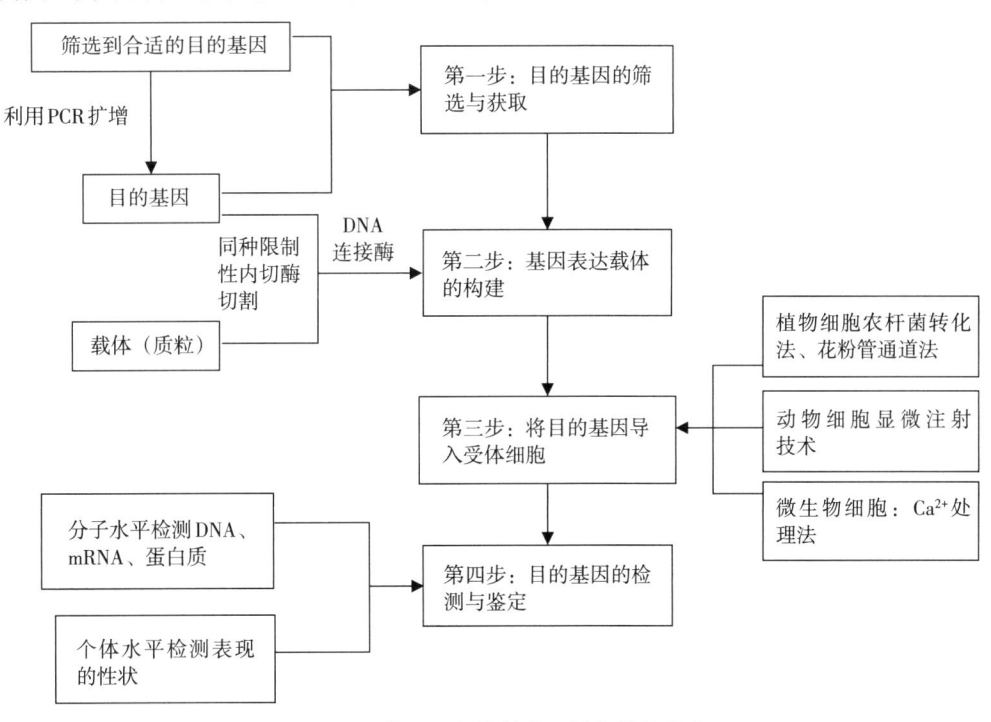

图3-119 基因工程的基本工具和操作程序

教师指导学生在课堂或者课后完成知识结构图的建构，学生完成后进行交流展示，阐释自己绘制的知识结构图，同学之间进行质疑指正。帮助学生掌握基因工程的操作步骤，理解基因工程是一种重组DNA技术这一重要概念。

设计意图：结合教材，总结基因工程基本工具与操作程序之间的联系，建构两个概念之间的知识结构图，加深对"基因工程是一种重组DNA技术"这一概念的理解，发展学生的归纳与概括能力、模型与建模能力，促进学生之间的大胆质疑，培养学生的批判性思维，从而建构"基因工程的基本操作流程主要有目的基因的获取、基因表达载体的构建、目的基因导入受体细胞和目的基因及其表达产物的检测鉴定等步骤的概念。

4）尝试解决害虫对转基因抗虫棉的抗性问题，发展社会责任

教师讲述：调查发现种植转基因抗虫棉多年以后出现了抗虫性下降的现象，原因可能是棉铃虫对

Bt抗虫蛋白的抗性增强了。学生认识到转基因抗虫棉在种植过程中会出现害虫抗性增强的现象，教师提出问题：如何延缓害虫抗性的产生和发展？教师展示资料5。

资料5：①研究人员发现在种植抗虫棉的棉田中同时种植玉米、辣椒、向日葵等作物后，不易爆发虫害，作物生长较好。②进一步研究发现将棉铃虫接种到双价抗虫棉（合成两种杀虫蛋白）的棉田中，棉铃虫的存活率比在单价抗虫棉（合成单一杀虫蛋白）的棉田中低。

学生分析资料并分组讨论延缓害虫抗性产生和发展的措施。学生讨论后进行交流并总结出措施：①将棉铃虫的宿主作物如玉米、辣椒与转基因抗虫棉间作种植；②将多个不同类型的抗虫基因同时导入棉花细胞，培育出含有多个抗虫基因的转基因棉花品种。

教师进一步拓展，还可以通过杂交的方式来延缓，即敏感性棉铃虫和抗性棉铃虫杂交，使抗性性状出现性状分离，从而延缓害虫抗性性状产生和发展。

设计意图：紧扣如何延缓害虫抗性的产生和发展这一实际问题，根据资料，运用所学知识提出措施，提升学生运用生物学知识解决实际问题的能力，落实社会责任。

4. 教学反思

（1）全节内容贯穿在培育转基因抗虫棉的情境之中，通过资料分析、问题启智、任务驱动、模型建构、小组合作交流等形式，引导学生完成基因工程基本操作程序中基础知识的梳理，建构出概念间的逻辑关系图，从而达成对基因工程是重组DNA技术这一概念的理解。

（2）尝试解决害虫对转基因抗虫棉的抗性问题，培养学以致用、解决实际问题的核心素养。

（3）本节重要内容很多，且环环相扣，每一环都有许多的技术和方法，内容抽象，学生可能存在理解不到位的情况，后续有必要增加习题课或者复习课进行进一步的探究和巩固。

三、案例点评

1. 挖掘教材资源，整合教学大情境

本堂课充分挖掘本节教材"从社会中来——我国科学家培育抗虫棉""到社会中去——棉铃虫对抗虫棉产生抗性"，首尾呼应的大情境将基因工程学习的内容有机串联起来，其中教师补充资料一并整合到转基因抗虫棉这个大情境中，实现了教材和资料的有机整合，既充分利用了教材资源，又有利于学生保持思维的连贯性，形成对基因工程基本操作程序的整体认识，让学生始终在统一的整合情境中学习，不断调动他们学习的积极性。本堂课的大情境素材来源于我国科学家的研究成果，能使学生树立科技自信，增强国家认同感。

2. 通过问题驱动，发展科学思维

在进行"基因工程的基本操作程序"的教学时，通过提出一系列问题来引导学生分析和思考。这些问题精心设计，直指每个环节的关键点，如：学习基因表达载体部分的内容时，提出的问题分别指向载体具有限制性内切酶的切割位点，能在受体细胞中复制，具有标记基因、启动子、终止子等特征，引导学生自主建构基因载体模型。学生在分析、推理、归纳和总结、模型建构的过程中，科学思维也将得到充分发展。

3.通过绘制概念图，理清概念的逻辑

本堂课在学生学习了基因工程基本工具和操作程序后，设置小组活动，让学生通过绘制概念图，阐明"限制性内切酶、DNA连接酶和基因载体"三种工具和基因工程四个步骤"目的基因的获取、基因表达载体的建构、目的基因导入受体细胞、目的基因及其表达产物的检测鉴定"的逻辑关系，在概念图的建构过程当中，学生的思维不断进行碰撞，教师让学生分组展示概念图的同时，有意识地引导学生进行了互评、修正，一步步地引导学生厘清概念之间的逻辑关系，进行思维训练。

参考文献

[1] 刘恩山.中学生物学教学论[M].北京：高等教育出版社，2003.

[2] 裴娣娜.现代教学论：第一卷[M].北京：人民教育出版社，2005.

[3] 赵占良.生物学概念教学论[M].南宁：广西教育出版社，2021.

[4] 中华人民共和国教育部.义务教育生物学课程标准（2022年版）[M].北京：北京师范大学出版集团，2022.

[5] 中华人民共和国教育部.普通高中生物学课程标准（2017版2020年修订）[M].北京：人民教育出版社，2020.

[6] 皇甫倩，常珊珊，王后雄.美国学习进阶的研究进展及启示[J].外国中小学教育，2015（8）：53-59.

[7] 张玉峰.基于学习进阶的科学概念教学内容整合[J].课程·教材·教法，2019（1）：99-105.

[8] 中华人民共和国教育部.普通高中生物学课程标准: 2017年版[M].北京:人民教育出版社，2018.

[9] 教育部考试中心.中国高考评价体系[M].北京:人民教育出版社，2019.

[10] 中华人民共和国教育部.普通高中生物课程标准[M].北京:人民教育出版社，2018.

[11] 张世仪,高峰.培养高中学生进化与适应观的生物教学策略[J].中学生物学，2019，35(03)：29-32.

[12] 谭永平.发展学科核心素养——为何及如何建立生命观念[J].生物学教学，2017，42(10)：7-10.

[13] 柯小红. 基于5E教学模式的"细胞膜和细胞壁"(第1课时)教学设计[J].生物学教学，2019，44(10)：37.

[14] 张秀红.核心素养视域下的生物学观念:内涵、价值、内容体系及教学[J].课程.教材.教法,2017,37(9):91-97.

[15] 吴成军.《生物学学科核心素养的教学与评价》[M].上海：华东师范大学出版社，2020.

[16] 谭永平.生物学学科核心素养：内涵、外延与整体性[J].课程·教材·教法，2018，38(8)：86-91.

[17] 达尔文.人类的由来及性选择[M].叶笃庄译.北京：北京大学出版社，2009.

[18] 人民教育出版社,课程教材研究所,生物课程教材研究开发中心.普通高中教科书·生物学·必修2·遗传与进化[M].北京:人民教育出版社，2022.

[19] 人民教育出版社,课程教材研究所,生物课程教材研究开发中心.普通高中教科书·生物学·选择性必修1·稳态与调节[M].北京:人民教育出版社，2022.

[20] 赵广宇,刘霞."种群的特征"的教学设计与实施[J].生物学通报，2022，57(02)：21-24.

[21] 华东师范大学，北京师范大学.动物生态学[M].北京:高等教育出版社，1982.

[22] 陈彭祯霓,任亮晶,罗辑,等.海螺沟冰川退缩区原生演替序列植被物种多样性与生物量的关系[J].应用与环境生物学报，2022，28(5): 1129-1136.